LO QUE VIO EL PERRO Y OTRAS AVENTURAS

MALCOLM GLADWELL

LO QUE VIO EL PERRO Y OTRAS AVENTURAS

Traducción de Pedro Cifuentes

TAURUS

PENSAMIENTO

Título original: *What the Dog Saw and Other Adventures*
© Malcolm Galdwell, 2009
© De esta edición:
  Santillana USA Publishing Company, Inc., 2010
  2023 NW 84th Avenue
  Doral, FL, 33122
  Teléfono: (305) 591-9522

© De la traducción: Pedro Cifuentes

Diseño de cubierta: Allison J. Warner
Fotografía de la cubierta: David Selman / Corbis

Lo que vio el perro
ISBN: 978-1-61605-074-0

12 11 10   1 2 3 4 5 6 7 8 9 10

A Henry y David

ÍNDICE

PRÓLOGO   13

PRIMERA PARTE
OBSESOS, PIONEROS Y OTRAS VARIEDADES
DEL GENIO MENOR

El vendedor ambulante. Ron Popeil y la
conquista de la cocina estadounidense   21

El enigma del *ketchup*. Hoy en día hay docenas
de mostazas. ¿Por qué el *ketchup* sigue siendo el
mismo de siempre?   49

Volando se va. Cómo Nassim Taleb convirtió la
inevitabilidad del desastre en una estrategia de
inversión   67

Colores reales. El tinte para el pelo
y la historia oculta de los Estados Unidos
de posguerra   91

El error de John Rock. Lo que el inventor
de la píldora anticonceptiva no sabía
de la salud femenina   115

Lo que vio el perro. César Millán y los
movimientos del adiestramiento   141

SEGUNDA PARTE
TEORÍAS, PREDICCIONES Y DIAGNÓSTICOS

Secretos a voces. Enron, la inteligencia y los
riesgos del exceso de información   165

Murray valía un millón de dólares.
Por qué hay problemas más fáciles de
resolver que de gestionar   191

Un problema de imagen. Monografías, fuerza
aérea y los límites de la vista   213

Algo prestado. ¿Debería arruinarte la vida una
acusación de plagio?   237

Líneas de puntos. La reforma de la inteligencia
militar y sus paradojas   259

El arte del fracaso. Por qué unas personas se
ahogan y otras son presa del pánico   279

Blowup. ¿A quién se puede culpar
de un desastre como la explosión
del Challenger? A nadie (y deberíamos
acostumbrarnos)   297

TERCERA PARTE
PERSONALIDAD, CARÁCTER E INTELIGENCIA

Maduración tardía. ¿Por qué asociamos
genialidad con precocidad?   311

Probabilidades de éxito. ¿A quién elegimos
cuando no sabemos a quién elegir?   329

Mentes peligrosas. El perfil criminológico,
simplificado   351

El mito del talento. ¿Están sobrevalorados
los listos?   371

La red del chico nuevo. ¿Qué nos dicen
realmente las entrevistas de trabajo?   389

«Peleones». Lo que los pitbulls pueden
enseñarnos sobre la delincuencia   407

AGRADECIMIENTOS 425

SOBRE EL AUTOR 427

1.

De pequeño solía colarme en el estudio de mi padre y hojear los papeles de su escritorio. Mi padre es matemático. Con clara caligrafía anotaba a lápiz largas filas de cifras en papel milimetrado. Yo me sentaba al borde de su silla a contemplar aquellas páginas con maravillada perplejidad. Ante todo, me parecía milagroso que le pagaran por lo que entonces me sonaba a galimatías; y lo que es más importante, no podía asumir el hecho de que alguien a quien yo quería tanto hiciese a diario, dentro de su cabeza, algo cuyo sentido yo no alcanzaba ni a atisbar.

En realidad era una versión de lo que, según aprendería más tarde, los psicólogos llaman el problema de la otredad. Los niños de un año piensan que, porque a ellos les gustan las galletitas, a mamá y a papá también deben gustarles: no han captado la idea de que lo que ocurre dentro de su cabeza es diferente de lo que pasa en las cabezas de los demás. El salto al entendimiento de que a mamá o a papá no tienen por qué gustarles también las galletitas es uno de los grandes hitos cognoscitivos del desarrollo humano. A los niños pequeños les fascina el descubrimiento de que hay por ahí otras mentes diferentes de la suya; y la verdad es que ni aun de adultos perdemos esa fascinación. (¿Por qué los niños de dos años son tan horribles? Porque ponen sistemáticamente a prueba la fascinante y para ellos completamente novedosa noción de que algo que les proporciona placer puede de hecho no dar placer a sus padres).

¿Qué es lo primero que queremos saber cuando conocemos a un médico en una reunión social? No es: «¿A qué se dedica?». Ya sabemos, más o menos, a qué se dedican los médicos. Lo que queremos saber es qué significa estar todo el día con gente enferma. Queremos saber *cómo se siente* alguien que ejerce la medicina, porque estamos seguros de que no tiene que ver con sentarse todo el día ante un ordenador, enseñar en la escuela o vender coches. No son cuestiones baladíes. La curiosidad sobre la vida interior y las tareas cotidianas de otras personas es uno de los más fundamentales impulsos humanos, el mismo que me empujó a escribir este texto que el lector tiene entre manos.

2.

Todos los ensayos de *Lo que vio el perro* provienen de las páginas de *The New Yorker,* a cuya plantilla llevo perteneciendo desde 1996. Entre los incontables artículos que he escrito a lo largo de aquel periodo, éstos son mis favoritos. Los he agrupado en tres categorías. La primera sección versa sobre los obsesivos y aquellos a quienes me gusta llamar genios *menores:* no Albert Einstein ni Winston Churchill o Nelson Mandela u otros eminentes arquitectos del mundo en el que vivimos, sino gente como Ron Popeil, el vendedor del Chop-O-Matic, y Shirley Polykoff, famosa autora de la pregunta: «¿Lo hace o no lo hace? Sólo su peluquero lo sabe seguro». La segunda sección está dedicada a teorías, a los modos de organizar la experiencia. ¿Cómo deberíamos pensar en los sin techo, en los escándalos financieros o en un desastre como el incendio del *Challenger?*

La tercera sección está dedicada a cuestionar las predicciones que hacemos sobre la gente. ¿Cómo sabemos si alguien es malo, simpático o capaz de hacer algo realmente bien?

Como se verá, soy escéptico sobre la exactitud con que podemos emitir cualquiera de estos juicios.

En los mejores de estos ensayos, la cuestión no es lo que deberíamos pensar. Por el contrario, me interesa más describir lo que la gente que piensa en los sin techo, o en el *ketchup* o en los escándalos financieros piensa en realidad sobre los sin techo, el *ketchup* o los escándalos financieros. El desastre del *Challenger* me deja sin saber qué pensar. Para mí es un galimatías, líneas indescifrables, aunque muy claramente impresas, de cifras sobre papel milimetrado. Pero ¿y si miramos el problema con ojos ajenos, desde el interior de una cabeza ajena?

Así, por ejemplo, uno se encuentra con un ensayo en el que intenta entender la diferencia entre el ahogo y el pánico. Me lo inspiró el accidente aéreo mortal sufrido por John F. Kennedy hijo en julio de 1999. JFK Jr. era un piloto principiante enfrentado al mal tiempo que, como dicen los pilotos, «perdió el horizonte» y empezó a caer en espiral. Para entender lo que experimentó, me hice llevar por un piloto en la misma clase de avión que pilotaba Kennedy, con el mismo mal tiempo. El piloto empezó a dejarnos caer en espiral. No era un truco. Era una necesidad. Quería entender cómo *se sentía uno* al estrellarse con un avión así; porque para entender este accidente, no basta con saber lo que Kennedy hizo.

«Un problema de imagen» explica cómo interpretar las imágenes tomadas por satélites, como las que el Gobierno Bush creía tener de las armas de destrucción masiva de Sadam Hussein. Me metí en este tema tras pasar una tarde mirando mamografías con un radiólogo. De forma espontánea, éste dijo imaginarse que sus problemas para interpretar radiografías torácicas debían de parecerse mucho a los de la CIA para interpretar fotos de satélite. Yo queriendo meterme dentro de su cabeza y resulta que él quería meterse en la de los jefes de la CIA. Recuerdo que por un momento me invadió el vértigo.

Luego está el artículo que da título a este libro. Es un

retrato de César Millán, el encantador de perros. Millán puede tranquilizar al animal más inquieto o enfurecido con sólo tocarlo. ¿Qué pasa por la cabeza de Millán cuando hace tal cosa? La pregunta me inspiró este ensayo; pero cuando iba por la mitad, comprendí que había una pregunta aún mejor: cuando Millán obra su magia, ¿qué pasa por la cabeza *del perro*? Esto es lo que realmente queremos saber: lo que vio el perro.

3.

La pregunta que más me hacen es: «¿De dónde saca las ideas?». No se me da bien contestarla.

Por lo general salgo del paso con alguna vaguedad sobre las cosas que me dice la gente o algunos libros que me pasa Henry, mi editor, y suelen darme que pensar. A veces reconozco lisa y llanamente que no me acuerdo. Mientras preparaba este volumen, decidí intentar averiguarlo de una vez por todas. Por ejemplo, un artículo largo y algo excéntrico de este libro sobre por qué nadie ha inventado un *ketchup* capaz de competir con el de Heinz (¿cómo nos sentimos cuando probamos el *ketchup*?). Esta idea me la dio mi amigo Dave, que se dedica a los ultramarinos. De vez en cuando comemos juntos, y es el tipo de persona a quien se le ocurren cosas así (también tiene alguna que otra teoría fascinante sobre los melones, pero ésta me la reservo para otro momento).

Otro artículo, titulado «Colores verdaderos», se refiere a las pioneras del mercado de los tintes. Éste lo empecé porque de algún modo se me metió en la cabeza que sería divertido escribir sobre el champú (debía de andar mal de temas). Muchas entrevistas más tarde, una mujer del tipo Madison Avenue me dijo exasperada:

—¿Por qué demonios escribe sobre el champú? El tinte es mucho más interesante.

Tenía razón.

El truco para encontrar ideas consiste en convencerse de que cualquier persona o cosa tiene una historia que contar. Digo *el truco,* pero lo que en realidad quiero decir es *el desafío,* porque resulta muy difícil de hacer. Nuestro instinto humano nos dice que la mayoría de las cosas no son interesantes. Zapeamos por los canales de la televisión y rechazamos diez antes de decidirnos por uno. Vamos a una librería y hojeamos veinte novelas antes de escoger la que queremos. Filtramos, clasificamos, juzgamos. *Tenemos* que hacerlo. Hay tantas cosas ahí fuera... Pero el que quiera ser escritor, tendrá que combatir ese instinto a diario. ¿Que el champú no parece interesante? Pues ¡qué caray!, tendrá que serlo; y aunque no lo sea, debo creer que en última instancia me conducirá a algo que sí lo sea. El lector juzgará si es el caso.

Otro truco para encontrar ideas es entender la diferencia entre poder y conocimiento. Entre las personas que desfilan por este volumen muy pocas tienen poder, ni siquiera fama. A esto me refiero cuando digo estar más interesado en los genios menores. Quien quiera saber lo que ha ocurrido, que no empiece por arriba. Que empiece por el medio, porque en este mundo la gente del medio es la que saca el trabajo adelante. Mi amigo Dave, el que me enseñó lo del *ketchup,* es de éstos. Él ha trabajado con *ketchup.* Por eso sabe de qué habla. La gente de arriba tiene mucho cuidado con lo que dice. Y con motivo: tiene una posición y unos privilegios que proteger; y la prudencia es enemiga de lo interesante. En «El voceador de mercancías» el lector conocerá a Arnold Morris, quien un día de verano me voceó el «Dial-O-Matic», un rebanador de verduras, en su cocina de la costa de Jersey. Tras prometer mostrarnos la máquina de cortar más asombrosa que hubiéramos visto en la vida, cogió un paquete de especias para barbacoa y lo usó como apoyo. «¡Fijaos bien!», decía sujetándolo en el aire como quien sostiene un jarrón de Tiffany.

Como quien sostiene un jarrón de Tiffany. Así es como se

encuentran historias que contar en una cocina de la costa de Jersey.

4.

De joven no quería ser escritor. Quería ser abogado, hasta que, en mi último año de instituto, decidí dedicarme a la publicidad. Me ofrecí a dieciocho agencias publicitarias de la ciudad de Toronto, de las que recibí otras tantas cartas de rechazo, que procedí a colgar de la pared en fila india (todavía las conservo por alguna parte). Luego consideré hacer estudios de posgrado, pero mis notas no eran suficientemente buenas. Solicité una beca para pasar un año en algún lugar exótico y fui rechazado. Escribir fue lo que terminé haciendo por eliminación, sencillamente porque tardé lo indecible en comprender que podía convertirse en un *trabajo*. Los empleos eran cosas serias y desalentadoras. La escritura era diversión.

Después de la universidad, trabajé seis meses en una pequeña revista de Indiana llamada *The American Spectator*. Me mudé a Washington DC, donde trabajé como autónomo durante unos años y acabé colaborando con *The Washington Post*, antes de pasar a *The New Yorker*. Por el camino, la escritura nunca ha dejado de ser diversión, y espero que se note en estas piezas. Nada me frustra más que ver a un lector airado diciendo: «No me lo creo». ¿Por qué se enfada? La buena literatura no triunfa o fracasa en función de su capacidad para convencer; al menos no la clase de literatura que se encuentra en este libro, que triunfa o fracasa en virtud de su capacidad de enganchar al lector, hacerle pensar, dejarle vislumbrar el interior de la cabeza de otro... Aunque acabe llegando a la conclusión de que una cabeza ajena no es el lugar donde realmente le apetezca estar. He llamado a estos ensayos aventuras, porque eso es lo que quieren ser. Espero que el lector las disfrute.

PRIMERA PARTE

OBSESOS, PIONEROS Y OTRAS VARIEDADES DEL GENIO MENOR

Para un gusano dentro de un rábano,
el mundo es un rábano.

1.

La extraordinaria historia de la parrilla-barbacoa Ronco
Showtime comienza con Nathan Morris, hijo de un zapatero y cantor: Kidders Morris, que llegó de la Madre Patria a
Estados Unidos en la década de 1880, instalándose en Asbury Park (Nueva Jersey).

Nathan Morris era vendedor ambulante. Se batió el cobre
por ferias provinciales de calderilla en toda la costa atlántica,
vendiendo cacharros de cocina fabricados por la Acme Metal
de Newark. A principios de los años cuarenta fundó la N. K.
Morris Manufacturing, fabricante de las rebanadoras KwiKi-Pi
y Morris Metric. Ya fuera porque corría la Depresión y las perspectivas laborales escaseaban, o quizás porque Nathan Morris
hizo una demostración tan irresistible de las posibilidades de
su nueva profesión, los miembros de su familia, uno a uno, se
fueron sumando al negocio. Sus hijos Lester y Arnold «Cuchillo» Morris también se hicieron vendedores ambulantes. Nathan colocó a su cuñado Irving Rosenbloom, que con el tiempo haría una fortuna en Long Island con bienes de plástico,
incluida una ralladora manual tan excelente que Nathan le
rindió homenaje con su propia ralladora-picadora de cocina
holandesa. Luego se asoció con su hermano Al, cuyos hijos
voceaban su mercancía junto a un irlandés desgarbado que se
llamaba Ed McMahon.

En el verano anterior a la guerra Nathan tomó como
aprendiz a su sobrino Samuel Jacob Popeil. S. J., como lo

conocían, se sintió tan inspirado por su tío Nathan que fundó la Popeil Brothers, con base en Chicago, y trajo al mundo el Dial-O-Matic, el Chop-O-Matic y el Veg-O-Matic. S. J. Popeil tenía dos hijos. El mayor era Jerry, que murió joven. El menor le resultará familiar a quien alguna vez haya visto un publirreportaje de la televisión nocturna. Su nombre es Ron Popeil.

En los años de la posguerra muchas personas hicieron de la cocina el trabajo de su vida. Estaban los Klinghoffers de Nueva York (uno de los cuales, Leon, moriría trágicamente en 1985, durante el secuestro del buque *Achille Lauro,* cuando unos terroristas palestinos lo arrojaron al agua con su silla de ruedas). En los años cincuenta fabricaron la Roto-Broil 400, una parrilla para el hogar, que fue lanzada por Lester Morris. Estaba también Lewis Salton, que huyó de los nazis con un sello inglés de la colección de su padre que supo convertir en una fábrica de electrodomésticos sita en el Bronx. Aportó el Salton Hotray, una especie de precursor del microondas. Hoy la Salton, Inc. vende la George Foreman Grill, una popular parrilla.

Pero ningún rival llegó a hacer sombra al clan de Morris-Popeil. Eran la primera familia de la cocina estadounidense. Se casaron con mujeres hermosas, hicieron fortunas, se robaron mutuamente ideas y pasaron noches en vela pensando en el modo de cortar una cebolla sin más lágrimas que las que provoca la alegría. Creían que era un error separar el desarrollo de un producto y su comercialización, como hacían la mayor parte de sus contemporáneos; porque para ellos ambos procesos eran indistinguibles: el objeto que se vendía mejor era aquel que se vendía solo. Eran hombres animados, brillantes. Y Ron Popeil era el más brillante y animado de todos. Era el José de la familia, exiliado al páramo por su padre para acabar volviendo y ganando más dinero que el resto de la familia junta. Fue pionero en llevar a la pantalla de televisión los secretos del quincallero vendedor de mercancías. Y, de todos los artefactos de cocina en el panteón de los Morris-Popeil, ninguno tan ingenioso en su diseño, tan demandado por el público ni tan perfectamente representativo de la fe de Morris-Popeil en la interrelación entre el lanzamiento de un artículo y el artículo mismo, como la parrilla-barbacoa Ronco Showtime, un horno portátil que puede adquirirse en cuatro plazos de 39,95 dólares, el cual, en cuanto a la relación calidad-precio, podría ser el mejor aparato de cocina jamás fabricado.

2.

Ron Popeil es un hombre apuesto, de torso y hombros fornidos, con una cabeza leonina en la que destacan unos rasgos algo desmesurados. Es un sesentón que vive en Beverly Hills, a mitad del cañón del Coldwater, en una suntuosa mansión con aguacates en el jardín y huerto en el patio trasero. Por sus hábitos, a Popeil se le considera un rico de los de antes en el exclusivo Beverly Hills: nadie le lleva las bolsas, y se le ha visto comer en Denny's. Viste camisetas y pantalones de chándal. Hace habitualmente sus compras en los supermercados locales, especialmente en Costco, donde el pollo está a un dólar el kilo, en vez de a uno y medio, como en los demás supermercados.

Compre lo que compre, acaba en la cocina, una enorme habitación que domina el cañón y está poblada de electrodomésticos, una colección de mil quinientas botellas de aceite de oliva y, en una esquina, un óleo de él, su cuarta esposa, Robin (ex modelo de Frederick's of Hollywood) y su hija pequeña, Contessa. Sobre el papel, Popeil posee una empresa llamada Ronco Inventions, con doscientos empleados y un par de almacenes en Chatsworth (California), pero el verdadero corazón de Ronco es el propio Ron, que trabaja desde su casa; y muchos de sus personajes clave no son más que amigos de Ron que también trabajan desde sus casas y acostumbran a reunirse en la cocina de Ron, donde este se pone a preparar una sopa antes de empezar a hablar de negocios.

En los treinta últimos años, Ron ha inventado una sucesión de artefactos de cocina, entre ellos el deshidratador eléctrico Ronco y el multirrobot Popeil para confeccionar pastas y salchichas, una de cuyas piezas está hecha del mismo material usado para los cristales a prueba de balas. Trabaja regularmente, guiado por destellos de inspiración. En agosto de 2000, por ejemplo, comprendió de repente qué producto debería seguir a la parrilla-barbacoa Showtime. Él y su mano derecha, Alan Backus, habían trabajado en una máquina de rebozar, con capacidad para más de cuatro kilos de alas de pollo, vieiras, gambas o filetes de pescado. En pocos minutos la máquina hacía todo el trabajo, incluido el de batir los huevos, sin mancharse ella ni las manos del cocinero. «Alan suele ir a Corea, donde nos han hecho pedidos muy grandes —explica Ron mientras da cuenta de una hamburguesa al punto, con patatas, en la sala VIP del salón de Polo del hotel Beverly Hills—. Un día le llamo por teléfono. Le despierto. Allí son las dos por la mañana. Y le digo: "Deja todo lo de la rebozadora. Ya retomaremos ese proyecto. Ahora hay que darle prioridad a otro"». Este otro proyecto, su inspiración, era un aparato capaz de ahumar carnes en el interior sin despedir olores que puedan cargar el aire e impregnar los muebles. Ron tenía una versión de esta ahumadora de interior en el porche de su casa, «una especie de Rube Goldberg», como él decía. Había trabajado en ella hacía cosa de un año. Un día, por capricho, cocinó un pollo con ella. «Aquel pollo estaba tan bueno que me dije —aquí Ron golpea la mesa con la mano izquierda—: "Éste es el mejor pollo ahumado que he comido en mi vida" —y girándose a mí añade—: ¿Cuántas veces comes pollo o pavo ahumado? ¿Una vez cada seis meses? ¡Solamente! Pero ¿cuántas veces tomas salmón ahumado? La cosa cambia. Digamos que te lo permites como entremés o entrante una vez cada tres meses. ¿Y costillas? Depende del restaurante. Las salchichas ahumadas, tres cuartos de lo mismo. No creo que te disgusten los ahumados, Malcolm, pero una cosa está clara —aquí me toca el brazo—: tú no tienes máquina de ahumar en casa».

La idea del Showtime se le ocurrió de la misma manera: estaba Ron en Costco hace unos cuatro años cuando de repente reparó en la larga cola de clientes que esperaban para comprar pollos en los asadores del supermercado. Ron supo dos cosas: una, les gustaba el pollo a la parrilla; y dos, no tenían asador en casa. Entonces Ron se fue a la suya y llamó a Backus. Compraron un acuario de cristal, un motor, una fuente de calor, un espetón y un puñado de recambios y empezaron a trastear. Ron quería algo lo bastante grande para cocinar unos siete kilos de pavo, pero lo bastante pequeño para que cupiera en una alacena. No quería que llevase termostato, porque los termostatos se rompen y las interrupciones del calor impiden ese tueste crujiente y uniforme que le parecía esencial. Además, el asta debía girar sobre un eje horizontal, no sobre uno vertical, porque si uno asa un pollo en un asta vertical la parte de arriba se le secará mientras los jugos caen a la parte inferior.

Roderick Dorman, el abogado de patentes de Ron, dice que, cuando se acercaba al cañón del Coldwater, a menudo veía cinco o seis prototipos alineados sobre el mostrador de la cocina. Ron ponía un pollo en cada uno de ellos para comparar la consistencia de la carne y el tueste de la piel. Se preguntaba cosas como si se podía girar el espetón de un kebab de manera que la parte de dentro se tostara igual que la externa. Cuando Ron terminó, el Showtime reunía nada menos que dos docenas de usos evidentes. Iba equipado con el motor más potente de su categoría. Tenía una bandeja de goteo cubierta de una cerámica antiadherente muy fácil de limpiar; y el horno seguía funcionando aun después de caer diez veces seguidas, desde un metro de altura, sobre una superficie de cemento o piedra. Para Ron, no había la menor duda de que hacía el mejor pollo que él había probado en su vida.

Entonces Ron filmó un publirreportaje del Showtime, de veintiocho minutos y treinta segundos. Se rodó en directo en un plató con público y se emitió por primera vez el 8 de agosto de 1998. Desde entonces ha seguido emitiéndose, a menudo en plena madrugada o en oscuras emisoras por cable, junto a los sistemas para enriquecerse sin esfuerzo y las reposiciones de *Three's Company*. Pero el éxito ha sido tal que se prevé que en los próximos tres años las ventas totales del Showtime superen los mil millones de dólares. Ron Popeil no recurrió a ningún grupo de discusión, estudio de mercado alguno ni a equipos de I+D, consejeros de relaciones públicas, consultores empresariales o agencias publicitarias con sede en la avenida Madison. Hizo lo que los Morris y los Popeil llevaban haciendo casi todo el siglo, lo que todos los expertos decían que no se podía hacer en la economía moderna: se inventó algo nuevo en su cocina y salió a venderlo él mismo.

3.

Nathan Morris, tío abuelo de Ron Popeil, se parecía mucho a Cary Grant. Llevaba un sombrero de paja. Tocaba el ukelele, conducía un descapotable y componía melodías para piano. Llevaba su negocio desde un blanqueado edificio de baja altura sito en la avenida Ridge, cerca de Asbury Park, con un pequeño anexo en el patio trasero donde desarrolló un trabajo pionero con el teflón. Tenía ciertas excentricidades, como una fobia a viajar más allá de Asbury sin la presencia de un médico. Riñó con su hermano Al, quien se marcharía enfadado a Atlantic City, y luego con su sobrino S. J. Popeil, que según Nathan no le había agradecido lo suficiente la oportunidad que él le había dado de entrar en el negocio de los electrodomésticos. Aquella segunda desavenencia desembocaría en un pleito por el Chop-O-Matic de S. J. Popeil, un preparador de alimentos con una lámina plisada en formada de W que giraba mediante un embrague especial. El Chop-O-Matic era ideal para hacer ensaladas y cortar hígado; y cuando Morris presentó un producto sorprendentemente similar, llamado Roto-Chop, S. J. Popeil demandó a su tío por violación de patente (en realidad, el propio Chop-O-Matic parecía inspirado por el Blitzhacker, de fabricación suiza, y más adelante el propio S. J. perdería un pleito similar con los suizos).

Los litigantes se encararon en Trenton en mayo de 1958, ante un tribunal atestado de Morrises y Popeils. Al abrirse el juicio, Nathan Morris estaba en el estrado, sometido al interrogatorio de los abogados de su sobrino, que trataban de demostrar que no era más que un mercachifle y un imitador. En un punto clave del interrogatorio, el juez se dirigió a Morris. «Le señaló con el dedo índice —recuerda Jack Dominik, el veterano abogado de Popeil— y mientras viva nunca olvidaré lo que le dijo: "¡Yo le conozco! ¡Usted es vendedor ambulante! ¡Yo le he visto pregonar su mercancía en el paseo!"». Entonces Morris, señalando él también al juez, gritó: "¡No! Yo soy un fabricante. ¡Soy un empresario respetable que trabaja con los consejeros más eminentes!" —Nathan Morris, según Dominik, era la clase de hombre que calificaba de eminentes a todos sus colaboradores—. En aquel momento —continúa Dominik— al tío Nat se le puso la cara colorada de indignación; y al juez se le puso más roja todavía. Tuvieron que pedir un receso». Lo que pasó más tarde aquel día está inmejorablemente descrito en el original inédito *Los inventos de Samuel Joseph Popeil, por Jack E. Dominik, su abogado de patentes*. Nathan Morris sufrió un repentino infarto y a S. J. le abrumó la culpa. «Hubo sollozos —escribe Dominik— seguidos de expresiones de remordimiento. Al día siguiente se cerró el caso. A partir de entonces, la recuperación del tío Nat de su infarto del día anterior fue nada menos que milagrosa».

Nathan Morris tenía alma de actor, como tantos de sus parientes, y pregonar mercancías es, ante todo, representar una función. Se cuenta que, en cierta ocasión, el sobrino de Nathan, Archie Morris, vendió en una tarde artículo tras artículo a un hombre bien vestido. Al final del día, Archie miró al hombre alejarse. Éste se detuvo a mirar dentro de la bolsa antes de arrojarla entera en una papelera cercana. Eso es un vendedor. «Mis primos eran capaces de venderte una caja vacía», confirma Ron.

El último gran vendedor de los Morris es Arnold «Cuchillo» Morris, así apodado por su extraordinaria habilidad con el Sharpcut, el precursor del Ginsu. Es un setentón alegre de rostro redondo y travieso con unos mechones de pelo cano y una habilidad marca de la casa: es capaz de cortar un tomate en rebanadas limpias y regulares y luego alinear hábilmente los pedazos de un solo giro contra el borde plano de la hoja. Hoy vive en Ocean Township, a pocas millas de Asbury Park, con Phyllis, su esposa de veintinueve años, a la que se refiere (con la misma irresistible convicción que usaría para describir, digamos, el Cuchillo Tacto de Pluma) como «la chica más guapa de Asbury Park». Una mañana reciente, sentado en su estudio, se lanzó a pregonar las virtudes del Dial-O-Matic, un rebanador producido por S. J. Popeil hace unos cuarenta años.

«Venga, chavales. Voy a enseñaros la máquina de cortar más asombrosa que habéis visto en vuestra vida —comenzó mientras Phyllis, sentada cerca de él, resplandecía de orgullo. Cogió un paquete de especias para barbacoa, de las que Ron Popeil vende con su Showtime, y lo puso a modo de soporte—. ¡Mirad! —prosiguió, sosteniéndolo en el aire como quien sostiene un jarrón de Tiffany. Elogió las virtudes de la máquina para cortar patatas, cebollas, tomates. Su voz, ese maravilloso instrumento impregnado del acento de Jersey, adquirió una calidad de sonsonete—: ¿Cuántos cortan el tomate así? Lo apuñalan, lo pinchan, el zumo les gotea por el codo. Pero ¿el Dial-O-Matic? ¡Ah! Eso es otra cosa. Se pone el tomate en la máquina y se le da un meneo. ¡El tomate, señora! ¡El tomate! Un meneo y listo. ¡El tomate, señora! Cada rebanada sale perfectamente, sin una pepita fuera de su sitio. Y cuando hago mi famosa ensalada de lombarda, mi Dial-O-Matic se vuelve imprescindible. Mi suegra agarraba a la pobre col y le hacía esto —asestó varias puñaladas salvajes a una berza imaginaria—. A veces parecía que la col iba a ganar el combate por autolesión de mi suegra. Un resbalón y listos. No me malinterpretéis, yo me llevo de maravilla con mi suegra. A la que no entiendo es a su hija. En fin, se corta la col y se deja un rato al sol como un caracol...».

Era un monólogo de vodevil, pero Arnold estaba haciendo algo más que contar chistes; estaba vendiendo. Como suele decirse, detrás de un vendedor ambulante siempre hay un buen actor, pero un actor no tiene por qué ser buen vendedor. Un buen vendedor te saca el dinero mientras no dejas de aplaudir. Debe ser capaz de ejecutar sin fisuras «el giro», ese tránsito peligroso, crucial, del actor al hombre de negocios. Si, entre un público de cincuenta, veinticinco personas se acercan a comprar, el verdadero comerciante sólo venderá cosas a una veintena de ellas. A las cinco restantes les dirá: «¡Esperen! ¡Quiero enseñarles otra cosa!». Entonces vuelve a empezar la representación, con leves variaciones, y esos cuatro o cinco restantes se convierten en el núcleo del siguiente público, que se congrega alrededor de ellos. Ya casi están impacientes por comprar algo antes de poder marcharse.

Para salir airoso de este frenesí vendedor con la maestría de Arnold es preciso poseer el dominio de la expectativa. Por eso él no dejaba de mantener una piña seductoramente posada sobre su soporte. «Llevo cuarenta años prometiendo mostrar a la gente cómo cortar una piña y todavía no lo he hecho nunca —explica—. Al final un amigo mío, otro vendedor ambulante, salió y me compró esta piña de plástico. "¿Por qué cortar la piña?", va y me dice. "Me costó un par de pavos. Y si la cortas, el público se va"». Cuenta Arnold que una vez contrató a unos tipos para que promocionaran un rebanador de verduras por él en una feria de Danbury (Connecticut); pero tanto le molestó su actitud indiferente que al final llevó a cabo la demostración él mismo. Ellos, dice, esperaban que fracasase, porque él nunca había usado aquel rebanador; y en efecto, masacró las verduras. De todos modos, en una sola demostración le sacó 200 dólares al público. «Se les salían los ojos de las órbitas —recuerda Arnold—. Decían: "No lo entendemos. ¡Si ni siquiera sabes cómo manejar ese maldito cacharro". "Ya", dije, "pero hay una cosa que hago mejor que vosotros". "¿Cuál?", preguntaron. Contesté: "Pedir dinero a la gente. Ése es el secreto de todo este puñetero negocio"».

4.

A mediados de los años cincuenta, Ron Popeil comenzó a vender los cacharros de cocina de su padre en el mercadillo de la calle Maxwell de Chicago. Tenía trece años. Cada mañana llegaba al mercado a las cinco de la mañana y preparaba unos veinte kilos de cebollas, otros tantos de coles y zanahorias y el doble de patatas. Vendía desde las seis de la mañana hasta las cuatro de la tarde, llevando a casa no menos de 500 dólares diarios. En su tardía adolescencia comenzó a recorrerse las ferias del condado y del estado de Illinois, hasta que se hizo con un excelente punto de venta en el Woolworth's de la calle State, esquina con la calle Washington, que en aquellos tiempos era la tienda Woolworth's que más facturaba en todo el país. En cuanto a él, ganaba más que el gerente vendiendo el Chop-O-Matic y el Dial-O-Matic. Cenaba en la sala Pump, llevaba un Rolex y se alojaba en *suites* de 150 dólares la noche. En las fotografías de la época se le ve apuesto, con su abundante cabello moreno, unos ojos entre azules y verdes y unos labios sensuales. Varios años más tarde, cuando trasladó su oficina al 919 de la avenida Michigan, lo llamaban el Paul Newman del Edificio Playboy. Mel Korey, amigo de Ron desde los tiempos del instituto y su primer socio en el negocio, recuerda la vez que fue a ver a Ron vender el Chop-O-Matic en el Woolworth's de la calle

State. «Hipnotizaba —dice Korey—. Había secretarias que iban a Woolworth's a comerse el almuerzo sólo para mirarlo, de guapo que era. La gente corría para ver su representación». Hace varios años un amigo de Ron, Steve Wynn, fundador de la cadena Mirage de complejos turísticos, fue a la cárcel a visitar a Michael Milken. Estaba cerca de un televisor, y resultó que se emitía uno de los publirreportajes de Ron justo cuando éste echaba la cuenta regresiva, una rutina tomada directamente de la venta ambulante. Ya saben: «No le va a costar doscientos dólares, ni ciento ochenta, ni ciento sesenta, sino...». Se trata de un viejísimo truco de buhonero cuyo efecto dramático deriva de que el precio de partida es muy alto. Pero había algo en el modo en que Ron lo hacía que resultaba irresistible. A medida que iba bajando más y más, tanto Wynn como Milken —que probablemente sepan de márgenes de beneficio como el que más en Estados Unidos— gritaron al unísono: «¡Para, Ron! ¡Para!».

¿Era Ron el mejor? La única tentativa de zanjar definitivamente la cuestión se realizó hace unos cuarenta años, cuando Ron y Arnold trabajaban con un juego de cuchillos en una feria de muestras de la costa oriental de Estados Unidos que se celebraba en Springfield (Massachusetts). Un tercer hombre, Frosty Wishon, que era una leyenda por derecho propio, también estaba allí. «Frost era un individuo bien vestido y bien hablado, un vendedor muy bueno —dice Ron—. Pero él se consideraba el mejor de todos. Yo dije: "Vale, tíos, nos quedan diez días de feria, a razón de once, tal vez doce horas por día. Hagamos rotaciones y al final compararemos cuánto gana cada uno"». En el acervo cultural de Morris-Popeil, esta competición se conoce como «el tiroteo», cuyo resultado nadie ha olvidado jamás. Ron venció a Arnold, pero sólo por un pelo, apenas unos cientos de dólares. Frosty Wishon, por su parte, vendió sólo la mitad que cualquiera de sus rivales. «No tienes ni idea de lo presionado que se sintió Frosty —prosigue Ron—. Al final de la muestra se acercó a mí y me dijo: "Ron, recuérdame que jamás vuelva a trabajar contigo"».

Sin duda Frosty Wishon era una persona encantadora y persuasiva, pero supuso que con eso bastaba, que la venta ambulante funcionaba igual que la publicidad hecha por un famoso. Ahora bien, cuando Michael Jordan anuncia las hamburguesas de McDonald's, la estrella es Michael Jordan. Pero cuando Ron Popeil o Arnold Morris lanzaron, digamos, el Chop-O-Matic, su don consistía en convertir en estrella el producto, el Chop-O-Matic. Después de todo, representaba una innovación, una manera diferente de picar cebollas o rebanar hígado: requería que los consumidores se replantearan sus preparativos en la cocina. Como toda innovación, implicaba un cambio. Y ¿cómo convence uno a la gente de que introduzca cambios en sus vidas? No basta con caer en gracia o parecer sincero, ni siquiera con ser guapo o famoso. Hay que explicar el invento a los clientes; y no un par de veces, sino tres o cuatro veces, con un giro diferente cada vez. Hay que mostrar exactamente cómo funciona y por qué, conseguir que la gente se fije en lo bien que se corta el hígado con el invento; y luego decirle a la gente con exactitud cómo encaja éste en su rutina, y, finalmente, vendérselo convenciéndoles de que, aunque se trate de algo revolucionario, no es nada difícil de usar.

Hace treinta años el videocasete irrumpió en el mercado. También era un producto revolucionario: permitía ver cualquier programa de televisión sin estar sujeto a una hora de emisión. Pero, por ubicuo que el aparato de vídeo acabase siendo, rara vez se utilizaba para liberarse de los horarios televisivos. Esto se debe a que nadie se molestó nunca en vender el invento: nadie se lo explicó nunca a los consumidores estadounidenses —no un par de veces, sino tres o cuatro veces—; nadie les mostró exactamente cómo funcionaba o cómo encajaba en su rutina; ningún par de manos les guió por cada paso del proceso. Lo único que hacían los fabricantes de aparatos de vídeo era entregar la caja con una sonrisa y una palmadita en la espalda, añadiendo un manual de instrucciones para que no faltase de nada. Cualquier vendedor ambulante podría haberles dicho que aquello no bastaba.

Una vez estaba yo en casa de Ron en el cañón del Coldwater, sentado sobre uno de los taburetes de su cocina, cuando él me mostró lo que es un verdadero lanzamiento. Me estaba contando que acababa de cenar con el actor Ron Silver, que interpretaba a un amigo de Ron Popeil, Robert Shapiro, en una nueva película sobre el juicio de O. J. Simpson. «A Ron Silver le han afeitado parte de la cabeza para que tenga una calva y se parezca a Robert Shapiro —me explicó Ron—. Entonces voy y le digo: "Lo que tienes que hacer es darte GLH" —que es uno de los productos pioneros de Ron: un aerosol diseñado para espesar el pelo y cubrir calvas—. Le dije: "El GLH te tapará esa calva. Luego, antes de rodar, te lo quitas con champú y asunto terminado"».

Llegado a este punto, un vendedor normal se habría detenido. Esta historia era un aparte, sin más. Llevábamos un rato hablando de la parrilla-barbacoa Showtime. Sobre un mostrador detrás de nosotros había una Showtime cocinando un pollo; y al lado de ésta había otra Showtime cocinando costillas. Sobre la mesa que Ron tenía delante funcionaba la máquina de hacer pasta que Ron había inventado, mientras él freía unos ajos para hacernos el almuerzo a los dos. Pero ahora que me había hablado del GLH, era inconcebible que no me mostrara también sus maravillas. Fue rápidamente a una mesa del otro lado de la cocina, sin dejar de hablar mientras andaba.

—La gente siempre me pregunta: «Ron, ¿de dónde sacaste el nombre ese de GLH?». Me lo inventé: significa «Great-Looking Hair», un pelo impecable —cogió un envase del producto—. Lo hacemos en nueve colores diferentes. Éste es negro-plateado —cogió un espejo de mano y se lo colocó por encima de la cabeza para verse bien la calva—. Lo primero que haré será echármelo aquí, donde todavía no lo necesito —agitó el envase y comenzó a rociarse la coronilla, sin dejar de hablar—. Ahora vamos al punto problemático —prosiguió señalándose la calva—. Directamente aquí. ¡Vale! Ahora lo dejo secar. El cepillado es el 50 por ciento del aspecto final —comenzó a cepillar enérgicamente, y de repente Ron Popeil parecía tener una mata de pelo completa.

—¡Guau! —exclamé. Ron resplandecía de satisfacción.

—¿Guau, dices? Esto es lo que dice todo el mundo: «¡Guau!». Todo el que lo usa dice lo mismo: «¡Guau!». Y si sales al aire libre —me tomó del brazo y me sacó al porche—, a plena luz del día, no puedes decir que tenga la coronilla de un fraile. Parece pelo, aunque no lo sea. Menudo producto, ¿eh? Algo increíble. Y se va con cualquier champú. ¿Sabes quién sería un gran candidato a ponerse esto? Al Gore. ¿Quieres tocarlo? —Ron inclinó su coronilla hacia mí. Yo había dicho «guau» y había mirado su pelo dentro y fuera de la cocina, pero el quincallero que había en Ron Popeil no estaba satisfecho. Tuve que tocarle la coronilla; y sí, al tacto parecía pelo de verdad.

5.

Ron Popeil heredó algo más que la tradición ambulante de Nathan Morris. Había salido a su padre, S. J. Popeil, hecho que también explica mucho del éxito de la parrilla-barbacoa Showtime. S. J. tenía un apartamento de diez habitaciones en lo alto de las torres Drake, junto a la cima de la Milla Magnífica de Chicago. Tenía una limusina Cadillac con chófer y teléfono, una rareza en aquel tiempo, que le encantaba lucir («Te llamo desde el coche», etcétera). Vestía trajes con chaleco y le gustaba tocar el piano. Fumaba puros y fruncía mucho el ceño, gruñendo en bajo de vez en cuando. Tenía su dinero en bonos del Tesoro. Su filosofía la expresaba una serie de epigramas. A su abogado: «Si nos empujan, litigaremos». A su hijo: «No se trata de cuánto gastas, sino de cuánto ganas». A un diseñador que le expresó sus dudas sobre la utilidad de uno de sus grandes éxitos, el pescador de bolsillo: «No es para usar; es para regalar». En 1974, la segunda esposa de S. J., Eloise, quiso verlo muerto, para lo cual contrató a dos sicarios, uno de los cuales, para más inri, se apellidaba Peeler [Pelador]. Por entonces Eloise vivía en la urbanización Popeil de Newport Beach con sus dos hijas y su novio, un maquinista de treinta y siete años. Cuando, durante el juicio contra Eloise, preguntaron a S. J. por el maquinista, contestó: «Me hizo un favor librándome de ella». S. J. en estado puro. Pero once meses más tarde, cuando Eloise salió de la cárcel, S. J. volvió a casarse con ella, lo cual también pertenecía al mejor estilo S. J. Como decía un antiguo colega suyo, era una *rara avis*.

S. J. Popeil era quincallero. Se despertaba en mitad de la noche y hacía bosquejos frenéticos en un bloc que tenía en la mesita de noche. Desaparecería en su cocina durante horas, la dejaría patas arriba y saldría de allí con la mirada ausente. Le gustaba mirar cómo trabajaban sus operarios mientras montaban uno de sus prototipos. A finales de los años cuarenta y principios de los cincuenta, trabajó casi exclusivamente en plásticos, reinterpretando la cocina básica con un sutil toque modernista. «Los hermanos Popeil hicieron estos bonitos tamices de harina en plástico —explica Tim Samuelson, conservador de la Sociedad Histórica de Chicago y una autoridad a la hora de hablar del legado de los Popeil—. Usaban colores que contrastaran unos con otros o una combinación de plástico opaco con remolino translúcido». Samuelson quedó fascinado con los inventos de los Popeil después de adquirir un original aparato para hacer buñuelos, obra de los hermanos. Le pareció que el plástico rojo y blanco de que estaba hecho «tenía una línea muy hermosa». Hoy en día, en la cocina de su apartamento en una torre de Hyde Park, sigue usando el Chop-O-Matic para preparar los ingredientes de sus ensaladas. «Siempre le daba su toque personal a todo lo que hacía —continúa Samuelson—. Como el batidor de huevos automático Popeil.

Parece una espátula normal, pero si aprietas la manija, la lámina se gira lo suficiente como para transformarse en una espumadera con la que darle la vuelta un huevo frito».

Walter Herbst, diseñador cuya firma trabajó muchos años con los hermanos Popeil, dice que su *modus operandi* consistía en «concebir un tema integral. Venía una mañana y te soltaba —aquí Herbst imita la brusca voz de S. J.—: "Necesitamos un sistema mejor para picar la col lombarda". Para él era una puñetera pasión, absolutamente. Otra mañana debía de haber desayunado pomelo, porque nada más llegar al trabajo me llama y dice: "¡Necesitamos un sistema mejor para cortar el pomelo en rodajas!"; y el sistema que se les ocurrió fue un cuchillo de pelar con dos hojas separadas por poco menos de un centímetro para que ambos lados de la membrana de pomelo pudieran cortarse simultáneamente. Había un pequeño supermercado a unos bloques de distancia —continúa Herbst—, así que S. J. envió al chófer a comprar pomelos. ¿Cuántos? Seis. Bueno, a lo largo de un par de semanas, esos seis pomelos pasaron a ser doce; y los doce se convirtieron en veinte, hasta que acabamos cortando de treinta a cuarenta pomelos al día. No sé si aquel pequeño supermercado llegó a enterarse de lo que ocurría».

El mejor invento de S. J. Popeil fue sin duda el Veg-O-Matic, que irrumpió en el mercado en 1960 y básicamente era un robot de cocina, un Cuisinart sin motor. El corazón del artefacto era una serie de cuchillas muy delgadas, que se ensartaban como cuerdas de guitarra a través de dos anillos metálicos recubiertos de teflón, que se fabricaban en Woodstock (Illinois) con 364 Alcoa, un aluminio especial. Cuando los anillos se alineaban unos sobre otros para que las láminas estuvieran en paralelo, una patata o una cebolla que pasara por allí salía en rebanadas perfectas. Pero si se giraba el anillo superior, las láminas formaban una malla, y la patata o la cebolla en cuestión salía hecha dados. Los anillos venían montados en un elegante engranaje de plástico, con un émbolo para empujar las verduras a través de las cuchillas. Técnicamente el Veg-O-Matic era un triunfo: el método de forja de láminas suficientemente fuertes para resistir el asalto de una patata mereció una patente estadounidense. Pero desde el punto de vista de su distribución planteaba un problema: hasta entonces los productos de S. J. los habían comercializado vendedores ambulantes diariamente armados con un montón de verduras para efectuar sus demostraciones. Pero el Veg-O-Matic era demasiado bueno. En sólo un minuto, según los cálculos de los hermanos Popeil, podía producir 120 rebanadas de huevo duro, 300 rodajas de pepino, 1.150 patatas para freír o 3.000 dados de cebolla. Podía hacer en pocos minutos lo que con un cuchillo costaba todo el día. Los vendedores ya no podían permitirse el dirigirse a cien personas como mucho cada vez; tenían que dirigirse a cien mil. Había que vender el Veg-O-Matic por televisión, y uno de los primeros vendedores en comprenderlo fue Ron Popeil.

En el verano de 1964, pocos años después de lanzarse el Veg-O-Matic, Mel Korey se asoció con Ron Popeil en una empresa llamada Ronco. Por 500 dólares rodaron un anuncio del Veg-O-Matic que venía a ser una venta callejera pura y dura reducida a dos minutos. De Chicago pasaron a las ciudades circundantes del Medio Oeste. Llamaron «a puerta fría» a los comerciantes de allí y les convencieron para que vendieran el Veg-O-Matic bajo garantía, lo que significaba que lo que no se vendiera podía devolverse. Luego visitaron la emisora de televisión local y compraron los dos espacios más baratos de emisión que pudieron encontrar durante tres semanas, rezando porque fueran bastantes para dirigir el tráfico a la tienda. «Al por mayor los Veg-O-Matics se vendían por 3,42 dólares —relata Korey—. Al público se vendían por 9,95; y nosotros se los vendíamos a las tiendas a 7,46, lo que significaba que teníamos cuatro dólares de margen. Si nos gastábamos cien dólares en publicidad televisiva, teníamos que vender veinticinco Veg-O-Matics para cubrir gastos».

En aquel tiempo estaba claro que uno podía usar la televisión para vender productos de cocina si su empresa se llamaba Procter & Gamble. No estaba tan claro si la empresa se llamaba Mel Korey y Ron Popeil, dos vendedores ambulantes recién salidos de la adolescencia que vendían una picadora-rebanadora de la que nadie había oído hablar. La apuesta era arriesgada pero, para su asombro, dio resultado. «Había una tienda en Butte (Montana) que se llamaba Hennessy —continúa Korey, recordando aquellos primeros años en que todo era improbable—. Por entonces allí la gente todavía andaba por la calle con levita. En la ciudad había sobre todo bares y muy pocos edificios de tres pisos, veintisiete mil habitantes y una emisora de televisión. Yo me fui a la tienda con mi Veg-O-Matic. Me dijeron: "Nos quedamos una caja. Por aquí no hay mucho movimiento". Voy a la emisora de televisión y el lugar es un vertedero. El único vendedor estaba medio ciego y casi sordo. Me hice un plan. En cinco semanas gasté trescientos cincuenta dólares. Me figuro que, si vendo ciento setenta y cuatro máquinas —seis cajas—, soy feliz. Vuelvo a Chicago. Nada más entrar en la oficina, suena el teléfono. Eran los de la tienda de Butte: "Lo hemos vendido todo. Envíenos otras seis cajas de esos Veg-O-Matics". La semana que viene, el lunes, vuelve a sonar el teléfono. Otra vez Butte: "No damos abasto". Les envío otras seis cajas. Después de esto, siempre que sonaba el teléfono nos mirábamos y decíamos: "Butte (Montana)" —aún hoy, decenios más tarde, Korey apenas puede creerlo—. ¿Cuántas cocinas podía haber en aquella ciudad de veintisiete mil habitantes? ¡Les vendimos dos mil quinientos Veg-O-Matics en cinco semanas!».

¿Por qué el Veg-O-Matic se vendió tan bien? Indudablemente los estadounidenses estaban impacientes por que les ofrecieran un sistema mejor para cortar verdura. Pero había algo más: el Veg-O-Matic representaba un matrimonio perfecto entre el medio (la televisión) y el mensaje (el artefacto). El Veg-O-Matic era completamente transparente. Coja usted una patata, pásela por la máquina y... *voilà!*, casi un plato de patatas fritas. No había botones que pulsar ni ninguna complicada maquinaria con pinta de ir a estropearse a las primeras de cambio: el Veg-O-Matic se explicaba en dos minutos, disipando el habitual miedo a una tecnología nueva, que tantas veces intimida o desalienta. Más expresamente, el medio televisivo obligaba a los espectadores a prestar toda su atención a un buen producto a su alcance. La tele permitía hacer con más eficacia aún lo que hacen los mejores vendedores ambulantes en sus demostraciones en vivo: hacer del producto la estrella.

6.

Ron Popeil nunca olvidó esta lección. Su publirreportaje para la parrilla-barbacoa Showtime no se abre con la imagen de él, sino con una serie de imágenes de carnes brillantes, casi obscenas, mientras giran en la Showtime. Una voz superpuesta describe cada imagen: «un delicioso pollo de tres kilos», «un suculento pato entero», «un apetitoso lomo de cerdo asado»... Es entonces cuando aparece Ron, con cazadora y vaqueros. Explica los problemas de las barbacoas convencionales, lo sucias y desagradables que son. Golpea con un martillo la puerta del Showtime, para demostrar su solidez. Espeta hábilmente un pollo en el asta patentada de dos puntas que lleva el Showtime y lo pone a asar. Luego repite el proceso con dos pollos, unos filetes de salmón al limón con eneldo y un costillar de cerdo. La cámara enfoca sus manos, que están en movimiento constante, manipulando con gracia el Showtime, mientras su tranquilizadora voz guía a los espectadores paso a paso: «No hay más que pasarlo por aquí. Entra muy fácilmente. Aquí lo encajamos para que no se mueva. ¿Que ahora me apetece echarle algunas hierbas y especias? Pues nada, levanto esta tapa transparente y ya está. Lo voy a poner para que esté dentro de una hora, porque me gusta el pollo a fuego lento; y hasta que esté hecho, me olvido».

¿Por qué funciona tan bien esto? Porque el Showtime —como antes el Veg-O-Matic— estaba diseñado para ser la estrella. Desde el principio, Ron insistió en que la puerta debía ser toda de cristal y estar inclinada hacia atrás para que pasara el máximo de luz, de modo que el pollo o pavo o las costillas que giraban dentro fueran visibles en cualquier momento. Alan Backus cuenta que, después del lanzamiento de la primera versión del Showtime, Ron empezó a obsesionarse con la calidad y la uniformidad del tueste, convenciéndose de que la velocidad de rotación del asta no era exactamente la correcta. La máquina original giraba a cuatro revoluciones por minuto. Ron hizo pruebas comparativas en su cocina, cocinando un pollo detrás de otro a velocidades variables, hasta determinar que la velocidad óptima de rotación en realidad era de seis revoluciones por minuto. Cabe imaginarse lo que habría dicho un licenciado en Empresariales: que lo que Ronco realmente vendía era una vida más cómoda y sana; y que era estúpido gastarse cientos de miles de dólares en reajustar de nuevo un aparato que ya se fabricaba en cadena por buscar un tostado algo más doradito. Pero Ron entendió que el dorado perfecto es importante por la misma razón que lo era la puerta de cristal inclinada: porque en todo sentido el diseño del producto debe apoyar la transparencia y la eficacia de su funcionamiento durante una demostración: cuanto mejor aspecto presente el producto en el escenario, más fácil será para el vendedor llegar al momento en que se pide el dinero del cliente.

En otras palabras, si Ron hubiera sido el encargado de introducir el aparato de vídeo en el mercado, no se habría limitado a hacer un publirreportaje. También habría alterado el vídeo mismo, para que tuviera sentido como protagonista de la película. El reloj, por ejemplo, no habría sido digital. (El malhadado parpadeo de un reloj desajustado se ha convertido, claramente, en un símbolo de frustración).

Tampoco la cinta se introduciría detrás de una puerta oculta: se haría a plena vista, igual que el pollo en la parrilla, para que se vieran girar los carretes mientras el aparato grababa. Los mandos no serían botones discretos; serían grandes y harían un chasquido de confirmación al pulsarse; y cada paso del proceso de grabación se identificaría con un número grande, obvio, para poder ajustarlo y olvidarse del resto. En cuanto a la carcasa, ¿sería negra, fina y desangelada? Desde luego que no. La nuestra es una cultura en la que el término «caja negra» es sinónimo de incomprensibilidad. La grabadora de vídeo de Ron sería de plástico rojo y blanco, remolino opaco combinado con translúcido, o tal vez de aluminio 364 Alcoa, pintado de algún audaz color primario; y se asentaría encima del televisor, no debajo, para que cuando el vecino o un amigo vinieran de visita, lo viesen inmediatamente y dijeran: «¡Guau! ¡Te has pillado una de esas Ronco Tape-O-Matics!».

7.

Ron Popeil no tuvo una niñez feliz. «Uno de mis primeros recuerdos es el de estar asando una patata en el horno. Yo debía de tener cuatro o cinco años —me dijo una vez. Estábamos en su cocina y acabábamos de degustar unas costillas hechas en el Showtime. Me había costado sacarle algún recuerdo tan remoto, porque Ron no es de los que se deleitan en recordar el pasado—; y tenía tanta hambre que aun antes de meterla al horno no podía esperar a comerme aquella patata».

Ron no para: mueve las manos, corta comida, se pasea por la cocina. Pero ahora estaba quieto. Sus padres se separaron cuando él era muy joven. S. J. se marchó a Chicago. Su madre desapareció. Él y su hermano mayor, Jerry, fueron enviados a un internado en el estado de Nueva York. «Recuerdo haber visto a mi madre en una ocasión. A mi padre no recuerdo haberlo visto nunca, hasta que a los trece años me mudé a Chicago. Del internado recuerdo que los domingos los padres de otros niños venían a visitarlos, pero mis padres nunca vinieron. Una vez, aun sabiendo que no iban a venir, salí del recinto a una carretera y miré los campos en el horizonte —aquí hizo un movimiento ondulante con la mano, sugiriendo que la carretera serpenteaba a lo lejos—. Me recuerdo llorando en esta carretera, fijándome en los coches a kilómetros de distancia y esperando que mis padres llegaran en uno de ellos. Nunca vinieron. Eso es todo lo que recuerdo del internado —Ron permaneció perfectamente quieto—. No recuerdo haber celebrado una fiesta de cumpleaños en toda mi vida, pero sí me acuerdo de que mis abuelos nos sacaron de allí y nos mudamos a Florida. Mi abuelo solía atarme a la cama por las muñecas y los tobillos. ¿Por qué? Porque tenía la costumbre de dar vueltas y golpearme la cabeza de abajo arriba o hacia los lados. ¿Por qué? ¿Cómo? No tengo respuestas. Pero me recuerdo atado boca arriba; y si aun así me giraba y me golpeaba la cabeza, despertando a mi abuelo, él entraba en plena noche y me daba una paliza de muerte —Ron se interrumpió un momento antes de continuar—. No me gustaba mi abuelo. Por parte materna nunca conocí a mis abuelos ni a nadie de la familia. No tengo mucho que recordar. Obviamente, ocurrieron cosas. Pero se me han borrado».

Cuando Ron llegó a Chicago a los trece años con sus abuelos, lo pusieron a trabajar en la fábrica Popeil Brothers; pero sólo los fines de semana, cuando su padre no estaba allí. «Salmón de lata y pan blanco para el almuerzo, ésa era la dieta —recuerda—. ¿Que si viví con mi padre? Nunca. Vivía con mis abuelos».

Cuando Ron se hizo vendedor ambulante, su padre le concedió una sola ventaja. Mel Korey cuenta que una vez llevó a Ron a su casa desde el instituto y lo dejó en el apartamento de su padre. «Tenía llave del apartamento. Cuando entró, su padre ya estaba en la cama. Desde allí dijo: "¿Eres tú, Ron?". Ron contestó: "Sí". Su padre no salió. A la mañana siguiente aún no lo había visto».

Más adelante, cuando Ron montó su propio negocio, se convirtió en persona no grata para Popeil Brothers. «Después de aquello ya nunca volvieron a recibir bien a Ronnie en aquel lugar —recuerda uno de los antiguos socios de S. J.—. Nunca le permitieron ser parte de nada, pero ahora que era un competidor ni siquiera podía cruzar la puerta principal».

«Para mi padre —se limita a decir Ron— era una cuestión de negocios. Yo no lo conocía personalmente». He aquí un hombre que construyó su vida a imagen de su padre: se dedicó a lo mismo que él, puso toda su atención en los enseres de una cocina. Se inició en el negocio vendiendo los productos que fabricaba su padre. Y ¿dónde estaba su padre? «Podían haber hecho maravillas juntos —dice Korey, sacudiendo la cabeza—. Recuerdo una vez que hablamos con la K-tel de unir nuestras fuerzas. Ellos dijeron que juntos seríamos una máquina de guerra, con esas palabras. Pues bien, Ron y su padre sí que podrían haber sido una máquina de guerra».

Sin embargo, es difícil encontrar en Ron ni un rastro de amargura. Una vez le pregunté: «¿Qué personas te han inspirado más?». El primer nombre se le ocurrió enseguida: su buen amigo Steve Wynn. Luego guardó silencio un momento antes de añadir: «Mi padre». A pesar de todo, Ron claramente encontraba en el ejemplo de su padre una tradición de valor irresistible. ¿Y qué hizo Ron con aquella tradición? Superarla. Creó la Showtime, que es irrefutablemente un invento mejor, en cuanto a relación de calidad-precio, que la rebanadora Morris Metric, la ralladora-picadora de cocina holandesa, el Chop-O-Matic y el Veg-O-Matic juntos.

Cuando yo estaba en Ocean Township visitando a Arnold Morris, me llevó al cementerio judío de la ciudad, Chesed Shel Ames, situado en una loma de las afueras. Condujimos lentamente por los barrios más pobres de la ciudad en el Mercedes blanco de Arnold. Llovía. En el cementerio un hombre bebía una cerveza de pie en la entrada. Entramos por una pequeña puerta oxidada. «Aquí es donde empieza todo —dijo Arnold, refiriéndose a que todo el mundo, todo el animado y desavenido clan, estaba enterrado allí». Caminamos por las hileras de tumbas hasta encontrar, en una esquina, las lápidas de los Morris. Estaba Nathan Morris, el del sombrero de paja y el infarto oportuno; y al lado de él, su esposa, Betty. Unas filas más allá estaba el patriarca de la familia, Kidders Morris, con su señora; y a unas filas desde allí, Irving Rosenbloom, el que hizo una fortuna en bienes de plástico en Long Island. Luego todos los Popeils, en filas ordenadas: el abuelo de Ron, Isadore, que era de la Virgen del Puño, y su esposa, María; S. J., que le dio la espalda a su propio hijo; el hermano de Ron, Jerry, que murió joven. Ron era de ellos, pero no era uno de ellos. Arnold anduvo despacio entre las lápidas, con la lluvia bailándole en la gorra de béisbol y luego dijo algo que sonó a verdad rotunda: «Te apuesto lo que quieras a que nunca verás a Ronnie aquí».

8.

Un sábado por la noche, Ron Popeil llegó a la oficina central de la televisión comercial QVC, un enorme complejo que brilla recostado sobre los bosques de la Filadelfia suburbana. Ron es un habitual de la QVC. Complementa sus publirreportajes con apariciones ocasionales en la red y, durante veinticuatro horas desde aquella medianoche, la QVC le había concedido ocho espacios para él solo, que comenzaban con un «Especial Ronco» de una hora entre la medianoche y la una de la madrugada. Ron viajaba con su hija Shannon, que había empezado en el negocio vendiendo el deshidratador eléctrico de alimentos Ronco en el circuito de ferias. El plan era que los dos se alternarían a lo largo de las cuñas del día. Lanzaban una versión especial del Showtime en color negro, con dial digital y disponible durante sólo un día, a «un valor especial» de 129,72 dólares.

En el estudio, Ron había dispuesto dieciocho Showtimes sobre cinco anaqueles artesonados de madera. Desde Los Ángeles había enviado, por Federal Express, docenas de contenedores Styrofoam con bastante carne para cada una de las emisiones del día: ocho pavos de ocho kilos, setenta y dos hamburguesas, ocho piernas de cordero, ocho patos, unos treinta pollos, dos docenas y pico de gallinas Rock Cornish, etcétera, con sus guarniciones, alguna trucha y una pila de salchichas compradas aquella mañana en tres supermercados de Filadelfia. El objetivo de la QVC era vender treinta y siete mil máquinas, lo que significaba que esperaban recaudar unos 4,5 millones de dólares brutos en veinticuatro horas, una cifra enorme, incluso dentro de la enormidad que es la televisión comercial. Ron parecía tenso. Le ladró al equipo de producción y a los cámaras de la QVC que se alborotaban alrededor de la sala. Se puso quisquilloso con las bandejas ya confeccionadas que iba a presentar como carne recién salida del horno. «Tíos, esto no puede ser —dijo, mirando detenidamente una bandeja de puré y salsa—, el nivel de la salsa tiene que estar más alto. Esto tiene que salir bien sí o sí —dijo fatigosamente. Cojeaba un poco—. ¿Qué tal estuvo Ron? ¿Sigue siendo el mejor?».

Justo unos minutos antes de salir al aire, Ron entró al camerino del estudio para darse GLH en el pelo: unas rociadas de su aerosol, seguidas de un vigoroso cepillado. «¿Dónde se ha metido Dios? —gritaba su coanfitrión, Rick Domeier, buscando teatralmente a su invitado estrella— ¿Está Dios entre bastidores?». Entonces apareció Ron, resplandeciente con su traje de cocinero, y las cámaras comenzaron a rodar. Cortó en rodajas una pierna de cordero, jugó con el disco digital de la nueva Showtime. Admiró la piel crujiente, suculenta, del pato. Elogió las virtudes de la nueva prestación que mantenía los asados calientes (la máquina giraba a fuego mínimo hasta cuatro horas después de que la carne estuviera cocinada, para mantener la salsa en movimiento y que no se secara); pero sobre todo, bromeó tan convincentemente con los espectadores que entraban en antena que era como cuando hipnotizaba a las secretarias en el Woolworth's de la calle State, esquina con la de Washington.

En el camerino había dos monitores de ordenador. El primero mostraba un gráfico lineal del número de llamadas que entraban en cualquier segundo. El segundo era un libro de contabilidad electrónico que iba mostrando las ventas totales. Cuando Ron ya había cogido más que carrerilla, la gente empezó a abandonar el estudio para reunirse alrededor de los ordenadores. Shannon Popeil fue la primera. Eran las 00.40. En el estudio, Ron cortaba cebollas con uno de los Dial-O-Matics de su padre. Shannon miró el segundo monitor y dio un respingo. En cuarenta minutos Ron ya había superado los setecientos mil dólares. Entró un gerente de la QVC. Eran las 12.48 de la madrugada y Ron ya valía 837.650 dólares. «¡No puede ser! —gritó el gerente— ¡Esto es increíble!». Llegaron dos productores de la QVC. Uno de ellos apuntó al primer monitor, el que mostraba el volumen de llamadas. «¡Salta!», le gritó al monitor. «¡Salta!». Sólo faltaban unos minutos para el final de este primer espacio. Ron alabó las virtudes del horno una vez más y *voilà!,* la gráfica inició otra pronunciada subida, mientras por todas partes los espectadores de Estados Unidos sacaban sus carteras. Los números de la segunda pantalla comenzaron a recalcular las ganancias, elevándose en incrementos de 129,72 más impuestos y gastos de envío. «Vamos a superar el millón de dólares en la primera hora» dijo uno de los tipos de la QVC, con voz que delataba su pasmo. Una cosa era decir que Ron era el mejor de todos los tiempos y otra muy distinta tener la prueba fehaciente ante los propios ojos. En aquel momento se abrió la puerta y apareció un hombre encorvado de cansancio pero con una sonrisa en el rostro. Era Ron Popeil, que inventó la mejor parrilla de todas en la cocina de su casa y salió a venderla él mismo. Después de un breve silencio, la sala entera se levantó a aclamarle.

30 de octubre de 2000

EL ENIGMA DEL *KETCHUP*. HOY EN DÍA HAY
DOCENAS DE MOSTAZAS. ¿POR QUÉ EL *KETCHUP*
SIGUE SIENDO EL MISMO DE SIEMPRE?

1.

Hace muchos años había una mostaza que dominaba las estanterías de los supermercados: French's. Venía en botella de plástico. La gente se la echaba a los perritos calientes y a la mortadela. Era de color amarillo y estaba hecha de semillas molidas de mostaza blanca con cúrcuma y vinagre, que le daban un gusto suave, ligeramente metálico. Si uno buscaba bien en el supermercado, en la sección de alimentación especializada podía encontrar algo llamado Grey Poupon, que era mostaza de Dijon, hecha de una semilla más acre y de color marrón. A principios de los años setenta la Grey Poupon no facturaba más de unos cientos de miles de dólares al año. Pocas personas sabían lo que era o a qué sabía, o tenían el deseo particular de encontrar una alternativa a la French's o a su segundona, la Gulden's. Un día la empresa Heublein, dueña de la Grey Poupon, descubrió algo notable: cuando daban a probar su mostaza a la gente, un parte significativa de ella sólo tenía que probar la Grey Poupon una vez para dejar la mostaza amarilla. En el mundo de la alimentación eso no pasa casi nunca. Hasta entre las marcas de alimentos más famosas, sólo una de cada cien puede presentar esa tasa de cambio. Lo de la Grey Poupon era magia.

Así que Heublein puso la Grey Poupon en un tarro de cristal más grande, con una etiqueta esmaltada y suficiente olorcillo a francés para que pasase por hecha en Europa (se

hacía en Hartford, Connecticut, a base de semilla de mostaza canadiense y vino blanco). La empresa insertó en revistas
especializadas de lo más *chic*. Envasaban su mostaza en pa-
quetitos de aluminio para las comidas a bordo de los aviones.
Por aquel entonces, esto era una idea nueva. Después contrataron a una agencia publicitaria de Manhattan, la Lowe
Marschalk, para anunciarse en televisión con un presupuesto modesto. A la agencia se le ocurrió una idea: un Rolls-Royce circula por un camino rural. En el asiento trasero, un
hombre trajeado lleva un plato de ternera sobre una bandeja de plata. Le hace una seña al chófer, que abre la guan-
tera. Entonces viene lo que en el negocio se conoce como la
revelación: el chófer le alcanza un tarro de Grey Poupon. Otro
Rolls-Royce se detiene junto al primero. Un hombre saca la
cabeza por la ventanilla: «Disculpe. ¿Me puede pasar la Grey
Poupon?».

En las ciudades donde se vio este anuncio, las ventas de
Grey Poupon subieron del 40 al 50 por ciento, lo que se repitió en el resto de ciudades en las que se lanzó la campaña.
Los supermercados ponían la Grey Poupon al lado de la
French's y la Gulden's. Hacia el final de los años ochenta
la Grey Poupon era la marca de mostazas más fuerte del
mercado. «La idea del anuncio era que se trataba de uno
de los placeres más exquisitos de la vida —explica Larry
Elegant, creador del anuncio—. Los Rolls-Royce transmitían la sensación de que se trataba de un producto realmente diferente y superior».

El auge de la Grey Poupon demostró que el consumidor
estadounidense estaba dispuesto a pagar más —en este caso,
3,99 en vez de 1,49 dólares por un envase de 240 gramos—
mientras lo que adquiría llevase consigo un aire de sofisticación y complejidad aromática. Este éxito demostró, además,
que las fronteras del gusto y la costumbre no eran inaltera-
bles: que la mostaza siempre fuera amarilla no significaba
que a los consumidores sólo les gustara la mostaza amarilla.
Gracias a la Grey Poupon, hoy el supermercado estadouni-

dense al uso tiene una sección entera de mostazas. Y gracias
también a la Grey Poupon, un hombre llamado Jim Wigon
decidió, hace cuatro años, entrar en el negocio del *ketchup*.
¿No está hoy el negocio del *ketchup* exactamente donde la
mostaza estaba hace treinta años? Está Heinz, y después le
siguen, a mucha distancia, Hunt's, Del Monte y un puñado
de marcas muy minoritarias. Jim Wigon quería crear la Grey
Poupon de los *ketchups*.

Wigon es de Boston. Es un cincuentón fornido con una
gran barba grisácea. Lleva su negocio —bajo la marca World's
Best Ketchup— desde la empresa de comestibles de su socio
Nick Schiarizzi, en Norwood (Massachusetts), cerca de la
Ruta 1, en un edificio bajo situado detrás de una tienda de
alquiler de equipamiento industrial. Su *ketchup* lleva pimienta roja, cebolla, ajo y una pasta de tomate de calidad. La albahaca se corta a mano, porque la picadora automática daña las
hojas. Wigon usa sirope de arce, no de maíz, cuadruplicando
así el azúcar que lleva el *ketchup* de Heinz. Vierte su *ketchup*
en un cristal claro de 300 gramos el tarro y lo vende por el
triple de lo que cuesta el de Heinz. En los últimos años ha
cruzado el país vendiendo de puerta en puerta su World's
Best en seis sabores —normal, dulce, al eneldo, al ajo, a la
cebolla caramelizada y a la albahaca—, en supermercados y
tiendas especializadas. Hace unos meses se le podía ver en la
entrada del Zabar's del Upper West Side de Manhattan, entre el sushi y las albóndigas de pescado. Llevaba una gorra
promocional de la World's Best, una camisa blanca y un delantal con manchas rojas. Ante él, sobre una mesita, tenía
una sopera de plata con albondiguillas de pollo y de ternera,
una caja de palillos y una docena y media de tarros abiertos
de su *ketchup*. «¡Pruebe mi *ketchup*! —repetía Wigon a quienquiera que pase—. Si no, quedará condenado a tomar el
de Heinz el resto de su vida».

Ese día, en el mismo pasillo de Zabar's, había otros dos
muestrarios, así que la gente empezaba en un extremo con
una salchicha de pollo gratuita, luego probaba una loncha de

prosciutto y acababa haciendo una pausa ante el puesto del World's Best antes de dirigirse a la caja. Miraban la fila de tarros abiertos y Wigon pinchaba una albóndiga en un palillo, la bañaba en uno de sus *ketchups* y se lo ofrecía con una floritura al potencial cliente. La proporción de tomate sólido del World's Best Ketchup es mucho más alta que la del Heinz, y el sirope de arce le da un toque inequívocamente dulce. Invariablemente, la gente cerraba los ojos, sólo un momento, mientras degustaban el producto. Algunos parecían ligeramente perplejos y se alejaban; otros asentían y recogían un tarro. «¿Sabe por qué le gusta? —decía, con su acento bostoniano a los clientes que parecían más impresionados— ¡Porque lleva toda la vida tomando *ketchup* del malo!»

Jim Wigon tenía una visión simple: haga usted un *ketchup* mejor —como la Grey Poupon era una mostaza mejor— y el mundo llamará a su puerta. Si fuera tan fácil...

2.

No se puede contar bien la historia del World's Best Ketchup sin hablar de un hombre de White Plains (Nueva York) llamado Howard Moskowitz. Tiene sesenta años y es algo rechoncho; empieza a tener canas y lleva unas enormes gafas con montura de oro. Cuando habla, favorece el monólogo socrático: se hace una serie de preguntas que seguidamente pasa a contestarse, intercalando más de un «¡aah!» y asintiendo vigorosamente. Es descendiente directo del legendario rabino jasídico conocido en el siglo XVIII como el Vidente de Lublin. Tiene un loro. En Harvard escribió su tesis doctoral sobre psicofísica, y todas las salas de la planta baja donde realiza sus pruebas alimentarias y estudios de mercado llevan el nombre de algún psicofísico famoso. («¿Alguna vez has oído el nombre de Rose Marie Pangborn? ¡Aah! Era catedrática en Davis. Muy famosa. Ésta es la cocina Pangborn»).

Moskowitz es un hombre de una exuberancia y capacidad de persuasión fuera de lo común: si hubiera sido mi profesor de Estadística en mi primer año en la Universidad, puede que hoy yo fuera estadístico. «¿Mi escritor favorito? ¡Gibbon! —exclamó, cuando nos encontramos hace poco. Había estado hablando detenidamente sobre las soluciones de sodio—. Ahora mismo estoy bregando con la *Historia del Imperio bizantino* de Hales. ¡Joder! Todo es fácil hasta que se llega al Imperio bizantino. Es imposible. Siempre hay un emperador que mata a los demás; y todos tienen cinco mujeres o tres maridos. Todo muy bizantino».

Moskowitz abrió su negocio en los años setenta. Uno de sus primeros clientes fue Pepsi. Los laboratorios acababan de sacar un edulcorante artificial, el aspartamo; y Pepsi quería que Moskowitz calculase la cantidad perfecta de edulcorante para una lata de Pepsi baja en calorías. Pepsi sabía que por debajo del 8 por ciento no era bastante dulzor; y que por encima del 12 por ciento era demasiado dulce. Así que Moskowitz hizo lo lógico: calculó cantidades experimentales de Pepsi Light para cada grado concebible de dulzor —el 8 por ciento, el 8,25 por ciento, el 8,5 y así sucesivamente hasta 12—, dio a probar el brebaje a cientos de personas y buscó la concentración que a la gente le gustara más. Pero los datos le parecían un lío —no había patrón— hasta que un día, sentado en un comedor, Moskowitz comprendió por qué. Su investigación no estaba enfocada correctamente. No había una Pepsi Light perfecta, sino que había varias Pepsis Light perfectas.

Al mundo de la alimentación le costó mucho verlo como Howard Moskowitz. Él llamó a varias puertas e intentó explicar su idea sobre la naturaleza plural de la perfección. Nadie contestó. Pronunció conferencias para la industria alimentaria y el público se encogió de hombros. Pero él no podía pensar en otra cosa. «Es como ese dicho judío —me dijo—: "Para un gusano dentro de un rábano, el mundo es un rábano"».

En 1986 recibió una llamada de la empresa de sopas Campbell's. Estaban trabajando en una salsa para espaguetis, Prego, que compitiera contra la marca Ragú. La Prego era un poco más espesa que la Ragú, pues llevaba tomates en dados en vez de hechos puré, lo cual, en opinión de Campbell's, le daba una mejor adherencia a las pastas. Sin embargo, Prego no despegaba, y la Campbell's estaba desesperada porque le dieran nuevas ideas.

La práctica estándar en la industria alimentaria habría sido convocar un grupo de dicusión y preguntar a los consumidores de espaguetis qué querían. Pero Moskowitz no creía que los consumidores, ni siquiera los amantes de los espaguetis, pudieran saber lo que querían si aquello que querían aún no existía. «La mente —como le gusta decir— no sabe lo que quiere la lengua». Así pues, trabajando en las cocinas de la Campbell's, se le ocurrieron cuarenta y cinco variedades de salsa para espaguetis diseñadas para diferenciarse de cada modo concebible: picor, dulzor, acidez, salinidad, grosor, aroma, sensación en boca, coste de los ingredientes, etcétera. Hizo que un equipo de catadores cualificados analizara a fondo cada una de las variedades. Luego se fue de viaje con los prototipos —a Nueva York, a Chicago, a Los Ángeles, a Jacksonville— y reunió a gente en grupos de veinticinco para que probaran entre ocho y diez salsas diferentes durante más de dos horas y las evaluaran en una escala de uno a cien. Cuando Moskowitz comparó los resultados, vio que cada catador tenía una definición ligeramente diferente de lo que era la salsa para espaguetis perfecta; pero si uno analizaba cuidadosamente los datos, se podía encontrar un patrón, y Moskowitz aprendió que las preferencias de la mayoría de la gente caían en uno de tres amplios grupos: normal, picante y extragruesa; y de aquellos tres el último era el más importante. ¿Por qué? Porque en aquel tiempo no había ninguna salsa extragruesa para espaguetis en el supermercado. A lo largo de la siguiente década, esta nueva categoría reportó cientos de millones de dólares a Prego. «Dijimos: "¡Guau!"

—recuerda Monica Wood, quien por entonces dirigía el departamento de estudios de mercado de Campbell's—. Ahí estaba el tercer segmento, el de la gente a la que le gustaba la salsa de espaguetis con muchas cosas dentro; y estaba completamente sin explotar. Así que en 1989 o 1990 lanzamos la Prego extragruesa, que fue un éxito extraordinario».

Puede que veinte años más tarde, cuando todas las marcas presentan múltiples variedades, sea difícil apreciar lo que esto suponía. En aquellos años, la gente de la industria alimentaria tenía en la cabeza la noción de un plato platónico: la versión de un plato con un aspecto y un sabor absolutamente perfectos. En Ragú y Prego se habían esforzado en lograr la salsa de espaguetis platónica, y esta salsa ontológica era fina y uniforme porque así era como pensaban que se hacía en Italia. La cocina a escala industrial se consumía buscando universales humanos. Pero una vez que uno comienza a buscar las fuentes de la variabilidad humana, las viejas ortodoxias salen por la ventana. Howard Moskowitz hizo frente a los platónicos y les dijo que no hay universales.

Moskowitz todavía tiene una versión del modelo de ordenador que usó para Prego hace quince años. En él conserva los resultados de las pruebas de gusto del consumidor y las degustaciones expertas, divididas en tres categorías (normal, picante y extragruesa) y relacionadas con la lista de ingredientes real en una hoja de cálculo. «Así como hay ordenadores que te ayudan a construir un avión —dijo Moskowitz mientras abría el programa—, éste es un modelo para construir espaguetis. Mira, todas las variables están aquí —señalaba columna tras columna—. Así que aquí están los ingredientes. Soy un gerente de marca para Prego. Quiero optimizar uno de los segmentos. Empecemos por el Segmento 1». En el programa de Moskowitz, los tres grupos de salsa para espaguetis estaban etiquetados como Segmento 1, Segmento 2 y Segmento 3. Tecleó unas órdenes, indicando al ordenador que le facilitara la fórmula con la puntuación más alta para la gente del Segmento 1. La respuesta apareció casi inmediatamente: una receta específica que, según los datos de Moskowitz, produjo una puntuación de 78 para la gente del Segmento 1. Pero esa misma formulación no funcionaba tan bien con aquellos del Segmento 2 y el Segmento 3, que puntaban 67 y 57 respectivamente. Moskowitz comenzó otra vez, esta vez instruyendo al ordenador para optimizarse con el Segmento 2. Esta vez las puntuaciones llegaron a 82, pero ahora el Segmento 1 había caído 10 puntos, a 68. «¿Ves lo que pasa? —dijo—. Si hago más feliz a un grupo, cabreo a otro. Lo mismo hicimos con el café para General Foods; y encontramos que, si sólo creas un producto, la mejor media de todos los segmentos que puedes conseguir es de 60; y eso si tienes suerte. Eso si fueras a tratar a todo el mundo como una gran familia feliz. Pero si hago una segmentación sensorial, puedo ponerme en 70, 71, 72. ¿Es mucho? Ah. Es una diferencia muy grande. En el sector del café, la gente mata por un 71».

Cuando Jim Wigon puso su *stand* aquel día en Zabar's, presumió que debía de haber algún segmento de la población que prefiriese un *ketchup* hecho con la pasta de tomate Stanislaus, albahaca cortada a mano y sirope de arce. Ésa era la teoría de Moskowitz. Pero luego está la práctica. Hacia el final de aquel largo día, Wigon había vendido noventa tarros. Pero también se había llevado dos multas de aparcamiento y tenía que pagar la habitación del hotel, así que no llevaba dinero a casa. Wigon calcula que a fin de año habrá vendido cincuenta mil tarros, lo que, en el universo de los condimentos, no es más que un accidente. «No he cobrado un cheque en cinco años —dice Wigon pinchando otra albóndiga con un palillo—. Mi mujer quiere matarme». Y no sólo World's Best lo está pasando mal. En el mundo de *ketchup* para gastrónomos están: el River Run y el Uncle Dave's, de Vermont; el Muir Glen Organic y la Mrs. Tomato Head Roasted Garlic Peppercorn Catsup, de California, y, en fin, muchos otros; pero año tras año la ya aplastante cuota del mercado de *ketchup* que tiene Heinz no hace sino crecer.

Es posible, desde luego, que el *ketchup* esté esperando su propia versión de aquel anuncio de los Rolls-Royce, o el descubrimiento del equivalente al *ketchup* de la salsa de tomate extragruesa: la fórmula mágica que satisfará una necesidad insatisfecha. También es posible, sin embargo, que las reglas de Howard Moskowitz aplicables a la Grey Poupon y a la salsa de espaguetis Prego y al aceite de oliva y al aliño para ensalada y a prácticamente todo lo demás que hay en los estantes del supermercado no sea aplicable al *ketchup*.

3.

El tomate *ketchup* es una creación del siglo XIX, la unión de la tradición inglesa de salsas de frutas y verduras con el creciente encaprichamiento de los estadounidenses con el tomate. Pero lo que hoy conocemos como *ketchup* surgió de un furibundo debate ocurrido en los primeros años del siglo pasado a propósito del benzoato, un conservante muy usado a finales del XIX. Harvey Washington Wiley, jefe de la Oficina de Química del Departamento de Agricultura entre 1883 y 1912, llegó a la conclusión de que el consumo de benzoatos no era seguro para la salud, y el resultado fue un cisma que dividió el mundo del *ketchup* en dos. A un lado estaba el consorcio del *ketchup*, que creía que era imposible hacer *ketchup* sin benzoato y que éste no era dañino en las cantidades usadas. Por el otro lado había una banda renegada de fabricantes de *ketchup*: creían que el rompecabezas conservativo podría solucionarse mediante el uso la de ciencia culinaria. Los *ketchups* dominantes en el XIX eran finos y acuosos, en parte porque estaban hechos de tomates inmaduros, bajos en un carbohidrato complejo conocido como pectina, que agrega cuerpo a una salsa. Pero ¿y si se hiciera *ketchup* con tomates maduros, dándole la densidad necesaria para resistir la degradación? Los *ketchups* del siglo XIX tenían un fuerte gusto a tomate, sin más que un ligero toque de vinagre. Los renegados argumentaron que, si se aumentaba en gran medida la cantidad de vinagre, se protegían en efecto los tomates por el procedimiento de conservarlos en escabeche, obteniéndose un *ketchup* superior: más sano, más puro y con mejor gusto. Ofrecieron garantías de devolución del dinero en caso de fracaso. Cobraron más por su producto, convencidos de que el público pagaría más por un *ketchup* mejor. Tenían razón: los *ketchups* de benzoato desaparecieron. El líder de aquella banda de renegados era un empresario de Pittsburgh llamado Henry J. Heinz.

El principal experto mundial en los primeros años del *ketchup* es Andrew F. Smith, un hombre considerable, con más de metro ochenta de estatura, bigote cano y pelo moreno, corto y ondulado. Smith es un erudito con formación de politólogo, que pretendió llevar el rigor al mundo de la alimentación. Cuando hace poco nos reunimos para almorzar en el restaurante Savoy del SoHo (escogido por la excelencia de su hamburguesa con patatas fritas y porque Savoy hace su propio *ketchup,* una variedad oscura, con mucha pimienta y viscosa, servida en un platillo de porcelana blanco), Smith investigaba los orígenes del cruasán para la próxima *Enciclopedia Oxford de la comida y la bebida en Estados Unidos,* de la que es editor jefe. El *croissant* ¿lo inventaron los vieneses en 1683, para celebrar la derrota del invasor turco? ¿O en 1686 los residentes de Budapest para celebrar su propia expulsión de los turcos? Ambas explicaciones explicarían su distintiva forma de cuarto creciente; pues tendría cierto sentido cultural (en particular para los vieneses) el consagrar los triunfos en el campo de batalla con la forma de una masa para pasteles. Pero la única referencia que Smith podría encontrar a una u otra historia estaba en el *Larousse Gastronomique* de 1938. «No me demuestra nada», sentenció sacudiendo fatigosamente la cabeza.

La especialidad de Smith es el tomate; y en el curso de muchos trabajos de corte intelectual —«La historia del *ketchup* de tomate casero angloamericano», para *Petits Propos Culinaires,* por ejemplo, o «La gran guerra de las pastillas de tomate de la década de 1830», para *The Connecticut Historical Society Bulletin*—, Smith ha argumentado que una parte crucial de la historia de la civilización culinaria podría contarse a través de esta hortaliza. Cortés llevó tomates a Europa desde el Nuevo Mundo e inexorablemente éstos empezaron a aparecer en las cocinas de todo el mundo. Los italianos los usaron para reemplazar a la berenjena. En el norte de la India, entró en el curry y en el chutney. «¿Cuál es el mayor productor de tomate del mundo hoy en día? —Smith hizo una pausa, para acentuar el efecto dramático— China. No suele pensarse en el tomate como parte de la cocina china; y no lo era hace diez años. Pero lo es ahora —Smith bañó una de mis patatas fritas en la salsa casera—. Tiene cierto gusto a crudo —dijo, con una mirada de intensa concentración—. Esto es *ketchup* fresco. Se nota en el sabor del tomate». A sus ojos el *ketchup* era la más cercana a la perfección entre todas las manifestaciones del tomate. Era barato, lo que significaba que tenía un firme arraigo en el mercado de masas; y era un condimento, no un ingrediente, lo que significaba que podía aplicarse a discreción del comensal en vez de a la del cocinero. «Hay una cita de Elizabeth Rozin que siempre me ha encantado», prosigue Smith. Rozin es una teórica de la alimentación, autora del ensayo «El *ketchup* y el inconsciente colectivo», y Smith usó su conclusión como epígrafe de su libro sobre el *ketchup:* el *ketchup* bien pudiera ser «la única verdadera expresión culinaria del crisol de culturas [...] Su capacidad especial y sin precedentes de proporcionar algo distinto para cada cual lo convierte en el esperanto de la cocina». De ahí que Henry Heinz y la batalla del benzoato fueran tan importantes: al derrotar a la vieja guardia del condimento, él fue quien cambió el sabor del *ketchup* de un modo que lo hizo universal.

4.

El paladar humano reconoce cinco gustos fundamentales: salado, dulce, ácido, amargo y umami. Lo umami es ese gusto lleno de cuerpo y proteínas propio de la sopa de pollo, o de la carne curada, o del caldo de pescado, o del queso viejo, o de la leche de madre, o de la salsa de soja, las setas, las algas o el tomate cocinado. «Lo umami añade cuerpo —dice Gary Beauchamp, jefe del Centro Monell de Sentidos Químicos de Filadelfia—. Si se agrega a una sopa, la hace parecer más espesa, le da un realce sensorial, convierte un líquido salado en un alimento». Cuando Heinz se pasó a los tomates maduros y aumentó el porcentaje de sólidos en ellos, convirtió el *ketchup,* ante todo, en una poderosa fuente de umami. Entonces aumentaron drásticamente la concentración de vinagre, para que su *ketchup* tuviera el doble de acidez que la mayor parte de los demás *ketchups;* ahora el *ketchup* era ácido, otro de los gustos fundamentales. Los *ketchups* posteriores a la era del benzoato también duplicaban la concentración de azúcar, así que ahora el *ketchup* también era dulce. Salado y amargo lo había sido siempre. No son cuestiones triviales. Désele una sopa normal a un bebé y luego désele otra con glutamato de monosodio (una sal aminoácida que es puro umami) y el bebé elegirá siempre la segunda, del mismo modo que siempre preferirá el agua con azúcar al agua sola. La sal, el azúcar y el umami nos dan datos fundamentales del alimento que estemos comiendo: su densidad en calorías, por ejemplo, o, en el caso de lo umami, la presencia de proteínas y aminoácidos. Lo que Heinz había logrado era un condimento que pulsaba los cinco botones principales. El gusto del *ketchup* de Heinz comenzaba en la punta de la lengua, donde primero aparecen nuestros receptores de lo dulce y lo salado; después se desplazaba a lo largo de los lados, donde las notas ácidas parecen ser las más fuertes; luego llegaban a la parte trasera de la lengua, receptora de lo umami y lo amargo, en un largo *crescendo*. ¿Cuántos artículos del supermercado cubren el espectro sensorial de una manera tan completa?

Hace unos años la empresa H. J. Heinz realizó un exhaustivo estudio de mercado cuyos investigadores entraban en las casas de la gente para observar el modo el que se usaba el *ketchup*. «En una de aquellas visitas —recuerda Casey Keller, hasta hace poco principal responsable de expansión de Heinz— había un niño de tres años y otro de seis; y lo que pasaba era que los niños pedían *ketchup* y mamá se lo traía. Venía en un bote de kilo y cuarto. Cuando el niño de tres años iba a agarrarlo, mamá lo interceptó con un "¡Eso sí que no!" y le sirvió un poquito de salsa nada más. La decepción en el niño era evidente». Para Heinz, asegura Keller, aquel momento fue una revelación. Un niño de cinco años promedio consume aproximadamente un 60 por ciento más de *ketchup* que el adulto de cuarenta años típico. La empresa comprendió que tenía que envasar el *ketchup* en una botella que un niño pudiese controlar. «Si tienes cuatro años, como mi hijo, en la mayor parte de los casos no eliges lo que vas a cenar —dice Keller—. Pero una cosa que sí puedes elegir es cuánto *ketchup* le echas a la comida. Es una manera de personalizar la experiencia de alimentarse». En consecuencia, Heinz sacó la llamada botella EZ, hecha de plástico blando y dotada de un inyector cónico. En las casas donde se usa esta especie de jeringa, el consumo de *ketchup* ha crecido no menos de un 12 por ciento.

Pero aquella escena casera entraña otra lección: los niños pequeños tienden a la neofobia: una vez que cumplen dos o tres años, evitan cualquier gusto nuevo. Evolutivamente esto tiene sentido, porque durante la mayor parte de la prehistoria humana ésa era la edad en la que los niños empezaban a recolectar frutos silvestres por sí mismos; y aquellos que se apartaban de lo que conocían como digno de confianza nunca habrían sobrevivido. Un niño de tres años enfrentado a algo extraño en su plato —como pescado, quizás, o coles de Bruselas— buscaba cambiar su alimento de modo que lo desconocido se le volviera familiar. Quería controlar el contenido de su plato. Y entonces echaba mano del *ketchup*, porque era el único de los condimentos de la mesa capaz de ofrecerle, al mismo tiempo, un sabor dulce, salado, agrio, amargo y umami.

5.

Unos meses después de la visita de Jim Wigon a Zabar's, Edgar Chambers IV, que dirige el centro de análisis sensorial de la Universidad Estatal de Kansas, realizó una evaluación conjunta del World's Best y el Heinz. Chambers reúne a diecisiete catadores cualificados entre su personal en plantilla, los cuales trabajan en el ámbito académico así como en el industrial, contestando la pregunta a menudo difícil de a qué sabe una sustancia dada. Es un trabajo exigente. Inmediatamente después de realizar su estudio del *ketchup*, Chambers envió un equipo a Bangkok para hacer un análisis de frutas: plátanos, mangos, pomarrosas, tamarindos. Otros se dedicaron detalladamente a la soja y el kimchi en Corea del Sur; y la esposa de Chambers condujo a una delegación a Italia para analizar sus helados.

La degustación de *ketchup* duró más de cuatro horas, repartidas en dos mañanas consecutivas. Seis catadores se sentaron alrededor de una gran mesa redonda presidida por una bandeja rotatoria. Delante de cada miembro del panel había dos vasitos: uno lleno del *ketchup* de Heinz y otro que contenía el World's Best. Trabajaban con catorce dimensiones de sabores y texturas, conforme a la escala estándar de quince puntos usada en el mundo de la alimentación. Los componentes del sabor se dividían de dos maneras: elementos recogidos por la lengua y elementos recogidos por la nariz. Un melocotón muy maduro, por ejemplo, sabe dulce;

pero también huele a dulce, que es un aspecto muy diferente del dulzor. El vinagre tiene un gusto ácido, pero también una acritud, un vapor que se eleva hasta el interior de la nariz y llena la boca cuando se espira. Para ayudar al proceso de evaluación, los catadores se rodearon de tazoncillos de soluciones dulces, saladas y ácidas, junto a porciones de pasta de tomate Contadina, salsa de tomate Hunt's y zumo de tomate Campbell's, todo lo cual representa diferentes concentraciones tomateras.

Después de desglosar el *ketchup* en sus partes componentes, los catadores evaluaron una dimensión crucial: la «amplitud», palabra con la que estos expertos sensoriales suelen describir los sabores que están bien mezclados y equilibrados, que «florecen» en la boca. «La diferencia entre una amplitud alta y otra baja es la misma que existe entre mi hijo y un gran pianista cuando ambos tocan el "Himno de la Alegría" —dice Chambers—. Las notas son las mismas, pero un gran pianista las conjuga mejor». Se considera que las galletas de mantequilla Pepperidge Farm tienen una amplitud alta. Lo mismo se dice de la mayonesa Hellmann's y el pastel de Sara Lee. Cuando algo presenta un valor alto en cuanto a amplitud, todos sus elementos constituyentes convergen en una sola *gestalt*. No se pueden aislar los elementos de un sabor de amplitud alta tan icónico como el de la Coca-Cola o la Pepsi; pero eso mismo sí se puede hacer con una de esas colas minoritarias de imitación que se encuentran en el supermercado. «Lo que pasa con la Coca-Cola y la Pepsi es que ambas son absolutamente deliciosas —asegura Judy Heylmun, vicepresidenta de Sensory Spectrum, Inc., de Chatham (Nueva Jersey)—. Presentan notas hermosas; todos los sabores están equilibrados. Es muy difícil hacer esto bien. Por lo general, cuando se prueba una cola de supermercado es como... ¡pic, pic, pic!, las notas van sobresaliendo una detrás de otra; y, por lo general, el sabor cítrico es el primero que despunta. Luego aflora la canela. Las notas cítricas y de las especias marrones son superiores y muy volátiles, a diferencia de la vainilla, que es muy oscura y profunda. Una cola de las baratas presentará una gruesa tónica dominante, por ejemplo, de canela, que pasará por encima de todas las demás».

A algunos de los *ketchups* más baratos les pasa lo mismo. Los aficionados al *ketchup* detectan una inquietante desigualdad en las notas tomateras del *ketchup* marca Del Monte: los tomates varían en acidez, en dulzor y en la relación de sólidos a líquidos, en función de la variedad usada, la época del año en que se recolectan, el suelo en que se cultivan o el clima del lugar de cultivo. A no ser que todas estas variables se controlen estrechamente, una remesa de *ketchup* puede salir demasiado acuosa u otra demasiado fuerte. O, si se prueba una de las numerosas marcas minoritarias que conforman los estantes inferiores del mercado del *ketchup* y se presta atención a la mezcla de especias, uno bien podría volverse demasiado consciente del gusto a clavo o quedar abrumado por un fuerte golpe de ajo. Las colas y *ketchups* genéricos tienen lo que Moskowitz llama «el anzuelo»: un atributo sensorial fácilmente aislable y que acaba por cansar.

La degustación comenzó con una cuchara de plástico. Tras considerar la cuestión, se decidió simplificar el análisis probando los *ketchups* sobre patatas fritas; así que se preparó una pila de ellas, que se distribuyeron alrededor de la mesa. De acuerdo con el protocolo, cada catador tomaba una patata frita, la bañaba entera en la taza, mordía la parte cubierta de *ketchup* y luego lo sometía a la prueba de sus sentidos. En el caso del de Heinz, los componentes cruciales del sabor —el vinagre, la sal, la identidad del tomate (la *tomatez),* sus matices dulces y amargos— se juzgaron presentes en concentraciones aproximadamente iguales; y dichos elementos, a su vez, se consideraron bien mezclados. El World's Best, sin embargo, «presentaba unas características completamente diferentes, un perfil diferente del de Heinz», en palabras de Chambers. Tenía un golpe mucho más fuerte de aromas dulces —4,0 contra 2,5— y superaba a Heinz en *tomatez* por un sorprendente 9 a 5,5. Pero contenía menos sal y apenas se percibía el vinagre. «Otro comentario del panel fue que en realidad estos elementos no constituían una conjunción armoniosa en absoluto —continuó Chambers—. El producto World's Best tenía una amplitud realmente baja». Según Joyce Buchholz, una de los miembros del panel, cuando el grupo juzgó el retrogusto, parecía que el recuerdo de cierto sabor permanecía más tiempo en el caso del World's Best: era un sabor a tomate cocinado.

Entonces ¿qué debía hacer Jim Wigon? Para competir contra Heinz, tenía que probar algo rompedor, como sustituir el sirope de arce por sirope de maíz, desnivelando los componentes sólidos del tomate. Con ello consiguió un sabor insólito y atrevido. El «mejor *ketchup* de mundo» al eneldo sobre siluro frito, por ejemplo, es una cosa maravillosa. Pero también estaba claro que su *ketchup* no era tan sensorialmente completo como el de Heinz, lo cual le hacía pagar un elevado precio en la valoración de la amplitud. «Nuestra principal conclusión fue que el World's Best, más que un *ketchup*, parecía una buena salsa de tomate», dictaminó Buchholz intentando decir algo positivo.

Hay, pues, una excepción a la regla de Moskowitz: hoy existen treinta y seis variedades de salsa para espaguetis Ragú, bajo seis denominaciones —vieja Europa, jardinera con tropiezos, robusta, ligera, al queso y rica en carne—, lo que significa que prácticamente hay una salsa para espaguetis casi óptima para cada hombre, mujer y niño estadounidense. Comparado con la monotonía a la que se enfrentó Howard Moskowitz hace veinte años, esto es un progreso. En cierto sentido, la felicidad depende de cuán estrechamente se conforma nuestro mundo a la infinita variedad de las preferencias humanas. Pero ello puede hacernos olvidar fácilmente que a veces la felicidad reside en tener lo que siempre tuvimos y todos los demás tienen. «En los años setenta, una marca, creo que fue Ragú, intentó hacer un *ketchup* al estilo italiano —narra Moskowitz—. Fracasaron estrepitosamente». Se trataba de un enigma: lo que valía para un condimento amarillo que se les echaba a los perritos calientes no valía para un condimento rojo que se les echaba a las hamburguesas; y lo que era verdad de la salsa de tomate cuando se le agregaban alimentos sólidos visibles y se presentaba en un tarro no se aplicaba en modo alguno a la salsa de tomate cuando se le añadían vinagre y azúcar y se envasaba en una botella. Moskowitz se encogió de hombros: «Supongo que el *ketchup* es *ketchup* y ya está».

6 de septiembre de 2004

Volando se va. Cómo Nassim Taleb convirtió la inevitabilidad del desastre en una estrategia de inversión

1.

Un día de 1996 un comerciante de Wall Street llamado Nassim Nicholas Taleb fue a ver a Victor Niederhoffer. Niederhoffer era uno de los gestores de dinero más exitosos del país. Vivía y trabajaba en un recinto de nueve hectáreas sito en el condado de Fairfield (Connecticut). Cuando Taleb llegó aquel día desde su casa de Larchmont, tuvo que dar su nombre en la puerta antes de bajar por el largo y serpenteante camino de entrada. Niederhoffer tenía una pista de *squash,* otra de tenis, una piscina y una mansión colosal de falso estilo alpino en la que prácticamente cada palmo cuadrado estaba cubierto de arte popular estadounidense de los siglos XVIII y XIX. En aquel tiempo solía jugar al tenis con el financiero multimillonario George Soros. Acababa de escribir un superventas, *The Education of a Speculator* [La educación de un especulador], dedicado a su padre, Artie Niederhoffer, un policía de Coney Island. Tenía una biblioteca enorme y ecléctica y un deseo aparentemente insaciable de conocimiento. Cuando Niederhoffer fue a estudiar a Harvard, empezó a practicar el *squash;* y la primera vez que agarró una raqueta anunció que algún día sería el mejor en este deporte. En efecto, pronto derrotó al legendario Shariff Khan para ganar el Abierto de Estados Unidos. Ésa constituía la clase de hombre que era Niederhoffer. Se había enterado de la creciente reputación de Taleb en el esotérico campo del comercio de opciones y lo había invitado a Connecticut. Taleb estaba intimidado.

«Como no hablaba mucho, me dediqué a observarle —recuerda Taleb—. Pasé siete horas mirándolo mientras trabajaba. Todas las demás personas de su oficina tenían veintitantos años, y él, que estaba en la cincuentena, era el que más energía desplegaba. Entonces, después de que se cerraran los mercados, salió a dar mil reveses en la pista de tenis». Taleb es un libanés griego ortodoxo y su lengua materna era el francés, lo que hace que el apellido Niederhoffer suene ligeramente más exótico cuando él lo pronuncia. «Ahí tenía a un tipo que vivía en una mansión con miles de libros, mi sueño cuando era niño —continuó Taleb—. Era mitad *chevalier*, mitad erudito. Mi respeto por él era inmenso». Había un problema, sin embargo, que es la clave para entender el extraño camino escogido por Nassim Taleb y la posición que ahora mantiene como principal disidente de Wall Street. A pesar de su envidia y admiración, él no quería ser Victor Niederhoffer, ni entonces ni ahora ni en ningún otro momento. Porque cuando miraba a su alrededor —los libros, la pista de tenis y el arte popular de las paredes—, cuando contemplaba los incontables millones que Niederhoffer había ganado durante años, no podía evitar pensar que todo podía ser resultado de la pura suerte.

Taleb sabía cuán herético era ese pensamiento. Wall Street estaba dedicado al principio de que, cuando se trataba de jugar con los mercados, la pericia importaba, de que la habilidad y la perspicacia eran tan esenciales para la inversión como para la cirugía, el golf o el pilotaje de cazas. Los que tuvieron la previsión de comprender el papel que el software iba a desempeñar en el mundo moderno compraron Microsoft en 1985 y ganaron una fortuna. Los que entendían la psicología de las burbujas de inversión vendieron sus acciones en tecnología a finales de 1999 y evitaron el derrumbe del Nasdaq. A Warren Buffett se le conocía como «el sabio de Omaha», porque parecía indiscutible que, si uno comienza sin nada y termina con miles de millones, forzosamente tenía que ser más inteligente que todos los demás: Buffett tenía éxito por algo. Aun así, ¿cómo saber —se preguntaba Taleb— si ese algo era la razón del éxito de cualquiera o simplemente una racionalización inventada a posteriori?

George Soros también parecía haber tenido éxito. Solía decir que seguía algo llamado la *teoría de la reflexividad*. Pero más tarde Soros escribió que en la mayor parte de las situaciones su teoría era «tan débil que seguramente no merezca la pena hacerle caso».

Un viejo socio de Taleb, Jean-Manuel Rozan, se pasó una vez la tarde entera hablando con Soros sobre la bolsa. Soros era vehementemente pesimista, y para explicarlo tenía una compleja teoría que resultó ser completamente errónea. La bolsa estaba en auge. Dos años más tarde, Rozan se topó con Soros en un torneo de tenis.

—¿Recuerda usted nuestra conversación? —preguntó Rozan.

—Perfectamente —contestó Soros—. Cambié de opinión y gané una fortuna tremenda.

¡Cambió de opinión! Lo más acertado que se ha dicho de Soros parecía ser lo que contó una vez su hijo Robert:

Mi padre se sentaba y comenzaba a soltar teorías para explicar por qué hacía esto o aquello. Pero recuerdo haberlo visto cuando yo era niño y pensar: «Qué coño, al menos la mitad de lo que dice es mentira podrida». Me refiero a que la razón por la que cambia de postura sobre el mercado o lo que sea es que su espalda empieza a matarle. Esto no tiene nada que ver con la razón. Literalmente, le da un espasmo y ésa es una señal temprana de advertencia.

Para Taleb, pues, la pregunta de por qué alguien tenía éxito en el mercado financiero resultada fastidiosa. Taleb podía hacer el cálculo mental. Supongamos que ahí fuera había diez mil gestores de inversiones, que no es un número descabellado, y que cada año la mitad de ellos, por pura casualidad, ganaban dinero mientras la otra mitad, por pura casualidad, lo perdían. Y supongamos que cada año los perdedores quedaban eliminados y el juego volvía a jugarse con los que permanecían. Al cabo de cinco años, había trescientas trece personas que habrían ganado dinero en cada uno de aquellos años; y después de diez años habría nueve personas que habrían ganado dinero año tras año, todo por pura suerte. Niederhoffer, como Buffett y Soros, era un hombre brillante. Se había doctorado en Economía por la Universidad de Chicago. Había sido pionero en promover la idea de que mediante un estrecho análisis matemático de los modelos de mercado un inversor podía identificar anomalías rentables. Ahora bien, ¿quién decía que él no fuera uno de aquellos nueve afortunados? ¿Y quién decía que al undécimo año Niederhoffer sería uno de los desafortunados que de repente lo perderían todo, que de repente, como dicen en Wall Street, *todo se le iría volando*?

Taleb recordaba su niñez en el Líbano, cuando fue testigo de cómo su país pasó «del paraíso al infierno», como él decía, en cosa de seis meses. Su familia una vez poseyó enormes extensiones de terreno en el norte del Líbano. Todo aquello se había ido volando. Recordaba a su abuelo, antiguo vicepresidente del Gobierno del Líbano, hijo de otro viceprimer ministro del Líbano y hombre de una gran dignidad personal, viviendo sus días en un desaliñado apartamento en Atenas. Era el problema de un mundo lleno de incertidumbre respecto a por qué las cosas terminaban como terminaban: que uno nunca sabía si un día su suerte cambiaría y todo se le iría volando. En algo sí imitó Taleb a Niederhoffer. Viendo que Niederhoffer era un atleta serio, decidió que él también lo sería. Iba al trabajo en bicicleta y se entrenaba en el gimnasio. Niederhoffer era un empirista convencido que, aquel día en Connecticut, se volvió a Taleb y le dijo severamente: «Todo aquello que se pueda poner a prueba debe probarse». Así que, cuando unos años más tarde Taleb inició su propio fondo de gestión alternativa, lo llamó Empirica. Pero se detuvo ahí. Nassim Taleb decidió que no podía perseguir una estrategia inversora que tuviera la más mínima posibilidad de irse volando.

2.

Nassim Taleb es un hombre alto y musculoso de cuarenta y pocos años, con una barba salpimentada y una incipiente calvicie. Tiene las cejas espesas, la nariz larga y en la tez ese matiz oliváceo del Levante. Es un hombre apasionado y, cuando su mundo se oscurece, las cejas se le juntan, los ojos se le estrechan y es como si emitiera una descarga eléctrica. Algunos amigos dicen que se parece a Salman Rushdie, aunque en su oficina su personal haya fijado al tablón de anuncios una fotografía de un mulá que según juran es un gemelo de Taleb perdido hace mucho. Por su parte, Taleb mantiene, de forma totalmente inverosímil, que se parece a Sean Connery. Vive en una casa Tudor de cuatro dormitorios con veintiséis iconos rusos ortodoxos, diecinueve cabezas romanas y cuatro mil libros; y se levanta al amanecer para pasar una hora escribiendo. Es autor de dos libros: el primero, un trabajo técnico y sumamente reputado sobre derivados; y el segundo, un tratado titulado *Engañados por el azar,* que es a la sabiduría convencional de Wall Street aproximadamente lo que las noventa y cinco tesis de Martín Lutero fueron a la Iglesia católica. Algunas tardes conduce a la ciudad y asiste a una conferencia de Filosofía en la City University. Durante el año escolar, por las tardes, imparte un curso de posgrado en Finanzas en la Universidad de Nueva York, después del cual a menudo puede encontrársele en la barra del café Odeón en Tribeca, hablando detenidamente sobre, digamos, los postulados más excelentes de la volatilidad estocástica o su veneración por el poeta griego C. P. Kavafis.

Taleb dirige Empirica Capital desde un anónimo parque de oficinas de cemento en algún lugar en los bosques de las afueras de Greenwich (Connecticut). Sus oficinas consisten, principalmente, en un parqué bursátil del tamaño de un apartamento-estudio de Manhattan. Taleb se sienta en una esquina, delante de un ordenador portátil y rodeado del resto de su equipo: Mark Spitznagel, el *trader* principal; otro *trader,* llamado Danny Tosto; un programador llamado Winn Martin, y un estudiante de posgrado llamado Pallop Angsupun. Spitznagel tiene como mucho treinta años. Winn, Danny y Pallop parece que aún siguen en el instituto. La sala tiene una estantería atestada en una esquina y un televisor sin volumen sintonizado en la CNBC. Hay dos cabezas griegas antiguas, una junto al ordenador de Taleb y la otra, algo incomprensiblemente, en el suelo, al lado de la puerta, como si su destino fuese la basura. No hay casi nada en las paredes, excepto el cartel ligeramente avejentado de una exposición de objetos griegos, la foto del mulá y un pequeño dibujo a pluma del santo patrón de Empirica Capital: el filósofo Karl Popper.

Una mañana de primavera, hace no mucho, el personal de Empirica estaba ocupado en la solución de un espinoso problema que tiene que ver con la raíz cuadrada de *n,* donde *n* es un número dado de un conjunto arbitrario de observaciones, y con la relación que *n* podría tener con la confianza de un especulador en sus valoraciones. Taleb escribía en una pizarra junto la puerta; y su rotulador chirriaba con furia mientras él garabateaba posibles soluciones. Spitznagel y Pallop escuchaban atentamente. Spitznagel es rubio y del Medio Oeste, y practica yoga: en contraste con Taleb, exuda cierta sensatez lacónica. En un bar, Taleb provocaría una pelea. Spitznagel la desactivaría. Pallop es de origen tailandés y cursa un doctorado en Matemáticas financieras en Princeton. Tiene el pelo moreno y tirando a largo y un aire ligeramente excéntrico. «Pallop es muy perezoso», comentará Taleb, sin dirigirse a nadie en particular, varias veces a lo largo del día; aunque lo dice con tal afecto que sugiere que «pereza», en nomenclatura Talebiana, es sinónimo de genio. El ordenador de Pallop estaba intacto y él giraba su silla a menudo, y quedaba muchas veces completamente de espaldas a su escritorio. Estaba leyendo un libro de los psicólogos cognoscitivos Amos Tversky y Daniel Kahneman, cuyos argumentos, dijo con cierto tono de decepción, no eran «realmente cuantificables». Los tres argumentaron por varias vías la posible solución. Parecía que Taleb estaba equivocado, pero antes de que el asunto pudiera zanjarse, los mercados abrieron. Taleb volvió a su escritorio y comenzó a discutir con Spitznagel sobre qué música había que poner en el reproductor de la empresa. Spitznagel toca el piano y la trompa y se ha autodesignado pinchadiscos de Empirica. Él quería poner a Mahler, pero a Taleb no le gusta este compositor. «Mahler no es bueno para la volatilidad —se quejó Taleb—. Bach sí. ¡*La Pasión según san Mateo*! —gesticuló Taleb hacia Spitznagel, que llevaba un jersey gris de lana con cuello alto—. Miradlo. Se cree Von Karajan, quiere vivir en un castillo. Técnicamente superior al resto de nosotros. Sin medias tintas, directo a la planta superior, ¡ése es Mark!». Mientras Spitznagel ponía cara de «qué paciencia hay que tener», un hombre a quien Taleb se refiere, algo misteriosamente, como doctor Wu, entró en la sala. El doctor Wu trabaja para otro fondo, al otro lado del pasillo y, según se dice, es un hombre brillante. Está delgado y bizquea al otro lado de sus gafas de montura negra. Le preguntaron su opinión sobre la raíz cuadrada de *n*, pero Wu rehusó contestar. «El doctor Wu viene aquí a meterse algún chute intelectual, a tomar libros prestados y a hablar de música con Mark —explicó Taleb una vez que su visitante se fue como había venido. Con cierto aire tenebroso, añadió—: El doctor Wu es otro mahleriano».

Empirica sigue una estrategia inversora muy particular. Negocia con opciones, lo que significa que no trata con acciones y obligaciones, sino con apuestas sobre acciones y obligaciones. Imagínese, por ejemplo, que la acción de General Motors cotiza a 50 dólares y usted es un inversor principal de Wall Street. Un comerciante en opciones le hace una proposición. ¿Y si, dentro de los tres próximos meses, él decide venderle una acción de GM por 45 dólares? ¿Cuánto cobraría usted por acceder a comprarlo a este precio? Usted miraría la historia de GM y vería que en un periodo de tres meses rara vez ha caído el 10 por ciento; y obviamente el comerciante sólo va a hacerle comprar su GM a 45 si la acción cae debajo de ese punto. Entonces usted dice que hará esa promesa, o venderá aquella opción, a cambio de unos honorarios relativamente pequeños, digamos diez centavos. Está apostando a la alta probabilidad de que la acción de GM se quede relativamente tranquila durante los tres próximos meses; y si tiene razón, se embolsará diez centavos como beneficio puro. El comercial, por su parte, apuesta al hecho improbable de que la acción de GM caiga mucho; si pasa esto, las ganancias de él son potencialmente enormes. Si el comercial comprara un millón de opciones de usted a diez centavos cada una y GM cayera a 35 dólares, él comprará un millón de acciones a 35, se dará la vuelta y le obligará a comprarlas a 45, haciéndose muy rico de repente y a usted considerablemente más pobre.

Esta transacción en particular se llama, en el argot de Wall Street, la *opción sacacuartos*. Pero una opción puede configurarse de muchas maneras distintas. Usted podría vender al *trader* una opción a GM por 30 dólares, o, si quisiera apostar contra la subida de la acción de GM, podría vender una opción a GM por 60 dólares. Usted podría vender o comprar opciones en bonos u obligaciones, al índice de S&P, en divisas extranjeras, o en hipotecas, o según la relación entre cualesquiera instrumentos financieros de su elección; puede usted apostar por el auge del mercado o por su derrumbe o por su mantenimiento. Las opciones permiten a los inversores apostar fuerte y convertir un dólar en diez. También permiten a los inversores acotar los riesgos. La razón por la que su fondo de pensiones sobrevivirá al siguiente derrumbe es que usted se ha protegido comprando opciones.

Lo que impulsa el juego de opciones es la noción de que los riesgos que representan todas estas apuestas pueden cuantificarse; que observando el comportamiento pasado de GM, usted puede calcular la posibilidad exacta de que GM valga 45 en los tres próximos meses, y si a 1 dólar esa opción es una inversión buena o mala. El proceso se parece mucho al modo en que las empresas de seguros analizan la estadística actuarial para calcular cuánto cobrar por la prima de un seguro de vida; y para efectuar estos cálculos cada banco de inversión tiene en plantilla un equipo de doctores: físicos rusos, chinos doctos en matemática aplicada, informáticos de la India. En Wall Street a estos doctores los llaman *cuánticos*.

Nassim Taleb y su equipo de Empirica son cuánticos. Pero rechazan la cuántica ortodoxa, porque no creen que cosas como la bolsa se comporten igual que fenómenos físicos como las estadísticas de mortalidad. Los acontecimientos físicos, sean tasas de mortalidad o partidas de póquer, son la función fiable de un conjunto limitado y estable de factores, y tienden a seguir lo que los estadísticos llaman una *distribución normal*, una curva acampanada. Pero los altibajos del mercado ¿describen una curva en forma de campana? El economista Eugene Fama estudió los precios de las acciones, advirtiendo que, si seguían una distribución normal, cabría esperar un salto realmente grande —que especificaba como un desplazamiento a cinco desviaciones estándar de la media— una vez cada siete mil años. De hecho, los saltos de tal magnitud se producen en la bolsa cada tres o cuatro años, porque los inversores no se comportan con ningún sentido del orden estadístico. Cambian de opinión. Cometen estupideces. Se copian unos a otros. Son presa del pánico. Fama concluía que, si uno relacionaba estadísticamente los altibajos de la bolsa, el gráfico tendría una «cola gorda», lo que significaba que en los extremos superiores e inferiores de la distribución habría muchos más acontecimientos excepcionales de los que habrían imaginado los estadísticos acostumbrados a modelar el mundo físico.

En el verano de 1997 Taleb predijo que los fondos como Long Term Capital Management iban a tener problemas porque no entendían este concepto de la cola gorda. Sólo un año más tarde, LTCM vendió un número extraordinario de opciones, porque sus modelos informáticos revelaban que los mercados debían de estar calmándose. ¿Y qué pasó? El Gobierno ruso no pagó sus bonos; los mercados se volvieron majaras; en cuestión de semanas el LTCM estaba liquidado. Spitznagel, el principal gestor de Taleb, oyó recientemente a un ex directivo del LTCM pronunciar una conferencia en la que defendía la apuesta que había hecho el fondo. «Lo que el tipo dijo —relata Spitznagel— fue: "Miren, cuando conduzco a casa las tardes de otoño, me fijo en las hojas dispersas alrededor de la base de los árboles. Hay una distribución estadística que gobierna el modo en que caen, así que puedo predecir su distribución con bastante exactitud. Pero un día llegué a casa y las hojas estaban en pequeños montones. ¿Refuta esto mi teoría de que hay reglas estadísticas que gobiernan la caída de las hojas? No. Las alteró un acontecimiento humano"». En otras palabras, los rusos, faltando a sus obligaciones, hicieron algo que no debían hacer, rompieron las reglas por una vez en la vida. Pero para Taleb ésta es precisamente la cuestión: en los mercados, a diferencia de lo que ocurre en el universo físico, las reglas del juego pueden cambiarse. Los bancos centrales pueden decidir faltar a los compromisos suscritos por los Gobiernos.

Uno de los mentores más tempranos de Taleb en Wall Street fue un francés con poca paciencia llamado Jean-Patrice, que vestía como un pavo real y tenía una obsesión casi neurótica con el riesgo. Jean-Patrice llamaba a Taleb desde Regine's a las tres de la mañana, o convocaba una reunión en un club nocturno parisino mientras bebía champán rodeado por mujeres escasamente vestidas. Una vez Jean-

Patrice preguntó a Taleb qué les pasaría a sus posiciones si un avión chocara contra su edificio. Taleb era joven entonces y ni consideró la posibilidad. Le pareció absurda. Pero como Taleb no tardaría en comprender, nada es absurdo. A Taleb le gusta citar a David Hume: «Ninguna cantidad de observaciones de cisnes blancos permite inferir que todos los cisnes son blancos, pero la observación de un solo cisne negro basta para refutar dicha conclusión». Como LTCM nunca había visto cisnes negros en Rusia, pensó que no existían cisnes negros rusos. Taleb, en cambio, ha construido una filosofía bursátil completamente sustentada en la existencia de cisnes negros, en la posibilidad de que algún acontecimiento tan arbitrario como inesperado barra los mercados. Así que nunca vende opciones. Sólo las compra. Él nunca es el que puede perder mucho dinero si la acción de GM se hunde de repente. Tampoco apuesta nunca a que el mercado se mueva en una dirección u otra. Esto requeriría que Taleb asumiera que él entiende el mercado, y no es el caso. Carece de la confianza de Warren Buffett, así que compra opciones a ambos lados, a la posibilidad de que el mercado fluctúe tanto hacia arriba como hacia abajo. También se abstiene de apostar a las fluctuaciones menores del mercado. ¿Para qué molestarse? Si todos los demás subestiman enormemente la posibilidad de que se produzcan acontecimientos raros, entonces una opción a GM por, digamos, 40 dólares estará infravalorada. Así que Taleb compra opciones sacacuartos a toneladas. Las compra para cientos de acciones diferentes, y si expiran antes de que consiga usarlas, simplemente compra más. Taleb ni siquiera invierte dinero en acciones, ni para Empirica ni para su propia cuenta personal. La compra de una acción, a diferencia de la compra de una opción, es una apuesta porque el futuro representará una versión mejorada del pasado. ¿Y quién sabe si esto se cumplirá? Toda la fortuna personal de Taleb, y los cientos de millones que Empirica tiene como remanente, están en letras del Tesoro. Pocos en Wall Street han llevado a tales extremos la práctica de comprar opciones. Pero si a la bolsa le pasa algo completamente extraordinario, si algún acontecimiento arbitrario sacude todo Wall Street y empuja a la GM a digamos 20 dólares, Nassim Taleb no terminará en un sucio apartamento en Atenas. Será rico.

Hace poco Taleb asistió a una cena en un restaurante francés algo al norte de Wall Street. Todos los asistentes a esta cena eran cuánticos: hombres con bolsillos abultados, camisas de cuello abierto y ese aire sereno y ligeramente ausente de los que sueñan despiertos con números. Taleb estaba sentado en un extremo de la mesa, bebiendo anisados y hablando de literatura francesa. Había un gran maestro de ajedrez en la mesa, con un mechón blanco, que antaño había sido uno de los profesores de Anatoli Karpov; y otro hombre que a lo largo de su carrera había trabajado, en orden cronológico, para la Universidad de Stanford, Exxon, el laboratorio nacional de Los Álamos, Morgan Stanley y un pequeño banco francés especializado en inversiones. Hablaban de matemáticas, de ajedrez y de un comensal que aún no había llegado y de quien uno de los cuánticos dijo, con un punto de preocupación, que era «incapaz de encontrar el cuarto de baño».

Cuando llegó la cuenta, la recibió un hombre que trabajaba en gestión de riesgos para un gran banco de Wall Street. La estudió fijamente durante largo rato, con una mezcla de perplejidad y divertimento, como si le costase recordar lo que era lidiar con un problema matemático de tal banalidad. Los hombres de la mesa estaban inmersos en un debate que formalmente versaba sobre matemáticas, pero que realmente trataba de epistemología, porque vender o comprar una opción requiere que cada parte afronte la pregunta de qué es lo que sabe realmente. Taleb compra opciones porque está seguro de que, en rigor, él no sabe nada, o bien, para ser más precisos, que los demás creen saber más de lo que de hecho saben. Pero había muchos alrededor de aquella mesa que vendían opciones; que pensaban que, si eran bastante inteligentes para fijar correctamente el precio de la opción, podrían ganar tantas apuestas de a 1 dólar por General Motors que, aun cuando la acción llegara a caer por debajo de los 45 dólares, ellos seguirían quedándose con la sartén por el mango. Creen que el mundo es un lugar donde, al final del día, las hojas caen más o menos con arreglo a un patrón fiable.

La distinción entre estos dos lados traza la línea divisoria establecida en Connecticut entre Taleb y Niederhoffer hace tantos años. El héroe de Niederhoffer es el científico del siglo XIX Francis Galton. Niederhoffer, que llamó Galt a su hija mayor, tiene un retrato de Galton de cuerpo entero en su biblioteca. Galton era estadístico y sociólogo (y genetista y meteorólogo); y si fuera nuestro héroe, creeríamos que ordenando la evidencia empírica mediante agregación de puntos de datos podríamos aprender cualquier cosa que tuviéramos que conocer. El héroe de Taleb, por otra parte, es Karl Popper, quien dijo que no se podía saber con ninguna certeza si una proposición era verdadera; que así sólo podría saberse que algo no era verdadero. Taleb sacó mucho partido a lo que aprendió de Niederhoffer, pero éste insiste en que Taleb desoyó su ejemplo. «En uno de sus casos, el personaje literario de Wodehouse, Rumpole del Bailey, abogado, planteaba la posibilidad de ser juzgado por un obispo que no cree en Dios —dice Niederhoffer—. Pues bien, Nassim es el empirista que no cree en el empirismo». ¿Qué es lo que uno asegura haber aprendido de la experiencia, cuando al mismo tiempo cree que en la experiencia no se puede confiar? Hoy Niederhoffer gana la mayor parte de su dinero vendiendo opciones; y lo más habitual es que la persona a quien le venda dichas opciones sea Taleb Nassim. En otras palabras, si uno de ellos se lleva un dólar de ganancia, ese dólar probablemente provenga del otro. El profesor y su pupilo se han convertido en el depredador y su presa.

3.

Hace años, Nassim Taleb trabajaba para First Boston, un banco de inversiones. Una de las cosas que lo dejaron perplejo fue lo que consideraba la insensata industria del parqué bursátil. Se suponía que un *trader* era alguien que venía por las mañanas y compraba y vendía cosas; y dependiendo de cuánto dinero ganara con esta compraventa, recibía un bono. Cuando pasaba demasiadas semanas sin arrojar beneficio alguno, sus pares comenzaban a mirarle de aquella manera; y si las semanas se convertían en demasiados meses sin beneficios, tenía que irse. En general estos comerciales estaba bien educados y llevaban trajes de Savile Row y corbatas de Ferragamo. Se zambullían en los mercados con una urgencia frenética. Leían atentamente el *Wall Street Journal* y se congregaban alrededor de la televisión para no perderse ninguna noticia. «Que si el Gobierno federal había hecho esto, que si el presidente del Gobierno español había hecho esto otro —recuerda Taleb—. El ministro de Economía italiano dice que no habrá ninguna devaluación competitiva, esta cifra es más alta de lo esperado, Abby Cohen acaba de decir no sé qué». Era un escenario que Taleb no comprendía.

«Taleb, siempre tan conceptual en todo lo que hacía —dice Howard Savery, que fue su ayudante en el banco francés Indosuez durante los años ochenta—. Solía volver loco a nuestro *trader* de planta, que se llamaba Tim. Un *trader* de planta está acostumbrado a la precisión, a que le digan: "Vende cien futuros a 87". Pero Nassim cogía el teléfono y le decía: "Tim, vende unos futuros". "Pero ¿cuántos?", preguntaba Tim, y Nassim le contestaba: "Pues... una cantidad social". Era como si le dijese: "No tengo una cifra en mente, sólo sé que quiero vender". Seguían acaloradas discusiones en francés a grito pelado. Pero luego se iban a cenar todos juntos y se divertían mucho. La actitud de Nassim y su grupo venía a decir: no nos interesa saber cuál es la nueva cifra de compraventa.

Cuando todos los demás se inclinaban sobre sus escritorios, escuchando atentamente las últimas cifras, Nassim abandonaba ostensiblemente el cuarto».

Así pues, en Empirica no se encontrará ningún ejemplar del *Wall Street Journal* que leer. Hay muy poco comercio activo, porque las opciones que el fondo posee vienen seleccionadas por el ordenador. La mayor parte de dichas opciones sólo se revelarán útiles si el mercado tiene un comportamiento dramático, cosa que desde luego el mercado no hace todos los días. Así que el trabajo de Taleb y su equipo consiste en esperar y pensar. Analizan la política comercial de la empresa, ponen a prueba varias estrategias y construyen modelos informáticos cada vez más sofisticados para fijar el precio de las opciones. Desde una esquina Danny teclea algo en el ordenador de vez en cuando. Pallop mira a las musarañas distraídamente. Spitznagel coge llamadas de comerciales y cambia de una pantalla a otra de su ordenador. Taleb contesta a sus correos electrónicos y llama a uno de los agentes de bolsa de la firma en Chicago, afectando el tipo de acento de Brooklyn en que hablarían los de Brooklyn si en realidad fueran del norte del Líbano. Cuando dice: «¿Qué passa?», aquello está más cerca de un aula de secundaria que de la oficina de un fondo de inversión.

—Pallop, ¿has hecho introspección? —dispara Taleb nada más volver del almuerzo. Entonces le preguntan a él de qué va su tesis doctoral.

—Pues... de esto —dice, agitando una mano lánguida alrededor de la sala.

—Parece que tendremos que escribírsela nosotros —interviene Taleb—, porque Pallop es muy perezoso.

Lo que Empirica ha hecho consiste en invertir la psicología inversora tradicional. Usted y yo, si invertimos dinero en el mercado de manera convencional, tendremos una posibilidad bastante grande de ganar una pequeña cantidad de dinero en un día determinado, en dividendos o por intereses o por la tendencia ascendente del mercado en general. No tenemos prácticamente ninguna posibilidad de ganar una cantidad de dinero grande en un día, y hay una posibilidad remota pero real de que, si el mercado se derrumba, nuestro dinero se vaya volando. Aceptamos esta distribución de riesgos porque, debido a motivos fundamentales, parece correcta. Por ejemplo, en el libro de Kahneman y Tversky que estaba leyendo Pallop, se describe un experimento simple, en el que se dice a un grupo de personas que se imaginen que cada una de ellas dispone de 300 dólares. Luego se les da a elegir entre: (a) recibir otros 100; o (b) tirar una moneda y jugarse los 100 a cara o cruz, doble o nada: si ganan, se llevan otros 200; y si pierden no reciben nada. Resulta que la mayoría de nosotros prefiere la opción (a). Pero entonces Kahneman y Tversky hicieron un segundo experimento. Les dijeron a las personas que se imaginaran que tenían 500 dólares; y luego les preguntaron si preferían: (c) desprenderse de 100 dólares; o bien (d) jugarse el doble o nada a cara o cruz, pagando 200 dólares si perdían y nada en absoluto si ganaban. Ahora resulta que la mayoría de nosotros preferimos la opción (d) a la (c). Lo interesante de estas cuatro opciones es que, desde el punto de vista de la probabilidad, son idénticas. Sin embargo, se diferencian considerablemente en cuanto a nuestra preferencia. ¿Por qué? Porque estamos más dispuestos a jugar cuando se trata de pérdidas, y somos reacios a arriesgarnos cuando se trata de nuestros beneficios. Por eso nos gusta obtener pequeñas ganancias diarias en la bolsa, aun cuando ello exija que nos arriesguemos a perderlo todo de un golpe.

Para Empirica, en cambio, cada día trae una posibilidad pequeña pero real de ganar una enorme cantidad de dinero en un día; ninguna posibilidad de que el dinero se les vaya volando; y una posibilidad muy grande de perder una pequeña cantidad de dinero. Pronto comienzan a sumarse todas esas opciones de un dólar, cincuenta centavos o pura calderilla que Empirica ha ido acumulando, pocas de las cuales se usarán alguna vez. Con sólo mirar una columna particular en las pantallas de ordenador que muestran las posiciones de Empirica, cualquiera de la empresa puede decirle con precisión cuánto dinero ha perdido o ganado Empirica en un momento dado. A las 11.30 de la mañana, por ejemplo, sólo habían recuperado el 28 por ciento del dinero que se habían gastado en opciones aquel día. Para las 12.30 habían recuperado el 40 por ciento, lo que significaba que, cuando el día aún no había cruzado su ecuador, Empirica ya había entrado en números rojos por valor de varios cientos de miles de dólares. El día anterior habían recuperado el 85 por ciento de su dinero; el anterior a éste, el 48 por ciento; el anterior, el 65 por ciento; y el anterior a este último, también el 65 por ciento; y, de hecho, con algunas excepciones notables —como los pocos días en que el mercado acababa de reabrirse después del 11 de septiembre—, Empirica no ha hecho más que perder dinero desde el pasado abril. «No podemos irnos volando, sólo desangrarnos lentamente», dice Taleb, cuando desangrarse hasta la muerte, absorber el dolor de unas pérdidas consolidadas, es precisamente aquello que los seres humanos han asimilado que deben evitar. «Digamos que tienes a un tipo al que le sobran obligaciones del Estado ruso —dice Savery—. Gana dinero a diario. Un día, le cae encima una tormenta y pierde cinco veces lo que llevaba ganado. De todos modos, durante 364 de 365 días ha estado ganando dinero felizmente. Es mucho más difícil ser el otro tipo, el que pierde dinero trescientos sesenta y cuatro días de trescientos sesenta y cinco, porque este tipo comienza a preguntarse: ¿alguna vez me recuperaré? ¿Realmente tengo razón? ¿Y si me cuesta diez años? ¿Conservaré la salud de aquí a diez años?». Lo que un comerciante normal obtiene de sus ganancias diarias es una retroalimentación diaria, la agradable ilusión de estar progresando. En Empirica no hay retroalimentación alguna. «Es como si llevaras diez años tocando el piano y todavía no supieras tocar el "Himno de la Alegría" —dice Spitznagel—; y lo único que te empuja a seguir adelante es la creencia de que un día te despertarás y tocarás como Rachmaninoff». ¿Era fácil saber que Niederhoffer, quien representaba todo aquello que ellos juzgaban erróneo, se estaba enriqueciendo mientras ellos se desangraban poco a poco? Desde luego que no. Quien aquel día hubiera observado de cerca a Taleb habría advertido pequeños síntomas de que el continuo goteo de pérdidas se iba cobrando su peaje. Miraba un poco demasiado el canal Bloomberg. Se inclinaba hacia adelante demasiado a menudo para ver la cuenta diaria de pérdidas. Sucumbe a una serie de tics supersticiosos. Cuando le vienen bien dadas, aparca en el mismo lugar cada día; pero la ha tomado con Mahler porque asocia a este compositor con la larga sequía del año pasado. «Nassim siempre dice que me necesita allí, y le creo», cuenta Spitznagel. Está allí para recordar a Taleb que tiene sentido esperar; para ayudarle a resistirse al impulso netamente humano de abandonarlo todo; para mitigar el dolor de la pérdida. «Mark es mi policía bueno», dice Taleb. También Pallop, que está allí para recordar a Taleb que Empirica tiene un plus intelectual.

«La clave no está en tener ideas, sino en tener la receta para manejarlas —continúa Taleb—. No necesitamos moralismos. Necesitamos un conjunto de trucos, un protocolo que estipule precisamente lo que debe hacerse en cada situación. Una vez construido el protocolo, ya podemos decir: "No me escuches a mí, escucha al protocolo". Y yo tendré derecho a cambiar el protocolo, pero también hay un protocolo para cambiar de protocolo. Tenemos que ser muy severos con nosotros mismos para hacer lo que hacemos. La tendencia que vemos en Niederhoffer también la vemos en nosotros mismos».

En la cena cuántica, Taleb devoró su rollito en un santiamén; y cuando el ayudante de camarero llegó con más rollitos, Taleb le gritó: «¡No, no!», mientras tapaba su plato. Era una lucha interminable, esta batalla entre la cabeza y el corazón. ¿Que llegaba el camarero con el vino? Él cubría a toda prisa la copa con la mano. Cuando llegó el momento de pedir el plato principal, pidió el filete con patatas fritas, pero lo pidió sin patatas, aunque inmediatamente después intentó blindar su opción contra los riesgos negociando con la persona que tenía al lado una parte de sus patatas fritas.

El psicólogo Walter Mischel ha hecho una serie de experimentos en los que pone a un chiquillo en un cuarto y coloca dos galletas delante de él, una pequeña y una grande. Le dice al niño que, si quiere la galleta pequeña, no tiene más que tocar una campanilla y el experimentador volverá al cuarto y se la dará. Ahora bien, si quiere la grande, tiene que esperar a que el experimentador vuelva sin que lo llamen, cosa que bien podría demorarse hasta veinte minutos. Mischel tiene las cintas de vídeo de personas de seis años sentadas solas en el cuarto, mirando las galletas fijamente, intentando convencerse de que lo mejor es esperar. Una niña comienza a canturrear una cancioncilla que parece improvisada para recordar las instrucciones: que para conseguir la galleta grande no hay más que esperar. Cierra los ojos. Les da la espalda a las galletas. Otro pequeño balancea sus piernas violentamente hacia adelante y hacia atrás; luego coge la campana y la examina, intentando hacer cualquier cosa menos pensar en la galleta que podría agenciarse tocándola. Estas cintas documentan los principios de disciplina y autocontrol: las técnicas que aprendemos para mantener a raya nuestros impulsos. Mirando a todos esos niños distrayéndose desesperadamente se experimenta el choque del reconocimiento: ¡ése es Taleb Nassim!

También hay algo más que ayuda a explicar la resolución de Taleb, más que los tics y los sistemas y las ordenanzas de abnegación. Esto pasó como un año antes de que fuera a ver a Niederhoffer. Taleb había estado trabajando como *trader* en la bolsa mercantil de Chicago y tenía la garganta continuamente ronca. Al principio ni pensó en ello: una garganta ronca era uno de los gajes del oficio de pasarse día tras día en el foso de las fieras. Finalmente, cuando volvió a Nueva York, fue a ver a un médico, en uno de aquellos edificios de antes de la guerra que quedan en el Upper East Side. Tenía una fachada preciosa. Taleb se sentó en la oficina, contemplando el ladrillo visto del patio, leyendo una y otra vez los diplomas médicos que colgaban de la pared, mientras esperaba el resultado. Volvió el doctor y le habló con voz baja y grave: «Tengo el informe de patología. No es tan grave como parece». Pero, desde luego, lo era: tenía cáncer de garganta. A Taleb se le apagó la mente. Salió de allí. Llovía. Anduvo y anduvo hasta terminar en una biblioteca médica. Allí leyó desesperadamente cuanto encontró sobre su enfermedad, con el agua de lluvia formando un charco bajo sus pies. Nada tenía sentido. El cáncer de garganta era la enfermedad de alguien que se ha pasado la vida fumando como un carretero. Pero Taleb era joven y apenas fumaba. Su riesgo de contraer cáncer de garganta venía a ser de una posibilidad entre cien mil, algo casi inimaginablemente diminuto. ¡Era un cisne negro! Hoy Taleb ha vencido al cáncer, pero su recuerdo de la enfermedad es también su secreto, porque una vez que se ha sido un cisne negro —no sólo se ha visto uno, sino que se ha vivido como uno, afrontando la muerte— se hace más fácil imaginarse que aparezca otro en el mismo lago.

Llegando el final el día, Taleb y su equipo volvieron a centrar su atención en el problema de la raíz cuadrada de n. Taleb escribía en la pizarra. Spitznagel miraba. Pallop pelaba un plátano ociosamente. Fuera, el sol comenzaba a ponerse detrás de los árboles. «Se hace una conversión a $p1$ y $p2$ —dijo Taleb haciendo chirriar el marcador contra la pizarra—. Decimos que tenemos una distribución de Gauss con conmutación del mercado de un régimen de volumen bajo a un volumen alto. $P21$. $P22$. He aquí el valor igon», ["valor propio", o "eigenvalor"; lo de "igon value" es una metedura de pata sonrojante que el pobre Gladwell cometió en la edición estadounidense, y sobre la que ha recibido críticas en EE UU] aquí frunció el ceño y miró fijamente lo que había escrito. Los mercados estaban cerrados. Empirica había perdido dinero, lo que significaba que, en algún lugar de los bosques de Connecticut, Niederhoffer sin duda lo había ganado. Aquello dolía, pero si uno se endurecía y consideraba racionalmente el problema, teniendo presente que algún día el mercado haría algo completamente inesperado (porque en el mundo en que vivimos siempre pasa algo completamente inesperado), entonces el daño no era tan grave. Taleb miró sus ecuaciones en la pizarra y arqueó una ceja. Era un problema muy difícil. «¿Dónde está el doctor Wu? ¿Llamamos al doctor Wu?»

4.

Un año después de que Nassim Taleb fuera a visitarlo, a Victor Niederhoffer todo se le fue volando. Había vendido un número muy grande de opciones según el índice de S&P, tomando millones de dólares de otros comerciantes a cambio de la promesa de comprarles un paquete de acciones a precios corrientes, en el caso de que el mercado llegara a derrumbarse. Era una apuesta sin protección o, como decían en Wall Street, *a pelo*, lo que significaba que apostaba con todos a un resultado: apostaba a favor de la probabilidad grande de ganar una pequeña cantidad de dinero y contra la probabilidad pequeña de perder una gran cantidad de dinero. Y perdió. El 27 de octubre de 1997 el mercado se desplomó un 8 por ciento; y las muchas personas que habían comprado aquellas opciones de Niederhoffer empezaron a llamarle todas a la vez para exigirle que les desempeñara sus acciones a precios anteriores al descalabro. Tuvo que transferirles 130.000.000 dólares —sus reservas en efectivo, sus ahorros, sus otras acciones—. Cuando su agente de bolsa volvió para pedirle más dinero todavía, ya no pudo darle nada. En un solo día, uno de los fondos de inversión más exitosos de Estados Unidos había quedado borrado del mapa. Niederhoffer tuvo que cerrar su empresa. Tuvo que hipotecar su casa. Tuvo que pedir prestado a sus hijos. Tuvo que llamar a Sotheby's para venderles su valiosa colección de antigüedades en plata: el imponente grupo escultural brasileño *Victoria* (siglo XIX), forjado para el vizconde de Figueiredo; la enorme copa de plata diseñada en 1887 por Tiffany & Co. como trofeo para la regata de yates James Gordon Bennett, y así sucesivamente. No estuvo presente en la subasta. Le habría resultado demasiado doloroso.

«Fue una de las peores cosas que me han pasado en mi vida, después de la muerte de mis más allegados», dijo recientemente Niederhoffer. Era un sábado de marzo y estábamos en la biblioteca de su enorme casa. Dos perros vagaban por la estancia con aire cansino. Es un hombre alto, un atleta de tronco robusto, rostro alargado, imponente, y unos ojos funestos, encapotados. Iba descalzo. Llevaba metido un puño de la camisa hacia adentro y no sostenía la mirada al hablar. «Defraudé a mis amigos. Perdí mi negocio. Yo era un reputado gestor de fondos. Ahora tengo que empezar prácticamente de cero —hizo una pausa—. Han pasado cinco años. Los castores construyen presas. Cuando la riada se las lleva, intentan construir otra con más fundamento. Yo también lo hice, pero ahora siempre estoy atento a la posibilidad de sufrir más reveses». Llamaron a la puerta. Era un hombre llamado Milton Bond, un artista que había venido para enseñarle a Niederhoffer una pintura suya de Moby Dick arremetiendo contra el *Pequod*. Estaba hecha al estilo del arte popular que tanto complace a Niederhoffer. Éste recibió a Bond en el vestíbulo, arrodillándose para ver mejor el cuadro mientras el pintor lo desempaquetaba. Niederhoffer tiene otras pinturas del *Pequod* en su casa, y también del *Essex,* el barco en el que Melville basó su historia. En su oficina, sobre una pared prominente, tenía un cuadro del *Titanic.* Según dijo, para él estos cuadros representaban un recordatorio de humildad. «Uno de los motivos por los que me llama tanto la atención el caso del *Essex* es que resulta que al capitán de este buque le ofrecieron otro trabajo en cuanto regresó a Nantucket —explica Niederhoffer—. Pensaron que había demostrado gran pericia marinera al conseguir regresar aun después del naufragio. "¿Cómo han podido confiarle otro barco?", le preguntaban al capitán. Y él contestaba: "Supongo que se basan en la teoría de que un rayo no cae dos veces en el mismo sitio". Era una noción perfectamente arbitraria. Aquel segundo barco que le dieron también se hundió. Se quedó atrapado en el hielo. Estaba acabado. Ni siquiera se dejaba rescatar, tuvieron que evacuarlo del barco por la fuerza. Pasó el resto de su vida de portero en Nantucket. Se convirtió en lo que en Wall Street se llama un fantasma —Niederhoffer estaba de vuelta en su estudio, tendido con el cuerpo desmadejado, con los pies encima de la mesa y los ojos algo legañosos—. ¿Entiendes? No puedo permitirme fallar por segunda vez, o estaré acabado por completo. Ésta es la lección del *Pequod*».

Aproximadamente un mes antes de que a Niederhoffer se le fuera todo volando, Taleb cenó con él en un restaurante de Westport. Niederhoffer le dijo que había estado vendiendo *a pelo*. Cabe imaginárselos a los dos sentados a la mesa uno frente al otro: Niederhoffer explicando que su apuesta era un riesgo aceptable, que las probabilidades de que el mercado bajase tanto que se lo llevara a él por delante eran minúsculas, y Taleb escuchándole y negando la cabeza mientras pensaba en los cisnes negros. «Al separarnos, me sentí deprimido —dijo Taleb—. He aquí un tipo golpeado por mil reveses, que juega al ajedrez como si su vida dependiera de ello. Aquí tenía a un tipo que, cualquier cosa que decida hacer cuando se despierta por la mañana, termina haciéndola mejor que nadie. Era mi héroe». Ésta era la razón por la que Taleb no quería ser Niederhoffer ni siquiera cuando Niederhoffer estaba en la cumbre. Por eso no quería su casa ni sus objetos de plata ni jugar al tenis con George Soros: porque podía imaginarse con una claridad incluso excesiva dónde terminaría todo aquello. Se imaginaba a Niederhoffer pidiendo prestado dinero a sus hijos. Y vendiendo su plata. Y contando con voz hueca cómo había defraudado a sus amigos. Taleb no sabía si él tendría fuerzas para vivir aquella eventualidad. A diferencia de Niederhoffer, Taleb nunca se creyó invulnerable. Cómo creérselo después de haber visto a su patria irse volando, o de haber sido esa persona entre cien mil que contrae cáncer de garganta sin haber fumado nunca. Para Taleb nunca había ninguna alternativa al doloroso proceso de blindarse contra la catástrofe.

Esta clase de precaución no parece heroica, desde luego. Se parece más a la aburrida prudencia del contable y del profesor de escuela dominical. La verdad es que nos atraen los Niederhoffers de este mundo porque, en el fondo, todos somos como Niederhoffer: asociamos la voluntad de arriesgarse a sufrir un gran fracaso —y la capacidad de renacer de la catástrofe— con la valentía. Pero nos equivocamos. Ésta es la lección de Taleb y Niederhoffer, una lección para estos tiempos tan volátiles. Hay más coraje y heroísmo en desafiar al impulso humano, en emprender los dolorosos pero útiles pasos para blindarse contra lo inimaginable.

En el otoño de 2001, Niederhoffer vendió un gran número de opciones, apostando a que los mercados seguirían en calma; y en calma siguieron, hasta que sin comerlo ni beberlo dos aviones chocaron contra las torres gemelas de Nueva York. «Me quedé expuesto. Con el culo al aire —Niederhoffer sacudía la cabeza, porque no había ningún modo de prever el 11 de septiembre—. Fue un acontecimiento totalmente inesperado»[*].

22 y 29 de abril de 2002

---

[*] Taleb se ha hecho famoso. Su segundo libro —publicado unos años después de que yo le hiciera este perfil— se tituló *El cisne negro* y fue un bombazo de ventas. La crisis financiera de 2008-2009 reportó una asombrosa cantidad de dinero a su fondo. Coincidí con él en una conferencia durante la primavera de 2009, en medio de una gran conmoción financiera. «Ahora gestionamos miles de millones —me dijo— y seguimos sin saber nada». Típico de Nassim. Cuando yo escribía sobre él, podíamos tardar horas en almorzar. El placer que me producía su compañía sólo lo mitigaba mi temor ante la perspectiva de transcribir todas esas horas de cintas. Neiderhoffer, por su parte, ha vuelto a levantar fortunas, y a perderlas, a lo largo de estos años.

COLORES REALES. EL TINTE PARA EL PELO Y LA HISTORIA OCULTA DE LOS ESTADOS UNIDOS DE POSGUERRA

1.

Durante la Depresión, mucho antes de convertirse en una de las publicistas más famosas de su tiempo, Shirley Polykoff conoció a un hombre llamado George Halperin. Era hijo de un rabino ortodoxo de Reading (Pensilvania). Al poco de iniciado el cortejo, él la llevó a su casa por la Pascua judía para que conociese a su familia. Comieron pollo asado, *tzimmes* y bizcocho, y a Polykoff le cayó muy bien el rabino Halperin, tan cálido y tan gracioso. La madre de George era otra historia. Era una ortodoxa del Viejo Mundo, severa hasta en el moño; ninguna estaba a la altura de su hijo.

—¿Qué tal estuve, George? —preguntó Shirley en cuanto se subieron al coche para volver a casa—. ¿Le gusté a tu madre?

—A mi hermana Mildred le encantaste —eludió la respuesta él.

—Me alegro, George —dijo ella—. Pero ¿qué dijo tu madre?

Hubo una pausa.

—Que te tiñes el pelo —otra pausa—. ¿Es verdad?

Shirley Polykoff se sintió humillada. En su mente oía a su futura suegra: *Fahrbt zi der huer? Oder fahrbt zi nisht?* ¿Se tiñe el pelo? ¿O no?

La respuesta, desde luego, era afirmativa. Shirley Polykoff siempre se tiñó de rubio, hasta cuando casi las únicas muje-

res que hacían tal cosa eran las putas y las coristas. En
Brooklyn, desde que tenía quince años, era clienta del salón
de belleza del señor Nicholas, en el piso de arriba, que le
«aclaraba las raíces» que delataban el tono castaño de su cabello natural. Le parecía que debía ser rubia o, para ser más
exactos, que la decisión de si era rubia o no le correspondía
por derecho a ella, no a Dios. Shirley vestía de naranja y rojo
profundos, beiges cremosos, matices acusados; vestía en ante
púrpura y seda acuosa; era la clase de persona que podía llevar una chaqueta *couture* a casa y bordarle algún detalle nuevo encima para mejorarla. Una vez, cuando tenía su propia
agencia de publicidad, iba de camino a Memphis para hacerle una presentación a Maybelline y el taxi se le averió en medio de la autopista. Ella se apeó y le hizo señas a un camión
de Pepsi-Cola, cuyo conductor le confesó que la había recogido porque nunca había visto a nadie como ella. «Shirley
llevaba tres conjuntos a la vez, los tres maravillosos», dice
Dick Huebner, que era su director creativo. Era ostentosa
pero brillante, vanidosa pero irresistible; y estaba convenci-
da de que ninguna de estas cualidades iban con el pelo castaño. Había pasado su vida tratanto de convertirse en un tipo
de persona que no combinaba con el pelo castaño.

Los padres de Shirley eran Hyman Polykoff, comerciante de corbatas al por menor, y Rose Polykoff, ama de casa y
madre, del Este de Nueva York y de Flatbush, por vía ucra-
niana. Shirley terminó en Park Avenue, a la altura de la calle Ochenta y dos. «Si le preguntabas a mi madre si estaba
orgullosa de ser judía, siempre contestaba que sí —dice su
hija Alix Nelson Frick—. No intentaba pasar por otra cosa.
Pero creía en los sueños, y el suyo era que se podían adquirir todos los atavíos de la clase establecida opulenta, lo que
incluía una crianza y una apariencia determinadas. Su sueño consistía en que uno debería poder ser lo que quisiera y
que eso incluía ser rubia».

En 1956, cuando Shirley Polykoff era publicista novata
en Foote, Cone y Belding, le dieron la cuenta de Clairol. El

producto que la empresa lanzaba era Miss Clairol, el primer tinte para el pelo que permitía aclarar, teñir, acondicionar y lavar en casa, con un solo paso; elegir, digamos, el tono *Topacio* (para lograr un rubio achampanado) o el *Claro de luna* (que consigue un color más ceniciento), aplicarlo directamente al pelo en una solución de peróxido y obtener resultados en veinte minutos. Cuando el equipo de ventas de Clairol demostró su nuevo producto en un concurso internacional de belleza, celebrado en el viejo hotel Statler, frente al Madison Square Garden, miles de esteticistas se agolparon boquiabiertos a ver una demostración tras otra. «Estaban asombrados —recuerda Bruce Gelb, durante años gerente de Clairol con su padre, Lawrence, y su hermano Richard—. Aquello era al mundo del tinte lo que los ordenadores al mundo de las calculadoras. Los de ventas tuvieron que acarrear cubos de agua para hacer el aclarado a la vista de todo el mundo, porque los peluqueros que había entre el público estaban convencidos de que hacíamos algún truco con las modelos entre bastidores.

Miss Clairol ofreció por primera vez a las mujeres estadounidenses la capacidad de teñirse el pelo rápida y fácilmente en su casa. Pero quedaba un estigma: la perspectiva de la desaprobación, la caída en desgracia ante una posible suegra. Shirley Polykoff supo inmediatamente lo que quería decir: si creía que una mujer estaba en su derecho de ser rubia, también creía que una mujer debía ser capaz de ejercer este derecho discretamente. «¿Lo hace o no lo hace? —escribió en traducción aproximada del yiddish al inglés—. Sólo su peluquero lo sabe seguro». Clairol compró trece páginas de anuncios en *Life* durante el otoño de 1956. Miss Clairol remontó el vuelo como un pájaro. Sólo era el principio. Para el Nice 'n Easy, otro novedoso champú-tinte de Clairol, escribió: «Mejor cuanto más cerca». Para Lady Clairol, la combinación que llenó la clase media estadounidense de matices de plata y platino, escribió: «¿Será verdad que las rubias se lo pasan mejor?»; y más adelante, de forma aún más memorable:

«Si sólo tengo una vida, ¡quiero vivirla como una rubia!». En el verano de 1962, justo antes de que se publicara *La mística femenina*, Betty Friedan quedó, en palabras de su biógrafo, tan «fascinada» por aquella frase, que se aclaró el pelo. Shirley Polykoff escribía los eslóganes; Clairol perfeccionaba el producto. Y de los años cincuenta a los años setenta, cuando Polykoff dejó la cuenta, el número de mujeres estadounidenses que se teñían el pelo se había elevado del 7 por ciento a más del 40 por ciento.

Hoy, cuando las mujeres pasan del castaño al rubio y de ahí al rojo o incluso al azul o al verde y vuelta a empezar sin pensárselo dos veces, vemos estos productos de la misma manera que el lápiz de labios. En los estantes de la sección de cosméticos se alinean tintes para el pelo con nombres como Hydrience, Excelence, Preference; o Natural Instincts, Loving Care, Nice 'n Easy, etcétera, cada uno en docenas de tonalidades diferentes. Feria, la nueva marca de L'Oréal orientada a la juventud, viene en tonos como cereza, chocolate y cóctel de champán. Estos colores ya no se preguntan si la chica se tiñe o no. Suponen alegremente que sí. Hoy los tintes para el pelo son un negocio que factura miles de millones de dólares al año.

Sin embargo, hubo un tiempo, no hace tanto —aproximadamente entre el principio del Gobierno de Eisenhower y el final del de Carter—, en que el color del pelo significaba algo. Eslóganes como «¿Lo hace o no lo hace?» o aquel de L'Oréal, que ya era famoso en 1973 —«Porque yo lo valgo»— eran tan instantáneamente memorables como el «genuino sabor americano» de Winston o «la chispa de la vida» de Coca-Cola. Perduraron mucho más de lo que, por lo general, suele perdurar la publicidad, adquirieron carta de naturaleza en la lengua cotidiana. En cierto modo, también adquirieron significados que trascendían con mucho la intención para la que estaban concebidos.

Entre los años cincuenta y setenta, las mujeres irrumpieron en el mercado de trabajo, lucharon por su emancipación social, consiguieron la píldora y cambiaron lo que hacían con su pelo. Examinar las campañas publicitarias de la época equivale a ver todas estas cosas juntas y revueltas, lo profundo con lo aparentemente trivial. Al escribir la historia de las mujeres desde el final de la II Guerra Mundial, ¿no nos dejamos nada importante? ¿No se nos olvidó el pelo?

2.

Cuando se lanzó la campaña «¿Lo hace o no lo hace?» por primera vez en 1956, la mayor parte de la publicidad dirigida a las mujeres tendía a ser glamurosa: «Guindas en la nieve, en el fuego y en el hielo», que decía Bruce Gelb. Pero Shirley Polykoff insistió en que las modelos para la campaña de Miss Clairol se pareciesen más a la vecina de al lado: «Más blusas de faena y menos vestidos glamurosos», reza una nota de su puño y letra a Clairol, que sigue así: «Mejor un suéter de cachemira sobre los hombros, como esa vecinita de al lado, tan agradable, que es un poco más guapa que la mujer de uno y que vive en una casa ligeramente más bonita». La modelo tenía que ser del tipo Doris Day —nada de Jaynes Mansfields—, porque la idea era que teñirse el pelo era algo perfectamente respetable y establecido. Uno de los anuncios pioneros de la publicidad televisiva «¿Lo hace o no lo hace?» presentaba a un ama de casa en la cocina preparando canapés para una fiesta. La mujer, que es delgada y bonita, lleva un delantal sobre un vestido de noche negro. Entra su marido, la besa en los labios, acaricia con aprobación su llamativo cabello y le abre la puerta de la cocina para que saque la bandeja de entremeses para sus invitados. Se trata de una estampa doméstica viviente exquisitamente coreografiada, incluido el pequeño quiebro que hace el ama de casa mientras apaga la luz de la cocina con el codo antes de hacer mutis por la puerta. En uno de los primeros anuncios impresos —a cargo de Richard

Avedon primero e Irving Penn después—, una mujer con el pelo rubio afresado está tendida sobre la hierba, sosteniendo un diente de león entre los dedos. A su lado hay una niña de ocho o nueve años. Lo llamativo es que el pelo de la niña tiene la misma tonalidad de rubio que su madre. Los anuncios impresos de «¿Lo hace o no lo hace?» siempre incluían a un niño con la madre para rebajar los matices sexuales del lema, para aclarar que también las madres respetables usaban Miss Clairol, no sólo las mujeres «fáciles»; y sobre todo para proporcionar una correspondencia de color exacta. ¿Quién iba a adivinar, considerando la comparación, que el tono de mamá salía de una botella?

Las campañas de Polykoff fueron una sensación, como demuestran las cartas remitidas a Clairol. «Gracias por cambiar mi vida», reza una, difundida por la empresa y usada como tema para una reunión nacional de ventas. «Mi novio, Harold, y yo llevábamos saliendo cinco años, pero él nunca quiso poner una fecha para la boda. Esto me ponía muy nerviosa. Tengo veintiocho años y mi madre no dejaba de decirme que pronto sería muy tarde para mí». Entonces, decía la autora de esta carta, vio un anuncio de Clairol en el metro, se tiñó el pelo de rubio «y ahora estoy en las Bermudas de luna de miel con Harold». Polykoff recibió una copia con una nota: «¡Es casi demasiado bueno para ser verdad!». Con su idilio sentimental de madona rubia con niño, Shirley Polykoff había creado un icono.

«Mi madre quería ser la mujer del anuncio —dice Frick, la hija de Polykoff—, esa mujer que vive en un barrio residencial, que viste con gusto; una matrona que se deja mimar, un adorno de su marido; una cariñosa madre, abnegada esposa; una persona que jamás le haría sombra a su cónyuge. También quería hijos rubios. De hecho, yo era rubia de niña, pero a los trece el pelo empezó a oscurecérseme, así que mi madre me lo teñía». Desde luego —y ésta es la contradicción central de aquellas tempranas campañas de Clairol— Shirley Polykoff no era realmente esa clase de mujer en absoluto. Siempre trabajó fuera de casa. Nunca se mudó a ningún barrio residencial. «Mantenía que las mujeres debían ser femeninas, no demasiado dogmáticas, y no ensombrecer a su marido, pero de hecho ella eclipsó a mi padre, que era un tipo muy puro, nada agresivo, intelectual —sigue Frick—. Ella era muy ostentosa, muy emocional, muy dominante».

Una de las historias que Polykoff repetía sobre sí misma —incluso apareció en la necrológica que le hizo el *New York Times*— era que le parecía que una mujer nunca debía ganar más que su marido; y que sólo después de la muerte de George, en los primeros años sesenta, permitió que Foote, Cone y Belding le pagaran el sueldo que le correspondía. «Esto forma parte de la leyenda, pero no es la verdad —sigue Frick—. Para ella el ideal siempre fue vivamente verdadero, a modo de realidad paralela a las que vivió. Nunca dudó de su creencia en aquel sueño, aunque se le señalaran algunos de sus errores, puntos débiles o contradicciones internas, como el hecho de que ella misma realmente no vivía su vida así». Para Shirley Polykoff, el color de su pelo era una especie de ficción útil, un modo de salvar la contradicción entre la clase de mujer que era y la clase de mujer que le parecía que debía ser. Era un modo de tenerlo todo. Quería parecerse a Doris Day sin necesidad de ser Doris Day. En veintisiete años de matrimonio, durante el que crió a dos hijos, ejerció como ama de casa exactamente dos semanas, cada día de las cuales fue un desastre doméstico y culinario. «Oye, cariño —acabó por decirle un George finalmente exasperado—, estás mejor fuera de la cocina». Al lunes siguiente volvía al trabajo.

Esta idea de una ficción útil —parecer algo sin serlo— tenía una resonancia particular para el Estados Unidos de la generación de Shirley Polykoff. De adolescente, Shirley intentó conseguir un puesto como empleada de una agencia de seguros y fracasó. Más adelante volvió a intentarlo, en otra empresa, bajo el nombre de Shirley Miller. Esta vez consiguió el trabajo. Su marido, George, también conocía el valor de la apariencia. La scmana que Polykoff le conoció, quedó deslumbrada por su mundana sofisticación, su conocimiento de apartados rincones de Europa, su gusto exquisito para los manjares y el vino. La segunda semana se dio cuenta de que todo era una farsa sacada de sus lecturas del *Times*. La verdad era que George había comenzado su carrera cargando cajas en el sótano de Macy's durante el día y estudiando Derecho por la noche. Era un farsante como, en cierto sentido, también lo era ella, porque ser judía —o irlandesa o italiana o afroamericana o simplemente mujer de aquella época protofeminista— era verse obligada a fingir en mil pequeños detalles, a pasar por una cosa cuando, en lo más profundo, una sabe que es otra. «Ésta es la clase de presión a que están sometidos los inmigrantes que creen estar fuera de sitio, que su aspecto es algo raro, que su estatura es tal vez inferior a la media o que su ropa no es cara —dice Frick—. Se aprendía a coser, para imitar a la modelo de turno. Cómo convertirse en estadounidense». Frick, que también está en publicidad (preside Spier NY), es una mujer de convincente inteligencia que habla de su madre con tanta sinceridad como afecto.

«Hubo muchas frases que se pusieron de moda en aquella época: "El hábito hace al monje" o "La primera impresión es la que cuenta". Una pregunta como "¿Lo hace o no lo hace?" no implicaba sólo que nadie podría saber lo que ella hacía, sino también que nadie podría saber quién era. No se trataba en realidad de "hacer" nada. Se trataba de ser. Lo que realmente significaba era: "¿Es un ama de casa conformista o una feminista, es judía, es gentil? ¿O no lo es?"».

3.

En 1973 Ilon Specht trabajaba de redactora publicitaria en la agencia de publicidad McCann-Erickson de Nueva York.

Esta californiana de veintitrés años había abandonado el instituto sin terminar los estudios. Era rebelde, poco convencional, independiente; se había venido al Este para trabajar en Madison Avenue, porque allí era donde la gente así se iba a trabajar por aquel entonces. «En aquella época era un negocio diferente —dice Susan Schermer, una veterana amiga de Specht—. Eran los años setenta. La gente llevaba plumas al trabajo». En su anterior agencia, cuando ella todavía era adolescente, Specht había escrito una famoso anuncio televisivo para el Cuerpo de Paz: una secuencia, sin cortes: una pareja joven tumbada en la playa. Por la radio suena «Es un mundo grande, ancho, maravilloso». La voz superpuesta recita una serie de hechos horribles acaecidos en las partes menos afortunadas del mundo: en Oriente Próximo la mitad de los niños mueren antes de su sexto cumpleaños, etcétera. Un boletín de noticias se anuncia al finalizar la canción. La mujer de la playa cambia de emisora.

«¿Ilon? *¡Diooos!* Era una de las tías más locas con las que he trabajado —recuerda Ira Madris, otra colega de aquellos años, dejando claro que dice "loca" como el más alto de los elogios—. Y brillante. Y dogmática. Y sumamente creativa. Entonces creíamos que tener cierto grado de neurosis te hacía interesante. Ilon tenía un grado de neurosis que la hacía muy interesante».

En McCann, Ilon Specht trabajaba con L'Oréal, una marca francesa que intentaba desafiar la hegemonía de Clairol en el mercado estadounidense de los tintes para el pelo. Al principio L'Oréal había querido hacer una serie de anuncios comparativos, presentando una investigación que demostraba que su nuevo producto —Preference— era tecnológicamente superior a Nice 'n Easy, porque conseguía un color más natural, translúcido. Pero en el último minuto se suspendió esta campaña porque la investigación no se había hecho en Estados Unidos. En McCann cundió el pánico. «Nos faltaban cuatro semanas para salir a antena y no teníamos nada. Cero», rememora Michael Sennott, un empleado de plantilla que también trabajaba en el equipo formado para L'Oréal. El equipo creativo se encerró de urgencia hasta dar con una solución. Eran Specht, Madris (directora artística de la cuenta L'Oréal) y muy pocas personas más. «Nos sentamos en una oficina grande —recuerda Specht— y cada uno se puso a hablar de cómo debía ser el anuncio. Querían hacer algo con una mujer sentada junto a una ventana, con el viento soplando a través de las cortinas. Uno de aquellos sitios falsos con cortinas grandes, con glamour. La mujer era un mero objeto. No creo ni que hablara. No lo entendían. Nos pasamos allí horas».

Ilon Specht tiene un fuerte y largo pelo moreno, sostenido con un nudo flojo en lo alto de su cabeza. Usa lápiz de labios color cereza marrasquino. Habla rápido y alto y gira la silla mientras tanto. Cuando la gente pasa por su oficina, a veces golpea su puerta, como si el mejor modo de llamar su atención fuese ser tan ruidoso y enfático como ella. Rememorando hace poco los años setenta, hablaba sobre la extrañeza de los clientes corporativos de trajes impecables, que solían decir que todas las mujeres de la oficina parecían modelos. Habló sobre lo que significaba ser una joven en un negocio dominado por varones mayores, y sobre cómo se sentía cuando le tachaban la palabra «mujer» para sustituirla por la palabra «chica».

«Yo era una joven de veintitrés años —dijo—, una mujer. ¿Cuál se suponía que era mi estado de ánimo? Estaba claro que ellos tenían una visión tradicional de las mujeres, pero yo no tenía ganas de escribirles un anuncio sobre cómo atraer a los hombres, que fue lo que me pareció que ellos querían. Así que pensé: "Que os den". Me senté y lo hice, en cinco minutos. Era muy personal. Puedo recitarte el anuncio, porque estaba tan enfadada cuando lo escribí que me lo aprendí».

Specht se sienta y baja la voz: «Yo uso el tinte más caro del mundo. Preference, de L'Oréal. No es que no me importe el dinero: es que sí me importa mi pelo. Porque no es sólo el color. Yo quiero color, pero también me importa cómo se me queda el pelo: liso, sedoso, pero con cuerpo. Lo noto sano cuando me roza el cuello. Por eso no me importa pagar un poco más por L'Oréal —aquí Specht se aporrea el pecho con el puño—. Porque yo lo valgo».

Al principio se pensó que la potencia del anuncio residía en la justificación sutil del hecho de que Preference costaba diez centavos más que Nice 'n Easy. Pero rápidamente se hizo obvio que la contundencia del eslogan final era lo que contaba. Porque ellas lo valían, Preference comenzó a robar cuota de mercado a Clairol. En los años ochenta Preference sobrepasó a Nice 'n Easy como principal marca de tinte para el pelo del país; y hace dos años L'Oréal convirtió la frase en lema para la empresa entera. Un asombroso 71 por ciento de las mujeres estadounidenses identifica esta frase con la firma L'Oréal. Para un lema hecho marca es algo casi sin precedentes.

4.

Desde el mismo principio, la campaña de Preference era insólita. Las voces superpuestas del Clairol de Polykoff eran invariablemente masculinas. En los anuncios de L'Oréal hablaba la modelo misma, directa y personalmente. La publicidad de Polykoff estaba concebida desde un punto de vista ajeno: se centraba en lo que los demás decían de una (¿lo hace o no lo hace?), en lo que le parecería al marido (mejor cuanto más cerca). Specht le daba la voz a la usuaria del producto. Incluso en la elección de modelos, las dos campañas divergieron. Polykoff quería modelos de frescura, la muchacha de al lado. McCann y L'Oréal querían modelos que de algún modo incorporasen la compleja mezcla de fuerza y vulnerabilidad implícita en el «yo lo valgo». A finales de los años setenta, Meredith Baxter Birney era la imagen de la marca. Interpretaba a una madre recién divorciada que estudia Derecho en el drama televisivo *Family*. McCann programaba sus anuncios durante la emisión de *Dallas* y otras series donde se mostraban mujeres con blusas de seda, mujeres con fuerza e independencia.

Entonces llegó Cybill Shepherd, en la cima de su carrera como la independiente y temeraria Maddie de *Luz de Luna*, en los años ochenta. Cybill, a su vez, fue relevada por Heather Locklear, la brava y atractiva estrella del éxito de los años noventa *Melrose Place*. Todas las portavoces de L'Oréal son rubias, pero rubias de un tipo particular. En su magnífico libro de 1995 *Big Hair: A Journey into the Transformation of the Self [Cabelleras: un viaje por la modificación del yo]*, el antropólogo canadiense Grant McCracken defiende la existencia de una «tabla periódica de las rubias», en virtud de la cual las rubias se dividen en seis categorías: la rubia *explosiva* (Mae West, Marilyn Monroe), la rubia *radiante* (Doris Day, Goldie Hawn), la rubia *descarada* (Candice Bergen), la rubia *peligrosa* (Sharon Stone), la rubia *sociable* (C. Z. Guest) y la rubia *fría* (Marlene Dietrich, Grace Kelly). La innovación de L'Oréal consistió en abrirse paso entre las rubias radiantes —sencillas, suaves, inocentes— y las rubias listas, audaces, insolentes, que, en palabras de McCracken, «no mitigan sus sentimientos ni modulan su voz».

No es una sensibilidad fácil de captar. Incontables actrices han hecho pruebas para L'Oréal a lo largo de los años y se han visto rechazadas. «Hicimos una prueba con Brigitte Bardot —recuerda Ira Madris (esto era para otro producto de L'Oréal)— y... ya sabes cómo es Brigitte, no le salía el eslogan. Había algo dentro de ella que no resultaba creíble. No tenía ninguna convicción». Claro: la Bardot era explosiva, no descarada. Clairol intentó reflejar la sensibilidad de Preference contratando a Linda Evans en los años ochenta como imagen de marca para Ultress, la versión chic de Preference. Tampoco funcionó. Evans, que en *Dinastía* interpretaba a la adorable esposa de Blake Carrington, era demasiado radiante. («La cosa más difícil que hacía en aquella serie —dice Michael Sennott, quizás un poco injustamente— era reorganizar las flores»).

Pero aun cuando se acertara con la rubia, quedaba el asunto del lema. Para una campaña de Miss Clairol en los años setenta, Polykoff escribió una serie de anuncios con el lema «Lo hago por mí». Pero el problema de «Lo hago por mí», por supuesto, era que en el mejor de los casos se quedaba a medio camino de «Porque yo lo valgo», en particular para una marca que se había pasado sus veinte primeros años diciendo algo completamente diferente. «Mi madre pensó que había algo demasiado descarado en "Porque yo lo valgo" —me dijo Frick—. Siempre le preocupaba lo que pensara de ella la gente. Nunca se le habría ocurrido una ecuación sin incógnitas entre el color de pelo y el amor propio».

Lo cierto es que la sensibilidad de Polykoff —que había encontrado la libertad en la asimilación— se había visto superada por los acontecimientos. En uno de los anuncios de Polykoff bajo el lema «¿Es verdad que las rubias lo pasan mejor?» que se hicieron para la publicidad de Lady Clairol durante los años sesenta hay un momento que, hacia 1973, debió de ser doloroso como visión. A una joven, rubia del tipo radiante, la mece en brazos junto a un lago un joven de belleza misteriosa. Los brazos del joven ciñen la cintura de la joven. Los brazos de ella rodean el cuello de él. Va descalza, su cara está tan radiante como su rubia melena. La voz en *off* es masculina, profunda y sonora: «Seguro que lo habría conseguido de todos modos, pero a ella no hay quien la convenza». Aquí estaba el inconveniente del mundo de Shirley Polykoff. Puede que una llegara a conseguir lo que quisiera fingiendo, pero entonces nunca sabría si era ella o su falsificación lo que marcaba la diferencia. Una corría el riesgo de perder de vista quién era realmente. Shirley Polykoff sabía que el estilo de vida estadounidense valía la pena y que «él» —el hermoso joven junto al lago, o el novio poco dispuesto que acabó llevándote a las Bermudas— valía la pena. Pero, hacia cl final de los años sesenta, las mujeres querían saber que ellas también valían.

5.

¿Por qué Shirley Polykoff e Ilon Specht son importantes? Parece una pregunta fácil de contestar mirando los detalles de sus campañas. Eran brillantes redactoras publicitarias, que lograron captar en el espacio de una frase las particulares sensibilidades feministas de los tiempos que corrían. Ejemplifican un momento extraño de la historia de la sociedad estadounidense, cuando el tinte de pelo tuvo que ver con las políticas de asimilación, el feminismo y el amor propio. Pero en cierto modo sus historias dicen mucho más: hablan de la relación que tenemos con los productos que compramos; y de la paulatina comprensión de un hecho por parte de los anunciantes: a no ser que conocieran los detalles psicológicos de dicha relación —a no ser que ellos pudieran dotar de este sentido a las transacciones de la vida diaria—, no podrían llegar al consumidor moderno. Shirley Polykoff y Ilon Specht perfeccionaron cierto género de publicidad que hacía exactamente esto; y un modo de entender la revolución de Madison en la posguerra es verla como un intento colectivo de definir y ampliar dicho género publicitario. La revolución fue dirigida por un puñado de sociólogos al mando de Herta Herzog, una elegante psicóloga que se había formado en Viena. ¿Qué sabía Herta Herzog? Sabía, o al menos creía conocer, la teoría subyacente al éxito de lemas como «¿Lo hace o no lo hace?» y «Porque yo lo valgo», con lo que al final Herta Herzog era exactamente igual de importante que Shirley Polykoff e Ilon Specht.

Herzog trabajó en una pequeña agencia de publicidad llamada Jack Tinker y Cía.; y la gente que estaba en el negocio en aquel tiempo hablaba del grupo Tinker como los aficionados al béisbol hablaban de los Yankees de 1927. Tinker era creación de la legendaria publicista Marion Harper, que llegó a la conclusión de que la agencia que dirigía, McCann-Erickson, era demasiado grande e ingobernable para considerar las cosas correctamente. Su solución fue arrancar un esqueje de lo mejor y más brillante de McCann y establecerse con él, primero en las Torres Waldorf (en la habitación que queda justo debajo de la de los duques de Windsor y directamente encima de la del general Douglas MacArthur); y luego, más permanentemente, en el hotel Dorset, en la calle Cincuenta y cuatro, Oeste, dominando el Museo de Arte Moderno. El grupo Tinker alquiló el ático completo, con su enorme terraza, sus suelos de baldosín veneciano, una sala de estar de dos alturas, un bar con mostrador de estaño pulido antigüedad francesa, una chimenea de mármol, espectaculares vistas y una exposición rotativa de arte moderno (colgada por los compañeros con fines de motivación); paredes, alfombras, techos, todo tipo de mobiliario; y un blanco brillante, deslumbrante. Se suponía que iba a ser un laboratorio de ideas, pero Tinker tuvo tanto éxito y tan rápido que los clientes no tardaron en hacer cola a su puerta. Cuando Buick buscaba un nombre para su nuevo cupé de lujo, al grupo Tinker se le ocurrió el de Riviera. Cuando Bulova quiso bautizar su nuevo reloj de cuarzo, Tinker sugirió llamarle Accutron. También trabajaron con Coca-Cola, Exxon, Westinghouse e incontables empresas, cuyos nombres —según las estrictas normas de secreto profesional observadas por el grupo— se comprometían a no divulgar. Tinker comenzó con cuatro socios y un solo teléfono. Pero hacia finales de los años sesenta ya había ocupado ocho pisos del Dorset.

Lo que distinguía a Tinker era su particular confianza en la metodología conocida como estudio de las motivaciones, llevada a Madison Avenue en los años cuarenta por un cuadro de intelectuales europeos formados en la Universidad de Viena. Hasta aquel entonces las investigaciones en publicidad se habían ccntrado en el recuento de cabezas, en registrar quién compraba qué. Pero a los investigadores *motivacionales* les preocupaban los porqués: ¿por qué la gente compra lo que compra? ¿Qué les motiva cuando hacen compras? Los investigadores diseñaron cuestionarios con cientos de preguntas basadas en la psicología dinámica freudiana. Usaron la hipnosis, el test de frustración de Rosenzweig, los juegos de rol y el test de las manchas de Rorschach. Inventaron lo que ahora llamamos un grupo de discusión. Estaba Paul Lazarsfeld, uno de los gigantes de la sociología del siglo XX, que inventó algo llamado Analizador de Programas de Lazarsfeld-Stanton, un pequeño dispositivo con botones para registrar con precisión las respuestas emocionales de los sujetos investigados. Estaba Hans Zeisel, que había sido paciente de Alfred Adler en Viena y se fue a trabajar a McCann-Erickson. Estaba Ernest Dichter, que había sido discípulo de Lazarsfeld en el Instituto Psicológico de Viena e hizo de consultor para cientos de corporaciones principales de la época. Y estaba Herta Herzog, quizás la investigadora motivacional más dotada de todos, que instruyó en el método vienés a docenas de entrevistadores y los envió a analizar la psique del consumidor estadounidense. «Una vez que había que promocionar un ron puertorriqueño, Herta quiso hacer un estudio de por qué bebía la gente, penetrar debajo de la superficie —recuerda Rena Bartos, una antigua ejecutiva publicitaria que trabajó con Herta en la primera etapa—. Invitábamos a beber a alguien, que pedía lo que bebía normalmente, y nosotros administrábamos una prueba psicológica. Luego lo hacíamos otra vez al final de la discusión, después de las bebidas. La cuestión era ver cómo cambiaba la personalidad de la gente bajo la influencia del alcohol». Herzog ayudó a escoger el nombre de los cigarrillos Oasis, porque su investigación psicológica sugería que aquel nombre —con sus connotaciones de fresco y burbujeante manantial— tendría un mayor atractivo para alguien con tanta fijación oral como un fumador.

«Herta tenía gracia, paz interior, cultura —dice Herbert Krugman, que trabajó estrechamente con Herzog en aquellos años—. También tenía una enorme perspicacia. Alka-Seltzer era un cliente nuestro que buscaba nuevos enfoques para su próximo anuncio. Ella dijo: "Se ve una mano echando una pastilla de Alka-Seltzer en un vaso de agua. ¿Por qué la mano no echa dos pastillas? Se duplicarían las ventas". Eso fue exactamente lo que pasó. Herta era la eminencia gris. Todo el mundo la adoraba».

Después de retirarse de Tinker, Herzog se volvió a Europa, primero a Alemania y luego a Austria, su patria. Escribió un análisis del programa de televisión *Dallas* para el diario académico *Society*. Impartió cursos universitarios sobre Teoría de las comunicaciones. Dirigió un estudio sobre el Holocausto para el Centro Vidal Sassoon para el Estudio del Antisemitismo, en Jerusalén. Hoy vive en el pueblo montañés de Leutasch, a media hora, Alpes arriba, de Innsbruck, en una casita de campo blanca, de postal, con la típica caída de nieves en el ángulo agudo del tejado. Es una mujer menuda, delgada, tranquila, con mechones canos en el pelo que fue moreno. Habla con oraciones breves, concisas, exactas, en un inglés impecable, aunque impregnado de un fuerte acento. Si la metiéramos en un cuarto con Shirley Polykoff e Ilon Specht, ellas dos hablarían por los codos y en la conversación agitarían al aire sus largos dedos enjoyados, mientras ella se sentaría discretamente en la esquina a escuchar. «Marion Harper me contrató para hacer investigación cualitativa. La entrevista cualitativa era la especialidad que habíamos desarrollado en el Österreichische Wirtschaftspsychologische Forschungsstelle de Viena —narra Herzog—. Significa que no entrevistábamos con preguntas y respuestas directas, sino que abríamos alguna materia de debate relevante para el tema y luego dejábamos que la persona entrevistada asociara libremente. El entrevistador no dirige nada, simplemente ayuda a la persona con pequeñas preguntas como "¿algo más?". La ayuda, no influye en ella. Se parecía mucho al método psicoanalítico». Herzog estaba sentada erguida en una silla de su sala de estar. Llevaba un par de pantalones negros y un grueso suéter marrón para protegerse contra el frío de los Alpes. Detrás de ella, fila tras fila de estanterías, llenas de los libros de la vida literaria e intelectual de la posguerra: Mailer en alemán, Reisman en inglés. Abierto boca abajo sobre un sofá largo perpendicular a su silla yacía la última edición del boletín psicoanalítico *Psyche*. «Más tarde agregué todo tipo de pruebas psicológicas al proceso, como la asociación verbal o el dibujo narrativo. Supongamos que le estoy entrevistando a usted y que hablamos de jabón. Ya hemos hablado de jabón. De lo que ve en él. De por qué lo compra. De lo que le gusta de él. O le disgusta. Al final de la entrevista le pido que me dibuje una figura, la que quiera; y que después me cuente una historia sobre lo dibujado».

Cuando Herzog pedía a sus entrevistados que le dibujaran una figura al final de una entrevista, intentaba extraer una especie de narrativa de ellos, algo que arrojara luz sobre sus deseos no explícitos. Como ella dice, dirigía una sesión psicoanalítica. Pero no preguntaba sobre tintes para el pelo para averiguar cosas sobre el preguntado, como tal vez haría un psicoanalista; no, ella hacía preguntas sobre el entrevistado para aprender sobre productos para colorear el pelo. Vio que la entrevista psicoanalítica podría discurrir por ambos caminos. Se podían usar técnicas curativas para averiguar los secretos del arte de vender. «¿Lo hace o no lo hace?» y «Porque yo lo valgo» cumplían ese mismo cometido: no sólo eran heraldos de un poderoso mensaje redentor, sino que también —y éste era su verdadero triunfo— conseguían ligar este mensaje a una botella de tinte para el pelo de a cinco dólares. La perdurable contribución de los estudios motivacionales al negocio de Madison Avenue consistía en demostrar que lo mismo podía hacerse más o menos con cualquier cosa: que los productos y los mensajes comerciales de que nos rodeamos forman parte del mobiliario psicológico de nuestras vidas; y esta parte no es menor que las relaciones, emociones y experiencias que normalmente son objeto de la cuestión psicoanalítica.

«De una cosa que hicimos en Tinker me acuerdo bien —me dijo Herzog, volviendo al tema de los tantos que ella y el grupo se apuntaron—. Averigüé que la gente usaba el Alka-Seltzer contra los trastornos estomacales, pero también para curarse los dolores de cabeza —dijo Herzog—. Aprendimos que el dolor de estómago era el tipo de dolor cuyas víctimas tendían a decir: "Por mi culpa, por mi gran culpa". El Alka-Seltzer se había anunciado sobre todo como un remedio contra el empacho, y comer demasiado suele ser culpa del que lo hace. Pero el dolor de cabeza es diferente. Es algo que uno podría no merecerse». Ésta era, para Herzog, la perspectiva psicológica clásica. Revelaba una división de los usuarios de Alka-Seltzer en dos campos incompatibles —el culpable y la víctima— y sugería que la empresa había cortejado a uno a expensas del otro. Lo que es más importante: sugería que los anunciantes, eligiendo bien sus palabras, podían resolver el dilema psicológico con una, o mejor dos, pastillitas blancas. Herzog se permitió una pequeña risa. «Entonces me dije lo bueno que sería encontrar algo que combine estos dos elementos. Al redactor publicitario se le ocurrió lo del blablablá —Herzog repitió la palabra: el blablablá—, que me pareció perfecto porque no era una cosa ni la otra, no era el estómago o la cabeza. Eran ambos».

6.

Este concepto del producto doméstico como mobiliario psicológico es, si uno se para a pensarlo, una idea radical. Cuando nos damos cuenta de cómo llegamos adonde estamos, nos sentimos inclinados a conceder más crédito a lo filosófico que a lo físico, y a los productos del arte que a los productos del comercio. En la lista de los héroes sociales de los años sesenta hay músicos y poetas, activistas por los derechos civiles e ídolos del deporte. Lo que dice Herzog implica que tan magnánima lista es incompleta.

¿Y Vidal Sassoon? En el mismo periodo, dio al mundo peinados como el Shape, el Acute Angle y el One-Eyed. «En la vieja cosmología de la cosmética», escribe McCracken, «la clienta sólo contaba como plinto, como transportador de un corte». Pero Sassoon hizo de la individualización su sello, liberando a la mujer de los estilos preconcebidos o, como dice McCracken, «de aquellos ridículos arbustos rococó con la sustancia de una permanente, la forma de unos rulos y la rigidez de la laca». En la visión herzogiana del mundo, los peros que pudiéramos oponer a la revolución Sassoon —que sólo ofrecía un corte de pelo, que sólo empleaba media hora, que sólo afectaba al aspecto externo, que sólo duraba un mes— bien pudieran ser los mismos motivos por los que Sassoon es importante. Si una revolución no es accesible, tangible, replicable, ¿cómo diablos va a ser una revolución?

Así pues, la fuerza de «Porque yo lo valgo» y «¿Lo hace o no lo hace?» reside precisamente en el hecho de que son eslóganes publicitarios, ya que la publicidad viene con los productos asociados a ella; y los productos ofrecen algo que las canciones y poemas, los movimientos políticos e ideologías radicales no pueden dar, a saber, una vía de transformación económica e inmediata. «En los primeros años de la campaña "Porque yo lo valgo" descubrimos que una parte anormalmente grande de nuevas usuarias pertenecían a la categoría de quienes comenzaban a teñirse el pelo —me dijo Sennott—; y dentro de aquel grupo había un gran número de mujeres cuyas vidas estaban sufriendo cambios, generalmente de estado civil. Teníamos muchas más divorciadas que Clairol. Si sus hijos habían crecido, ellas se habían separado del padre y se reinventaban a sí mismas». Se sentían diferentes, e Ilon Specht les dio el medio de parecer diferentes, qué más da lo que llegó primero o aun si son dos cosas o se confunden en una sola. Cambiaron sus vidas y su pelo. No se trataba de una cosa u otra. Eran ambas cosas a la vez.

7.

A mediados de los noventa, la portavoz para Nice 'n Easy de Clairol era Julia Louis-Dreyfus, más conocida como la Elaine de *Seinfeld*. En la tradición de Clairol, era la vecinita mona de al lado, una Doris Day posmoderna. Pero los anuncios no podían parecerse menos a las campañas originales de Polykoff para Miss Clairol. En el mejor de ellos, la Louis-Dreyfus le espeta a la mujer de cabellos morenos que pasa delante de ella en un autobús urbano: «¿Sabes? De rubia estarías fantástica». Entonces ella misma se lava el pelo con el champú en cuestión, tono 104, y *voilà:* aparece con el color deseado entre exclamaciones de admiración y aplausos del pasaje. Es Shirley Polykoff vuelta del revés: graciosa, no seria; pública, no encubierta.

L'Oréal también ha cambiado. Meredith Baxter Birney decía «Porque yo lo valgo» con una seriedad apropiada a la frase. Cuando Cybill Shepherd se convirtió en la imagen de esta marca, en los años ochenta, lo decía en tono más bien frívolo, con un guiño al materialismo de los tiempos que corrían. Hoy, con Heather Locklear, los anuncios dan una sensación de indulgente lozanía. «New Preference, de L'Oréal —dice en uno reciente—. Tú lo vales. Pásalo». Ha desaparecido el «porque» que tanta fuerza imprimía al eslogan original de Ilon Specht. La primera persona se ha sustituido por la segunda. Las campañas de Clairol y de L'Oréal han convergido. Según la firma de *marketing* Spectra, entre las usuarias de Nice 'n Easy y las de Preference coinciden casi exactamente las cifras correspondientes a si ganan entre cincuenta mil y setenta y cinco mil dólares al año, si escuchan las emisoras de radio religiosas, viven de alquiler, ven el Canal Meteorológico, han comprado más de seis libros el año pasado, les gusta el fútbol americano o están afiliadas a un sindicato.

Es un homenaje al legado de Ilon Specht y Shirley Polykoff el que todavía siga existiendo verdadera diferencia entre ambas marcas. No es que haya mujeres Clairol ni mujeres L'Oréal, se trata de algo ligeramente más sutil. Como sabía Herzog, todos nosotros, cuando se trata de dotar de sentido a la construcción que hacemos de nosotros mismos, tomamos prestados trocitos y piezas, ideas y frases, rituales y productos del mundo que nos rodea: particularidades a la vista de todos que conforman, de modo pequeño pero significativo, nuestra identidad. Nuestra religión es importante, la música que escuchamos es importante, la ropa que vestimos es importante, así como lo que comemos, etcétera. Y también es importante nuestra marca de tinte para el pelo. Carol Hamilton, vicepresidenta de *marketing* de L'Oréal, dice ser capaz de distinguir, al primer vistazo a un grupo de discusión en colores de pelo, a las usuarias de Clairol de las usuarias de L'Oréal. «La usuaria de L'Oréal siempre exhibe un aire de mayor confianza y por lo general es más atractiva. No es sólo el color del pelo, sino que también pasa siempre un poco más de tiempo maquillándose, arreglándose el pelo —me dijo Hamilton—. De ropa va más a la moda. La diferencia salta a la vista». Jeanne Matson, colega de Hamilton en Clairol, asegura poseer la misma capacidad de establecer esta misma distinción a simple vista. «Sin duda —me dijo Matson—. La mujer Clairol representaría más el icono de belleza estadounidense, el ideal de naturalidad. Yo encuentro más belleza en este modelo que en un tipo más mundano. Las usuarias de L'Oréal tienden a ser algo más distantes. Hay un cierto calor en las chicas Clairol. Se relacionan más unas con otras. Si una dice: "Yo uso el tono 101", otra contestará: "Yo también". Hay mucho intercambio».

No son exactamente las personalidades de marca fijadas por Polykoff y Specht, porque estamos en 1999, no en 1956 ni 1973. Las complejidades del artificio de Polykoff se han puesto en sordina. La cólera de Specht ha dado paso al glamour. Sólo nos han dejado unos compases de la melodía original. Pero hasta eso es bastante para asegurar que «Porque yo lo valgo» nunca se confundirá con «¿Lo hace o no lo hace?». «En realidad aquello significaba: "Yo sé que tú piensas que no lo valgo" —dice Specht—, porque eso es lo que yo respiraba con aquellos tipos en el cuarto. Querían una mujer que les sirviera de objeto. Yo me puse a la defensiva, desafiante. Pensé: "Voy a luchar. No me digáis quién soy. Lleváis generaciones diciéndomelo"». Cuando dijo «luchar», extendió el dedo corazón de la mano derecha. Shirley Polykoff nunca le habría sacado a nadie ese dedo. Estaba demasiado ocupada regocijándose en las posibilidades de inventarse a sí misma en su América, una tierra donde una mujer soltera se teñía el pelo y terminaba en una idílica playa con un brillante en el dedo anular. En su fiesta de jubilación, en 1973, Polykoff recordó a los ejecutivos de Clairol y de Foote, Cone y Belding la avalancha de correo que les había inundado después de sus primeras campañas: «¿Os acordáis de aquella chica que escribió para contar que había acabado de luna de miel en las Bermudas nada más teñirse de rubia?».

Todos se acordaban.

«Pues —dijo ella, con lo que sólo cabe calificar como el más dulce de los orgullos— eso lo escribí yo».

22 de marzo de 1999

EL ERROR DE JOHN ROCK. LO QUE EL INVENTOR DE LA PÍLDORA ANTICONCEPTIVA NO SABÍA DE LA SALUD FEMENINA

1.

John Rock fue bautizado en 1890 en la iglesia de la Inmaculada Concepción de Marlborough (Massachusetts). Le casó William O'Connell, cardenal de Boston. Tuvo cinco hijos y diecinueve nietos. Un crucifijo presidía su escritorio. Casi todos los días de su vida adulta asistió a misa de siete de la mañana en la iglesia de Santa María de Brookline. Sus amigos le decían que estaba enamorado de su iglesia.

Rock fue también uno de los inventores de la píldora anticonceptiva; y estaba convencido de que su fe y su vocación eran perfectamente compatibles. A quien discrepara se limitaba a repetirle las palabras que oyera de niño de labios de un sacerdote de su ciudad natal: «John, atente siempre a tu conciencia. Nunca dejes que nadie se la arrogue. Quiero decir nadie en absoluto».

Rock se atuvo a este principio de forma inamovible, incluso cuando monseñor Francis W. Carney, obispo de Cleveland, lo tildó de «violador moral»; y también cuando Frederick Good, jefe de obstetricia en el hospital de Boston City, pidió personalmente al cardenal Richard Cushing que le excomulgara. «Tendrá usted miedo de encontrarse con su Hacedor», le escribió una airada mujer, poco después de que se aprobara la comercialización de la píldora. «Estimada señora —contestó Rock—, mi fe me enseña que el Señor siempre está con nosotros. Cuando llegue mi hora, no habrá ninguna necesidad de presentaciones».

En los años inmediatamente posteriores a 1960, fecha de aprobación de la píldora por la FDA [Food and Drug Administration], Rock estaba por todas partes. Aparecía en entrevistas y documentales de la CBS y la NBC; en *Time,* en *Newsweek,* en *Life,* en *The Saturday Evening Post.* Recorrió el país incansablemente. Escribió un libro del que se habló mucho: *The Time Has Come: A Catholic Doctor's Proposals to End the Battle over Birth Control* [Ha llegado el momento: propuestas de un doctor católico para zanjar el debate sobre el control de natalidad], traducido al francés, al alemán y al neerlandés. Rock medía un metro noventa, era espigado y tenía unos modales impecables. Abría la puerta a sus pacientes y se dirigía a ellas diciéndoles «señora» o «señorita». Su mera asociación con la píldora le hacía parecer respetable. «Era un hombre de gran dignidad —recuerda el doctor Sheldon J. Segal, del Consejo Demográfico—. Aunque la ocasión requiriera un cuello abierto, él nunca perdonaba la Ascot. Tenía las canas justas para combinar con ella. Y tenía apostura: siempre más tieso que una vela, hasta en su último año». En la Facultad de Medicina de Harvard era un gigante. Enseñó obstetricia durante más de tres décadas. Fue pionero en fertilización *in vitro* y en congelación de espermatozoides, y el primero en extraer un óvulo fertilizado intacto. La píldora anticonceptiva fue su logro supremo. Sus dos colaboradores, Gregory Pincus y Min-Cheuh Chang, calcularon el mecanismo. Él vigiló el fármaco a través de sus pruebas clínicas. «Fue su nombre, su reputación, lo que dio validez definitiva a las afirmaciones de que la píldora protegería a las mujeres contra el embarazo no deseado», escribe Loretta McLaughlin en su maravillosa biografía de Rock, publicada en 1982. Poco antes de aprobarse la píldora, Rock viajó a Washington para declarar ante la FDA sobre la seguridad del fármaco. El examinador de la Agencia, Pasquale DeFelice, era un tocólogo católico de la Universidad de Georgetown. Se cuenta que una vez DeFelice sugirió algo inconcebible: que la Iglesia católica nunca aprobaría la píldora anticonceptiva. «Todavía veo a Rock ahí de pie, con el rostro tranquilo y los ojos remachados sobre DeFelice —recordaba un colega años más tarde— mientras le decía, con voz que estremecía el alma: "Joven, no tenga usted en tan poca estima a *mi* Iglesia"».

Al final, desde luego, la Iglesia de John Rock lo decepcionó. En 1968, en su encíclica *Humanae Vitae*, el papa Pablo VI proscribió los anticonceptivos orales y cualquier otro método «artificial» de control de la natalidad. La pasión y la urgencia que animaron los debates sobre control de la natalidad en los años sesenta pertenecen a la memoria. Pero John Rock sigue importando, por la sencilla razón de que, mientras intentaba reconciliar a su Iglesia con su trabajo, cometió un error. No fue un error deliberado. Se hizo manifiesto después de su muerte, debido a avances científicos que él no podía haber previsto. Pero puesto que este error conformaba el modo en que él concebía la píldora —lo que era, cómo funcionaba y, sobre todo, qué significaba—, y dado que John Rock era uno de los responsables de la manera en que la píldora se introduciría en el mundo, su error ha teñido el modo en que la gente ha pensado en la anticoncepción después.

John Rock creía que la píldora era un método «natural» de control de la natalidad. Con eso no quería decir que *se sintiera* como natural, porque era obvio que muchas mujeres no lo sentían así, sobre todo al principio, cuando las dosis hormonales eran varias veces más altas de lo que son hoy. Lo que quería decir era que funcionaba por medios naturales. Las mujeres sólo pueden quedarse embarazadas durante cierto intervalo de cada mes, porque después de la ovulación sus cuerpos producen una oleada de la hormona progesterona. La progesterona, una de las hormonas conocidas como progestinas, prepara el útero para la implantación de un óvulo fecundado e impide que los ovarios liberen nuevos óvulos, favoreciendo la gestación. «La progesterona, en la mujer sana, es la que previene la ovulación y establece el periodo pre y posmenstrual "seguro"», escribe Rock. Cuando una mujer está embarazada, su cuerpo produce una corriente de progestinas en parte por la misma razón, para que no pueda liberarse otro óvulo que amenace al embarazo ya en curso. La progestina, en otras palabras, es el anticonceptivo de la naturaleza. ¿Y qué era la píldora? Progestina en forma de pastilla. Cuando una mujer tomaba la píldora, desde luego, estas hormonas no entraban en una oleada repentina después de la ovulación ni estaban limitadas a ciertas fases del ciclo. Se daban en dosis estables, para que la ovulación se cerrara permanentemente. Además se suministraban con una dosis adicional de estrógenos, que mantienen cohesionado al endometrio, así como —según acaba uno de aprender— también a otros tejidos. Pero para Rock, la cuestión no era combinar hormonas con arreglo a un programa. El hecho clave era que los ingredientes de la píldora duplicaban los que se encontraban naturalmente en el cuerpo. Y a aquella naturalidad él le concedía una enorme importancia teológica.

En 1951, por ejemplo, el papa Pío XII había aprobado el método Ogino-Knaus para los católicos por considerarlo un método «natural» de regular la procreación: no mataba el esperma, como los espermicidas, ni frustraba el proceso normal de procreación, como el diafragma, ni mutilaba los órganos, como la esterilización. Rock lo sabía todo sobre este método. En la década de 1930, en el Hospital Gratuito para Mujeres de Brookline (Massachusetts), había iniciado la primera clínica del país para educar a las parejas católicas en la anticoncepción natural. ¿Cómo funcionaba este método? Consistía en restringir el sexo al periodo seguro creado por la progestina. ¿Y cómo funcionaba la píldora? Incorporando progestina para ampliar el periodo seguro al mes entero. No mutilaba el aparato reproductor ni dañaba ningún proceso natural. «En verdad —escribió Rock—, los anticonceptivos orales pueden caracterizarse como "un periodo seguro establecido por la acción de una píldora", lo que parecería que acarrea las mismas implicaciones morales» que el método Ogino. Para Rock la píldora no era más que «un añadido a la naturaleza».

En 1958, el papa Pío XII aprobó la píldora para los católicos siempre y cuando sus efectos anticonceptivos fueran «indirectos»; es decir, mientras se usara sólo como remedio contra males como el dolor menstrual u otros «trastornos uterinos». Este dictamen del pontífice envalentonó todavía más a Rock. Sabía que el empleo a corto plazo de la píldora podía regular el ciclo menstrual de mujeres cuyos periodos antes habían sido imprevisibles. Puesto que la regularidad del ciclo menstrual era necesaria para la aplicación correcta del método Ogino —y dado que este método estaba autorizado por la Iglesia—, ¿no debería permitirse a las mujeres con un ciclo menstrual irregular usar la píldora para facilitar el empleo del método Ogino? Y si esto era así, ¿por qué no dar el siguiente paso lógico? Como escribe el juez federal John T. Noonan en su *Contracepción,* su historia de la posición católica sobre el control de la natalidad:

> Si estaba permitido suprimir la ovulación para lograr la regularidad necesaria para una cópula satisfactoriamente estéril, ¿por qué no era lícito suprimir la ovulación sin apelar a las fases del ciclo? Si el embarazo podía impedirse con la píldora más el Ogino, ¿por qué no con la píldora solamente? En ambos casos el medio usado era suprimir la ovulación. ¿Cómo podía establecerse una diferencia moral por el hecho de añadirse el método Ogino?

Estos argumentos, por oscuros que pueden parecer, fueron cruciales en el desarrollo de la anticoncepción oral. Fueron John Rock y Gregory Pincus quienes decidieron que la píldora debía tomarse en un ciclo de cuatro semanas: una mujer pasaría tres semanas tomando la píldora y la cuarta semana no tomaría nada, o bien tomaría un placebo, para dar paso a la menstruación. Ni entonces hubo razones médicas para ello ni existen ahora. Una mujer normal en edad reproductora tiene un ciclo menstrual de unos veintiocho días, determinados por las cascadas de hormonas que liberan sus ovarios. Cuando los estrógenos, primero, y una combinación de estrógenos y progestina, después, inundan el útero, la membrana mucosa se espesa y la matriz aumenta de tamaño, preparándose para la implantación de un óvulo fertilizado. Si el óvulo no está fertilizado, los niveles hormonales caen, haciendo que esta membrana —el endometrio— sea evacuada con la sangre menstrual. Cuando una mujer toma la píldora, sin embargo, no se libera ningún óvulo, porque la píldora suprime la ovulación. Se reducen drásticamente los flujos de estrógenos y progestinas que hacen crecer la membrana del útero, porque la píldora ralentiza el ciclo de los ovarios. Pincus y Rock sabían que el efecto de las hormonas de la píldora sobre el endometrio era tan modesto que las mujeres podrían pasar meses sin necesidad de menstruar. «En vista de la capacidad de este compuesto para prevenir la hemorragia menstrual mientras se esté tomando —reconoce Pincus en 1958— cabe suponer que podría provocarse un ciclo de cualquier longitud deseada». Pero él y Rock decidieron cortar las hormonas después de tres semanas y provocar un periodo menstrual, porque creían que a las mujeres les tranquilizaría ver que sus reglas no se interrumpían. Lo que es más importante: si Rock pretendía demostrar que la píldora no era más que una variante natural del método Ogino, difícilmente podía abolir el ciclo mensual. El Ogino requería «regularidad»; así pues, la píldora debía ofrecer regularidad.

Se ha dicho a menudo de la píldora que ningún otro fármaco ha sido nunca tan instantáneamente reconocible por su envase: aquel pequeño disco de plástico. Pero ¿qué representaba ese disco sino la encarnación física del ciclo de veintiocho días? Estaba diseñado, según palabras de su inventor, para que cupiera en una cajita «indistinguible» en el kit de cosméticos de una mujer, para que pudiera llevarse «sin dar ninguna pista visual respecto de asuntos que no son de ningún interés para otras personas».

Hoy todavía es común que la píldora se venda en envases con forma de disco y se tome en ciclos de veintiocho días. En otras palabras, sigue siendo un fármaco sujeto a los dictados de la Iglesia católica; y ello en virtud del deseo que tenía John Rock de que este nuevo método de control de la natalidad pareciese lo más natural posible. Éste fue el error de John Rock. Estaba obsesionado con la idea de lo natural. Pero lo que él pensaba que era natural no lo era tanto después de todo; y la píldora que él introdujo en el mundo resultó ser otra cosa distinta de lo que él pensaba que era. En la mente de John Rock los dictados de la religión se mezclaron con los principios de la ciencia; y sólo ahora comenzamos a desentrañarlos.

2.

En 1986 una joven científica llamada Beverly Strassmann viajó a Malí para vivir con la tribu de los dogón. Fijó su base de investigación en la aldea de Sangüi de Sahel, a unos 200 kilómetros al sur de Tombuctú. El Sahel es pura sabana: verde en la estación lluviosa y semiárida el resto del año. Los dogón cultivan mijo, sorgo y cebollas, crían ganado y viven en casas de adobe sobre las laderas del Bandiagara. No usan ningún método anticonceptivo. Muchos de ellos han conservado sus costumbres ancestrales y creencias religiosas. Los dogón agricultores viven en gran medida como la gente de aquella región ha vivido desde la antigüedad prehistórica. Strassmann quería construir un perfil reproductivo exacto de las mujeres de la tribu, a fin de averiguar cómo pudo haber sido la biología femenina en los milenios que precedieron a la edad moderna. En cierto modo, Strassmann intentaba contestar la misma pregunta sobre la biología femenina con la que John Rock y la Iglesia católica habían lidiado a principios de los años sesenta: ¿qué es natural? Sólo que su sentido de *lo natural* no era teológico, sino evolutivo. En la era durante la que la selección natural estableció el modelo básico de la biología humana, la historia natural de nuestra especie, ¿cuán a menudo parían las mujeres? ¿Con qué frecuencia menstruaban? ¿Cuándo alcanzaban la pubertad y la menopausia? ¿Qué impacto tenía el amamantamiento sobre la ovulación? Estas preguntas se habían estudiado antes, pero nunca tan a fondo como para que los antropólogos creyeran conocer las respuestas con alguna certeza.

Strassmann, que imparte clases en la Universidad de Michigan, en Ann Arbor, es una mujer delgada, pelirroja, de voz dulce. Recuerda sus días en Malí con cierto sarcasmo. Su casa en Sangüi se había usado como establo de ovejas antes de que ella llegara y se convirtió en una pocilga después de que ella se hubo marchado. Una pequeña serpiente marrón vivía en su letrina y se enroscaba a dormir camuflada en el asiento de su bañera. Los aldeanos, según dice, se limitaban a preguntar: «¿Es una serpiente mortal *(Kere mi yongolo*, literalmente: "¿Mi mordedura no tiene cura?") o una inofensiva culebra ratonera?». Resultó ser lo segundo. Una vez, uno de sus vecinos y mejores amigos entre la tribu le asó una rata como convite especial. «Le dije que al hombre blanco no se le permite comer rata porque la rata es nuestro tótem —dice Strassmann—. Estoy viendo esa rata. Hinchada y carbonizada. Estirada por las patas. Con los bigotes chamuscados. Por no hablar del rabo...». Strassmann pensaba vivir dieciocho meses en Sangüi, pero sus experiencias le resultaron tan profundas y gratamente estimulantes que se quedó otro año más. «Me sentía increíblemente privilegiada. Sencillamente no podía irme».

Parte del trabajo de Strassmann se centró en la práctica dogón de segregar a las mujeres menstruantes en chozas especiales situadas en un arrabal del pueblo. En Sangüi había dos chozas menstruales: oscuras y apretadas estructuras de adobe, con una sola estancia y tres sobrios catres para acomodar a otras tantas mujeres. Cuando las chozas estaban llenas, las recién llegadas se quedaban a la intemperie. «No era un sitio donde apeteciera quedarse a disfrutar —dice Strassmann—. Simplemente un apaño para una noche. Las mujeres llegaban al caer la tarde, y madrugaban al alba para irse a sacar agua». Strassmann tomó muestras de orina de las mujeres que usaban la choza, para confirmar que menstruaban. Después elaboró un censo de todas las mujeres del pueblo. Durante todo el tiempo que pasó en Malí —736 noches consecutivas— recopiló datos de todas las visitantes de las chozas. Entre las dogón halló que una mujer, por norma general, tiene su primer periodo a la edad de dieciséis años; y da a luz entre ocho y nueve veces a lo largo de su vida. Desde la menarquia, o inicio de la menstruación, a la edad de veinte, tiene un promedio de siete periodos por año. A lo largo de la próxima década y media, desde la edad de veinte hasta la edad de treinta y cuatro, pasará tanto tiempo embarazada o amamantando (lo que, entre las Dogon, significa que se suprime la ovulación durante una media de veinte meses) que, en promedio, sólo tendrá poco más de un periodo por año. Después, desde la edad de treinta y cinco hasta la menopausia, a los cincuenta aproximadamente, a medida que su fertilidad decae, tendrá un promedio de cuatro menstruaciones por año. Así pues, las dogón menstrúan unas cien veces a lo largo de sus vidas. Las que sobreviven a la lactancia normalmente suelen cumplir setenta u ochenta años largos. En contraste, el promedio de menstruaciones de la mujer occidental contemporánea se sitúa entre las trescientas cincuenta y las cuatrocientas veces.

La oficina de Strassmann está en el sótano de un establo reformado al lado del museo de Historia Natural situado en el campus de la Universidad de Michigan. Detrás de su escritorio hay una fila de gastados archivadores. Mientras hablaba, se giró y sacó una serie de gráficas amarillentas. Cada página tenía en una lista, a la izquierda, los nombres de pila y los números de identificación de las mujeres de Sangüi. En la parte superior había una línea temporal, dividida en bloques de treinta días. Cada menstruación de cada mujer iba marcada con una equis. En el pueblo, según explicó Strassmann, había dos mujeres estériles y, dado que no podían quedarse embarazadas, eran asiduas de la choza menstrual. Hojeó las páginas hasta encontrarlas. «Mire: una tuvo veintinueve periodos en dos años y la otra veintitrés —al lado de cada uno de sus nombres se sucedían las equis una detrás de otra—. Aquí hay una mujer próxima a la menopausia —continuó Strassmann, bajando con el dedo por la página—. Es cíclica, pero un poquitín errática. Aquí tenemos a otra mujer en plena edad reproductora. Dos periodos. Luego, embarazos. Nunca volví a verla en la choza menstrual. Esta mujer no fue a la choza menstrual en veinte meses después del parto, porque estaba amamantando. Dos periodos. Se quedó embarazada. Tuvo un aborto, luego algunos periodos, luego se quedó embarazada otra vez. Esta mujer tuvo tres menstruaciones en el periodo de estudio». No había muchas equis en las hojas de Strassmann. La mayor parte de las casillas estaban en blanco. Volvió a las hojas de las dos mujeres anómalas que menstruaban todos los meses. «Si ésta fuera una gráfica menstrual de las estudiantes de la Universidad de Michigan, todas las filas se parecerían a éstas».

No dice Strassmann que su estadística sea aplicable a todas las sociedades preindustriales. Pero sí cree —y otras investigaciones antropológicas avalan su tesis— que el número de menstruaciones a lo largo de la vida no se ve demasiado afectado por diferencias de dieta, clima o modo de subsistencia (el forrajeo silvestre en vez de la agricultura, por ejemplo). Los factores más significativos, dice Strassmann, son cosas como si predomina la lactancia o la esterilidad. Pero, sobre todo, ella cree que el patrón básico de menarquia tardía, muchos embarazos y largos periodos sin menstruaciones debidos a un amamantamiento intensivo fue prácticamente universal hasta la «transición demográfica» que se produjo hace cien años, de una fertilidad alta a otra baja. En otras palabras, lo que consideramos normal —menstruaciones frecuentes— es, en términos evolutivos, anormal. «Es una pena que los ginecólogos piensen que las mujeres tienen que menstruar todos los meses —continuó Strassmann—. Simplemente no entienden la verdadera dimensión de la biología».

Para Strassmann y otros colegas suyos en el campo de la medicina evolutiva, este cambio de cien a cuatrocientas menstruaciones a lo largo de la vida es enormemente significativo. Significa que los cuerpos de las mujeres están sujetos a cambios que no necesariamente estaban diseñados para que la evolución jugara con ellos. En un libro brillante y provocativo, *Is Menstruation Obsolete?* [¿Está obsoleta la menstruación?], los doctores Elsimar Coutinho y Sheldon S. Segal, dos de los investigadores más prominentes del mundo en materia de anticonceptivos, argumentan que este cambio reciente a lo que llaman «ovulación incesante» se ha convertido en un grave problema para la salud de la mujer. Esto no significa que cuanto menos menstrúen las mujeres, mejor para ellas. Hay veces —particularmente en el contexto de ciertas afecciones médicas— en que las mujeres deberían preocuparse si no menstrúan: en mujeres obesas, la falta de menstruación puede señalar un riesgo acrecentado de tener cáncer uterino. Entre las atletas, la falta de menstruación puede indicar mayor probabilidad de padecer osteoporosis. Pero para la mayor parte de mujeres, dicen Coutinho y Segal, la ovulación incesante no sirve a ningún objetivo excepto aumentar síntomas como dolores abdominales, cambios de humor, migrañas, endometriosis, fibromas y anemias, esta última, advierten los médicos, «uno de los problemas de salud más graves en el mundo».

El más grave de todos es el riesgo enorme aumento del riesgo de padecer algunos cánceres. El cáncer, después de todo, se produce porque, cuando las células se dividen para reproducirse, a veces cometen errores que paralizan su propia defensa contra el crecimiento incontrolado. Éste es uno de los motivos por los que el riesgo de contraer cáncer generalmente aumenta a medida que envejecemos: nuestras células tienen más tiempo para cometer errores. Pero también significa que cualquier cambio que provoque la división celular tiene potencial para aumentar el riesgo de cáncer, y la ovulación parece ser uno de estos cambios. Cada vez que una mujer ovula, un óvulo literalmente revienta en las paredes de sus ovarios. Para curar este reventón, las células de la pared ovárica tienen que dividirse para reproducirse.

Cada vez que una mujer se queda embarazada y tiene un hijo, su riesgo de padecer cáncer ovárico se reduce un 10 por ciento. ¿Por qué? Posiblemente porque, entre los nueve meses de embarazo y la ausencia de ovulación que conlleva el amamantamiento, deja de ovular durante doce meses y ahorra a sus paredes ováricas doce trances de división celular. El argumento es similar para el cáncer de endometrio. Cuando una mujer menstrúa, los estrógenos que fluyen por su útero estimulan el crecimiento de la membrana uterina, al causar una ráfaga de división celular potencialmente peligrosa. Las mujeres que no menstrúan con frecuencia ahorran ese riesgo al endometrio. Los cánceres ovárico y endometrial son enfermedades característicamente modernas, consecuencias, en parte, de un siglo en el que las mujeres menstrúan cuatrocientas veces a lo largo de sus vidas.

En este sentido, la píldora realmente tiene un efecto natural. Al bloquear la liberación de nuevos óvulos, la progestina presente en los anticonceptivos orales reduce las rondas de división de la célula ovárica. La progestina también contrarresta las oleadas de estrógeno en el endometrio, frenando la división celular allí. Una mujer que tome la píldora durante diez años reduce su riesgo de padecer cáncer ovárico en un 70 por ciento aproximadamente, y alrededor del 60 por ciento en lo que se refiere al endometrial. Pero aquí *natural* significa algo diferente de lo que pensaba Rock. Rock suponía que la píldora era natural porque era una variante discreta de los propios procesos del cuerpo. De hecho, como sugiere la investigación más reciente, la píldora sólo es realmente natural en la medida en que sea *radical*, al rescatar a los ovarios y al endometrio de las garras de la modernidad. El que Rock se empeñara en un ciclo de veintiocho días para su píldora sólo evidencia la profundidad de su malentendido: la verdadera promesa de la píldora no era conservar los ritmos menstruales del siglo XX, sino ser capaz de interrumpirlos.

Hoy un creciente movimiento de especialistas en reproducción ha comenzado a hacer oír su voz alto y claro contra el régimen estándar de administración de la píldora a veintiocho días. La compañía farmacéutica Organon ha diseñado un nuevo anticonceptivo oral, llamado Mircette, que recorta el intervalo de placebo de siete días a dos. Patricia Sulak, investigadora médica en la Universidad A&M de Texas, ha demostrado que la mayoría de las mujeres probablemente puedan tomar la píldora durante seis o doce semanas sin tener el periodo. Más recientemente, Sulak ha documentado con precisión el coste de interrumpir la administración de la píldora una semana por mes. En una ponencia presentada en el número de febrero del boletín *Obstetrics and Gynecology,* ella y sus colegas documentaron algo sobre la píldora que a la mayor parte de las mujeres no las pilló por sorpresa: durante la semana de uso del placebo, el número de usuarias que experimentaban dolor pélvico e hinchazón se triplicaba con creces; los dolores en los pechos se duplicaban con creces, y también aumentan los dolores de cabeza en casi un 50 por ciento. En otras palabras, algunas mujeres que toman la píldora siguen experimentando los efectos colaterales asociados con la menstruación normal. La ponencia de Sulak es un trabajo breve, seco, académico, pensado para un público profesional. Pero es imposible leerlo sin que le llamen a uno la atención las consecuencias del deseo de John Rock de agradar a su Iglesia. En los cuarenta últimos años se ha administrado la píldora a millones de mujeres en el mundo entero de un modo tal que maximizaba su dolor y sufrimiento. ¿Y para qué? ¿Para fingir que la píldora no era más que una versión farmacéutica del método Ogino?

3.

En 1980 y 1981 Malcolm Pike, un experto en medicina estadística de la Universidad de Southern California (USC), viajó a Japón durante seis meses para estudiar en la Comisión de Víctimas de la Bomba Atómica. A Pike no le interesaban los efectos de la bomba. Sin embargo, quiso examinar los registros médicos que la comisión tan minuciosamente había ido reuniendo sobre los supervivientes de Hiroshima y Nagasaki. Investigaba una cuestión que en última instancia contribuiría tanto a complicar nuestro entendimiento de la píldora como la investigación de Strassmann un decenio más tarde: ¿por qué las mujeres japonesas tenían índices de cáncer de mama seis veces inferiores a los de las mujeres estadounidenses?

A finales de los años cuarenta, la Organización Mundial de la Salud comenzó a recoger y publicar estadísticas comparativas sobre la salud en el mundo entero; y la disparidad de la incidencia del cáncer de mama entre Japón y Estados Unidos había llegado a obsesionar a los oncólogos. La respuesta obvia —que de algún modo las mujeres japonesas estaban protegidas genéticamente contra el cáncer de mama— no tenía sentido, porque una vez que las mujeres japonesas emigraban a Estados Unidos, comenzaban a padecer cáncer de mama casi en la misma medida que las estadounidenses. Por consiguiente, muchos expertos de la época presumían que el culpable tenía que ser alguna sustancia química tóxica desconocida o un virus exclusivo de Occidente. Brian Henderson, colega y colaborador habitual de Pike en la USC, dice que cuando él entró en este campo en 1970 «las teorías que vinculaban la carcinogénesis a causas virales o químicas tenían mucho predicamento y predominaban en la bibliografía especializada. El cáncer de mama entraba en una caja grande y desconocida, donde ponía que tenía algo que ver con el *ambiente,* palabra que quería decir muchas cosas diferentes para mucha gente diferente. Lo mismo podía referirse a la dieta que al fumar o a los pesticidas».

Henderson y Pike, sin embargo, quedaron fascinados por varias peculiaridades estadísticas. En primer lugar, la tasa que medía el riesgo de padecer cáncer de mama subía bruscamente a lo largo de la treintena de la mujer y también en su cuarentena, hasta que luego, en la menopausia, comenzaba a reducirse. Si un cáncer estaba causado por algún agente tóxico externo, cabría esperar que la tasa se elevase regularmente cada año que pasara, a medida que el número de mutaciones y errores genéticos iba acumulándose con la misma regularidad. Con el cáncer de mama, en cambio, parecía como si algo específico lo condujera a los años reproductivos de una mujer. Es más, las mujeres más jóvenes entre aquellas a las que se les habían extirpado los ovarios presentaban un riesgo notablemente inferior de padecer cáncer de mama: cuando sus cuerpos no estaban produciendo estrógenos y progestina cada mes, padecían muchos menos tumores. Pike y Henderson quedaron convencidos de que el cáncer de mama estaba vinculado a un proceso de división celular similar al de los cánceres ovárico y endometrial. El pecho femenino, después de todo, es tan sensible al nivel de hormonas en el cuerpo de una mujer como el sistema reproductivo. Cuando las mamas están expuestas a los estrógenos, las células del ducto terminal de la unidad lobular —donde surge la mayor parte de los cánceres de mama— experimentan una ráfaga reproductora. Y durante la segunda mitad del ciclo menstrual, cuando los ovarios comienzan a producir grandes cantidades de progestina, el ritmo de división celular en aquella región se duplica.

Tenía pues pleno sentido, desde el punto de vista intuitivo, que el riesgo para una mujer de contraer cáncer de mama estuviera vinculado con la cantidad de estrógenos y progestina a que sus pechos hubiesen estado expuestos a lo largo de su vida. La edad a la que la mujer alcance la menarquia debería representar una gran diferencia, porque el principio de la pubertad provoca una oleada hormonal en el cuerpo de una mujer, y las células del pecho de una adolescente parecen ser sumamente susceptibles a los errores de reproducción celular que determinan el cáncer. (Por motivos más complicados, tener niños resulta que protege contra el cáncer de mama, quizás porque en los dos últimos trimestres del embarazo las células del pecho maduran y se vuelven mucho más resistentes a las mutaciones). La edad a la que una mujer entra en la menopausia debería importar, al igual que la cantidad de estrógenos y progestina que producen sus ovarios, e incluso cuánto pesa después de la menopausia, porque las células grasas convierten otras hormonas en estrógenos.

Pike fue a Hiroshima a probar la teoría de la división celular. Con otros investigadores, miró en los archivos médicos a qué edad tenían las japonesas su primer periodo. Resultó que la mujer japonesa nacida a principios del siglo XX tenía su primer periodo a los dieciséis años y medio. Las mujeres estadounidenses nacidas en la misma época tenían su primer periodo a los catorce. Sólo esa diferencia, de acuerdo con sus cálculos, era suficiente para explicar el 40 por ciento de diferencia entre las tasas de cáncer de mama estadounidenses y japonesas. «Se habían recogido registros asombrosos de las mujeres de aquella zona —dijo Pike—. Se podía seguir con precisión el cambio de la edad de menarquia a lo largo del siglo. Hasta podían verse los efectos de la II Guerra Mundial: la edad de menarquia de las muchachas japonesas empezó a subir justo en aquel momento, debido a mala nutrición y otras dificultades. Y luego comenzó a caer después de la guerra. Eso me convenció de que los datos eran preciosos».

A continuación Pike, Henderson y sus colegas mezclaron otros factores de riesgo. Las edades de la menopausia y del principio del embarazo y el número de niños no diferían lo suficiente entre los dos países para tener alguna relevancia estadística. Pero el peso sí. En promedio la mujer japonesa posmenopáusica pesaba unos 45 kilos; y la estadounidense, unos 66. Aquel hecho explicaba otro 25 por ciento de la diferencia. Finalmente, los investigadores analizaron muestras de sangre de mujeres en el Japón y la China rurales, y encontraron que sus ovarios —posiblemente debido a una dieta sumamente pobre en calorías— producían aproximadamente el 75 por ciento de los estrógenos que producían las mujeres estadounidenses. Aquellos tres factores adicionales juntos parecían explicar las grandes diferencias en cuanto a padecimiento de cáncer de mama. También parecían explicar por qué las tasas de cáncer de mama entre las mujeres asiáticas comenzaron a aumentar cuando éstas migraron a Estados Unidos: con una dieta estadounidense, empezaban antes a menstruar, a ganar peso y a producir más estrógenos. Se arrinconó el debate sobre sustancias químicas, toxinas, líneas de conducción eléctrica y nieblas tóxicas. «Cuando la gente dice que lo que entendemos sobre el cáncer de mama sólo explica una parte ínfima del problema, que todo es en cierto modo un misterio, está diciendo perfectas tonterías —afirma rotundamente Pike. Es un sudafricano sesentón, con el pelo encanecido y la barba salpimentada. Igual que Henderson, es una figura eminente de la investigación oncológica a la que nadie acusaría de hacer declaraciones a la ligera—. Entendemos el cáncer de mama extraordinariamente bien. Lo entendemos tan bien como la relación entre el tabaquismo y el cáncer pulmonar».

Lo que Pike descubrió en Japón le condujo a pensar en la píldora, porque una pastilla que suprimía la ovulación —con las mareas mensuales de estrógenos y progestina que conlleva— obviamente tenía potencial para ser un potente fármaco contra el cáncer de mama. Pero el pecho era un poco diferente de los órganos reproductivos. La progestina prevenía el cáncer ovárico porque suprimía la ovulación. Era buena para prevenir el cáncer endometrial porque contrarrestaba los efectos estimulantes del estrógeno. Pero en las células mamarias, creía Pike, la progestina no era la solución; se trataba de una de las hormonas que *causaban* la división celular. Esto explica por qué, después de años de estudiar la píldora, los investigadores han concluido que no tiene ningún efecto, en un sentido ni en otro, sobre el cáncer de mama: cualquier efecto beneficioso resultante de lo que hace la píldora queda anulado por cómo lo hace. John Rock pregonó el hecho de que la píldora usaba progestina, porque la progestina era el anticonceptivo propio del cuerpo. Pero Pike no vio nada «natural» en someter al pecho a tan fuertes dosis de la hormona. En su opinión, la cantidad de progestina y estrógenos necesaria para fabricar un anticonceptivo eficaz era mucho mayor que la cantidad necesaria para mantener sano el sistema reproductivo; y aquel exceso innecesario elevaba muy considerablemente el riesgo de padecer cáncer de mama. Una píldora realmente natural podría ser la que encontrara un modo de suprimir la ovulación sin usar progestina. A lo largo de la década de los ochenta, recuerda Pike, ésta fue su obsesión. «Todos nos desvivíamos por calcular cómo diablos arreglar la píldora. Pensábamos en ello día y noche».

4.

La solución propuesta por Pike es un tipo de fármacos conocidos como GnRHA, que llevan muchos años circulando. Los GnRHA interrumpen las señales que envía la glándula pituitaria cuando intenta ordenar la fabricación de hormonas sexuales, rompiendo el circuito. «Tenemos considerable experiencia con esta droga —dice Pike—. A veces se administra a varones con cáncer de próstata para detener temporalmente su producción de testosterona, que podría exacerbar sus tumores. A veces se da a muchachas que sufren de la llamada pubertad prematura —la pubertad a los siete u ocho años, o incluso a menor edad— para prevenir la madurez sexual precoz. Si se suministra GnRHA a las mujeres en edad maternal, se detiene la producción de estrógenos y progestina por parte de los ovarios. Si la píldora convencional funciona convenciendo al cuerpo de que está... bueno, un poquito embarazado, la píldora de Pike funciona convenciendo al cuerpo de que tiene un poco de menopausia».

En el formato en que Pike quiere comercializarlo, los GnRHA vendrán en un envase de cristal claro del tamaño de un salero, con un vaporizador plástico blanco encima y todo. Se inhalarán por la nariz. Así el cuerpo lo absorbe muy rápidamente. Una dosis matutina simplemente deja a la mujer algo menopáusica durante un tiempo. La menopausia, desde luego, entraña sus riesgos. Las mujeres necesitan estrógenos para mantener fuertes sus corazones y sus huesos. También necesitan progestina para mantener el útero sano. Así que Pike pretende agregar justo un poco más de cada hormona para solucionar estos problemas, pero mucho menos de lo que ya se administra a las mujeres con la píldora. Lo ideal, dice Pike, sería ir ajustando la dosis de estrógenos: las mujeres probarían varios niveles hasta encontrar el satisfactorio. La progestina vendría en cuatro periodos por año, de doce días cada periodo. Cuando una mujer sometida al régimen de Pike dejara de recibir progestina, tendría una de sus cuatro reglas anuales.

Pike y un oncólogo llamado Darcy Spicer han unido fuerzas con otro oncólogo, John Daniels, para fundar una nueva empresa, Balance Pharmaceuticals, que fabrica fármacos tendentes al equilibrio. La firma opera desde un pequeño polígono industrial que se extiende a lo largo de la autopista, en Santa Mónica. Uno de los arrendatarios del complejo es una tienda de pinturas; otro parece algún tipo de empresa exportadora. Las oficinas de la Balance están situadas en un garaje de gran tamaño con una gran puerta levadiza y suelos de cemento. Hay una diminuta área de recepción, una mesa baja, un sofá y un laberinto de escritorios, estanterías, archivadores y ordenadores. Balance está probando su fórmula en un pequeño grupo de mujeres con alto riesgo de padecer cáncer de mama; y si los resultados siguen siendo alentadores, pedirán la aprobación del fármaco por la FDA.

«Cuando conocí a Darcy Spicer hace un par de años —decía recientemente Pike, sentado en la mesa de conversaciones del hangar que tiene por oficina—, me dijo: "¿Por qué no lo intentamos? Haciendo mamografías, deberíamos ser capaces de apreciar cambios en las mamas de las mujeres que tomen este fármaco, incluso aunque añadamos pequeñas cantidades de algún estrógeno para evitar efectos secundarios". Entonces hicimos un estudio y encontramos que había cambios enormes —Pike sacó una copia de una ponencia que él y Spicer habían publicado en el boletín *Journal of the National Cancer Institute,* la cual mostraba radiografías pectorales de tres jóvenes—. Éstas son las mamografías de las mujeres antes de comenzar el tratamiento —me explicó. Entre los contornos de grano oscuro del pecho se distinguían grandes manchas fibrosas de color blanco. Pike y Spicer ven en estas manchas indicadores de la clase de implacable división celular que aumenta el riesgo de padecer cáncer de mama. Al lado de aquellos rayos X había tres mamografías de las mismas mujeres, tomadas al año de iniciarse el tratamiento con GnRHA. Las manchas habían desaparecido casi por completo—. Para nosotros esto representa que de hecho hemos detenido una actividad potencialmente nociva dentro de las mamas —continuó Pike—. El blanco era un indicio negro: proliferación celular. Nosotros ralentizamos estos procesos negativos —Pike se levantó de la mesa y se volvió a un portafolios que tenía sobre un atril detrás de sí. Rápidamente hizo números sobre el papel—. Supongamos que una mujer alcanza la menarquia a los quince y la menopausia a los cincuenta. Son treinta y cinco años de estímulos hormonales en las mamas. Si se reduce ese tiempo a la mitad, el riesgo no es que se reduzca a un 50 por ciento, sino a un 4,5 por ciento —Pike trabajaba con un modelo estadístico que él mismo había desarrollado para calcular el riesgo de cáncer de mama—, es decir a una veintitresava parte. El riesgo de sufrir cáncer de mama será veintitrés veces inferior. No será cero. El cero es inalcanzable. Si se toma este fármaco durante diez años, el riesgo se reducirá al menos en la mitad. Si se usa durante cinco años, el riesgo se reducirá en no menos de un tercio. Es como si las mamas fueran cinco años más jóvenes, o diez años más jóvenes, *siempre*». Según él, este régimen proporcionaría además protección contra el cáncer ovárico.

Pike dio a entender que ya había dado este pequeño discurso muchas veces, ante sus colegas, su familia, sus amigos... y ante los potenciales inversores en su empresa. Había aprendido cuán extraño e increíble sonaba lo que decía. Ahí estaba él, en un frío garaje situada en un polígono industrial de Santa Mónica, argumentando que sabía cómo salvar las vidas de cientos de miles de mujeres en el mundo entero. Y quería hacerlo volviendo menopáusicas a mujeres jóvenes al someterlas a un régimen químico inhalado cada mañana de un frasquito. Como mínimo se trataba de una idea audaz. ¿Podría dar con el equilibrio correcto entre los niveles hormonales que las mujeres necesitan para mantenerse sanas y aquellos que en última instancia acaban por hacerlas enfermar? La progestina ¿realmente era tan importante en el cáncer de mama? Hay oncólogos que siguen siendo escépticos al respecto. Y sobre todo, ¿qué pensarían las mujeres? Al menos John Rock había prestado a la causa del control de la natalidad sus modales del Viejo Mundo, el aire distinguido de sus canas, sus apelaciones a la teología; se había esforzado por hacer que la píldora pareciera la menos radical de las intervenciones, el anticonceptivo de la naturaleza, algo que podía pasar desapercibido en un monedero de mujer. Y Pike pretendía dejar de lado cuarenta años de mitología sobre qué es natural. «Las mujeres pensarán que las están manipulando, lo cual es perfectamente razonable —aquí el acento sudafricano de Pike se hace un poco más fuerte a medida que él se va animando—. Pero el modo de vida moderno representa un cambio extraordinario para la biología femenina. Las mujeres salen de casa para ejercer la abogacía, la medicina, presidir países. Tienen que entender que lo que intentamos hacer no es anormal. Es tan normal como normal era hace cientos de años tener la menarquia a los diecisiete, parir cinco bebés y pasar trescientos ciclos menstruales menos que la mayoría de las mujeres de hoy. Porque el mundo de hoy no es el que era. Pero algunos de los riesgos que conllevan las nuevas ventajas para la mujer, como poder adquirir cultura y no tener que pasarse la vida embarazada o criando criaturas, son el cáncer de mama o el ovárico, inconvenientes con los que es preciso lidiar. Yo tengo tres hijas. La que me dio mi primer nieto lo alumbró a los treinta y un años. Es un patrón común a muchas mujeres de ahora: ovulan ininterrumpidamente desde los doce o trece años de vida hasta bien entradas en la treintena. ¡Veinte años de ovulación ininterrumpida antes del primer hijo! Esto nunca había ocurrido en la historia de la humanidad.

5.

La larga batalla de John Rock en pro de su pastilla anticonceptiva obligó a la Iglesia a hacerle caso. En la primavera de 1963, justo después de que se publicara el libro de Rock, se celebró una reunión en el Vaticano entre altas instancias de la Iglesia católica y Donald B. Straus, presidente de Planned

Parenthood, o Planificación Familiar. A aquella cumbre le siguió otra en el campus de la Universidad de Nôtre Dame. En el verano de 1964, en vísperas de la festividad de San Juan Bautista, el papa Pablo VI anunció que pediría a un comité de funcionarios de la Iglesia que volviera a examinar la posición del Vaticano en materia anticonceptiva. El grupo se reunió primero en el colegio San José de Roma, quedando claro que una mayoría del comité estaba a favor de aprobar la píldora. Los informes del comité filtrados al Registro Nacional Católico confirmaban que Rock parecía tener las de ganar. Él estaba alborozado. *Newsweek* lo sacó en portada, con una imagen del Papa en páginas interiores. «Desde que en el siglo XVI los copernicanos afirmaron que el Sol era el centro del sistema planetario, la Iglesia católica no se había encontrado en tan peligroso rumbo de colisión contra un nuevo cuerpo de conocimiento», concluía el artículo. Pablo VI, sin embargo, no cambió de parecer. Sí dio largas al veredicto, retrasándolo durante meses, que luego fueron años. Algunos dijeron que había caído bajo el influjo de los elementos más conservadores de la curia vaticana. En el ínterin, los teólogos comenzaron a exponer las fallas de los argumentos de Rock: el método Ogino «"previene" la concepción por la vía de abstinencia, es decir, mediante el incumplimiento del acto conyugal durante el periodo fértil», concluía el diario católico *America* en un editorial de 1964. «La píldora previene la concepción suprimiendo la ovulación y por ende el periodo fértil. Ningún malabarismo verbal puede hacer que abstenerse de mantener relaciones sexuales y suprimir la ovulación sean la misma cosa». El 29 de julio de 1968, en su encíclica *Humanae Vitae*, el Papa rompió su silencio y declaró contrarios a las enseñanzas de la Iglesia todos los métodos «artificiales» de contracepción.

Con la perspectiva de los años, es posible ver la oportunidad perdida por Rock. Si él hubiera sabido lo que sabemos ahora y hablado de la píldora, no como anticonceptivo, sino como fármaco contra el cáncer —no como una droga para impedir la vida, sino como una medicina para salvar vidas—, la Iglesia bien podría haber dado su consentimiento.

¿No había Pío XII aprobado ya la píldora con fines terapéuticos? Lo único que tenía que haber hecho Rock era ver la píldora como la veía Pike: como un fármaco cuyos aspectos anticonceptivos son simplemente un medio de atraer a las usuarias; de hacer, como explicó Pike, «que las jóvenes tomen muchas cosas que, si no, no tomarían».

Pero Rock no vivió lo bastante para entender cómo podían haber sido las cosas. Lo que él atestiguó, en cambio, fue el terrible final de los años sesenta, cuando la píldora de repente fue acusada —falsamente— de causar coágulos de sangre e infartos. Entre mediados de los setenta y principios de los ochenta el número de estadounidenses que tomaban la píldora cayó a la mitad. La Facultad de Medicina de Harvard, mientras tanto, asumió el control de la Clínica Reproductiva de Rock y lo echó de ella. Su pensión por sus años en Harvard sólo le reportaba setenta y cinco dólares al año. Como casi no le quedaba ningún dinero en el banco, tuvo que vender su casa de Brookline. En 1971 Rock abandonó Boston y se retiró a una casa rural en las colinas de New Hampshire. Nadaba en un arroyo que corría detrás de la casa. Escuchaba las marchas de John Philip Sousa. Por la tarde se sentaba en la sala de estar con una jarra de Martini. En 1983 concedió su última entrevista pública. Fue como si la memoria de sus logros se le hubiera hecho tan dolorosa que él mismo la había borrado.

Le preguntaron cuál había sido la parte más satisfactoria de su vida. «Ésta que vivo ahora —contestó, increíblemente, el inventor de la píldora, sentado junto al fuego con una camisa impecablemente blanca y su sempiterna corbata, mientras leía *El origen,* una biografía ficticia de Darwin escrita por Irving Stone—. Con frecuencia pienso: "¡Dios!, qué suerte la mía". No tengo ninguna responsabilidad y sí todo lo que quiero. Tomo una dosis de ecuanimidad cada veinte minutos. Me niego a llevarme malos ratos por menudencias».

Hubo un tiempo en que John Rock asistía a misa de siete todas las mañanas y tenía un crucifijo encima de su escritorio. Su entrevistadora, la escritora Sara Davidson, acercó su silla a la de él y le preguntó si todavía creía en una vida después de la muerte.

«Por supuesto que no», repuso Rock bruscamente. Aunque no explicara por qué, no costaba imaginarse sus motivos. La Iglesia no podía conciliar las exigencias de la fe que predicaba con los resultados de la ciencia que profesaba Rock; y si la Iglesia no podía hacer tal cosa, ¿cómo esperar que lo hiciera Rock? Él siempre se atenía a su conciencia y al final su conciencia le obligó a distanciarse de aquello que él más amaba. La culpa no fue de John Rock. Tampoco de su Iglesia. Se debió a la naturaleza azarosa de la ciencia, que demasiado a menudo trae un progreso antes que el entendimiento de lo que significa. Si se hubiera invertido el orden de lo acontecido durante el descubrimiento de qué era natural, su mundo, y el nuestro también, habría sido un lugar diferente.

«El Cielo y el Infierno, Roma, todo el tema de la Iglesia es un mero consuelo para las masas —concluyó Rock. Sólo le quedaba un año de vida—. Pero durante mucho tiempo fui un fervoroso católico practicante y realmente me lo creí todo»*.

13 de marzo de 2000

---

* A veces el tiempo pasado entre el día que se oye una buena idea y el día que se entiende cómo escribir sobre ella es considerable. En este caso, fue casi una década. Cuando mi amigo Chris Grover estaba en la Facultad de Medicina me explicó que, desde una perspectiva evolutiva, la experiencia de las mujeres modernas era profundamente insólita. Hasta principios del siglo XIX las mujeres en edad reproductora rara vez menstruaban. Hoy día menstrúan constantemente. Esto me fascinó. Pero ¿cómo diablos construir una historia alrededor de este hecho? Entonces descubrí a John Rock.

LO QUE VIO EL PERRO. CÉSAR MILLÁN Y LOS MOVIMIENTOS DEL ADIESTRAMIENTO

1.

En el caso de Sugar contra Forman, César Millán no conocía ninguno de los hechos antes de llegar a la escena del crimen. Él lo prefiere así. Su trabajo consistía en reconciliar a Forman con Sugar y, puesto que Sugar era mucho menos apta para presentar sus explicaciones que Forman, todo lo que él conociese de ella indirectamente podría influirle en favor de la parte demandante.

El domicilio de los Forman estaba en un aparcamiento de remolques en Mission Hills, justo al norte de Los Ángeles. Tenía revestimientos interiores de madera en color oscuro, sofás de cuero y una gruesa moqueta. El aire acondicionado estaba puesto, aun cuando fuera uno de esos días ridículamente frescos del sur de California. Lynda Forman tenía sesenta y tantos, puede que más; y era una encantadora mujer con un sentido del humor que le conquistaba a uno. Su marido, Ray, estaba en una silla de ruedas y tenía un cierto aire de ex militar. César se sentó enfrente de ellos, con sus vaqueros negros y una camisa azul, en una postura característicamente perfecta.

—¿En qué puedo ayudar? —dijo.

—¿Puede ayudar a nuestro monstruo a convertirse en una perrita dulce y amable? —contestó Lynda. Estaba claro que había pensado mucho tiempo cómo describirle a Sugar—. Es noventa por ciento de maldad y diez por ciento de amor... Duerme con nosotros por la noche. Se me abraza

—Sugar significaba mucho para Lynda—. Pero agarra todo lo que pilla e intenta destrozarlo. Mi marido está impedido y ella le destroza el cuarto. Nos rasga la ropa. Nos ha rasgado la alfombra. Molesta a mis nietos. Si abro la puerta, sale corriendo —Lynda se remangó para mostrarle a César sus antebrazos. Estaban cubiertos de tantas mordeduras, rasguños, cicatrices y costras como si la hubieran torturado—. Pero la quiero. ¿Qué puedo decir? —Al ver aquellos brazos, César parpadeó.

—Guau.

César no es un hombre alto. Tiene la constitución de un jugador de fútbol. Tiene treinta y tantos años y unos ojos grandes, amplios, la piel aceitunada y los dientes blancos. Hace catorce años que se coló por la frontera con México, pero su inglés es excepcional, salvo cuando está alterado y empieza a comerse los artículos. Casi nunca pasa, porque rara vez se altera. Al ver aquellos brazos, dijo: «Guau», pero era un «guau» en el mismo tono tranquilo de voz que había usado al decir: «¿En qué puedo ayudar?».

César comenzó a hacer preguntas. ¿Se orinaba Sugar en la casa? Sí. Y tenía una relación particularmente destructiva con los periódicos, los mandos a distancia y las tazas de plástico. César preguntó por los paseos. La perra ¿pasea o rastrea? —al decir «rastrea» hizo una imitación asombrosa de una perra aspirando—. Sí, Sugar rastreaba. Bueno, y ¿qué tal la disciplina?

—A veces la meto en una caja —dijo Lynda—. Nunca más de quince minutos. Después de eso se tumba y está tranquila. No sé cómo imponer disciplina. Pregunte a mis hijos.

—A usted ¿sus padres la castigaban?

—No les daba motivos. No daba ningún problema.

—No la castigaban. ¿Castiga usted físicamente a Sugar?

—Lo he hecho. Pero no me gusta.

—¿Y los mordiscos?

—Se lo veo en la cara. ¡Me mira de una forma!

—Le está recordando quién lleva la batuta.

—Y luego me lame media hora donde me ha mordido.

—No le está pidiendo perdón. Los perros se lamen las heridas mutuamente por el bien de la manada.

Lynda pareció algo desconcertada.

—Yo pensaba que estaba arrepentida.

—Si sintiera arrepentimiento —dijo César suavemente—, no lo volvería a hacer.

Tocaba oír a la acusada. La nieta de Lynda, Carly, entró llevando en brazos un sabueso como si fuera un bebé. Sugar era una linda perrita, pero tenía una mirada malvada, salvaje. En cuanto Carly la dejó sobre la alfombra, se fue hasta César y empezó a olerle los zapatos. Delante de ella, César colocó un periódico, una taza de plástico y un mando a distancia. Sugar se tiró a por el periódico. César se lo arrebató. Sugar volvió a morder el periódico. De un brinco se subió al sofá. César le «mordió» con la mano en el hombro, firmemente y con calma.

—Mi mano es la boca —explicó—. Mis dedos son los dientes.

Sugar se bajó del sofá. César la sujetó con suave firmeza durante un instante. Sugar luchó, brevemente; luego se relajó. César se echó atrás. Sugar se lanzó al mando a distancia. César la miró y dijo, simple y brevemente: «Sh-sh-sh». Sugar vaciló. Mordió la taza de plástico. César hizo: «Sh-sh-sh». Ella la dejó caer. César hizo señas a Lynda de que trajera un tarro de golosinas a la sala. Lo colocó en mitad del suelo y se abalanzó sobre él. Sugar miró las golosinas y luego a César. Comenzó a olisquear, acercándose poco a poco, pero ahora un límite invisible se alzaba entre ella y el premio. Dio vueltas alrededor de él, pero sin acercarse mucho más que un metro. Parecía a punto de saltar sobre el sofá. César se desplazó para bloquearla. Dio un paso hacia ella. Ella reculó, cabizbaja, al rincón más lejano de la sala. Se hundió sobre sus patas traseras y posó la cabeza en el suelo. César tomó las golosinas, el mando a distancia, la taza de plástico y el periódico y lo colocó todo a escasos centímetros de su hocico. Sugar, antiguo terror de Mission Hills, cerró los ojos en señal de sumisión.

—No tiene reglas sobre el mundo exterior, ningún límite —dijo finalmente César—. Usted practica el ejercicio y el afecto, pero no practica el ejercicio, la disciplina y el afecto. Cuando se ama a alguien, se le dan esas tres cosas. Eso es amor. Y usted no se lo está dando a su perro —entonces se levantó y miró en derredor—. Vamos a dar un paseo.

Lynda estaba atónita. En cinco minutos, su monstruo se había convertido en un ángel.

—Increíble —dijo.

2.

César Millán dirige el Centro de Psicología Canina desde un taller mecánico reformado en la zona industrial de Los Ángeles South-Central. El centro está situado al final de un callejón largo y estrecho, junto a una bulliciosa calle salpicada de almacenes y garajes de aspecto desangelado. Detrás de una alta valla de color verde tejida con cadenas hay un patio grande de cemento, y por todas partes alrededor del patio hay perros. Perros tomando el sol. Perros nadando en una piscina. Perros echados sobre mesas de merendero. César acoge a los perros de la gente que tiene problemas; los aloja un mínimo de dos semanas, integrándolos en la manada. No tiene ninguna formación académica especializada. Aprendió lo que sabe mientras se criaba en México, en el rancho que su abuelo tenía en Sinaloa. De niño lo llamaban «el Perrero», porque observaba incansablemente a estos animales. Los estudió hasta sentir que podía meterse en la mente de un perro. Por las mañanas, César se lleva a la manada a una excursión de cuatro horas en las montañas de Santa Mónica: César al frente, los perros detrás de él; los pitbull, los rottweiler y los pastores alemanes. Llevan mochilas para que, cuando los perros pequeños se cansen, César pueda cargarlos a lomos de los grandes. Entonces vuelven y comen. Primero, ejercicio; después, alimento. Primero el trabajo y luego la recompensa.

«Ahora mismo tengo cuarenta y siete perros —dijo César. Abrió la puerta y entraron en tropel un revoltijo de perros, grandes y pequeños. César señaló a un bloodhound o San Humberto—: Éste era agresivo con la gente, muy agresivo —dijo. En una esquina del recinto, una terrier Wheaton acababa de recibir un baño—. Ha estado aquí seis meses porque no podía confiar en las personas —siguió explicando César—. La golpearon con saña —añadió mientras rascaba ociosamente a una hembra grande de pastor alemán—. Ésta es mi novia, Beauty. Si vieras la relación entre ella y su dueña... —sacudió la cabeza—. Es enfermiza. Tipo *Atracción fatal.* En cuanto Beauty la ve, comienza a arañarla y a morderla; y ella le dice: "Yo también te quiero". Éste mató a otro perro. Este otro también mató a otro perro. Aquellos dos vinieron de Nueva Orleans. Atacaban a la gente. Aquel pitbull de ahí, el que lleva una pelota de tenis, mató a un labrador en Beverly Hills. Y mira ése: tuerto. Perdió un ojo en una pelea. Pero ha cambiado». Pues sí: ahora frotaba el hocico contra un bulldog francés. Estaba feliz, y también el que había matado a un labrador en Beverly Hills y ahora yacía al sol, como plácidamente se tumbaba el bloodhound aquel, que tan agresivo había sido con la gente, sobre una mesa de merendero y con la lengua colgando. César estaba de pie en medio de todos los perros, con la espalda y los hombros rectos. Era una prisión. Pero la más pacífica de toda California. «La cuestión es que todos estén tranquilos, sumisos, cueste lo que cueste —dijo—. Lo que está viendo ahora mismo es un grupo de perros en el que todos tienen el mismo estado de ánimo».

César Millán es el presentador del programa de televisión *El encantador de perros,* que en Estados Unidos se emite por el canal de National Geographic. En todos los episodios, recibe un caos canino y deja tras de sí la paz. Es ese profesor que todos nosotros tuvimos en la escuela primaria, capaz de entrar en un aula llena de niños descontrolados y conseguir que todos se calmasen y se comportasen. ¿Qué tenía aquel profesor? Si nos lo hubieran preguntado entonces, podríamos haber contestado que nos portábamos mejor con el señor Exley porque el señor Exley tenía muchas reglas y era realmente estricto. Pero la verdad es que también nos comportábamos con el señor DeBock, que no era estricto en absoluto. Lo que realmente queremos decir es que ambos tenían ese algo indefinible llamado presencia; y si uno va a enseñar a un aula llena de personas de diez años muy testarudas, o a dirigir una empresa, o a tener mando en un ejército, o a meterse en un remolque de Mission Hills con un sabueso llamado «Sugar» que le aterroriza: o tiene presencia o bien está perdido.

Detrás del Centro de Psicología Canina, entre la cerca trasera y las paredes de los edificios contiguos, César ha construido una especie de canódromo tan largo como un bloque de edificios urbano. «Éste es nuestro Chuck E. Cheese» —dijo César—. Los perros le vieron acercarse a la puerta trasera y corrieron hacia él expectantes, agolpándose en la estrecha entrada en una mezcolanza de bigotes y colas meneándose. César llevaba sobre el hombro una bolsa llena de pelotas de tenis y en la mano derecha un bastón recogepelotas de plástico naranja. Metió esta mano en la bolsa, agarró una pelota de tenis y con un lanzamiento de experto la arrojó por encima de la tapia de un almacén contiguo. Una docena de perros salieron en tropel tras ella. César lanzó otra pelota, en dirección opuesta; y luego una tercera y una cuarta, hasta que hubo tantas pelotas por ahí que a la manada le invadió un frenesí de gañidos, aullidos, saltos, cargas. Guau. Guau, guau, guau. Guau.

«Este juego dura cinco o diez minutos, tal vez quince —dijo César—. Empieza cuando tú lo digas. Termina cuando tú lo digas. Y entonces no dices: "Parad, por favor". Les exiges que paren». Dicho esto, César frunció el ceño, se quedó inmóvil y soltó un silbido corto: no un silbido ocasional, sino un silbido de autoridad. De repente, la tranquilidad se hizo absoluta. Los cuarenta y siete perros dejaron de cargar y brincar y se quedaron tan inmóviles como César, con las cabezas erguidas y los ojos puestos en su dirigente. Éste cabeceó, casi imperceptiblemente, en dirección al recinto y los cuarenta y siete canes se giraron y desfilaron felices a través de la puerta.

3.

En el otoño de 2005, César filmó un episodio de *El encantador de perros* en Los Ángeles, en casa de una pareja: Patrice y Scott. Tenían un jindo coreano que atendía al nombre de JonBee, un callejero que se habían encontrado y que adoptaron. Fuera, y durante los paseos, JonBee se comportaba bien y era cariñoso. Dentro de la casa era un terror, y se revolvía salvajemente contra Scott cada vez que éste intentaba someterle.

«Ayúdenos a domesticar a esta bestia parda —le dice Scott a César—. Ya han abandonado dos instructores. El primero hacía esta cosa de dominación, tumbando a JonBee sobre el lomo y sujetándolo hasta que se rindiera. Se tiraba unos buenos veinte minutos. Pero JonBee no cejaba. En cuanto el entrenador aflojaba mínimamente la presión, él le mordía. Lo hizo cuatro veces... El tipo sangraba por las dos manos, en el antebrazo. El segundo entrenador tampoco duró mucho. Éste me dijo: "Tiene usted que deshacerse de ese perro"».

César sale a conocer a JonBee. Camina la distancia que le separa del patio trasero. Se agacha al lado del perro. «Al dueño le preocupaba un poco que viniera aquí solo —dice—. Para serte sincero, me siento más cómodo con perros agresivos que con perros inseguros, temerosos o alarmistas. En realidad, estos son los que me dan buena fama».

JonBee se acerca y lo olfatea. César le pone una correa. JonBee mira nervioso a César y comienza a agitarse. César mete a JonBee en la sala. Scott le pone un bozal. César intenta conseguir que el perro se tumbe de costado... y desencadena un infierno. JonBee se revuelve y se lanza, se retuerce y se gira y salta y se defiende y ataca. El bozal se le cae. Muerde a César. Retuerce su cuerpo por los aires, poseído de una furia fría, viciosa. La lucha entre los dos no cesa. Patrice se cubre la cara. César le pide que salga de la sala. Se levanta, con la correa extendida. Parece un vaquero domesticando una serpiente de cascabel particularmente irascible. El sudor le gotea por la cara. Finalmente, César consigue que el perro se siente; luego, que se eche y por fin, de algún modo, que se tienda de costado. JonBee se derrumba, derrotado. César le masajea el estómago. «Con esto, basta», dice.

¿Qué había pasado entre César y JonBee? Una explicación es que libraron una lucha, de macho alfa a macho alfa. Pero las peleas no se entablan porque sí. JonBee claramente reaccionaba contra algo que percibía en César. Antes de luchar, olisqueó, exploró y miró a César. Esto último es lo más importante, porque todo lo que sabemos de los perros sugiere que, como ningún otro animal, son grandes estudiantes de los movimientos humanos.

El antropólogo Brian Hare ha hecho experimentos con perros, por ejemplo, en los que coloca una golosina bajo una de dos tazas, colocadas a un metro largo una de otra. El perro sabe que hay un premio, pero no tiene ni idea de bajo qué taza se encuentra. Entonces Hare señala la taza derecha, la toca, la mira fijamente. ¿Qué pasa? El perro va a la taza derecha prácticamente siempre. Cuando Hare hizo el mismo experimento con chimpancés —un animal que comparte el 98,6 por ciento de nuestros genes—, esta especie no reaccionaba del mismo modo. El perro mira al hombre en busca de ayuda; el chimpancé, no.

«Los primates captan muy bien las señales de su misma especie —explicó Hare—. Si fuéramos capaces de hacerlas similares a las suyas, seguramente las leerían mejor. Pero no son muy buenos a la hora de captar las señales humanas cuando se intenta cooperar con ellos. No las entienden. Piensan: "¿Por qué no me dices de una vez dónde está el plátano?". La especialización clave de los perros, en cambio, es que prestan atención a la gente, cuando ésta hace algo tan humano como compartir la información sobre algo que otro podría de hecho querer». Los perros no son más listos que los chimpancés; simplemente tienen una actitud distinta hacia la gente. «Los perros están realmente interesados en la gente —continuó Hare—. Hasta el punto de obsesionarse. Para un perro, uno es una pelota de tenis gigante y ambulante».

A un perro le importa, profundamente, de qué modo apoya usted el cuerpo. ¿Hacia adelante o hacia atrás? El movimiento hacia adelante puede interpretarse como agresivo; hacia atrás —aunque sea medio centímetro— significa que la intención no es amenazante. Significa que uno ha abandonado lo que los etólogos llaman *movimiento de intención* de proceder a un avance. Ladee usted la cabeza, aunque sea ligeramente, y el perro quedará desarmado. Mírelo de frente y él lo leerá como una bandera roja. La posición de firmes, con los hombros rectos, no caídos, puede significar la diferencia entre si su perro obedece una orden o no. Respirar con regularidad y profundamente —en vez de contener el aliento— puede significar la diferencia entre desactivar una situación tensa o encender la espoleta. «Creo que nos miran a los ojos, y adónde miran nuestros ojos y lo que traslucen nuestros ojos —dice Patricia McConnell, que da clases en la Universidad de Wisconsin (Madison)—. Un ojo redondeado con la pupila dilatada es señal de alta excitación agresiva en un perro. Creo que prestan enorme atención a la expresión de nuestra cara, si los músculos faciales están relajados o no, porque ésta es una seña muy importante que tienen ellos unos con otros. La mandíbula ¿está relajada? La boca ¿está entreabierta? Y luego están los brazos. Prestan enorme atención a lo que hacemos con nuestros brazos».

En su libro *Al otro extremo de la correa* Patricia McConnell descifra una de las interacciones más comunes entre el perro y el hombre: el encuentro entre dos canes sujetos a correas durante un paseo. Para nosotros, los perros se examinan entre sí. Para ella, los perros se examinan entre sí después de haber examinado primero a sus respectivos dueños. Los dueños «a menudo se muestran ansiosos respecto a cómo saldrá parado su perro del encuentro», escribe ella; «y si se observa a los dueños en vez de a los perros, a menudo se nota que la gente contiene la respiración mientras sus ojos y bocas componen una expresión de alarma. Ya que estos comportamientos son expresiones de agresión ofensiva en la cultura canina, sospecho que la gente hace señales inconscientes de tensión. Si se exageran éstas tensando la correa, como hacen tantos dueños, en realidad puede acabarse consiguiendo que los perros se ataquen mutuamente. Piénselo: los perros están en un tenso encuentro social, rodeados por el apoyo de su propia manada, con los humanos formando un círculo tenso, sin aliento, que les mira fijamente. No sé cuántas veces he visto a perros poner sus ojos en las caras congeladas de sus dueños un segundo antes de lanzarse gruñendo a por el otro perro».

Cuando César bajó las escaleras de la casa de Patrice y Scott y se agachó en el patio trasero a la altura de JonBee, éste lo miró atentamente. Y lo que vio fue a alguien que se movía de un modo muy particular. César fluye. «Se organiza maravillosamente desde el punto de vista intrafísico —opinó Karen Bradley, que dirige los estudios de Danza en la Universidad de Maryland, nada más ver las grabaciones de César en acción—. Esa organización de las unidades inferiores... Me pregunto si no habrá jugado al fútbol». Los expertos en movimientos como Bradley usan una cosa llamada análisis de Laban, que interpreta, por ejemplo, el lenguaje corporal de la gente, la fluidez y simetría de sus movimientos o el tipo de *esfuerzo* que implica. ¿Es directo o indirecto? ¿Qué tipo de atención suscita? ¿Es rápido o lento? ¿Es fuerte o tenue, es decir, cuál es su intención? ¿Es libre o vinculante, es decir, cuánta precisión implica? Si uno quiere subrayar algo, puede bajar la mano a lo largo del cuerpo en un solo e inequívoco movimiento. El cómo se ejecute dicho movimiento afecta enormemente al modo en que lo interpretará el can. Lo mejor es bajar la mano con un movimiento explosivo, vinculante, ejecutado con una fuerza aceleradora, terminado con brusca precisión y acompañado con la cabeza y los hombros, que descenderían simultáneamente, de forma que la postura esté en armonía con el gesto. Supongamos, por ejemplo, que la cabeza y los hombros se movieran hacia arriba mientras la mano baja, o que dicha mano bajara describiendo un movimiento libre, implosivo, animado por una especie de vaga fuerza en desaceleración. En ese caso el movimiento sugiere que uno está diciendo algo que nadie discute, lo cual es justo lo contrario de lo que se pretendía decir. La combinación de la postura con el gesto nos da la *formulación;* y los grandes comunicadores son aquellos que emparejan su formulación con sus intenciones comunicativas, los que entienden, por ejemplo, que el énfasis les exige expresarse de forma vinculante, explosiva. Para Bradley, César tenía una formulación muy hermosa.

Ahí está, hablando con Patrice y Scott. Tiene las manos ante sí, en lo que los analistas labanianos llaman el plano sagital, es decir, el área directamente delante y detrás del torso. Entonces se inclina hacia adelante para enfatizar. Pero mientras lo hace, baja las manos al nivel de cintura y las retrae hacia su cuerpo, para contrapesar la intrusión de su postura. Y, cuando se inclina hacia atrás otra vez, las manos vuelven a subir, llenando el espacio vacío. No es el tipo de cosa que uno notaría normalmente. Pero, cuando se advierte, su significado emocional es inequívoco. Transmite respeto y seguridad. Es comunicativo sin ser intrusivo. Bradley miraba a César con el sonido apagado, y había una secuencia a la que ella volvía una y otra vez, en la cual César se dirigía a una familia: su mano derecha se balanceaba hacia abajo en un arco lleno de gracia a través de su pecho. «Está bailando —dijo Bradley—. Mírelo. Es magnífico, un magnífico baile en miniatura. Su formulación es de longitud alterna. Algunos movimientos son largos. Otros son muy cortos. Algunos son formulaciones explosivas, recargadas al principio y luego apaciguadas. Algunos impactan... al cabo de un *crescendo*. Todas y cada una son las apropiadas a la tarea en cada momento. Se trata de *versatilidad* en el mejor sentido de la palabra».

Los analistas de movimientos tienden a mirar (más que escuchar) a, digamos, Bill Clinton o Ronald Reagan. Ambos tenían una formulación excelente. George W. Bush no. Durante su intervención en el debate de 2006 sobre el estado de la Unión, Bush pasó casi todo su discurso balanceándose como un metrónomo, hasta la parte inferior de su torso, un movimiento lamentablemente subrayado por la presencia de una enorme bandera vertical situada detrás de él. «Cada uno de sus movimientos terminaba con un enfoque canalizado hacia un lugar particular del auditorio —dijo Bradley, imitando a la perfección la mirada fija de Bush, esa mirada ceñuda y miope que reserva para los momentos de gran solemnidad, así como su movimiento metronómico—. Resulta un poco primitivo, regresivo». A sus ojos la combinación del balanceo y la mirada fija devolvían la viva imagen de un adolescente. Cuando la gente dice de Bush que es como un niño se refieren en parte a eso. Bush se mueve como un muchacho, lo cual está muy bien; pero, a diferencia de maestros del movimiento como Reagan y Clinton, él no puede dejar de moverse como un muchacho cuando la ocasión exige una respuesta más adulta.

«Lo que más vemos en la población normal es formulación indiferenciada —dijo Bradley—. Y luego hay gente que muestra una preferencia clara por sus formulaciones, como mi marido. Él es el señor Horizontal. Cuando habla en una reunión, se recuesta. Está abierto. Entra en su... horizontalidad —Bradley se inclinó hacia atrás, extendió ampliamente los brazos y redujo la velocidad de su discurso— y no se mueve mucho. Menos mal que trabaja con gente que le entiende —se rió—. Cuando encontramos a alguien así —señaló a César, en la pantalla de televisión—, ¿qué hacemos? Le damos su propia serie de televisión. En serio. Recompensamos a esta gente. Nos atraen, porque podemos confiar en que nos transmitirán el mensaje. No quedará oculto. Esto contribuye a un sentimiento de autenticidad».

4.

Volvamos a JonBee, desde el principio; pero esta vez con el sonido apagado. César baja por la escalera. No es el mismo César que silbaba para atraer la atención de cuarenta y siete perros. Esta ocasión requiere sutileza. «¿Ha visto cómo anda? Deja caer las manos. Las tiene cerca de las caderas». Esta vez la analista era Suzi Tortora, autora de *The Dancing Dialogue [El diálogo danzante]*. Tortora es neoyorquina y psicoterapeuta mediante la danza y el movimiento. Es una mujer alta, ágil, con largos cabellos morenos y una formulación hermosa. Estaba en su oficina, al sur de Broadway, una gran sala vacía y artesonada. «Es muy vertical —dictaminó Tortora—. Las piernas le empiezan debajo del torso. No ocupa ningún espacio. Reduce la velocidad de su paso. Le está diciendo al perro: "Estoy aquí solo. No voy a precipitarme. Aún no me he presentado. Aquí estoy. Puedes olerme"». César se agacha junto a JonBee. Tiene el cuerpo perfectamente simétrico, con el centro de gravedad bajo. Parece estable, como si no se le pudiera atropellar, transmite una sensación de tranquilidad.

JonBee investigaba a César, retorciéndose nerviosamente. Cuando JonBee se ponía demasiado nervioso, César le corregía con un tirón de correa. Como César estaba hablando y la corrección era tan sutil, era fácil perdérsela. Parada.

153

Rebobinado. *Play*. «¿Ve lo rítmico que es? —dijo Tortora—. Tira. Espera. Tira. Espera. Tira. Espera. Su formulación es encantadora. Fiable. A un perro desquiciado le aporta ritmo. No es un ritmo de pánico. Es moderado. Había espacio para vagar. Y no es ataque, ataque. No era largo y sostenido. Era rápido y ligero. Apostaría a que, con perros como ése, que asustan a la gente por su agresividad, que la ponen a la defensiva, hay mucha fuerza agresiva dirigida a ellos. Aquí no hay agresión. Usa la fuerza sin ser agresivo».

César entra en la sala. La lucha comienza. «Mire cómo implica al perro —dijo Tortora—. Le está dando la iniciativa. Le da espacio». No era un agente de los servicios secretos que luchara para reducir a un atacante cuerpo en tierra. César tenía el cuerpo vertical y la mano bien por encima de JonBee, sosteniendo la correa; y cuando JonBee se revolvía y se tiraba y se retorcía y giraba y brincaba y mordía y luchaba, César parecía moverse con él, le proporcionaba cierto marco para su agresividad. Puede que pareciera una lucha, pero César no luchaba. ¿Y qué hacía JonBee? Los psicólogos infantiles suelen hablar del concepto de regulación. Si usted expone a bebés sanos, repetidamente, a un estruendo muy ruidoso, al final se dormirán igualmente. Se habrán acostumbrado al ruido: la primera vez tal vez les perturbe, pero a la segunda o tercera vez habrán aprendido a lidiar con el trastorno, bloqueándolo. Estarán regulados. De los niños que se agarran demasiadas rabietas suele decirse que se encuentran en un estado de desregulación. Han sido desbaratados de algún modo, y no puede devolvérseles al punto de partida. JonBee estaba desregulado. No luchaba; se agarraba rabietas. Y César era el padre comprensivo. Cuando JonBee hacía una pausa para tomar aliento, César se paraba también. Cuando JonBee le mordió a César, éste se llevó instintivamente el dedo a la boca, pero fue un movimiento liso y fluido, calmo, sin delatar ninguna ansiedad. «La administración de los tiempos es una parte muy importante del repertorio de César —continuó Tortora—. Sus movimientos ahora mismo no son complejos. No hay muchos esfuerzos juntos a un mismo tiempo. Su gama de cualidades de movimiento es limitada. Mira cómo se estrecha. Ahora se está encerrando». Cuando JonBee se calmó, César comenzó a acariciarlo. Su toque era firme, pero no agresivo; ni tan fuerte para ser abusivo ni tan suave que resultara insustancial e irritante. Usando la lengua del movimiento —la más simple y transparente de todas—, César le decía a JonBee que estaba seguro. Ahora JonBee yacía de costado, con la boca relajada y la lengua fuera. «Mire, mírele la cara a ese perro —dijo Tortora—. No es derrota; es alivio».

Más tarde, cuando César intentó mostrar a Scott cómo aplacar a JonBee, Scott no fue capaz. César le dijo que parara. «Todavía estás nervioso —le dijo—. Aún estás inseguro. Así es como uno se convierte en un objetivo». Tranquilizar a un perro no es tan fácil como parece. Decir «Vamos, cálmate», aunque fuera con voz calmada y acompañado de una rascadita de vientre, no era bastante para JonBee, porque él leía el gesto y la postura y la simetría y el significado exacto de cada caricia. Buscaba claridad y coherencia. Scott no las ofrecía. «Mira la tensión y la agresividad en su cara —dijo Tortora, cuando la cámara se giró a Scott. Era verdad. Scott tenía un rostro largo y curtido, con pómulos altos, amplios y labios pronunciados, y sus movimientos eran tensos y nerviosos—. Hay un bombardeo de acciones, de rapidez combinada con tensión, algo... arrojadizo en sus ojos y sus miradas —prosiguió Tortora—. Gesticula de una forma compleja. Hay mucho ahí. Muchas cualidades diferentes del movimiento produciéndose al mismo tiempo. Induce a la distracción a quienes lo miran». Scott es un actor de reparto, con treinta años de rodaje encima. La tensión y la agresividad de sus modales le hacían interesante y complejo. Eso funciona a la hora de trabajar en Hollywood, pero no con un perro triste. Scott decía que le gustaba JonBee, pero las cualidades de sus movimientos no iban parejas con sus emociones.

Tortora lleva varios años trabajando con un autista a quien llamaremos Eric, un chiquillo con graves problemas de comunicación verbal. Tortora grabó en vídeo algunas de sus sesiones con él. En uno de estos vídeos, filmado a los cuatro meses de iniciarse las sesiones, Eric aparece de pie en medio del estudio de Tortora en Cold Spring (Nueva York). Es un precioso chiquillo de pelo moreno. Tiene tres años y medio. Sólo lleva un pañal. Su madre está sentada a su lado, contra la pared. De fondo se oye la banda sonora de *Riverdance,* que resulta ser el álbum favorito de Eric, que tiene una rabieta.

Eric se levanta y corre hacia el estéreo. Luego vuelve corriendo y se lanza al suelo, agitando brazos y piernas. Tortora también se tira al suelo, tal como él ha hecho. Él se sienta. Ella se sienta. Él se retuerce. Ella se retuerce. «Cuando Eric se pone a correr por la habitación, no digo: "Vamos a poner música tranquila". No puedo apagarlo, porque él no sabe apagarse —dijo Tortora—. No puede ponerse de cero a cien y luego volver a cero. A un niño típico podría decirle: "Respira hondo. Razona conmigo", y podría funcionar. Pero no funciona con niños como éste. Son niños que están solos en su mundo. Tengo que entrar allí, encontrarlos y traerlos de vuelta».

Tortora se sienta de rodillas y frente a Eric, cuyas piernas se mueven en todas las direcciones. Ella le toma los pies en sus manos. Despacio, sutilmente, empieza a moverle las piernas al compás de la música. Eric se levanta de nuevo y corre otra vez a la esquina del cuarto y después vuelve. Tortora se levanta y refleja su acción, pero esta vez ella se mueve con más fluidez y gracia que él. Le toma los pies otra vez. Esta vez mueve el torso entero de Eric, abriendo su pelvis en un giro contralateral. «Estoy de pie por encima de él, mirándole directamente. Estoy muy simétrica. Entonces le digo: "Estoy estable. Estoy aquí. Estoy tranquila". Lo sostengo por las rodillas y le aplico un estímulo sensorial firme y claro. El contacto físico es un instrumento increíble. Es otro modo de hablar».

Comienza a mecerle las rodillas de un lado a otro. Eric comienza a calmarse. Empieza a seguir la música. Sus piernas se mueven más libremente, más líricamente. Su movimiento empieza a estar organizado. Vuelve a los brazos de su madre. Todavía está alterado, pero su llanto se ha mitigado. Tortora se sienta frente a él estableciendo contacto visual estable, simétrico, directo.

Su madre dice: «¿Quieres un pañuelo?».

Eric asiente. Tortora le trae un pañuelo. La madre de Eric dice que ella también necesita uno. Eric le da el suyo.

—¿Bailamos? —le pregunta Tortora.

—Vale —dice el chiquillo con voz queda.

Era imposible ver a Tortora con Eric y no acordarse de César con JonBee: ahí estaban la misma energía extraordinaria, la inteligencia y la fuerza desplegadas en favor de un ser desvalido, la misma tranquilidad ante el caos y, quizás lo más sorprendente, la misma suavidad. Cuando hablamos de gente con presencia, a menudo presumimos que tienen una personalidad fuerte, que nos barren a todos con su propio torbellino personal. Nuestro modelo es el Flautista de Hamelin y su melodía irresistible. Pero César Millán y Suzi Tortora tocan melodías diferentes en situaciones diferentes. No se limitan a dar media vuelta y esperar que los demás les sigan. César le concede la iniciativa a JonBee; y las aproximaciones de Tortora a Eric fueron dictadas por Eric. La presencia no es sólo versátil; también es reactiva. Hay gente que atrae nuestra atención. No necesita ordenárnoslo, sólo solicitarla. Los perros que corrían en el canódromo querían que alguien les dijera cuándo arrancar y pararse; eran refugiados de la anarquía y el desorden. Eric quería disfrutar de *Riverdance*. Era su música favorita. Tortora no dijo: «Vamos a bailar». Preguntó: «¿Bailamos?».

Entonces Tortora saca un tambor y se pone a tocar. La madre de Eric se levanta y da vueltas por la sala, ejecutando una danza irlandesa. Eric está tumbado en el suelo. Poco a poco, sus pies comienzan a seguir el ritmo de la música. Él se levanta. Camina hasta la esquina de la sala, desaparece detrás de un biombo y vuelve a entrar, triunfante. Se pone a bailar, tocando una flauta imaginaria mientras da vueltas al cuarto.

5.

Cuando César tenía veintiún años, viajó de su ciudad natal a Tijuana. Un «coyote» le cruzó la frontera por cien dólares. Esperaron en una poza, con el agua hasta el pecho, y luego atravesaron corriendo la marisma, un vertedero, una autopista. Un taxi lo llevó a San Diego. Después de pasar un mugriento mes en la calle, entró en un salón de belleza canina y consiguió un trabajo. Trabajaba con los casos difíciles y dormía en las oficinas de la empresa. Se trasladó a Los Ángeles, donde trabajaba decorando limusinas mientras llevaba su negocio de psicología canina desde un Chevy Astrovan blanco. Cuando tenía veintitrés años se enamoró de una chica estadounidense. La chica se llamaba Illusion y tenía diecisiete años. Era pequeña, morena, muy hermosa. Un año más tarde se casaron.

«César era un machista egocéntrico que pensaba que el mundo giraba a su alrededor —recordaba Illusion de sus primeros años juntos—. Veía el matrimonio como un contrato según el cual el hombre le dice a la mujer lo que debe hacer. Nunca le brinda afecto, compasión ni comprensión. El matrimonio está para hacer feliz al hombre y asunto terminado».

Al principio de su matrimonio, Illusion cayó enferma y pasó tres semanas en el hospital. «César sólo me visitó una vez, durante menos de dos horas —dijo—. Yo pensé: "Esta relación no funciona. Él sólo quiere estar con sus perros"». Tenían un bebé y nada de dinero. Se separaron. Illusion le dijo a César que se divorciaría de él si no asistía con ella a sesiones de terapia. Él accedió a regañadientes. «La terapeuta se llamaba Wilma —continuó Illusion—. Era una afroamericana fuerte. Le dijo a César: "Usted quiere que su mujer le cuide, le limpie la casa. Pues ella también quiere algo. Quiere su amor, su afecto" —continuó Illusion, quien recuerda que en ese momento César se puso a tomar impetuosamente notas en su bloc—. Él pensó: "¡Ya está! Es como con los perros. Necesitan ejercicio, disciplina y afecto" —se rió Illusion—. Le miré indignada, como diciendo: "¿Puedes olvidarte un momentito de tus perros? Aquí hemos venido a hablar de nosotros"».

«Yo me resistía —admitió César—. Dos mujeres contra mí, bla, bla, bla. Tenía que deshacerme de esta lucha en mi mente. Era muy difícil. Pero entonces se me encendió la bombilla: las mujeres tienen su propia psicología».

César era capaz de calmar a un chucho callejero, por lo menos al principio, pero no comprendía la más simple de las verdades respecto de su propia esposa. «César se relacionaba con perros porque no se sentía conectado con la gente —dijo Illusion—. Sus perros eran su manera de sentir pertenencia al mundo, porque él no era sociable. Le costaba abrirse». En México, en el rancho de su abuelo, los perros eran perros y la gente era gente: todo el mundo sabía cuál era su sitio. Pero en Estados Unidos trataban a los perros como a niños, los dueños habían sacudido la jerarquía humano-animal. El problema de Sugar era Lynda. El problema de JonBcc era Scott. César dice que aquella revelación que experimentó en la sala de terapia fue el momento más importante en su vida, porque en aquel momento entendió que, para tener éxito en el mundo, no bastaba con susurrar a los perros. Había que susurrarle a la gente.

Para su espectáculo televisivo, César una vez aceptó un caso que implicaba a un chihuahua llamado Bandido. Bandido llevaba un gran collar incrustado de diamantes al estilo de un cantante de rap. En él se leía «Semental». Su dueña era Lori, una mujer voluptuosa de cara ovalada y ojos grandes y suplicantes. Bandido estaba fuera de control; aterrorizaba a los invitados y amenazaba a otros perros. Tres entrenadores habían fracasado en el empeño de controlarlo.

Lori estaba en el sofá de su sala de estar mientras hablaba con César. «Bandido» se sentaba en su regazo. Su hijo adolescente, Tyler, estaba sentado a su lado. «Unas dos semanas después de su primera visita al veterinario, empezó a perder mucho pelo —dijo Lori—. Me dijeron que tenía sarna Demodex». Se lo habían vendido como un perro de calidad espectacular, pero cuando ella comprobó su pedigrí, averiguó que procedía de la cría industrial, masificada.

—No había tenido ningún contacto humano —continuó—. Estuvimos tres meses dándole baños para intentar quitarle los síntomas de la sarna —mientras hablaba, envolvía cuidadosamente a «Bandido» entre sus manos—. Él se me metía en la camisa, ponía la cabeza justo encima de mi corazón y se quedaba ahí —se le humedecieron los ojos—. Se quedaba justo aquí, sobre mi pecho.

—Su marido ¿cooperaba? —preguntó César. Estaba centrado en Lori, no en «Bandido». Esto es lo que entendía el nuevo César, lo que el viejo no había entendido.

—Él era nuestro bebé. Necesitaba que lo alimentaran y lo ayudaran. Estaba siempre tan asustado...

—¿Aún siente la necesidad de compadecerle?

—Sí. Es tan lindo...

César parecía perplejo. No entendía por qué Lori seguía compadeciendo a su perro. Lori trató de explicarlo:

—Es tan pequeño y está tan desvalido...

—Pero ¿usted cree que él se siente desvalido?

Lori aún tenía sus manos sobre el perro, lo acariciaba. Tyler miraba alternativamente a César y a su madre, y luego a «Bandido». Éste se puso tenso. Cuando Tyler se estiró para tocarlo, él saltó de los brazos de Lori y lo atacó a mordiscos, sin dejar de ladrar y gruñir. Asustado, Tyler brincó hacia atrás. Lori, alarmada, extendió las manos y —esto es lo crucial— protegió a «Bandido» con ellas con un movimiento de preocupada caricia y lo volvió a subir a su regazo. Todo esto ocurrió en un instante. César se levantó.

—Hágame sitio —dijo, haciendo gestos a Tyler de que se apartara—. Bastantes perros atacan a la gente y la gente realmente no se lo impide; y éste cada día se vuelve más narcisista. Eso es lo que le pasa: que hace lo que quiere con usted —César estaba más enfadado que nunca—. Parece como si usted favoreciera al perro, espero que no sea así... Si Tyler le diera una patada al perro, usted le reprendería. Pero cuando el perro muerde a su hijo, usted no le reprende —César hablaba de modo enfático, con formulación segura e inequívoca—. No entiendo por qué no quiere sumar dos y dos.

Bandido estaba nervioso. Comenzó a recular en el sillón. Se puso a ladrar. César le miró de reojo. Bandido se encogió. César siguió hablando. Bandido se acercó a César. César se levantó. «Tengo que tocar», dijo, y le dio un buen codazo a Bandido. Lori estaba horrorizada.

César se rió, con incredulidad.

—¿Le parece que él puede tocarnos, pero nosotros a él no? —preguntó. Lori se echó hacia adelante como para plantear una objeción—. No le gusta, ¿eh? —siguió César, que en su frustración ya hablaba para toda la sala—. Esto no va a funcionar. Éste es un caso que no va a funcionar, porque la dueña no tolera que otro haga con su perro lo que ella hace normalmente con sus hijos... Para mí la parte más difícil es que el padre o la madre escojan al perro en vez de al hijo. Esto es muy duro para mí. Me gustan los perros. Soy el encantador de perros. ¿Está siguiendo lo que digo? Pero yo nunca preferiría a un perro antes que a mi hijo.

Paró. Ya había hablado bastante. Todo el mundo hablaba demasiado, como la gente que dice «te quiero» con un tono que significa otra cosa. O que pide calma de palabra mientras hace gestos amenazantes. O que dice «soy tu madre», pero le hace a un chihuahua la caricia que no tiene para su propia sangre. Tyler parecía abatido. Lori se revolvió nerviosamente en su asiento. «Bandido» gruñó. César se volvió hacia él e hizo «¡Sh-sh-sh!». Todo el mundo obedeció.

22 de mayo de 2006

SEGUNDA PARTE

TEORÍAS, PREDICCIONES Y DIAGNÓSTICOS

*Era como conducir por una autopista
mirando a través de una pajita.*

1.

La tarde del 23 de octubre de 2006 Jeffrey Skilling se sentó
en una de las mesas delanteras ante un tribunal federal de
Houston (Texas). Llevaba traje azul marino y corbata. Tenía cincuenta y dos años, pero parecía mayor. Alrededor de
él se apiñaban ocho abogados del equipo encargado de su
defensa. Fuera, los camiones de televisión por satélite ocupaban toda la manzana.

—Nos encontramos aquí esta tarde —comenzó el juez
Simeon Lake— para dictar sentencia en el caso de los Estados Unidos de América contra Jeffrey K. Skilling, número
H-04-25 —el juez se dirigió directamente al acusado—.
señor Skilling, puede usted pronunciarse ahora y presentar cualquier información en su defensa o descargo.

Skilling se puso en pie. Enron, la empresa que él había
convertido en un leviatán del negocio de la energía, se había derrumbado y declarado en bancarrota casi exactamente cinco años atrás. En mayo, un jurado le había declarado
culpable de fraude. Mediante un acuerdo de conciliación,
casi todo lo que poseía había sido entregado a un fondo
para compensar a antiguos accionistas. Habló titubeante,
parando a mitad de frase.

—En cuanto a remordimiento, señoría, no puedo ima-
ginarlo mayor —dijo—. Tenía amigos que han muerto,
hombres buenos. En cuanto a mí, me declaro inocente de
todas y cada una de esas acusaciones.

Skilling habló durante dos o tres minutos y se sentó. El juez Lake llamó a Anne Beliveaux, que había trabajado durante dieciocho años como auxiliar administrativa principal en el departamento fiscal de Enron. Era una de las nueve personas que habían pedido la palabra durante el fallo de la sentencia.

—¿Qué le parecería tener que vivir con mil seiscientos dólares al mes, que es lo que voy a tener que afrontar? —le dijo a Skilling. Sus ahorros para la jubilación habían desaparecido con la bancarrota de Enron—. Y, señor Skilling: eso se debe únicamente a la avaricia; nada más que a la avaricia. Vergüenza debería darle.

El siguiente testigo dijo que Skilling había destruido una buena empresa; el tercero, que Enron se había arruinado por la mala gestión de su dirección; otro atacó directamente a Skilling.

—El señor Skilling ha resultado ser un mentiroso, un ladrón y un borracho —dijo al tribunal una mujer llamada Dawn Powers Martin, empleada en Enron durante veintidós años—. El señor Skilling nos ha robado a mí y a mi hija nuestros sueños de jubilación. Ahora le toca a él ser privado de la libertad de caminar por este mundo como un hombre libre —se volvió hacia Skilling y dijo—: mientras usted cena con Chateaubriand y champán, mi hija y yo utilizamos cupones para la tienda de comestibles y comemos sobras.

Siguió así un buen rato. Luego el juez le pidió a Skilling que se pusiera en pie.

—Las pruebas demuestran que el demandado mintió repetidamente a los inversores, incluidos los empleados de Enron, sobre varios aspectos del negocio de la compañía —dijo el juez.

No tenía más remedio que ser severo: Skilling cumpliría 292 meses en prisión, veinticuatro años. El hombre que dirigió la empresa que *Fortune* clasificó entre las «más admiradas» del mundo había sido condenado a una de las penas más duras dictadas por un delito económico. Saldría de la cárcel de anciano, si es que salía.

—Sólo tengo una petición, señoría —dijo Daniel Petrocelli, abogado de Skilling—. Si se le sentencia a diez meses menos, que no suponen una gran diferencia respecto al propósito de la condena, y restamos un quince por ciento por buena conducta, cumpliría los requisitos de la Dirección de Prisiones para cumplir parte de la condena bajo un régimen menos estricto. Sería sólo una reducción de diez meses de condena...

Era un ruego a la indulgencia. Skilling no era un asesino o un violador. Era un pilar de la comunidad de Houston, y un pequeño ajuste en la condena impediría que pasara el resto de su vida entre delincuentes habituales.

—No —dijo el juez Lake.

2.

El experto en seguridad nacional Gregory Treverton ha hecho una distinción célebre entre enigmas y misterios. El paradero de Osama ben Laden es un enigma. No se le puede encontrar porque no se tiene suficiente información. La clave de este enigma vendrá probablemente de alguien cercano a Ben Laden, y hasta que encontremos esa fuente, Ben Laden permanecerá fugado.

El problema de qué pasaría en Irak después de derrocar a Sadam Hussein era, sin embargo, un misterio. No era una pregunta de respuesta simple, precisa. Los misterios requieren buen juicio, tener en cuenta la incertidumbre; y lo peor no es que tengamos poca información, sino que tenemos demasiada. La CIA tenía un punto de vista sobre cómo sería Irak tras la invasión, al igual que el Pentágono y el Ministerio de Asuntos Exteriores, que Colin Powell, Dick Cheney y cualquier politólogo, periodista o miembro de un laboratorio de ideas. Incluso, de hecho, cualquier taxista de Bagdad.

La distinción no es baladí. Si consideramos que la motivación y los métodos que se esconden detrás de los ataques del 11 de septiembre son meros enigmas, por ejemplo, entonces la respuesta lógica es aumentar los servicios de inteligencia, reclutar más espías e incrementar la cantidad de información que tenemos sobre Al Qaeda. Por el contrario, si consideramos el 11 de septiembre un misterio, deberíamos preguntarnos si aumentar la cantidad de información no empeorará las cosas. Querríamos mejorar el análisis dentro de la comunidad de los servicios de inteligencia; querríamos gente más atenta y escéptica, con capacidad para observar con más profundidad lo que ya sabemos sobre Al Qaeda. Desearíamos que el equipo de antiterrorismo de la CIA se fuera dos veces al mes a jugar al golf con los equipos del FBI, de la Agencia de Seguridad Nacional y del Ministerio de Defensa, para que se conocieran mejor entre sí y compararan sus apuntes.

Si las cosas se ponen feas en un enigma, es fácil identificar al culpable: es la persona que retuvo la información. Los misterios, por el contrario, son mucho más turbios: a veces no nos dan la información adecuada; y otras veces es uno el que no anda muy despierto a la hora de darle sentido a lo que ha recibido; a veces, incluso, la pregunta no puede contestarse. Los enigmas llegan a conclusiones satisfactorias; los misterios, a menudo, no.

Si presenciáramos el juicio a Jeffrey Skilling, pensaríamos que el escándalo de Enron era un enigma. La empresa, según la acusación, llevó a cabo turbios pactos bajo cuerda que nadie terminó de entender. Algunos de los directivos más importantes ocultaron información crucial a los inversores. Skilling, que diseñó la estrategia de la compañía, era un mentiroso. Tal fue la presunción central de la acusación de Enron.

«Damas y caballeros, éste es un caso sencillo», dijo al jurado la Fiscalía en sus conclusiones:

Como es tan sencillo, probablemente termine antes del tiempo asignado. Es blanco y negro, verdad y mentira. Los accionistas, damas y caballeros, compran una parte de la empresa en acciones. No es que ello les dé derecho a mucho, pero sí les da derecho a que les digan la verdad. Los accionistas tienen derecho a que los empleados y los trabajadores de la empresa antepongan los intereses de ésta a los suyos propios. Tienen derecho a que se les diga cuál es la situación financiera de la empresa. Tienen derecho a recibir honradez, damas y caballeros.

Pero la acusación se equivocaba: Enron no era realmente un enigma; era un misterio.

3.

A finales de julio de 2000, Jonathan Weil, redactor de la oficina del *Wall Street Journal* en Dallas, recibió una llamada de alguien que conocía en el negocio de la gestión de inversiones. Weil escribía una columna financiera llamada «Oído en Tejas» para la edición regional en papel, y había estado siguiendo muy de cerca a las grandes compañías energéticas con base en Houston: Dynegy, El Paso y Enron. La persona que le llamaba tenía una sugerencia. «Dijo: "Deberías investigar a Enron y Dynegy y ver de dónde proceden sus ingresos" —recuerda Weil—. Y eso hice».

Weil estaba interesado en el uso que Enron hacía de algo llamado «contabilidad a valor de mercado», una técnica utilizada por empresas involucradas en complejas transacciones financieras. Supongamos, por ejemplo, que somos una empresa de energía y nos involucramos en un contrato de 100 millones de dólares con el estado de California para suministrar electricidad por valor de mil millones de kilovatios/hora en 2016. ¿Cuánto vale ese contrato? No se nos va a pagar en los próximos diez años, y hasta entonces no sabremos si ese trato nos reportará ganancias o pérdidas. Sin embargo, esa promesa de 100 millones de dólares nos importa claramente para el balance final. Si el precio de la electricidad desciende regularmente durante los próximos años, el contrato se convertirá en un activo de enorme valor. Pero si la electricidad comienza a encarecerse al acercarse 2016, podríamos perder decenas de millones de dólares. Con la contabilidad a valor de mercado, calculamos los ingresos que el trato va a proporcionarnos, y escribimos esa cantidad en los libros en el momento de firmar el contrato. Si más adelante ese cálculo cambia, modificamos el balance en consecuencia.

Cuando una empresa que utiliza la contabilidad a valor de mercado dice que ha obtenido un beneficio de 10 millones de dólares sobre unos ingresos de 100 millones de dólares, eso puede significar dos cosas. Puede que la empresa tenga realmente 100 millones de dólares en sus cuentas bancarias, de los que quedarán todavía 10 millones después de pagar todos sus gastos. Pero puede también que esté contando con obtener 10 millones de dólares de un trato en el que el dinero, en realidad, quizás no cambie de manos en años. La fuente de Weil quería que éste viera cuánto del dinero que Enron decía que estaba ganando era «real».

Weil obtuvo copias de los informes anuales de la empresa y de sus declaraciones tributarias trimestrales, y comenzó a comparar las declaraciones de ingresos y las de flujo de efectivo. «Me costó entender todo lo que necesitaba —dijo Weil—. Me llevó probablemente un mes, más o menos. Había muchos datos inservibles en las declaraciones financieras; y para concentrarse en esta cuestión concreta había que deshacerse de muchos de ellos». Weil habló con Thomas Linsmeier, entonces profesor de Contabilidad en el estado de Michigan. Comentaron que algunas empresas de finanzas habían usado en la década de 1990 la contabilidad a valor de mercado para hipotecas de alto riesgo, es decir, préstamos concedidos a consumidores tal vez insolventes.

Cuando la economía comenzó a caer y los consumidores incumplieron los pagos o saldaron sus deudas antes de lo esperado, los prestamistas comprendieron de repente que los cálculos realizados sobre cuánto dinero iban a ganar habían sido demasiado optimistas. Weil habló con alguien del Consejo Normativo de Contabilidad y Finanzas, con un analista de la agencia Moody's de evaluación de inversiones y con unas cuantas personas más.

Entonces volvió a las declaraciones financieras de Enron, y sus conclusiones daban que pensar. En el segundo trimestre de 2000, 747 millones de dólares del dinero que Enron declaró como beneficio no se habían materializado; es decir, era dinero que los ejecutivos pensaban ganar en algún momento del futuro. Si descontamos ese dinero imaginario, Enron mostraba pérdidas significativas en el segundo trimestre. Hablamos de una de las empresas más admiradas en Estados Unidos, considerada entonces en el mercado bursátil como la séptima corporación más grande del país; y, sin embargo, en sus arcas no entraba prácticamente nada de efectivo.

La historia de Weil se publicó en el *Journal* el 20 de septiembre de 2000. Unos días después, la leyó un financiero de Wall Street llamado James Chanos. Chanos es un vendedor al descubierto, un inversor que intenta ganar dinero apostando a que las acciones de una empresa caerán. «Me hizo aguzar el oído —dijo Chanos—. Leí el 10-K y el 10-Q ese mismo fin de semana —continuó, refiriéndose a las declaraciones financieras que las empresas públicas tienen que presentar a las autoridades federales—. Lo examiné rápidamente, y señalé todo lo que parecía dudoso. Lo rodeé con un círculo. Ése fue el primer repaso. Luego marqué las páginas y leí lo que no había entendido, lo releí dos o tres veces. Recuerdo que le dediqué unas dos horas». Chanos vio que los márgenes de beneficio de Enron y el rendimiento de los activos se estaban desplomando. El flujo de efectivo, lo que da vida a cualquier negocio, había terminado convirtiéndose en un hilillo, y la tasa de rentabilidad de la empresa era menor que el coste de capital: es como si el banco nos hubiera prestado dinero a un interés del nueve por ciento y lo hubiésemos invertido en un bono de ahorro que nos diera un interés del siete por ciento. «Estaban básicamente liquidándose a sí mismos», dijo Chanos.

En noviembre de ese año, Chanos comenzó a vender al descubierto acciones de Enron. En los meses siguientes, expandió el rumor de que la empresa tenía problemas. Le dio el chivatazo a Bethany McLean, periodista de *Fortune*, que leyó los mismos informes que había leído Chanos y llegó a la misma conclusión. Su historia, con el titular «¿Está Enron sobrevalorada?», vio la luz en marzo de 2001. Cada vez más periodistas y analistas comenzaron a observar de cerca a Enron, y las acciones comenzaron a caer. En agosto, Skilling dimitió. La capacidad crediticia de Enron se devaluó. Los bancos se mostraban poco dispuestos a prestar a Enron el dinero que necesitaba para realizar sus transacciones. Para diciembre, la empresa había presentado una petición de bancarrota ante el tribunal.

La caída de Enron ha sido documentada tan extensamente que es fácil pasar por alto lo peculiar que fue. Comparemos Enron, por ejemplo, con el *Watergate*, el escándalo prototípico de los años setenta. Para dejar al descubierto el encubrimiento de la Casa Blanca, Bob Woodward y Carl Bernstein utilizaron una fuente, Garganta Profunda, que tenía acceso a muchos secretos, y cuya identidad hubo de ocultarse. Él advirtió a Woodward y Bernstein de que sus teléfonos podían estar intervenidos. Cuando Woodward quisiera encontrarse con Garganta Profunda, movería una maceta con una bandera roja en la parte trasera del balcón de su apartamento. Esa noche, saldría por la escalera de atrás, tomaría varios taxis para asegurarse de que no le seguían y se encontraría con su fuente en un aparcamiento subterráneo a las 2 de la mañana. A continuación, tomado de *Todos los hombres del presidente,* el encuentro culminante de Woodward con Garganta Profunda:

—Bien —dijo suavemente—. Esto es muy serio. Puede decir con toda seguridad que cincuenta personas trabajaron para la Casa Blanca y la policía para jugar a espías y a sabotajes y obtener informes de inteligencia. Parte de ello es increíble, y golpea a la oposición de mil formas distintas.

Garganta Profunda asintió mientras Woodward repasaba diferentes puntos de una lista de tácticas que Bernstein y él habían oído que se empleaban contra la oposición política: micrófonos ocultos, seguimientos a personas, filtraciones a la prensa, falsificación de cartas, cancelaciones de mítines electorales, investigación de la vida privada de los trabajadores en las campañas, espionaje, robo de documentos, envío de provocadores a manifestaciones políticas.

—Está todo en los archivos —dijo Garganta Profunda—. La Justicia y el FBI tienen conocimiento de ello, aunque no lo han examinado con más detalle.

Woodward estaba aturdido. ¿Cincuenta personas dirigidas por la Casa Blanca y la policía para destruir a la oposición, sin restricciones?

Garganta Profunda asintió.

La Casa Blanca ¿había estado dispuesta a subvertir —si es que era la palabra adecuada— todo el proceso electoral? ¿Realmente lo había aprobado e intentado hacerlo?

Otra inclinación de cabeza. Garganta Profunda parecía mareado.

¿Y contrataron a cincuenta agentes para hacerlo?

—Puede decir con seguridad que más de cincuenta —dijo Garganta Profunda. Entonces se dio la vuelta y salió por la rampa. Eran casi las 6.00 de la mañana.

Watergate era un clásico enigma: Woodward y Bernstein buscaban un secreto enterrado, y Garganta Profunda era su guía.

¿Tenía Jonathan Weil una Garganta Profunda? La verdad es que no. Tenía un amigo en el negocio de la gestión de inversiones que albergaba algunas sospechas sobre empresas de energía como Enron, pero este amigo no era una persona informada. Y tampoco su fuente guió a Weil hasta archivos que detallaran las actividades clandestinas de la empresa. Sólo le dijo que leyera una serie de documentos públicos que habían sido preparados y distribuidos por la propia Enron. Woodward se encontró con su fuente secreta en un aparcamiento subterráneo horas antes del amanecer; Weil llamó a un experto en contabilidad en el estado de Michigan.

Cuando Weil terminó su informe, llamó a Enron para comentarlo. «Hicieron que el director de contabilidad y otras seis o siete personas volaran a Dallas —dice Weil—. Se reunieron en una sala de conferencias de las oficinas del *Journal*. Los directivos de Enron reconocieron que el dinero que dijeron que habían ganado era en realidad el dinero que esperaban ganar». Después tuvieron una larga conversación sobre la seguridad con que Enron calculaba sus futuros ingresos. «Me contaban cuán inteligente era la gente que les hacía los patrones matemáticos —dice Weil—. Se habían doctorado en el Instituto de Tecnología de Massachusetts. Yo dije: "Sus patrones matemáticos ¿predijeron el año pasado que los mercados de electricidad de California iban a volverse locos este año? ¿No? ¿Por qué no?". Ellos contestaron: "Bueno, es uno de esos acontecimientos extraños". Estábamos a finales de septiembre de 2000, así que dije: "¿Quién creen que va a ganar, Bush o Gore?". "No lo sabemos", fue la respuesta. "¿Y no creen que para el mercado es muy diferente que en la Casa Blanca haya un demócrata ecologista o un petrolero de Texas?". Todo fue muy civilizado. No hubo ninguna discusión sobre las cifras —continuó Weil—, sólo diferencias a la hora de interpretarlas».

Entre todos los momentos del esclarecimiento de Enron, éste es seguramente el más raro. El demandante pidió al jurado que enviara a Jeffrey Skilling a la cárcel porque Enron había ocultado la verdad: «Tienen derecho a conocer la situación financiera de la empresa», había dicho la acusación. Pero ¿qué verdad estaba ocultando Enron? Todo lo que Weil había descubierto al desenmascarar a Enron había venido de la misma Enron; y cuando quiso confirmar sus números, los directivos de la empresa habían subido a un avión y se habían sentado con él en una sala de conferencias de Dallas.

Nixon nunca fue a ver a Woodward y Bernstein al *Washington Post*. Se escondió en la Casa Blanca.

4.

El segundo y quizás más importante problema de la contabilidad de Enron era su tremenda confianza en lo que llaman entidades de aplicación específica, o SPE en sus siglas en inglés.

Una SPE funciona del siguiente modo: una empresa no va bien; las ventas están bajando y tiene importantes deudas. Si va a un banco a pedir 100 millones de dólares, probablemente le aplicarán una tasa de intereses sumamente alta, suponiendo que se los presten. Pero la empresa tiene unos cuantos contratos en el negocio del petróleo que durante los cuatro o cinco próximos años le reportarán casi con total seguridad 100 millones de dólares. Se los cede a una sociedad —una SPE— que ha establecido con algunos inversores externos. Así que el banco presta los 100 millones de dólares a la sociedad, y la sociedad se los presta a la empresa. Esta parte de la maniobra financiera supone una gran diferencia. Ese tipo de transacción no tenía en aquel momento obligación de aparecer en el balance de la empresa. Por lo tanto, una empresa podría aumentar su capital sin que aumentara su endeudamiento. Y como el banco está casi seguro de que los contratos firmados generarán el dinero suficiente para pagar el préstamo, está dispuesto a prestar su dinero a un interés mucho más bajo. Las SPE se han convertido en algo habitual en el mundo empresarial de Estados Unidos.

Enron introdujo todo tipo de giros en el juego de las SPE. No siempre ponía acciones de alta rentabilidad en las sociedades, como los contratos del petróleo, que con toda seguridad generarían beneficios. A veces vendía activos de poco valor. Tampoco vendía siempre esos activos a desconocidos, que seguramente harían preguntas sobre el valor de lo que compraban. Enron hacía que sus propios directivos manejaran estas sociedades. Y la empresa hacía que los tratos funcionaran, es decir, conseguía que las sociedades y los bancos entraran en el juego garantizando que, si todo lo que vendía perdía valor, Enron cubriría la diferencia con sus propias acciones. En otras palabras, Enron no vendía partes de sí misma a una entidad exterior, sino que se las vendía a sí misma con total eficacia, una estrategia que no sólo era legalmente cuestionable, sino también extraordinariamente arriesgada. Fue el enredo de Enron con las obligaciones financieras a las SPE lo que terminó por provocar su derrumbamiento.

Cuando la acusación en el juicio del caso Skilling argumentó que la empresa había engañado a sus inversores, se refería, en parte, a esas SPE. La dirección de Enron, continuaba la argumentación, tenía obligación de revelar hasta qué punto había arriesgado su sustento financiero en esos oscuros tratos bajo cuerda. Como señaló el Comité de Competencias, grupo de expertos encargado de investigar la desaparición de Enron, la empresa «fracasó en algo fundamental: no comunicó la esencia de las transacciones de manera suficientemente clara para que un lector de las declaraciones financieras de Enron entendiera lo que estaba ocurriendo». Resumiendo, no nos contaron lo suficiente.

Sin embargo, las lecciones que podemos extraer del caso Enron no son tan simples. La opinión pública se empezó a dar cuenta de la naturaleza de estas SPE gracias a los informes de varios compañeros de Weil en el *Wall Street Journal* —sobre todo John Emshwiller y Rebecca Smith— que comenzaron a publicarse a finales del verano de 2001. ¿Y cómo estaba Emshwiller informado de los problemas de Enron? De la misma manera que Jonathan Weil y Jim Chanos: leyó lo que Enron había relatado en sus propios informes públicos. Aquí está la revelación de Emshwiller, como aparece en *Conspiración de tontos,* de Kurt Eichenwald, la historia definitiva de la debacle de Enron. (Préstese atención al verbo *escarbar,* que Eichenwald utiliza para describir cómo encontró Emshwiller los documentos relevantes de Enron. Lo que quiere decir con él es *descargar):*

> Fue la sección ocho, llamada «Transacciones entre partes relacionadas», la que hizo que John Emshwiller se pusiera a funcionar.
>
> Cuando le asignaron el seguimiento de la dimisión de Skilling, Emshwiller había solicitado una entrevista y después había escarbado una copia del informe más reciente de la SEC en busca de información valiosa.
>
> Lo que encontró le sorprendió. Había información sobre sociedades controladas por «un alto cargo» sin identificar. Puede que el material fuera misterioso, pero las cantidades eran enormes. Enron presentaba beneficios de más de 240 millones de dólares de ingresos por sus transacciones en los seis primeros meses del año.

Las SPE de Enron eran, se mire por donde se mire, prueba de una imprudencia e incompetencia extraordinarias. Pero no se puede culpar a Enron de ocultar la existencia de esos tratos bajo cuerda. No los ocultó; los reveló. El argumento contra la empresa, por lo tanto, es que no contó a sus inversores lo suficiente sobre las SPE. ¿Pero cuánto es suficiente? Enron tenía unas tres mil SPE, y el papeleo sobre cada una de ellas superaba probablemente las mil páginas. No habría ayudado mucho a los inversores el que Enron hubiera hecho públicos los tres millones de páginas. ¿Y qué tal una versión corregida de cada trato? Steven Schwarcz, catedrático en la Facultad de Derecho de Duke, ha examinado recientemente una muestra aleatoria de veinte declaraciones de divulgación de SPE realizadas por varias empresas, es decir, resúmenes de los acuerdos preparados por las partes interesadas; y ha descubierto que, por regla general, ascienden a cuarenta páginas de líneas prietas. Por lo tanto, un resumen de las SPE de Enron suponía unas ciento veinte mil páginas a un espacio. ¿Y un resumen de todos esos resúmenes? Eso es lo que el inspector de la bancarrota del caso de Enron reunió, y ascendía a mil páginas. Bien, entonces, ¿qué tal un resumen del resumen de los resúmenes? Eso es lo que reunió el Comité de Poderes. El comité se fijó sólo en «lo esencial de las transacciones más significativas», e incluso así su relato ascendía a doscientas farragosas páginas y eso, como advierte Schwarcz, «con la sabiduría que da la experiencia y con la ayuda de algunos de los mayores talentos legales de la nación».

Un enigma se hace más claro con cada nueva información que se obtiene: si yo digo que Osama ben Laden se esconde en Peshawar, hago que sea un problema de menor magnitud; y si añado que se oculta en un barrio del extremo noroeste de la ciudad, el problema se simplifica más todavía. Pero aquí las reglas parecen diferentes. Según el informe de Competencias, muchos de los directivos de la junta de Enron no alcanzaban a entender «el fundamento económico, las consecuencias y los riesgos» de los tratos con SPE de su empresa; y los directivos habían asistido a reuniones donde dichos tratos fueron debatidos en profundidad. En *Conspiración de tontos,* Eichenwald argumenta convincentemente que Andrew Fastow, director financiero de Enron, no entendió tampoco las implicaciones económicas de los tratos, y eso que fue él quien los preparó.

«Eran transacciones complejas y muy sofisticadas —dice Anthony Catanach, que imparte clases de Contabilidad en la Facultad de Empresariales de la Universidad de Villanova y ha escrito extensamente sobre el *caso Enron*. Refiriéndose a la empresa de contabilidad de Enron, añade—: Ni siquiera estoy seguro de que el personal estable de Arthur Andersen para Enron fuera capaz de entenderlos, ni aun teniéndolo todo delante. Esto es material para altos ejecutivos. Yo me pasé *dos meses* estudiando el informe de Competencias sólo para representarlos gráficamente. Esos tratos eran realmente enrevesados».

Hay que decir que las SPE de Enron habrían sido tan difíciles de entender incluso si hubieran tratado un tema corriente. Las SPE son difíciles por naturaleza. Una empresa crea una SPE porque quiere tranquilizar a los bancos sobre los riesgos de conceder un préstamo. Para proporcionar esa tranquilidad, la empresa da a prestamistas y socios información muy detallada sobre una parte específica de su negocio. Y cuanta más certeza proporciona una empresa al prestamista —cuantas más garantías, salvaguardas y explicaciones escribe en el trato—, menos comprensible resulta la transacción de puertas afuera.

Escribe Schwarcz que la divulgación de datos de Enron era «necesariamente imperfecta». Podemos intentar hacer que las transacciones financieras sean comprensibles simplificándolas, en cuyo caso nos arriesgamos a dejar de lado algunos de sus riesgos potenciales, o podemos intentar revelar cada posible trampa; y en ese caso haremos que la divulgación sea tan difícil de manejar que nadie será capaz de entenderla. Para Schwarcz, todo lo que el asunto *Enron* demuestra es que, en una época de complejidad financiera creciente, el «paradigma de divulgación» —la idea de que, cuanto más nos cuente una empresa sobre su negocio, mejor para nosotros— es un anacronismo.

5.

Durante el verano de 1943, las emisiones de propaganda nazi alardeaban de que los militares alemanes habían desarrollado una devastadora superarma. Inmediatamente, los servicios de inteligencia aliados se pusieron a trabajar. Los espías confirmaron que los alemanes habían construido una fábrica de armas secreta. Las fotografías tomadas desde el aire en el norte de Francia mostraban una nueva y extraña instalación de hormigón que apuntaba en dirección a Inglaterra.

Los aliados estaban preocupados. Realizaron incursiones bombarderas aéreas para intentar interrumpir la misteriosa operación, y trazaron planes ante la perspectiva de nuevos y devastadores ataques contra ciudades inglesas. No obstante, nadie estaba seguro de que el arma existiera. Parecía que había fábricas de armas allí, pero no estaba claro lo que pasaba en su interior. Y había una plataforma de lanzamiento en el norte de Francia, pero podría ser solamente un señuelo, diseñado para distraer a los aliados de bombardear objetivos reales. El arma secreta alemana era un enigma, y los aliados no tenían suficiente información para resolverlo. Pero había otra manera de afrontar el problema, que al final demostró ser mucho más útil: tratar el arma secreta alemana como si fuera un misterio.

Los solucionadores de misterios de la II Guerra Mundial eran pequeños grupos de analistas cuyo trabajo consistía en escuchar las difusiones de propaganda nacionales y en el extranjero de Japón y Alemania. El equipo británico llevaba funcionando desde poco antes de la I Guerra Mundial y era controlado por la BBC. La operación estadounidense se conocía como la División de los Chalados, escribe el historiador Stephen Mercado. A principios de la década de 1940 estaba emplazada en un indescriptible edificio de oficinas de la calle K, en Washington. Los analistas escuchaban los mismos discursos que podía escuchar cualquiera con una radio de onda corta. Se sentaban ante sus escritorios con los auriculares puestos, escuchando detenidamente durante horas y horas las emisiones nazis. Luego intentaban averiguar de qué manera lo que los nazis decían públicamente sobre, por ejemplo, la posibilidad de una nueva ofensiva contra Rusia, revelaba sus intenciones de, digamos, invadir Rusia. Un periodista de aquella época describió a los analistas de propaganda como «la mayor colección de individualistas, culos de mal asiento internacionales y genios raritos jamás reunidos en una organización». Y tenían ideas muy claras sobre el arma secreta de los nazis.

Los mandos alemanes, ante todo, se jactaban de ella en sus emisiones nacionales. Eso era importante. Se suponía que la propaganda elevaba la moral. Si los mandos nazis decían cosas que luego resultaban falsas, su credibilidad caería. Cuando los submarinos alemanes se dieron contra la cada vez más eficaz resistencia aliada en la primavera de 1943, por ejemplo, Joseph Goebbels, ministro nazi de Propaganda, reconoció tácitamente las malas noticias, poniendo el énfasis en anunciar un éxito a largo plazo, en vez de en pregonar victorias recientes, y culpando al mal tiempo de obstaculizar las operaciones de los submarinos. Hasta aquel momento, Goebbels nunca había mentido a su propia gente sobre ese tipo de noticias. Por lo tanto, si decía que Alemania tenía una devastadora arma secreta, eso significaba que, con toda probabilidad, Alemania tenía dicha arma secreta y devastadora.

Partiendo de esa premisa, los analistas desmenuzaron las declaraciones públicas de los nazis para obtener más información. Quedaba «más allá de toda duda razonable», concluyeron, que desde noviembre de 1943 el arma existía, que era de un tipo completamente nuevo, que no podía contrarrestarse fácilmente, que produciría resultados dramáticos y que conmocionaría a la población civil sobre la que fuera utilizada. Era, además, «sumamente probable» que desde mayo de 1943 los alemanes ya hubieran terminado la etapa experimental, y que hubiera pasado algo en agosto de ese año que había retrasado considerablemente su puesta en funcionamiento. Los analistas basaban esta deducción, en parte, en el hecho de que, en agosto, los nazis dejaron repentinamente de mencionar su arma secreta durante diez días; y de que cuando comenzaron otra vez, sus amenazas adquirieron un nuevo tono, menos seguro. Por último se podría calcular provisionalmente que el arma estaría lista entre mediados de enero y mediados de abril, con un margen de error de un mes en las dos fechas. Esta conclusión venía en parte de la propaganda nazi de finales de 1943, que de repente se hizo más seria y específica en su tono. Parecía poco probable que Goebbels elevara las esperanzas de aquel modo si no podía satisfacerlas en unos meses. El arma secreta era la bomba V-1 de los nazis, y prácticamente cada una de las predicciones de los analistas de propaganda resultó ser cierta.

El politólogo Alexander George describió la secuencia de las inferencias de la bomba V-1 en su libro *Propaganda Analysis* [Análisis de la propaganda], de 1959; y lo asombroso de su relato es lo contemporáneo que parece. Los espías luchaban en una guerra del siglo XIX. Los analistas pertenecían a nuestra época; y la lección que nos enseña su triunfo es que las inciertas y complejas cuestiones que nos plantea el mundo moderno requieren el paradigma del misterio.

Diagnosticar un cáncer de próstata, por ejemplo, solía ser un enigma: el médico realizaba un examen rectal en busca de un tumor protuberante en la superficie de la próstata del paciente. Sin embargo, hoy en día no se espera a que el paciente desarrolle los síntomas del cáncer de próstata. Los médicos ahora realizan con regularidad a hombres de mediana edad pruebas de nivel de PSA, una sustancia asociada a los cambios en la próstata, y, si los resultados no están claros, utilizan la ecografía para obtener una imagen de la próstata. Después hacen una biopsia y extraen diminutas muestras de glándula para examinar el tejido al microscopio. Sin embargo, de todo ese aluvión de información la mayor parte no es concluyente: un nivel elevado de PSA no siempre significa que se tenga cáncer, y un nivel normal tampoco nos libra de tenerlo. Además, no está claro qué es un nivel de PSA normal. Tampoco la biopsia es definitiva: un patólogo busca muestras tempranas de cáncer —y en muchos casos simplemente algo que podría un día convertirse en cáncer—, pero dos patólogos con la misma preparación pueden fácilmente discrepar sobre si en una misma muestra hay signos de cáncer. Incluso si estuvieran de acuerdo, podrían discrepar sobre las ventajas del tratamiento, dado que la mayor parte de los cánceres de próstata crecen tan despacio que no llegan a causar problemas. Entonces le toca al urólogo dotar de sentido a un laberinto de afirmaciones no fiables y contradictorias. Él no confirma la presencia de una afección, sino que la predice; y las certezas de sus predecesores se sustituyen por resultados de los que sólo se puede decir que son «sumamente probables» o «provisionales».

Lo que ha significado el progreso médico para el cáncer de próstata —y, como sostiene el médico H. Gilbert Welch en su libro *Should I Be Tested for Cancer?* [¿Debo hacerme pruebas para saber si tengo cáncer?], prácticamente para cualquier otro tipo de cáncer— es la transformación del diagnóstico: de enigma a misterio.

Esa misma transformación está dándose también en el mundo de los servicios de inteligencia. Durante la Guerra Fría, el amplio contexto de nuestra relación con el bloque soviético era estable y previsible. Lo que no sabíamos eran los detalles. Gregory Treverton, que fue vicepresidente del Consejo Nacional de Inteligencia, escribe lo siguiente en su libro *Reshaping National Intelligence for an Age of Information* [La reforma de la inteligencia nacional en la época de la información]:

Entonces, las apremiantes preguntas que preocupaban a la inteligencia eran enigmas que, en principio, podrían haberse resuelto definitivamente si la información hubiera estado disponible. ¿Qué tamaño tenía la economía soviética? ¿Cuántos misiles tenían? ¿Habían realizado un ataque inesperado? Estos enigmas eran la especialidad de los servicios de inteligencia durante la Guerra Fría.

Treverton y otros han argumentado que con la caída del bloque del Este, la situación a la que se enfrentan los servicios de inteligencia ha cambiado completamente. Ahora la mayor parte del mundo está abierta, no cerrada. Los empleados de inteligencia no dependen de las migajas de los espías; están inundados de información. Resolver enigmas sigue siendo vital: todavía queremos saber exactamente dónde se esconde Osama ben Laden y dónde están situadas las instalaciones de armas nucleares de Corea del Norte. Pero los misterios ocupan cada vez más el primer plano. Las estables y previsibles diferencias entre Oriente y Occidente se han diluido. Ahora la tarea del analista de inteligencia es ayudar a los estrategas políticos a navegar en el desorden. Hace varios años, una comisión del Congreso preguntó al almirante Bobby R. Inman qué cambios creía que reforzarían el sistema de inteligencia estadounidense. Inman había dirigido la Agencia de Seguridad Nacional, la más importante autoridad nacional en resolución de enigmas, y fue también director adjunto de la CIA. Él era la personificación de la estructura de los servicios de inteligencia durante la Guerra Fría. Su respuesta fue: reanimar el Ministerio de Asuntos Exteriores, la única parte de toda la política exterior de Estados Unidos que se considera totalmente fuera de los servicios de inteligencia. «En un mundo posterior a la Guerra Fría, donde la información está completamente disponible —dijo Inman—, se necesitan observadores que hablen el idioma y entiendan la religión y la cultura de los países a los que observan».

Inman creía que necesitábamos menos espías y más genios raritos.

6.

Enron puso de manifiesto que la comunidad financiera tiene que hacer la misma transición. «Para que una economía tenga un sistema adecuado de información financiera, no es suficiente que las empresas divulguen sus informes financieros», escribió el catedrático de Derecho de Yale Jonahan Macey en un memorable análisis jurídico que animó a muchos a replantearse el *caso Enron.* «Además, es de suma importancia que haya una serie de intermediarios financieros que sean por lo menos tan competentes y sofisticados al recibir, procesar e interpretar la información financiera como lo son las empresas al entregarla». Los enigmas son transmisor-dependientes, dependen de lo que nos cuentan. Los misterios son receptor-dependientes; dependen de la habilidad del oyente; y Macey argumenta que, según se fueron complicando los negocios de Enron, era responsabilidad de Wall Street haberle seguido el ritmo.

Victor Fleischer, profesor en la Facultad de Derecho de la Universidad de Colorado, señala que uno de los indicios decisivos de la situación de Enron se encuentra en el hecho de que no pagó impuestos en cuatro de sus cinco últimos años. El empleo por Enron de la contabilidad a valor de mercado y de las SPE era un juego de contabilidad que hizo que pareciera que la empresa ganaba muchísimo más dinero del que ganaba en realidad. Pero la Hacienda estadounidense no acepta la contabilidad a valor de mercado; se pagan impuestos por los ingresos cuando se perciben dichos ingresos. Y, desde la perspectiva de Hacienda, todas las increíblemente complejas maniobras relacionadas con las SPE de Enron eran, como dice Fleischer, un «no suceso»: hasta que la sociedad vende realmente sus activos y obtiene beneficios o pérdidas, una SPE es simplemente una ficción contable. Enron no pagaba impuestos porque, a los ojos de Hacienda, Enron no estaba ganando dinero.

Si miráramos a Enron desde la perspectiva del código fiscal, habríamos visto una imagen de la empresa muy diferente de la que tendríamos si la hubiésemos mirado desde la lente más tradicional de la contabilidad. Pero para hacer eso tendríamos que conocer el código fiscal y estar familiarizados con su manera de hacer las cosas y con sus complejidades, y saber qué preguntas hacer. «La diferencia entre los ingresos contables de Enron y sus ingresos gravables se veía fácilmente —señala Fleischer—, pero no así el origen de esa diferencia. El código fiscal requiere una preparación especial».

Woodward y Bernstein no tenían ninguna preparación especial. En la época del *Watergate* tenían veintitantos años. En *Todos los hombres del presidente* incluso bromean sobre su inexperiencia: la experiencia profesional de Woodward se reducía a la política de oficina; Bernstein era un universitario fracasado. Pero eso apenas importó, porque los encubrimientos, los soplones, las cintas secretas y los desenmacaramientos —elementos principales del enigma— requieren energía y persistencia, que son las virtudes de la juventud. Los misterios exigen experiencia y perspicacia. Woodward y Bernstein nunca habrían reventado la historia de Enron.

«Ha habido escándalos en la historia empresarial donde la gente realmente se lo inventaba todo, pero Enron no era esa clase de empresa delictiva —dice Macey—. Enron estaba cerquísima, en mi opinión, de haber cumplido con las reglas de la contabilidad. Se movían justo en el filo. Y esta clase de fraude financiero, en el que la gente simplemente estira la verdad, es de las que se supone que los analistas y los vendedores al descubierto tienen que averiguar. No se ocultó la verdad, pero había que mirar sus declaraciones financieras y preguntarse: ¿de qué va esto? Era casi como si dijeran: «Estamos haciendo algo reprobable en la nota a pie de página 42; y si usted quiere saber algo más sobre el tema, no tiene más que preguntarnos». Y ahí está el problema: nadie lo hizo.

Alexander George, en su análisis sobre la historia de la propaganda, estudió cientos de las conclusiones a las que llegaron los analistas estadounidenses sobre los nazis, y concluyó que un asombroso 81 por ciento de ellas eran correctas. El relato de George, sin embargo, dedica casi tanto tiempo a los fracasos de los analistas de propaganda como a sus aciertos. Fueron los británicos, por ejemplo, quienes hicieron el mejor trabajo en el problema de la bomba V-1. Siguieron sistemáticamente la pista de la «frecuencia y virulencia» de las amenazas de venganza proferidas por los nazis; y así fueron capaces de señalar cosas como el revés sufrido por el programa de la V-1 en agosto de 1943 (resultó que las bombas aliadas habían causado graves daños) y la fecha del lanzamiento de la bomba nazi. El análisis de la calle K, en comparación, era mediocre. George escribe que los estadounidenses «no desarrollaron técnicas analíticas ni hipótesis suficientemente perfeccionadas», sino que confiaron en análisis «basados en impresiones». El mismo George era uno de los genios raritos de la calle K, y, desde luego, podría fácilmente haber excusado a sus antiguos colegas. Después de todo, nunca abandonaron sus escritorios. Sólo tenían que encargarse de la propaganda y su fuente principal era Goebbels, mentiroso, ladrón y borracho. Pero eso es pensar en enigmas. En el caso de los enigmas, ponemos la causa de la afrenta, el gerente de la empresa, en la cárcel durante veinticuatro años y damos por hecho que hemos terminado nuestro trabajo. Los misterios exigen que revisemos la lista de culpables y estemos dispuestos a repartir un poco más la culpa; porque si no somos capaces de encontrar la verdad en un misterio —incluso en un misterio cubierto por la propaganda— no es sólo culpa del propagandista, sino también nuestra.

En la primavera de 1998, señala Macey, un grupo de seis estudiantes de Empresariales de la Universidad de Cornell decidió hacer su trabajo de clase sobre *Enron*. «Era para una clase de nivel avanzado de análisis de declaración financiera que impartía un tal Charles Lee, bastante famoso en círculos financieros», recuerda Jay Krueger, uno de los miembros del grupo. En la primera parte del semestre, Lee había conducido a sus estudiantes por una serie de exhaustivos estudios de casos, enseñándoles técnicas y sofisticados instrumentos para encontrar algo con sentido entre las enormes cantidades de información que las empresas revelan en sus informes anuales y en los archivos de la SEC. Después los estudiantes escogían una empresa y trabajaban solos. «Uno de los de segundo tenía una entrevista con Enron para hacer prácticas en verano, y estaba muy interesado en el sector de la energía —sigue Krueger—. Entonces dijo: "A por ellos". Era un proyecto de unas seis semanas, medio semestre. Muchas reuniones de grupo. Era un análisis de proporciones, algo bastante normal en una escuela de negocios. Consiste en coger cincuenta coeficientes financieros diferentes, ponerlos con toda la información que podamos obtener sobre la empresa y sus negocios y ver cómo funciona comparada con los otros competidores».

La gente del grupo repasó la contabilidad de Enron como mejor supo. Analizaron cada uno de los negocios de Enron, uno tras otro. Utilizaron herramientas estadísticas diseñadas para encontrar un modelo revelador en el funcionamiento financiero de la empresa: el modelo de Beneish, los indicadores de Lev y Thiagarajan, el análisis de Edwards-Bell-Ohlsen; y lidiaron con páginas y páginas de anotaciones. «Teníamos muchas preguntas sobre lo que ocurría con su modelo de negocio», dijo Krueger. Las conclusiones de los estudiantes fueron claras: Enron perseguía una estrategia mucho más arriesgada que la de sus competidores. Había claros signos de que «Enron podía estar manipulando sus ingresos». La acción estaba entonces a 48 dólares —su valor máximo, dos años más tarde, era casi el doble— pero a los estudiantes les pareció exagerado. El informe se publicó en la página web de la Facultad de Empresariales de la Universidad de Cornell, y continúa ahí para todo el que quiera leer veintitrés páginas de análisis. La recomendación de los estudiantes aparece en la primera página, en negrita: «Vendan»*.

8 de enero de 2007

---

* En relación con las normas actuales, desde luego, Enron apenas cruza el umbral del escándalo financiero, no después de la multibillonaria fusión financiera de los últimos años. Pero he escrito sobre ello dos veces, aquí y unos años antes en «El mito del talento» (que se puede encontrar en la tercera parte del presente volumen), porque me pareció que era realmente el escándalo paradigmático de la era de la información. La historia lo ha corroborado. Si nos hubiéramos tomado la lección de Enron más en serio, ¿habríamos sufrido la crisis financiera de 2008?

Murray valía un millón de dólares. Por qué hay problemas más fáciles de resolver que de gestionar

1.

Murray Barr era un oso de hombre, un ex infante de Marina de 1,85 de estatura y constitución fuerte. Cuando se caía redondo —cosa que le ocurría casi a diario—, podían hacer falta dos o tres hombres hechos y derechos para levantarlo. Tenía el pelo liso y moreno y la piel olivácea. En la calle le llamaban «Smokey». Le faltaban casi todos los dientes. Tenía una sonrisa maravillosa. La gente le quería.

Le pegaba al vodka. Decía que la cerveza era «orina de caballo». En las calles del centro de Reno, donde vivía, podía comprar una botella de 250 mililitros de vodka barato por 1,50 dólares. Si estaba rumboso, se pillaba una botella de tres cuartos; y si estaba tieso, siempre podía hacer lo que mucha otra gente sin hogar hacía en Reno: merodear por los casinos y terminarse las copas medio vacías que la gente dejaba en las mesas de juego.

«Cuando le daba la venada, lo levantábamos más de una vez en un mismo día —dice Patrick O'Bryan, un policía que patrulla en bicicleta por el centro de Reno—. Y le daban venadas asombrosas. Lo levantábamos, lo serenábamos, lo soltábamos y una hora más tarde ya estaba dándole otra vez. Muchos de los que viven en la calle tienen muy mal genio, se enfadan mucho. Son increíblemente agresivos, violentos, malhablados. Pero Murray era todo un personaje; y tenía tanto sentido del humor que de algún modo estaba por encima de aquello. Incluso cuando nos insultaba, nosotros le decíamos: "Venga Murray, en el fondo nos quieres". Y él contestaba: "Es verdad", antes de seguir profiriendo juramentos».

«Llevo quince años de policía —dijo el compañero de O'Bryan, Steve Johns— y me he pasado mi carrera levantado a Murray del suelo. Literalmente...».

Johns y O'Bryan le pedían a Murray que dejara de beber. Hace unos años, lo asignaron a un programa de tratamiento por el que estaba sometido al equivalente de un arresto domiciliario. Logró salir, consiguió un empleo y trabajó mucho. Pero entonces el programa se terminó. «Una vez terminado el programa, ya no tenía a nadie que supervisara cómo iba, y él necesitaba alguna supervisión —dijo O'Bryan—. Tal vez fuera porque había estado en el Ejército. Sospecho que sí. Era un buen cocinero. Una vez consiguió ahorrar más de seis mil dólares. Se presentaba religiosamente en el trabajo. Hizo todo lo que se suponía que debía hacer. Le dieron la enhorabuena y lo devolvieron a la calle. Se gastó los seis mil en cosa de una semana».

A menudo estaba demasiado borracho para ir al secadero de la cárcel. Entonces lo enviaban a las urgencias del hospital de Santa María o a las del Washoe. Marla Johns, trabajadora social de las urgencias del Santa María, le veía varias veces por semana. «Nos lo traían en ambulancia. Lo desintoxicábamos hasta que estuviera lo bastante sereno para ir a la cárcel. Llamábamos a la policía para que viniera a recogerlo. De hecho, así conocí a mi marido —cuenta Marla, la mujer de Steve Johns—. Smokey era la única constante en un entorno que cambiaba continuamente. Cada vez que lo ingresaban, entraba sonriéndome abiertamente con su sonrisa burlona y desdentada. Me llamaba "ángel mío". Cuando yo entraba, él sonreía y me decía: "Ay, ángel mío, qué alegría verte". Nos cruzábamos chanzas. Yo le pedía que dejara de beber y él se tronchaba de risa. Cuando pasaba tiempo sin que apareciera por aquí, yo me preocupaba y llamaba a la oficina del juez de instrucción. A veces estaba sereno, y entonces averiguábamos, ah, trabaja en tal restaurante; y mi marido y yo íbamos a cenar allí sólo por verle. Cuando fijamos fecha para casarnos, me dijo: "¿Me vas a invitar a la boda?". Casi me pareció que debía hacerlo. Le dije: "Sólo si no bebes, porque si bebes, sólo con tu cuenta me arruino". Cuando me quedé embarazada, me puso la mano sobre el vientre para bendecir al niño. Smokey tenía un aura especial».

En el otoño de 2003 la policía de Reno lanzó una iniciativa para limitar la mendicidad en el distrito centro. Hubo artículos en los periódicos y el Departamento de Policía recibió duras críticas en las tertulias de la radio local. Las medidas contra la mendicidad incurrían en hostigamiento, según los críticos. Los sin techo no molestaban a la ciudad; solamente intentaban ir tirando. «Una mañana estaba escuchando una de estas tertulias donde despellejan por sistema al Departamento de Policía. Me parece injusto —dijo O'Bryan—. Nunca he visto a ninguno de estos críticos buscando borrachos inconscientes que salvar de la congelación por un callejón en lo peor del invierno». O'Bryan estaba enfadado. En el centro de Reno, la comida para los sin hogar era abundante: había una cocina evangélica y otra de los servicios católicos. Hasta el McDonald's local los alimentaba. Si los indigentes mendigaban, era para comprar alcohol; y el que se procuraban no tenía nada de inofensivo. Él y Johns pasaban al menos la mitad de su tiempo tratando con gente como Murray; casi eran tan trabajadores sociales como policías. Y sabían que no eran los únicos involucrados. Cuando un borracho se caía de bruces en plena calle, siempre había alguien que llamaba enseguida a los servicios sanitarios. Cada ambulancia tenía una tripulación de cuatro personas; y a veces el paciente se quedaba días en el hospital, porque vivir en la calle en estado de embriaguez casi constante era un método de lo más fiable para caer enfermo. Indudablemente, nada de eso podía salir barato.

O'Bryan y Johns llamaron a un conocido que trabajaba en un servicio de ambulancias y luego se pusieron en contacto con los hospitales locales. «Elegimos a tres individuos entre los borrachos crónicos que merodeaban por el centro de la ciudad, los que deteníamos más a menudo —explicó O'Bryan—. Sacamos los tres nombres de uno de nuestros dos hospitales en el centro. El primero de los elegidos había estado en la cárcel recientemente, así que sólo llevaba seis meses en la calle desde la fecha elegida para la muestra. En aquellos seis meses, había acumulado facturas médicas por un monto de cien mil dólares; eso según datos del más pequeño de los dos hospitales del centro de Reno. No es descabellado presumir que en el otro hospital debía una factura aún más gorda. Otro individuo procedía de Portland. Llevaba tres meses en Reno. En aquellos tres meses, había acumulado una deuda de sesenta y cinco mil dólares. El tercer individuo pasaba, de hecho, algunas temporadas sereno, pero aun así había acumulado una cuenta de cincuenta mil dólares».

El primero de aquellos individuos era Murray Barr. Johns y O'Bryan comprendieron que, si se sumaban todos sus gastos hospitalarios durante los diez años que había pasado en la calle, incluidos tratamientos de desintoxicación, honorarios de los médicos, etcétera, Murray Barr probablemente había acumulado una de las facturas médicas impagadas más astronómicas del estado de Nevada.

«Nos cuesta un millón de dólares no hacer nada con Smokey», dijo O'Bryan.

2.

Tras la paliza infligida a Rodney King, el Departamento de Policía de Los Ángeles (LAPD en sus siglas en inglés) entró en crisis. Fue acusado de insensibilidad racial, de indisciplina y de abuso de la violencia. Se suponía que estos problemas se habían extendido ampliamente a toda la tropa. En la jerga de los estadísticos, se pensaba que los problemas del

LAPD tenían una «distribución normal». Esto significaba que, si se trasladaban a una gráfica, ésta se parecería a una curva acampanada, donde un pequeño número de agentes ocuparía un extremo, otro pequeño número se situaría en el extremo opuesto y la mayor parte del problema destacaría en el medio. La presunción estadística de la curva en forma de campana ha pasado a formar parte de nuestra arquitectura mental, hasta el punto de que tendemos a usarla para organizar automáticamente nuestra experiencia.

Pero cuando el LAPD fue investigado por una comisión especial encabezada por Warren Cristopher, surgió una imagen muy diferente. Entre 1986 y 1990 se formularon acusaciones de abuso de la fuerza o táctica impropia contra 1.800 de los 85.000 agentes del LAPD. La inmensa mayoría apenas si habían sido acusados de algo. Además, más de 1.400 agentes sólo tenían una o dos acusaciones en su contra. Téngase en cuenta que no se trataba de hechos probados, que se registraron en un periodo de cuatro años y que las alegaciones de fuerza excesiva son casi un gaje inevitable del oficio de policía urbano (la policía de Nueva York recibe unas tres mil quejas de este tipo por año). Ciento ochenta y tres agentes, sin embargo, tenían cuatro o más quejas contra ellos: cuarenta y cuatro agentes tenían seis o más; dieciséis, ocho o más; y uno acumulaba dieciséis quejas. Trasladados al gráfico, los problemas del LAPD no se parecían a una campana. Más bien a un palo de hockey. Eso reflejaría lo que los estadísticos llaman una distribución en la que se cumple una *ley potencial,* en virtud de la cual la actividad no se concentra en el medio, sino en un extremo.

El informe de la Comisión Christopher vuelve de forma recurrente a lo que describe como una concentración extrema de agentes problemáticos. Un agente había sido objeto de trece acusaciones por empleo excesivo de la fuerza, recibido cinco quejas de otra índole, acumulado veintiocho «informes de uso de la fuerza» (es decir, expedientes internos que documentaban comportamientos inadecuados) y uno por uso cuestionable del arma de fuego. Otro tenía seis quejas por abuso de la fuerza, diecinueve quejas de otra índole, diez «informes de uso de la fuerza» y otros tres por tiroteos. Un tercero tenía veintisiete «informes de uso de la fuerza»; y un cuarto, treinta y cinco. Otro tenía un archivo lleno de quejas por cosas como «golpear a un detenido en la nuca con la culata de una escopeta sin razón aparente, estando el detenido de rodillas y esposado», dar una paliza a un menor de trece años, derribar a un detenido de la silla y darle patadas en la espalda y en la sien estando esposado y tumbado sobre el estómago.

El informe da toda la impresión de que, despidiendo a aquellos cuarenta y cuatro polis, el LAPD de repente se convertiría en un departamento bastante eficaz. Pero el informe también sugiere que el problema es más persistente de lo que parece, porque esos cuarenta y cuatro polis abusivos eran *tan* malos que los mecanismos institucionales al uso para deshacerse de las manzanas podridas claramente no funcionaban. Si uno cometiera el error de presumir que los problemas del departamento caían dentro de una distribución normal, propondría soluciones que mejoraran el funcionamiento de la media —como una mejor preparación o una política de admisión más restrictiva—, cuando los datos indicaban que la media no necesitaba esa ayuda. En cambio, para esos pocos que realmente la necesitaban, un remedio pensado para la media no sería suficientemente fuerte.

En los años ochenta, cuando los sin techo empezaron a representar un problema nacional, se presumía que el problema encajaba en una distribución normal: que la inmensa mayoría de los sin techo se encontrarían en el mismo estado de angustia semipermanente. Era una suposición desesperante: si había tantas personas con tantos problemas, ¿cómo se las podía socorrer? Entonces, a principios de los años noventa, un estudiante de posgrado de la Universidad de Boston que se llamaba Dennis Culhane vivió en un albergue

social de Filadelfia durante siete semanas, como parte de la
investigación que estaba realizando para su tesis doctoral.
Cuando volvió al lugar unos meses más tarde le sorprendió
no encontrar a ninguna de las personas con las que recientemente
había pasado tanto tiempo. «Esto me hizo comprender
que la mayor parte de esta gente se llevaba bien
con sus propias vidas», concluyó Culhane.

Decidió recopilar una base de datos, la primera en su
género, donde registrar las entradas y salidas del albergue.
Lo que descubrió cambió en profundidad la forma en que
se entendía el problema de las personas sin hogar. Resultó
que no presentan una distribución normal desde el punto
de vista estadístico. Su distribución refleja más bien una ley
potencial. «Encontramos que el 80 por ciento de los sin techo
entraban y salían rápidamente —prosiguió Culhane—.
En Filadelfia el tiempo de estancia más común es un día. Y el
segundo más común es de dos días. Y nunca vuelven. Cualquiera
que haya tenido que pernoctar alguna vez en un albergue
sabe que allí no se piensa más que en cómo asegurarse
de no volver».

El siguiente 10 por ciento correspondía a los que Culhane
llama usuarios episódicos. Aparecían durante tres semanas
cada vez y volvían de vez en cuando, sobre todo en
invierno. Eran bastante jóvenes, a menudo toxicómanos.
Pero el grupo que más interesó a Culhane era el último 10
por ciento, el situado en el extremo más apartado de la curva.
Eran los crónicos, vivían en los albergues, a veces durante
años. Eran los más viejos. Muchos eran enfermos psíquicos
o incapacitados físicos. Cuando pensamos en los sin
techo como problema social, en la gente que duerme en la
calle, mendiga agresivamente, se droga en un portal y se
reúne en las galerías del metro o debajo de los puentes,
éste es el grupo que tenemos en mente. A principios de los
años noventa, los datos de Culhane sugerían que en la ciudad
de Nueva York había habido un cuarto de millón de
personas sin hogar a lo largo del lustro anterior, lo cual era

una cifra sorprendentemente alta. Pero sólo unos dos mil quinientos eran desahuciados crónicos.

Resulta, además, que este grupo cuesta a las asistencias médicas y los servicios sociales mucho más de lo que nadie parece haber previsto. Culhane calcula que en Nueva York se gastan no menos de 62 millones de dólares al año sólo para abrigar a estos dos mil quinientos indigentes crónicos. «Cada cama de un albergue cuesta veinticuatro mil dólares al año —dijo Culhane—; y son camas que no distan ni medio metro una de otra». El Programa Bostoniano de Asistencia Médica para Personas sin Hogar, una acción de servicio a los sin techo desarrollada en la ciudad de Boston, ha examinado recientemente los gastos médicos de ciento diecinueve desahuciados crónicos. En el transcurso de cinco años, treinta y tres de ellos murieron y otros siete fueron enviados a geriátricos. A este grupo todavía le correspondían 18.834 visitas a la sala de urgencias, con un coste mínimo de 1.000 dólares por visita. El Centro Médico de la Universidad de California en San Diego hizo un seguimiento de quince borrachos crónicos sin hogar y encontró que, en poco más de dieciocho meses, aquellas quince personas habían recibido tratamiento en una urgencia hospitalaria un total de 417 veces, acumulando facturas impagadas que ascendían a un promedio de 100.000 dólares por cada uno. Una persona —el Murray Barr de San Diego— había estado en urgencias ochenta y siete veces en año y medio.

«Si es un ingreso, probablemente sean tipos con una pulmonía realmente compleja —dice James Dunford, director de las urgencias médicas de la ciudad de San Diego y autor del referido estudio—. Vomitan estando bebidos y luego inspiran, con lo que parte del vómito les entra en los pulmones, desarrollando un absceso pulmonar. Si a esto se le suma una hipotermia, porque a esta gente le llueve encima mientras duerme, etcétera, es cuestión de tiempo que terminen en la unidad de cuidados intensivos, aquejados de complejísimas infecciones. Son los tipos a los que atropellan coches, autobuses y camiones. A menudo también tienen un problema neuroquirúrgico, así que son muy propensos a caerse de bruces y abrirse la cabeza o hacerse un hematoma subdural, que, si no se drena, podría acabar con ellos. Los que se golpean frecuentemente en la cabeza terminan por costar al menos cincuenta mil dólares. Mientras tanto, tienen síndrome de abstinencia del alcohol y devastadoras enfermedades hepáticas que no hacen sino añadirse a su incapacidad para combatir las infecciones. Sus afecciones nunca se acaban. Es un agujero enorme. Incurrimos en grandes gastos de laboratorio, pero los enfermeros quieren dejarlo, porque ven siempre a los mismos tíos entrando y saliendo; y todo lo que nosotros hacemos es dejarlos en un estado que les permita doblar la esquina».

Estadísticamente el problema de los sin techo se parece al de los malos polis del LAPD. Es un asunto que puede enfocarse en unos cuantos casos difíciles; y eso son buenas noticias, porque cuando un problema está concentrado, es más fácil remangarse y ponerle solución.

Las malas noticias son que esos pocos casos difíciles son *muy* difíciles. Se trata de alcohólicos con enfermedades hepáticas, infecciones complejas, enfermedades mentales. Requieren tiempo y atención, lo cual cuesta mucho dinero. Pero ya se gastan enormes sumas de dinero en los indigentes crónicos; y Culhane vio que las sumas de dinero necesarias para solucionar su problema bien podrían ser menores que las que ya se estaban gastando en atenderles. Después de todo, Murray Barr generaba gastos a los servicios sanitarios prácticamente como el que más en el estado de Nevada. Probablemente habría sido más barato asignarle una enfermera a jornada completa y apartamento propio.

El principal exponente de la teoría de la ley potencial aplicada a los sin techo es Philip Mangano, quien, desde su nombramiento por el presidente Bush en 2002, ha sido director ejecutivo del Consejo Estadounidense Interagencias para los Sin Techo, un grupo que supervisa los programas de veinte organismos federales. Mangano es un hombre delgado, con una melena cana y una presencia magnética, que empezó abogando por las personas sin hogar en Massachusetts. Siempre está en ruta, cruzando incansablemente Estados Unidos, instruyendo a las autoridades locales sobre la verdadera forma de la curva estadística de los sin techo. Limitarse a gestionar comedores y albergues, argumenta, sólo sirve para que los desahuciados crónicos sigan sin hogar. Uno construye un albergue o un comedor social si piensa que el desahucio es un problema con una media amplia, inmanejable. Pero si es un problema marginal, entonces puede erradicarse. Hasta ahora, Mangano ha convencido a más de doscientas ciudades de que reconsideren radicalmente sus políticas para con los sin techo.

«Hace poco estaba yo en San Luis —me dijo Mangano en junio, cuando pasó por Nueva York de camino a Boise (Idaho)—. Hablé con la gente que presta servicios allí. Tenían un grupo de gente muy difícil a la que no podían llegar, ofrecieran lo que ofrecieran. Entonces dije: "Gasten algo de dinero en alquilar unos apartamentos y vayan adonde esa gente, vayan literalmente adonde estén y, con la llave, y díganles: 'Ésta es la llave de un apartamento. Si vienes conmigo ahora mismo, es tuyo, tendrás un apartamento'". Lo hicieron. Una por una, aquellas personas iban entrando en el sistema. Nuestra intención es reformar la política para los sin techo, desechando la vieja idea de financiar programas de asistencia indefinida e invirtiendo en el objetivo de terminar de hecho con el fenómeno de las personas sin hogar».

Mangano sabe de historia, es un hombre que a veces se queda dormido escuchando viejos discursos de Malcolm X y que salpica sus comentarios con referencias a la campaña por los derechos civiles, al muro de Berlín y, sobre todo, a la lucha contra la esclavitud. «Soy abolicionista —dice—. En Boston tenía mi despacho frente al Monumento al 54º Regimiento que hay en el Campo de Boston, calle arriba desde la iglesia de Park Street, donde William Lloyd Garrison exigió la inmediata abolición de la esclavitud, y a una vuelta de esquina de donde Frederick Douglass pronunció su famoso discurso en el Tremont Temple. Tengo muy claro que las lacras sociales no se gestionan. Se erradican».

3.

La vieja asociación YMCA (Young Men Christian Association) del centro de Denver está en la calle Dieciséis, justo al este del distrito financiero. El edificio principal es una hermosa estructura en piedra de seis pisos erigida en 1906. A su lado tiene un anexo que se le agregó en los años cincuenta. En la planta baja hay salas de ejercicio y un gimnasio. En las primeras plantas hay varios cientos de apartamentos con dormitorios de colores brillantes, instalaciones modernas y cuartos individuales SRO (Single Room Occupancy) equipados con microondas, frigorífico y aire acondicionado central, pero con baño y cocina compartidos. En los últimos años estos apartamentos han sido una propiedad gestionada por la Coalición de Colorado para las Personas Sin Hogar (CCH en sus siglas en inglés).

Incluso comparada con ciudades más grandes, Denver tiene un grave problema de personas sin hogar. Los inviernos son relativamente suaves; y los veranos, no tan cálidos como los que se pasan en Nuevo México o en Utah, lo que ha hecho de la ciudad un imán para los indigentes. Según cálculos del Ayuntamiento, la ciudad tiene unos mil indigentes crónicos, de los cuales trescientos pasan la vida en el centro, a lo largo del corredor comercial de la céntrica calle Dieciséis, o en el cercano Civic Center Park. A muchos comerciantes del centro les preocupa que la presencia de los indigentes espante a la clientela. Unas manzanas al norte, cerca del hospital, un modesto centro de desintoxicación gestiona veintiocho mil ingresos al año, muchos de ellos de gente sin hogar que se han desvanecido en plena calle, por los efectos de algún licor o —como empieza a ser cada vez más frecuente— un enjuagatorio bucal. «Les gusta el de la marca Doctor; "Dr. Tich", lo llaman —dice Roxane White, gerente de los servicios sociales de la ciudad—. Ya puede imaginarse lo bien que le sienta eso al estómago».

Hace dieciocho meses la ciudad contrató a Mangano. Con una mezcla de fondos federales y locales, la CCH inauguró un nuevo programa al que hasta ahora se han incorporado 106 personas. Está dirigido a los Murray Barr de Denver, a la gente que más dinero le cuesta al sistema. La CCH buscó a los que más tiempo llevaban en la calle, los que arrastraban antecedentes penales, los que tenían un problema de abuso de sustancias tóxicas o padecían una enfermedad mental. «Tenemos una mujer de sesenta y pocos años. Mirándola, cualquiera pensaría que tiene ochenta —dice Rachel Post, directora de tratamientos de desintoxicación en el CCH. Post cambia algunos detalles de sus clientes para proteger su intimidad—. Es alcohólica crónica. Un día típico para ella consiste en levantarse y buscar algo con lo que emborracharse. Se cae mucho. Hay otra persona que entró la primera semana. Estaba tomando metadona. Había recibido tratamiento psiquiátrico. Estuvo once años encarcelado y después ha vivido tres años en la calle; y, por si no fuera bastante, tenía un agujero en el corazón».

La estrategia de reclutamiento era tan simple como la que Mangano había presentado en San Luis: ¿quiere usted un apartamento gratis? Los indigentes recibían alojamiento en el YMCA o un apartamento en alquiler en un edificio en otra parte en la ciudad, a condición de que se comprometieran a observar las reglas del programa. En el sótano del YMCA, donde solían estar las canchas de *squash*, la coalición construyó un centro operativo, que empleaba a diez trabajadores en plantilla. Cinco días por semana, entre las ocho y media y las diez de la mañana, estos trabajadores se reunían para repasar minuciosamente la situación de todos los integrantes del programa. En las paredes que rodean la mesa de reuniones hay varios paneles blancos de gran tamaño, con listas de visitas al médico, fechas de juicios y programaciones de tratamientos médicos. «Necesitamos una proporción de un trabajador social por cada diez integrantes del programa para que éste funcione —dijo Post—. Uno va ahí, ve a la gente y evalúa qué tal les va en su nueva residencia. A veces estamos en contacto diario con algunas personas. Tenemos unas quince que son las que más nos preocupan; y a éstas intentamos verlas al menos una vez cada dos días».

El coste de estos servicios asciende a aproximadamente 10.000 dólares por cliente sin hogar al año. Uno de estos apartamentos en Denver viene a costar un promedio de 376 dólares al mes, o poco más de 4.500 dólares al año, lo que significa que uno puede alojar y atender a un indigente crónico por, como mucho, 15.000 dólares, es decir, un tercio de lo que costaría dejarlos en la calle. La idea es que, una vez que se estabiliza a los integrantes del programa, ellos encontrarán empleos y comenzarán a contribuir, en cada vez mayor medida, a sufragar su propio alquiler, con lo cual el coste anual del programa por persona socorrida se acercaría a los 6.000 dólares. Hoy en día, se han añadido otras setenta y cinco soluciones de alojamiento subvencionado, y el plan de la ciudad prevé añadir otras ochocientas durante los diez próximos años.

La realidad, desde luego, dista de ser idílica. La idea de que las personas más enfermas y atribuladas entre los sin techo puedan lograr una estabilidad y acabar incorporándose al mercado de trabajo es sólo una esperanza. Algunas de ellas claramente no son capaces de pasar por ello. Después de todo, son casos difíciles. «Tenemos un varón de veintitantos —dijo Post—. Ya padece cirrosis. Una vez le midieron 0,49 de alcohol en sangre, lo que es bastante para matar a la mayoría de la gente. Al primer lugar que le dimos, llevó a todos sus amigos y montaron tal fiesta que lo destrozaron y rompieron una ventana. Le dimos otro apartamento y volvió a las andadas».

Post explicó que este joven había pasado meses sereno. Pero podía recaer en cualquier momento y quizás destrozar otro apartamento, en cuyo caso tendrían que plantearse qué hacer con él. Post acababa de participar en una reunión telefónica con algunas personas de la ciudad de Nueva York que gestionaban un programa similar. En ella se planteó si, al ofrecer tantas facilidades a los indigentes, no estaría simplemente animándoseles a conducirse de modo irresponsable. Para algunas personas no hay duda al respecto. Pero ¿cuál era la alternativa? Si este joven volviera a las calles, le costaría incluso más dinero al sistema. La filosofía en boga sobre el bienestar social sostiene que la ayuda pública debe ser temporal y condicional, evitando la creación de dependencias. Pero un individuo con 0,49 de alcohol en sangre y que con veintisiete años ya tiene cirrosis no responde a incentivos y sanciones como una persona normal. «La gente más difícil para trabajar son los que han estado sin hogar tanto tiempo que la perspectiva de volver a vivir en la calle ya no les asusta —dijo Post—. En cuanto llega el verano, te dicen: "Paso de obedecer tus reglas"».

La política que dicta la ley potencial para los sin techo tiene que hacer lo contrario de lo que hacen las políticas basadas en la distribución social normal. *Debe* crear dependencias: lo que se pretende es que la gente que ha quedado fuera del sistema vuelva a meterse dentro y reconstruya sus vidas bajo la supervisión de un puñado de trabajadores sociales en el sótano del YMCA.

Eso es lo que tiene la política basada en una ley potencial, que causa gran perplejidad cuando se aplica al problema de los sin techo. Desde una perspectiva económica su enfoque tiene perfecto sentido. Pero desde una perspectiva moral no parece justo. Miles de personas en la zona de Denver viven al día, tienen dos o tres empleos y obviamente se merecen que alguien les eche una mano. Pero nadie les da la llave de un apartamento nuevo, que en cambio sí se les ofrece a tipos que gritan obscenidades a la autoridad bajo los efectos del colutorio del doctor Tich. Cuando otras prestaciones sociales a tiempo limitado se agotan, el Estado las corta. Pero cuando un indigente destroza su apartamento, se le proporciona otro. Se supone que las ayudas sociales tienen una especie de justificación moral. Se conceden a viudas, a mutilados de guerra, a madres sin recursos. Darle un apartamento al tipo sin hogar que se cae sobre la acera de lo borracho que está obedece a un razonamiento diferente; en una palabra, al de la eficiencia.

También tendemos a creer que la distribución de ventajas sociales no debería ser arbitraria. No se ayuda sólo a algunas madres pobres ni a un puñado arbitrariamente elegido de minusválidos de guerra. Se ayuda a todos aquellos que cumplen un criterio formal; y la credibilidad moral de las ayudas públicas se deriva, en parte, de esta universalidad. Pero el programa puesto en marcha en Denver no ayuda a todo indigente crónico de la ciudad. Hay una lista de espera de seiscientos aspirantes a integrar el programa de alojamiento subvencionado. Pasarán años antes de que todos ellos reciban su apartamento. Muchos nunca lo tendrán. No hay bastante dinero; y socorrer a todos un poquito —observar el principio de universalidad— no es tan rentable como ayudar mucho a unos pocos. La equidad, en este caso, significa proporcionar albergues y comedores sociales; pero esto no soluciona el problema de los sin techo. Nuestras intuiciones morales habituales son, pues, de escasa utilidad cuando se trata de unos pocos casos difíciles. Los problemas abordables por la ley potencial nos colocan ante un desagradable dilema: podemos ser fieles a nuestros principios o bien solucionar el problema. No podemos hacer ambas cosas.

4.

Pocas millas al noroeste del viejo YMCA del centro de Denver, en el desvío de la I-25 a la altura del bulevar Speer, hay una gran señal electrónica en la cuneta. Está conectada a un dispositivo que mide las emisiones tóxicas de los vehículos que pasan por delante, antes de que pasen. Cuando es un coche cuyo equipamiento de control de la contaminación funciona correctamente, la señal dice con destellos: «Bien». Cuando pasa un coche que emite humos muy por encima de los límites aceptables, los destellos dicen: «Mal». Si uno se pone en la salida al bulevar Speer y vigila la señal un buen rato, encontrará que prácticamente todos los coches sacan un bien. Un Audi A4... «Bien». Un Buick Century... «Bien». Un Toyota Corolla... «Bien». Un Ford Taurus... «Bien». Un Saab 9-5... «Bien», y así sucesivamente, hasta que pasan unos veinte minutos y algún vetusto Ford Escort o un Porsche trucado hace destellar las letras «Mal». La idea del problema de las emisiones tóxicas que uno saca mirando la señal del bulevar Speer se parece bastante a la idea del problema de los sin techo que uno saca escuchando lo que se dice en las reuniones matutinas del personal del YMCA. Las emisiones de gases por automóviles siguen una distribución acorde con una ley potencial; y el ejemplo de la contaminación atmosférica ofrece otro aspecto de por qué luchamos tan arduamente con problemas en realidad centrados en unos pocos casos difíciles.

La mayor parte de los coches, sobre todo los nuevos, son extraordinariamente limpios. Un Subaru 2004 en buen estado sólo emite un 0,06 por ciento de monóxido de carbono, lo cual es insignificante. Pero en casi cualquier carretera, por cualquier razón —edad avanzada del coche, falta de mantenimiento, defectos sin reparar, etcétera— un pequeño número de coches emite monóxido de carbono a niveles superiores al 10 por ciento, casi doscientas veces más. En Denver el 5 por ciento de los vehículos circulantes producen el 55 por ciento de la contaminación que emiten los automóviles.

«Digamos que un coche tiene quince años —dice Donald Stedman, químico especialista de emisiones de automóviles en la Universidad de Denver. Fue su laboratorio el que puso la señal en el desvío al bulevar Speer—. Obviamente, cuanto más viejo es un coche, más probabilidades tiene de romperse. Con los seres humanos pasa lo mismo. A efectos de lo que estoy diciendo, *romperse* significa cualquier avería mecánica: el ordenador de a bordo no funciona, el mecanismo de inyección del combustible se queda abierto, el catalizador se muere por que lo releven, etcétera. No es insólito que estos fallos generen emisiones altas. Tenemos al menos un coche en nuestra base de datos que emitía setenta gramos de hidrocarburo por milla recorrida, lo que significa que casi se podría alimentar el motor de un Honda Civic con los gases de escape que soltaba. Pero no son sólo los coches viejos. También son los relativamente nuevos con un kilometraje muy alto, como es el caso de los taxis. Una de las medidas de control más acertadas y menos publicitadas la implantó un fiscal público de Los Ángeles en los años noventa. Fue al aeropuerto y descubrió que todos los taxis de la Bell emitían un enorme volumen de gases nocivos. Uno de aquellos taxis emitía cada año más que su propio peso en contaminación».

En opinión de Stedman, el actual sistema de medición de emisiones tóxicas tiene poco sentido. Cada año, sólo en Denver, un millón de automovilistas tienen que ir a un centro de emisiones —perder tiempo de trabajo, guardar cola, pagar 15 ó 25 dólares— para realizar una prueba que más del 90 por ciento de ellos no necesita. «La prueba para detectar el cáncer de mama no se le hace a todo el mundo —dice Stedman—. Ni la del sida». Además, a los inspectores de emisiones tóxicas se les da bastante mal lo de localizar a los comparativamente escasos infractores. Cualquier aficionado a la mecánica medianamente competente puede limpiar en una tarde el muy contaminante motor de su deportivo la víspera del día en que le toque pasar la inspección técnica. Otros matriculan su coche en una ciudad lejana donde no se inspeccionan las emisiones, o bien llegan a la revisión «en caliente» —recién salidos de la autopista tras haber conducido a gran velocidad por ella—, un buen modo de hacer pasar por limpio un motor sucio. Por pura casualidad, otros pasan la prueba cuando no deberían pasarla, porque los motores sucios son sumamente variables y a veces realizan una combustión limpia durante un tiempo breve pero suficiente. Hay poca evidencia, dice Stedman, de que la existencia de inspecciones en una ciudad dada incida de cualquier modo en la calidad del aire que se respira en ella.

En lugar de las inspecciones al uso, Stedman propone pruebas móviles. A principios de los ochenta inventó un dispositivo del tamaño de una maleta que usaba luz infrarroja para medir al instante y analizar luego las emisiones de los coches mientras circulaban por la carretera. La señal del bulevar Speer está conectada a uno de los dispositivos de Stedman. Él opina que los ayuntamientos deberían instalar una media docena aproximada de sus dispositivos en furgonetas, aparcarlas en salidas de la autopista por toda la ciudad y tener un coche de policía apostado para parar a cualquiera que no pase la prueba. Con media docena de furgonetas podrían examinarse treinta mil coches por día. Por los mismos 25 millones de dólares que los automovilistas de Denver ya están gastando en las inspecciones municipales, calcula Stedman, la ciudad podría identificar y limpiar veinticinco mil vehículos realmente contaminantes cada año. Así, en pocos años podrían recortarse en un 35 ó 40 por ciento las emisiones tóxicas de los coches que circulan por el área metropolitana de Denver. La ciudad podría dejar de gestionar el problema de sus nubes tóxicas y comenzar a erradicarlo.

¿Por qué no adoptamos el método de Stedman? No hay ningún impedimento moral en contra. Estamos acostumbrados a que la policía pare a la gente por tener una luz fundida o un espejo retrovisor roto; y no sería difícil agregar los dispositivos de control de la contaminación a la lista de posibles infracciones. Sin embargo, sí parece ir contra la preferencia social instintiva de pensar en la contaminación como un problema al que todos contribuimos por igual. Hemos desarrollado instituciones que actúan de forma tranquilizadoramente rápida y convincente para resolver los problemas colectivos. El Congreso aprueba una Ley. La Agencia de Protección del Medio Ambiente promulga una normativa. La industria de la automoción fabrica coches un poco más limpios y... ¡listo!, ¡el aire mejora! Pero a Stedman no le preocupa mucho lo que pasa en Washington y Detroit. El reto de controlar la contaminación del aire no tiene tanto que ver con las leyes como con su cumplimiento. Es un problema policial más que político, lo que en última instancia hace que haya algo poco satisfactorio en la solución que propone Stedman. Quiere erradicar la contaminación del aire en Denver con media docena de furgonetas equipadas con un artefacto del tamaño de una maleta. Un problema tan grande ¿puede tener una solución tan pequeña?

Esto es lo que hizo que las conclusiones de la Comisión Christopher fueran tan poco satisfactorias. Reunimos paneles de postín cuando afrontamos problemas que parecen demasiado grandes para los mecanismos normales de reparación burocrática. Queremos reformas radicales. Pero ¿cuál fue la observación más memorable de la comisión? La historia de un agente con un conocido historial de actos como propinar una paliza a sospechosos esposados que, sin embargo, mereció el siguiente informe de su superior: «Por lo general se conduce de manera que inspira respeto por la ley y confianza a la población». Eso es lo que uno dice de un agente cuando en realidad no ha leído su expediente. La Comisión Christopher estaba diciendo que el LAPD podría contribuir a solucionar su problema aplicando una medida tan sencilla como conseguir que los capitanes de policía se leyeran los expedientes de sus agentes. El problema del LAPD no tenía que ver con ninguna laguna normativa, sino con el cumplimiento de la existente. El departamento tenía que observar las reglas que ya se había dado; y eso no es lo que quiere oír una opinión pública hambrienta de transformaciones institucionales. La solución de los problemas que presentan distribuciones propias de una ley potencial no sólo viola nuestras intuiciones morales; también contraviene nuestras intuiciones políticas. No es difícil concluir, en definitiva, que la razón por la que durante tanto tiempo tratamos a los sin techo como un grupo en general irrecuperable no era sólo que no conociéramos nada mejor. Era más bien que no queríamos conocerlo. Lo más fácil era seguir como siempre.

La soluciones inspiradas por una ley potencial tienen poco atractivo para la derecha, porque implican un tratamiento especial para gente que no lo merece; y tampoco atraen a la izquierda, porque su énfasis en la eficacia a expensas de la equidad suena al frío cuadre de números propio del análisis de costes y beneficios de la Escuela de Chicago. Ni siquiera la promesa de ahorrar millones de dólares, limpiar la atmósfera o mejorar los Departamentos de Policía puede compensar completamente este tipo de incomodidad. En Denver, John Hickenlooper, popularísimo alcalde de la ciudad, ha trabajado incansablemente en la cuestión de los sin techo durante el último par de años. En su discurso sobre el estado de la ciudad pronunciado este verano, dedicó más tiempo a este asunto que a cualquier otro tema. Buscando deliberadamente el simbolismo, pronunció su discurso en el Civic Center Park del centro de la ciudad, donde la gente sin hogar se junta cada día con sus carritos de la compra y sus bolsas de basura. En muchas ocasiones ha participado en tertulias radiofónicas locales para hablar de lo que la ciudad está haciendo por resolver este problema. El alcalde ha encargado estudios que muestren la sangría que para los recursos de la ciudad ha llegado a suponer la población sin techo. «Sin embargo —dice él— todavía hay gente que me para en la puerta del supermercado para decirme: "No me puedo creer que vaya a gastar dinero en esos indigentes, esos vagabundos"».

5.

Una mañana temprano, hace unos años, Marla Johns recibió una llamada de su marido, Steve, que estaba trabajando.

«Ya era tarde. Me despertó —recuerda Johns—. Estaba sollozando. Pensé que le habría pasado algo a un compañero. Dije: "¡Ay, Dios!, ¿qué ha pasado?". Él contestó: "Se ha muerto Smokey"». Murray murió de una hemorragia intestinal. Aquella mañana en el Departamento de Policía, más de un agente guardó un minuto de silencio por él.

»Nunca pasan muchos días sin que me acuerde de él —continuó la señora Johns—. Por Navidad solía hacerle un regalo: unos guantes, una manta, un abrigo. Nos teníamos respeto mutuo. Una vez otro borracho saltó de la camilla hacia mí con el puño en alto. Murray brincó de la suya levantando el suyo y dijo: "Al ángel mío no lo tocas". Mientras el sistema le supervisara, a él le iba de fábula. En arresto domiciliario encontraba trabajo, ahorraba dinero e iba a trabajar a diario, y no bebía. Hacía todo lo que se esperaba de él. Algunas personas pueden ser miembros muy válidos de nuestra sociedad sólo con que alguien los supervise. Murray necesitaba alguien que se responsabilizara de él».

Pero desde luego Reno no tenía un lugar que le aportara a Murray la estructura que necesitaba. Alguien debió de decidir que costaba demasiado.

«Le dije a mi marido que, si nadie más reclamaba su cadáver, yo me haría cargo —dijo la señora Johns—. No iba a permitir que tiraran a Smokey a la fosa común».

13 de febrero de 2006

UN PROBLEMA DE IMAGEN. MAMOGRAFÍAS, FUERZA AÉREA Y LOS LÍMITES DE LA VISTA

1.

Al principio de la primera guerra del Golfo, la Fuerza Aérea Estadounidense envió dos escuadrillas de cazas F-15E Strike Eagle para encontrar y destruir los misiles Scud que Irak disparaba contra Israel. Los cohetes se lanzaban, sobre todo de noche, desde tractores-tráiler modificados que se desplazaban furtivamente por un área de unos mil kilómetros cuadrados en el desierto occidental del país. El plan era que los cazas patrullaran esta área desde el ocaso hasta el amanecer. Cada vez que se lanzaba un Scud, su estela iluminaba el firmamento. Un piloto de F-15E volaba hacia el punto de lanzamiento, seguía las estelas que se entrecruzaban en el desierto y luego localizaba el objetivo usando un sofisticado dispositivo de 4,6 millones de dólares llamado navegador Lantim con teleobjetivo, capaz de tomar una fotografía infrarroja de alta resolución de una carretera de ocho kilómetros situada bajo el avión. ¿Qué dificultad podía presentar la fotografía de un semirremolque grande y pesado en medio de la vaciedad del desierto?

Casi inmediatamente, empezaron a recibirse informes de destrucción de aquellas plataformas de lanzamiento de misiles. Los comandantes de la operación Tormenta del Desierto estaban alborozados. «Me acuerdo de cuando fui a la base Nellis de la Fuerza Aérea después de la guerra —cuenta Barry Watts, ex coronel del Ejército del Aire—. Tenían una gran exposición, en la que estaban incluidos

todos los cazas que habían volado en la Tormenta del Desierto. Cada uno llevaba una placa que explicaba las haza-
ñas de tal o cual avión. Sumando las plataformas de lanzamiento de Scuds que cada uno aseguraba haber inutilizado,
salía un total de cien aproximadamente».

Los oficiales de la Fuerza Aérea no basaban esa cifra en
conjeturas, sino que pretendían conocerla *a ciencia cierta*.
Para eso tenían una cámara de cuatro millones de dólares
que tomaba una imagen casi perfecta. Pocos reflejos cultu-
rales más profundamente inculcados que la idea de que
una imagen equivale a la verdad. «Que una fotografía no
sólo no miente, sino que además no puede hacerlo, es
asunto que pertenece a la creencia, un artículo de fe», han
escrito Charles Rosen y Henri Zerner. «Tendemos a confiar
en la cámara más que en nuestros propios ojos». Esa fe ci-
mentó la proclamación de la victoria estadounidense en su
caza de los Scud... hasta que las hostilidades terminaron y
la Fuerza Aérea designó a un equipo para determinar la
eficacia de las campañas aéreas en la Tormenta de Desierto. Según concluyó este equipo, el número real de plataformas que, sin ningún género de dudas, la Aviación estadounidense había destruido ascendía a cero.

El problema era que los pilotos volaban de noche, cuando la percepción de profundidad está alterada. El Lantim
veía en la oscuridad, pero la cámara sólo funcionaba cuando estaba enfocada al lugar correcto, y la situación de este
lugar no estaba clara. Mientras tanto, el piloto tenía sólo
unos cinco minutos para encontrar su presa, porque después del lanzamiento, los iraquíes se ocultaban inmediatamente en una de los muchas alcantarillas que había bajo la
carretera entre Bagdad y Jordania; y la pantallita cuadrada
que el piloto usaba para rastrear el inmenso desierto sólo
medía unos 15 centímetros de lado. «Era como conducir
por una autopista mirando a través de una pajita —opina el
comandante general Mike DeCuir, que sirvió en numerosas misiones de caza de Scuds en todas las fases de la guerra—.

Ni siquiera estaba claro el aspecto que una lanzadera de Scuds tendría en aquella pantalla. Teníamos una foto de una lanzadera que nos había pasado el servicio de información. Pero hay que imaginarse el aspecto que tenía este objetivo en una pantalla en blanco y negro que tomaba imágenes a ocho kilómetros de distancia del objetivo —continuó DeCuir—. Con la resolución que teníamos entonces, se podía decir que algo era un camión grande y que tenía ruedas, pero desde aquella altitud era difícil decir mucho más». El análisis realizado en la posguerra indicó que gran número de los objetivos que los pilotos habían destruido eran en realidad señuelos, construidos por los iraquíes con camiones viejos y repuestos de misiles. Otros eran camiones petroleros que transportaban este hidrocarburo por la carretera a Jordania. Un camión petrolero, después de todo, es un tractor-tráiler que transporta un objeto grande, brillante, cilíndrico. Volando a seis mil metros de altura a 640 kilómetros por hora con una pantalla de diez centímetros de lado, casi cualquier objeto grande, brillante y cilíndrico puede parecerse mucho a un misil. «Aquel problema siempre lo tuvimos —dijo Watts, que había servido en el equipo que hizo el análisis de la guerra del Golfo—. Vuelas de noche. Crees que tienes algo en el sensor. Sacas las armas. Arrojas las bombas. Todo lo demás tiene mucho de incógnita».

En otras palabras, se puede construir una cámara de alta tecnología capaz de tomar imágenes en medio de la noche, pero el sistema sólo funciona si la cámara está enfocando el lugar adecuado, y ni aun entonces las imágenes son inequívocas. Es preciso interpretarlas; y la tarea humana de interpretación es a menudo un óbice más grande que la tarea técnica de tomar imágenes. Esto fue la lección impartida por la misión de caza de Scuds: las imágenes prometen clarificar, pero a menudo confunden. La película de Zapruder intensificó más que disipó la polémica que rodeó al asesinato de John F. Kennedy. El vídeo de la paliza infligida a Rodney King provocó graves disturbios de protesta contra la brutalidad policial; pero también sirvió como base para la decisión de un jurado de absolver a los agentes acusados de agresión.

Quizás en ningún campo sean estas cuestiones tan evidentes, sin embargo, como en el de la mamografía. Los radiólogos desarrollaron cámaras de rayos X de última generación y las usaron para explorar pechos femeninos en busca de tumores, bajo el razonamiento de que, si se puede tomar una imagen casi perfecta, también se pueden encontrar y destruir tumores antes de que comiencen a causar daños irreparables. Aun así persiste la confusión sobre las ventajas de la mamografía. ¿No será que tenemos demasiada fe en la imagen?

2.

El jefe de Mamografías del Centro Oncológico Memorial Sloan-Kettering, en la ciudad de Nueva York, es un médico llamado David Dershaw, un hombre juvenil de cincuenta y tantos años con una semejanza asombrosa al actor Kevin Spacey. Una mañana, hace poco, se sentó en su oficina del edificio de Sloan-Kettering e intentó explicar cómo leer una mamografía.

Dershaw comenzó poniendo una radiografía sobre una pantalla luminosa que tenía detrás de su escritorio. «El cáncer se manifiesta en uno de dos patrones —dijo—. Uno busca hinchazones y protuberancias, y también busca calcio. Cuando se encuentran, hay que hacer una evaluación: esto ¿entra dentro de lo aceptable o es un patrón indicativo de cáncer? —Dershaw señaló la radiografía—. Esta mujer tiene cáncer. Se ve en estas dos diminutas calcificaciones. ¿Las ve? ¿Ve lo pequeñas que son? —sacó una lupa y la colocó sobre una serie de manchas blancas—. A medida que un cáncer se desarrolla, va dejando depósitos de calcio. Esto es lo que buscamos».

Entonces Dershaw añadió una serie de diapositivas a la pantalla luminosa y comenzó a explicar todas las variedades en que se presentaban aquellas manchas blancas. Algunos depósitos de calcio son ovales y lúcidos. «Las llamamos calcificaciones de cáscara de huevo —dijo Dershaw—. Básicamente son benignas. Otra clase de calcio recorre como un ferrocarril alguno de los muchos vasos sanguíneos que hay en la mama. Esto también es benigno. Luego hay concentraciones de calcio más gruesas y compactas. Se parecen a las palomitas de maíz. Esto no es más que tejido muerto. También es benigno. Hay otra calcificación que se presenta en saquitos de calcio flotando en el líquido mamario. Éste se llama "leche de calcio". También es benigno siempre —colocó otro conjunto de diapositivas contra la luz—. Luego tenemos calcio en presentación irregular. Todas estas manchas tienen densidades, tamaños y configuraciones diferentes. Por lo general son benignas, pero a veces son debidas al cáncer. ¿Recuerda las manchas de calcio que eran como raíles de tren? Éste también es calcio posado dentro de un tubo, pero se puede apreciar que el exterior del tubo es irregular. Esto es cáncer —las explicaciones de Dershaw comenzaban a confundir—. Hay ciertas calcificaciones en los tejidos benignos que son siempre benignas —dijo—. Hay ciertas clases de calcificación que siempre están asociadas con el cáncer. Pero ésas se presentan en los extremos del espectro, y la inmensa mayoría de las calcificaciones se presentan en algún punto medio. Y establecer una diferenciación entre un depósito de calcio aceptable y otro que no lo es no es algo evidente».

Con las protuberancias pasa lo mismo. Algunas simplemente son grupos benignos de células. Se ve porque las paredes de la protuberancia son redondeadas y lisas. En un cáncer, las células proliferan tan desordenadamente que las paredes del tumor tienden a ser desiguales y penetrar en el tejido circundante. Pero a veces las protuberancias benignas se parecen a los tumores y viceversa. Otras veces uno encuentra muchas protuberancias que, consideradas individualmente, serían sospechosas, pero están tan extendidas que la conclusión razonable es que simplemente esa mama es así. «Cuando se mira una tomografía de pecho, el corazón siempre se parece al corazón, la aorta siempre se parece a la aorta —dijo Dershaw—. Si se localiza una protuberancia en medio de todo eso, claramente se trata de algo anormal. Pero mirar una mamografía es conceptualmente diferente de mirar imágenes de otras partes del cuerpo. Todo lo demás tiene una anatomía que no presenta grandes diferencias de unas personas a otras. En el caso de la mamografía, carecemos de esa clase de información estandarizada. La decisión más difícil de tomar al examinar a un paciente es: esta persona ¿es normal? Y debe adoptarse sin disponer de un patrón razonablemente estable para cualquier individuo, y a veces hasta sin un mismo modelo para el lado izquierdo y el derecho».

Lo que estaba diciendo Dershaw es que las mamografías no encajan en nuestras expectativas normales respecto de una imagen. En los días anteriores a la invención de la fotografía, por ejemplo, un caballo en movimiento se representaba en dibujos y pinturas según la convención de *ventre à terre:* los caballos se dibujaban con las patas delanteras extendidas más allá de sus cabezas; y las traseras se estiraban rectas hacia atrás, porque así era como, en un remedo borroso del movimiento, un caballo daba la impresión de galopar. Entonces, en la década de 1870, llegó Eadweard Muybridge con sus famosas fotografías secuenciales de un caballo galopante. Fue el fin del «vientre en tierra». Ahora ya sabíamos cómo galopa un caballo. La fotografía prometía que desde ese momento seríamos capaces de captar la realidad en sí misma.

Con la mamografía es diferente. La forma en que generalmente hablamos de calcio y protuberancias es clara e inequívoca. Pero la imagen pone de manifiesto cuán borrosa es de hecho la distinción entre dichas categorías, aparentemente tan distintas. Joann Elmore, médica y epidemióloga en el Centro Médico de la Universidad de Washington Harborview, pidió una vez a diez radiólogos certificados que examinaran 150 mamografías, 27 de las cuales correspondían a mujeres que habían desarrollado cáncer de mama, y 123, a mujeres que constaba que estaban sanas. Un primer radiólogo identificó un 85 por ciento de los cánceres. Otro sólo detectó un 37 por ciento. Otro, mirando los mismos rayos X, vio protuberancias sospechosas en el 78 por ciento de los casos. Otro médico encontró «densidad focal asimétrica» en la mitad de los casos de cáncer; sin embargo un último no vio densidad focal asimétrica alguna. Había una mamografía particularmente desconcertante: tres radiólogos la consideraban normal; dos pensaban que era anormal, pero probablemente benigna; cuatro no eran capaces de decidirse; y uno estaba convencido de que era cáncer (la paciente estaba perfectamente). Algunas de estas diferencias obedecen a mera pericia. Hay evidencia sólida de que, con una preparación más rigurosa y mayor experiencia, los radiólogos puede leer mejor una mamografía. Pero mucho de lo que puede verse en ella cae en un área tan grisácea que interpretar una mamografía se convierte también, en parte, en una cuestión de temperamento. Algunos radiólogos ven algo ambiguo y no tienen reparo en considerarlo normal. Otros ven algo ambiguo y se vuelven suspicaces.

¿Significa eso que un radiólogo debería ser lo más suspicaz posible? Podría pensarse eso, pero la precaución simplemente crea otra clase de problema. El radiólogo del estudio de Elmore que detectó la mayoría de los cánceres también recomendó actuar de inmediato —una biopsia, un ultrasonido, más radiografías— sobre el 64 por ciento de las mujeres que no tenían cáncer. En el mundo real, un radiólogo que innecesariamente sometiera a un porcentaje tan extraordinario de pacientes sanas al tiempo, el costo, la ansiedad y la incomodidad que entrañan las biopsias y demás pruebas vería seriamente comprometido el ejercicio de su profesión. La mamografía no es una forma de tratamiento médico, donde está justificado que los médicos tomen decisiones heroicas por el bien de sus pacientes. La mamografía es una forma de *exploración* médica: se supone que excluye a las personas sanas para que pueda prestarse más tiempo y atención a las enfermas. Si la exploración no explora, deja de ser útil.

Gilbert Welch, experto en resultados médicos de la Facultad de Medicina de Dartmouth, ha advertido que, dadas las actuales tasas de mortalidad por cáncer de mama, nueve de cada mil mujeres de sesenta años morirán por esta causa en los diez próximos años. Si cada una de estas mujeres se hiciera una mamografía todos los años, el número se reduciría a seis. En otras palabras, el radiólogo que atendiera a esas mil mujeres tendría que examinar diez mil radiografías a lo largo de todo un decenio para salvar tres vidas; eso aceptando la estimación más generosa posible de la eficacia de las mamografías. Así pues, la razón por la que se exige que un radiólogo presuma que un número aplastante de cosas ambiguas es normal es que un número aplastante de cosas ambiguas es, de hecho, normal. Los radiólogos se parecen mucho, en este sentido, a los revisores que examinan el interior de nuestro equipaje en los aeropuertos. El cálculo de probabilidades dicta que la mancha oscura que aparece en medio de la maleta no es una bomba, porque uno ya ha visto mil manchas oscuras como ésa en otros equipajes y ninguna era una bomba. Si se señalaran como sospechosas todas las maletas con algo ambiguo dentro, nadie llegaría a tiempo para tomar su vuelo. Por supuesto, esto no significa que no pueda ser una bomba. Pero todo lo que el inspector tiene para hacer su trabajo es lo que le dice la pantalla de rayos X; y esta pantalla rara vez ofrece suficiente información.

3.

Dershaw tomó otra radiografía y la colocó sobre la pantalla luminosa. Correspondía a una mujer de cuarenta y ocho años. Las mamografías indican las densidades presentes en el pecho: cuanto más denso sea un tejido, más rayos X absorberá, creando las variaciones de blancos y negros que componen la imagen. La grasa apenas absorbe estos rayos, razón por la que aparece representada en negro. El tejido mamario, en particular el tejido grueso de pecho de las mujeres más jóvenes, se muestra en una radiografía como un tono ligero del gris o bien en color blanco. Las mamas radiografiadas presentaban cúmulos de grasa en la parte trasera y un tejido más denso, glandular, en la delantera. Aquí la radiografía devolvía una imagen completamente negra, con lo que parecía un denso nubarrón blanco situado detrás del pezón. Claramente visible, en la parte negra o grasa del pecho izquierdo, se veía un punto blanco. «Esto parece cáncer, esa mancha irregular que se infiltra —dijo Dershaw—. Mide unos cinco milímetros de largo —miró la placa un momento. Era la mejor versión de una mamografía: una imagen clara de un problema que resolver. Entonces señaló con un bolígrafo el nubarrón situado a la derecha del tumor. La nube y el tumor eran exactamente del mismo color—. Este tumor se ve sólo porque está en la parte grasa del pecho —dijo—. Si estuviera en la parte densa, sería invisible, porque la blancura de la protuberancia es la misma que la del tejido normal. Si el tumor estuviera ahí, podría ser cuatro veces mayor y aun así no lo veríamos».

Es más, una mamografía tiene probabilidades particularmente elevadas de omitir los tumores más dañinos. Un equipo dirigido por la patóloga Peggy Porter analizó 429 cánceres de mama diagnosticados a lo largo de cinco años en la Cooperativa Sanitaria de Puget Sound. De aquéllos, 279 se habían descubierto mediante mamografía, la mayoría de ellos precozmente, en la llamada Fase Uno de las cuatro en que se clasifican los cánceres en función de hasta dónde se haya extendido el tumor. La mayoría de los tumores eran pequeños, de menos de dos centímetros. Los patólogos clasifican la agresión de un tumor según medidas tales como el «recuento mitótico» o velocidad de división de las células; y los tumores descubiertos en la pantalla se habían clasificado como «de riesgo bajo» en casi el 70 por ciento de los casos. Eran cánceres que probablemente pudieran tratarse satisfactoriamente. «La mayoría de tumores se desarrollan muy, muy despacio, tendiendo a dejar depósitos de calcio, y lo que hacen las mamografías es recoger estas calcificaciones —explica Leslie Laufman, hematóloga-oncóloga de Ohio, integrante de un panel consultivo sobre el cáncer de mama reunido por los Institutos Nacionales para la Salud—. Casi por definición, las mamografías detectan tumores de desarrollo lento».

Ciento cincuenta cánceres del estudio de Porter, no obstante, escaparon al ojo de la mamografía. Algunos de éstos eran tumores que la mamografía no podía ver dado que, por ejemplo, se ocultaban en la parte densa del pecho. Pero la mayoría simplemente no existían en el momento de hacerse la mamografía. Estos cánceres aparecían en mujeres que se habían hecho mamografías con regularidad y a las que legítimamente se les decía que no presentaban ninguna señal de padecer cáncer en su última visita. En el intervalo entre rayos X, sin embargo, ellas mismas o su médico habían descubierto algún bulto en el pecho palpándolo; y estos cánceres «de intervalo» tenían el doble de probabilidades de encontrarse en la Fase Tres, y el triple de probabilidades de arrojar recuentos mitóticos altos; el 28 por ciento se había extendido a los nódulos linfáticos, a diferencia del 18 por ciento de los cánceres descubiertos en pantalla. Estos tumores eran tan agresivos que habían pasado de imperceptibles a obvios en el intervalo entre dos mamografías.

El problema de los tumores de intervalo explica por qué la aplastante mayoría de expertos de cáncer de mama insiste en que las mujeres en la edad crítica que va de los cincuenta a los sesenta y nueve se hagan mamografías con regularidad. En el estudio de Porter se mamografiaba a las mujeres a intervalos de hasta tres años, lo que concedía una ventana demasiado grande a los cánceres de intervalo que pudieran surgir. Los cánceres de intervalo también explican por qué muchos expertos en cáncer de mama creen que las mamografías deben complementarse con exámenes clínicos regulares y exhaustivos *(exhaustivos* significa palpación cualificada del área comprendida entre la clavícula y la parte inferior de la caja torácica, concentrando las exploraciones en un área del tamaño de una moneda de diez céntimos cada vez y ejerciendo tres niveles de presión durante un periodo no inferior a cinco minutos por pecho). En un estudio en profundidad de la eficacia de la mamografía —una entre dos investigaciones canadienses realizadas en los años ochenta— se comparó a las mujeres sometidas a palpaciones mamarias regulares y exhaustivas sin recurrir a mamografías con las que, además de estos exámenes manuales, se hacían mamografías con regularidad, sin hallarse ninguna diferencia entre los dos grupos en cuanto a mortalidad por cáncer de mama. Los estudios canadienses son polémicos, y algunos expertos en cáncer de mama están convencidos de que podrían haber subestimado las ventajas de la mamografía. Pero no se pueden negar las lecciones básicas de los estudios canadienses; a saber: que un par de yemas digitales con experiencia pueden averiguar una cantidad extraordinaria de información sobre la salud de un pecho, y que no deberíamos valorar lo que vemos en una imagen como automáticamente más fidedigno que lo que percibimos a través de otros sentidos.

«El dedo tiene cientos de sensores por centímetro cuadrado —dice Mark Goldstein, psicofísico sensorial cofundador de MammaCare, una empresa dedicada a formar a enfermeros y médicos en el arte del examen clínico—. No hay nada en la ciencia ni en la tecnología que se acerque remotamente a la sensibilidad del dedo humano en lo relativo a la gama de estímulos que es capaz de detectar. Es un instrumento brillante. Pero simplemente no confiamos en nuestro sentido táctil tanto como en el visual.

4.

La noche del 17 de agosto de 1943, doscientos bombarde-
ros B-17 de la VIII Fuerza Aérea Estadounidense despega-
ron de Inglaterra rumbo a la ciudad alemana de Schweinfurt. Dos meses más tarde, 228 B-17 partieron al ataque
contra Schweinfurt por segunda vez. Esas incursiones traje-
ron dos de los bombardeos nocturnos más terribles de la
guerra; y la experiencia de los aliados en Schweinfurt cons-
tituye un ejemplo del problema del paradigma de la imagen que si bien es más sutil, en algunos casos acarrea consecuencias más graves.

Los ataques contra Schweinfurt desbordaron el compromiso con el bombardeo selectivo contraído por el estamento
militar estadounidense. Como escribe Stephen Budiansky
en su maravilloso y reciente libro *Air Power* [Fuerza aérea], la
principal lección derivada de los bombardeos aéreos durante la I Guerra Mundial fue que acertar en un blanco desde
dos mil quinientos o tres mil metros de altitud era una tarea
prohibitivamente difícil. En el fragor de batalla, el bombar-
dero tenía que adaptarse a la marcha del avión y a la velocidad y dirección de los vientos predominantes sin perder la
referencia vertical con el objetivo en tierra. Era una tarea
imposible, que requería complejos cálculos trigonométri-
cos. Por gran variedad de motivos, incluidos los desafíos técnicos, los británicos sencillamente renunciaron a la precisión: tanto en la Gran Guerra como en la II Guerra Mundial,
los militares británicos siguieron una estrategia de *bombardeo
zonal* o *desmoralizador*, en virtud de la cual simplemente se sol-
taban las bombas, sin criterio alguno, sobre áreas urbanas,
con intención de matar, desahuciar y desanimar a la población civil alemana.

Pero los militares estadounidenses creían que el problema de cómo bombardear con exactitud era soluble, y gran

parte de su solución fue algo llamado *Mira Norden*. Este hito fue fruto del trabajo de un genio solitario y algo cascarrabias llamado Carl Norden, que operaba desde una fábrica sita en la ciudad de Nueva York. Norden construyó un ordenador mecánico de veintitrés kilos llamado Mark XV, que usaba engranajes, rodamientos y giroscopios para calcular la velocidad aérea, la altitud y los vientos de costado a fin de determinar el punto correcto para soltar las bombas. El Mark XV, según alardeaba el socio empresarial de Norden, podría acertarle a un barril de escabeche desde seis mil metros de altitud. Estados Unidos invirtió 1.500 millones de dólares en desarrollarlo, lo que, como advierte Budiansky, era más de la mitad del gasto en construir la bomba atómica. «En las bases aéreas, los Nordens se almacenaban bajo llave en bóvedas seguras, y eran escoltados hasta sus aviones por guardias armados, así como cubiertos con una lona hasta después del despegue», relata Budiansky. Los militares estadounidenses, convencidos de que ahora sus aviones podrían poner la bomba donde ponían el ojo, desarrollaron un enfoque estratégico del bombardeo, la identificación y la destrucción selectiva de objetivos cruciales en la guerra contra el nazismo. A principios de 1943, el general Henry (Hap) Arnold, jefe del Ejército del Aire, reunió a un grupo de civiles prominentes para analizar la economía alemana y recomendar objetivos. El Consejo Asesor para Bombardeos, como lo llamaron, determinó que Estados Unidos debía apuntar a las fábricas de rodamientos que había en Alemania, ya que estos cojinetes de bolas o rodillos eran cruciales para la fabricación de aeroplanos. Y el centro de la industria alemana del rodamiento no era otro que Schweinfurt. Las pérdidas de los aliados a resultas de estas dos incursiones fueron cuantiosas: treinta y seis B-17 fueron derribados en el ataque de agosto y otros sesenta y dos en el de octubre. Entre ambas operaciones, otros 138 aparatos sufrieron daños graves. No obstante, dada la situación de equilibrio en que se libraba la guerra, se consideró que merecían la pena.

Al recibir los informes de daños, Arnold se regocijó: «¡Se acabó Schweinfurt!». Se equivocaba.

El problema no era, como en el caso de la caza de Scuds, que no pudiera localizarse el objetivo, ni que lo que se consideraba el objetivo fuera en realidad otra cosa. Los B-17, con ayuda de los Norden Mark XV, machacaron las fábricas de rodamientos. El problema era que la imagen que los oficiales de la Fuerza Aérea tenían de su objetivo no les decía aquello que realmente necesitaban saber. Los alemanes, según se hizo evidente, tenían grandes reservas de rodamientos. Tampoco tuvieron dificultades para aumentar sus importaciones de Suecia y Suiza. Además, mediante unos simples cambios de diseño, fueron capaces de reducir enormemente su necesidad de rodamientos para fabricar aviones. Es más, aunque los bombardeos hubieran destruido las plantas donde se fabricaban los rodamientos, no podía decirse lo mismo de la maquinaria, que, en el caso de la usada para producir rodamientos, resultó ser sorprendentemente robusta. «Ni un solo tanque, avión o arma dejó de fabricarse por falta de rodamientos», escribió Albert Speer, responsable nazi de Producción, después de la guerra. Así pues, una cosa es ver un problema y otra entenderlo.

En años recientes, con el afinamiento de la exactitud de las armas de largo alcance, el problema que ilustra Schweinfurt se ha vuelto aún más agudo. Después de todo, si uno puede apuntar a la cocina de una casa y acertar de lleno, ya no tiene que bombardear el edificio entero. Luego la bomba puede pesar ochenta y cinco kilos en vez de cuatrocientos cincuenta. Esto a su vez significa que pueden cargarse cinco veces más bombas en cada avión y atacar el quíntuplo de objetivos en una sola salida, lo que parece una ventaja... Aunque ahora uno necesita un quíntuplo de la información que requería antes, al haber multiplicado por cinco sus objetivos. Y los servicios de inteligencia tienen que ser cinco veces más específicos; porque si el objetivo está en el dormitorio y no en la cocina, la bomba no ha dado en el blanco.

Ésta es la cuestión a la que el Alto Mando estadounidense tuvo que enfrentarse en la segunda guerra de Irak. Al inicio de la campaña, los militares organizaron una serie de ataques aéreos con objetivos específicos, concretamente aquellos lugares donde pensaban que se ocultaban Sadam Hussein u otros altos cargos del partido Baaz. Se produjeron unas cincuenta tentativas de magnicidio, todas aprovechando el hecho de que las bombas modernas, lanzadas desde un caza y guiadas por GPS, pueden dar en el blanco con un margen de error máximo de trece metros. Los bombardeos deslumbraban por su precisión. En un caso, redujeron a escombros un restaurante. En otro, una bomba penetró en un sótano. A la postre, todos los intentos de magnicidio fracasaron. «La cuestión no es la exactitud —afirma Watts, que ha escrito extensamente sobre las limitaciones del armamento altamente sofisticado—. La cuestión es la calidad de la información que determina el blanco. La cantidad de información que necesitamos ha aumentado un orden de magnitud o dos en el pasado decenio».

5.

La mamografía también presenta un problema de tipo Schweinfurt, que en ningún ejemplo resulta más evidente que en el caso de la lesión de la mama conocida como carcinoma ductal in situ, o DCIS en sus siglas en inglés, que se manifiesta como un racimo de calcificaciones dentro de los conductos que llevan la leche al pezón. Se trata de un tumor que no se ha extendido más allá de aquellos conductos y es tan diminuto que sin mamografía pocas mujeres con DCIS llegarían alguna vez a saber de afección. En las dos últimas décadas, en las que cada vez más mujeres han sido sometidas a mamografías regulares y ha aumentado la resolución de este método de exploración, los diagnósticos de DCIS se han elevado. Hoy en día se detectan unos cincuenta mil casos nuevos cada año sólo en Estados Unidos, y prácticamente todas las lesiones por DCIS descubiertas por mamografía son puntualmente extirpadas. Pero ¿qué ha significado la identificación y destrucción de estos DCIS en la batalla contra el cáncer de mama? Cabría suponer que, si hemos detectado precozmente cincuenta mil cánceres cada año, deberíamos estar asistiendo a una disminución correspondiente en el número de cánceres invasivos en fase avanzada. No está claro que así sea. Durante los últimos veinte años, la incidencia del cáncer de mama invasivo no ha dejado de aumentar a razón de un mismo incremento, pequeño pero estable, año tras año.

En 1987, patólogos daneses realizaron una serie de autopsias de mujeres de cuarenta y tantos años que no sabían que padecían cáncer de mama cuando murieron de otras causas. Los patólogos miraron un promedio de 275 muestras de tejido mamario en cada caso, encontrando alguna evidencia de cáncer —por lo general DCIS— en casi el 40 por ciento de las mujeres. Puesto que el cáncer de mama es responsable de menos del 4 por ciento de las muertes femeninas, claramente la mayoría aplastante de estas mujeres, de haber vivido más años, nunca habrían muerto de cáncer de mama. «Para mí, estos datos indican que estas clases de cambios genéticos se producen con gran frecuencia y que puede ser que se produzcan sin perjudicar la salud —opina Karla Kerlikowske, experta en cáncer de mama de la Universidad de California, en San Francisco—. El cuerpo tiene sus propios mecanismos de reparación, y tal vez eso fue lo que pasó con estos tumores». Gilbert Welch, el experto en resultados médicos, piensa que no alcanzamos a entender la naturaleza poco científica del crecimiento cancerígeno, por lo cual suponemos que se trata de un proceso que, salvo intervención quirúrgica, acabará por matarnos. «Un patólogo de la Agencia Internacional para la Investigación del Cáncer me dijo una vez que el mayor error que hemos cometido fue ligar el término carcinoma a la neoplasia que es DCIS —dice Welch—. Desde el momento en que se establece esta vinculación, los médicos recomendaron invariablemente una terapia, en la creencia de que se trataba de una lesión que inexorablemente progresaría hasta convertirse en un cáncer invasivo. Pero ahora sabemos que no siempre es el caso».

En algún porcentaje de casos, sin embargo, el DCIS realmente progresa a algo más grave. Algunos estudios sugieren que esto pasa muy raras veces. Otros sugieren que ocurre con frecuencia suficiente para convertirse en una preocupación de primer orden. No hay ninguna respuesta definitiva, y es casi imposible decir, simplemente mirando una mamografía, si un determinado tumor DCIS está entre las lesiones que crecerán hasta desbordar el conducto o forman parte de la mayoría que nunca tendrán consecuencia alguna. Por eso algunos médicos creen que no hay más alternativa que tratar todo DCIS como una amenaza mortal, lo que en el 30 por ciento de los casos equivale a una mastectomía y en otro 35 por ciento significa tumorectomía y radioterapia. El disponer de una imagen mejor ¿solucionaría el problema?

En realidad no, porque el problema es que no sabemos con seguridad qué estamos viendo; y las mejoras habidas en la obtención de imágenes no ha hecho sino dejarnos en una situación en la que cada vez vemos más cosas que no sabemos cómo interpretar. A la hora de lidiar con un DCIS, la mamografía ofrece información sin entendimiento verdadero. «A casi medio millón de mujeres se les ha diagnosticado DCIS, con el consiguiente tratamiento, desde principios de los años ochenta, un diagnóstico prácticamente desconocido antes», escribe Welch en su nuevo libro *Should I Be Tested for Cancer?* [¿Debo hacerme pruebas para saber si tengo cáncer?], un brillante informe de las incertidumbres estadísticas y médicas que rodean a la detección del cáncer. «Este aumento es el resultado directo de un análisis más a fondo, en este caso un equipamiento mejor para hacer mamografías. Pero yo entiendo por qué éste es un diagnóstico que es lógico que algunas mujeres prefieran no conocer».

6.

Lo inquietante del DCIS, desde luego, consiste en que nuestro enfoque de este tumor se parece a un ejemplo de manual de cómo se supone que se libra la batalla contra el cáncer. Úsese una cámara potente. Tómese una imagen detallada. Descúbrase el tumor cuanto antes. Trátese inmediata y agresivamente. La campaña para promover la realización de mamografías regulares ha usado este argumento de la detección temprana con mucho éxito porque intuitivamente tiene sentido. El peligro planteado por un tumor se representa visualmente. Uno grande es malo; uno pequeño es mejor, presenta menos probabilidades de entrar en metástasis. Pero aquí, también, los tumores desafían nuestras intuiciones visuales.

Según Donald Berry, presidente del Departamento de Bioestadística y Matemática Aplicada del Oncológico M. D. Anderson, sito en Houston, el riesgo de muerte para la mujer sólo aumenta un 10 por ciento aproximadamente por cada centímetro adicional en la longitud de tumor. «Supongamos que hay un tamaño de tumor por encima del cual éste es mortal y que, si está por debajo, no lo es —dice Berry—. El problema es que el umbral varía. Cuando encontramos un tumor, no sabemos si ya ha entrado en metástasis. Tampoco sabemos si lo que conduce el proceso de metástasis es el tamaño del tumor o si todo cuanto necesita es que algunos millones de células empiecen a invadir otras partes del cuerpo. Sí observamos que es peor tener un tumor mayor. Pero no increíblemente peor. La relación no es tan grande como podría pensarse».

En un reciente análisis genético de tumores cancerígenos en mamas, los científicos seleccionaron a mujeres con cáncer de mama con muchos años de seguimiento y las dividió en dos grupos: aquellas cuyo cáncer remitía y aquellas cuyo cáncer se había extendido al resto de su cuerpo. Entonces los científicos volvieron al momento más temprano en que cada cáncer se había vuelto evidente y analizaron miles de genes para determinar si era posible predecir, en aquel momento, quién estaba a salvo y quién no. La detección temprana supone que no es posible hacer tal predicción: los tumores se extirpan antes de revestir verdadera peligrosidad. Pero los científicos descubrieron que hasta con tumores en la gama de un centímetro —la que primero detecta una mamografía— el destino del cáncer parece ya fijado. «Lo que encontramos es que hay datos biológicos que pueden averiguarse a partir del tumor, en el momento de extirparse, que contienen un fuerte componente profético para saber si realmente acabará en metástasis —relata Stephen Friend, miembro del equipo de expresión génica en Merck—. Nos gusta pensar que un tumor pequeño es más inocente. La realidad es que ese inocente bultito puede encerrar muchos comportamientos que presagian un pronóstico mejor o peor».

Las buenas noticias aquí son que eventualmente podría ser posible detectar cánceres de mama a un nivel genético, usando otras clases de pruebas, incluidos análisis de sangre, para buscar los rastros biológicos de aquellos genes. Esto también podría mitigar el problema crónico del sobretratamiento del cáncer de mama. Si podemos seleccionar a aquel pequeño porcentaje de mujeres cuyos tumores amenazan con terminar en metástasis, podemos ahorrarnos el resto del habitual régimen de cirugía, radiaciones y quimioterapia. La investigación de la firma genética es uno de los numerosos motivos por los que muchos científicos son optimistas respecto de la lucha contra el cáncer de mama. Pero es un avance que no tiene nada que ver con la toma de más imágenes, o mejores. Tiene que ver con ver más allá de ellas.

Dadas las circunstancias, no es difícil entender por qué la mamografía atrae tanta controversia. La imagen promete la certeza, pero luego no puede cumplir su promesa. Incluso después de cuarenta años de investigación, persiste ampliamente el desacuerdo sobre cuánto podían beneficiar las mamografías regulares a las mujeres en la edad crítica de los cincuenta a los sesenta y nueve; y no es menor el desacuerdo sobre si hay bastante evidencia para justificar la mamografía regular en mujeres que tengan menos de cincuenta años o más de setenta. ¿Hay alguna vía de resolver el desacuerdo? Donald Berry opina que probablemente no: una prueba clínica que pudiera contestar definitivamente a la pregunta de las ventajas exactas de una mamografía tendría que ser tan grande (involucrar a más de quinientas mil mujeres) y tan cara (reunir un presupuesto de mil millones de dólares) que no resultaría muy práctico. La confusión resultante ha convertido a los radiólogos que hacen mamografías en uno de los principales blancos de pleitos por negligencia. «El problema es que los grupos de radiología hacen cientos de miles de estas mamografías, dando a mujeres la ilusión de que estas cosas funcionan y bien; y si se encuentra un bulto, precozmente en la mayoría de los casos, se le dice a la paciente que su probabilidad de supervivencia es mucho más alta —dice E. Clay Parker, abogado de un demandante de Florida, que recientemente ganó un juicio de 5,1 millones de dólares contra un radiólogo de Orlando—. Ahora bien, cuando se trata de defenderse, te dicen que en realidad haber encontrado el bulto no supone ninguna diferencia, así que uno se rasca la cabeza y se dice: "Bueno, entonces ¿para qué hacen mamografías?"».

La respuesta es que no hace falta que las mamografías sean infalibles para salvar vidas. Una estimación modesta de la ventaja de la mamografía dice que reduce el riesgo de morir del cáncer de mama en un 10 por ciento aproximadamente, lo que para una mujer de cincuenta y tantos años viene a equivaler a unos pocos días más de vida o, dicho de otro modo, a llevar casco para hacer un viaje de diez horas en bicicleta. No es una ventaja baladí. Multiplicada por millones de mujeres adultas en Estados Unidos, supone que se salvan miles de vidas todos los años; y combinada con un tratamiento médico que incluya radioterapia, cirugía y fármacos tan nuevos como prometedores, ha ayudado a mejorar el pronóstico para mujeres con cáncer de mama. La mamografía no es un instrumento tan bueno como nos gustaría. Pero sigue siendo mejor que nada.

«Se va imponiendo la sensación, entre aquellos de nosotros que hacemos muchas mamografías, de que podríamos haber puesto demasiado ahínco en nuestros esfuerzos por vender las virtudes de la mamografía —dijo Dershaw—. Aunque ésa no haya sido nuestra intención, hemos podido dar a entender que la mamografía ofrece más eficacia de la que de hecho tiene». Mientras hablaba, Dershaw contemplaba una mamografía donde el tumor habría sido invisible de haber estado unos centímetros a la derecha. Le pregunté si nunca se ponía nervioso viendo una radiografía así. Dershaw negó con la cabeza. «Hay que aceptar las limitaciones de la tecnología —dijo—. Mi trabajo con la mamografía no consiste en buscar lo que no puedo encontrar en una mamografía. Debo buscar lo que sí se encuentra. Si no acepto este hecho, más vale que ni la mire».

7.

En febrero de 2002, justo antes de que estallara la guerra de Irak, el secretario de Estado, Colin Powell, intervino ante Naciones Unidas para declarar que Irak desafiaba el derecho internacional. Presentó transcripciones de conversaciones telefónicas entre altos mandos del Ejército iraquí en las que supuestamente se hablaba de intentos de ocultar armas de destrucción masiva. Powell se refirió a testimonios de primera mano que describían ingenios dotados de armamento biológico e instalados en unidades móviles. Pero cuando más persuasivo resultó fue al presentar

una serie de imágenes, fotografías de alta resolución tomadas por satélite y cuidadosamente anotadas de lo que, según Powell, eran la instalaciones iraquíes de munición química situadas en Taji. «Permítanme unas palabras sobre las
imágenes vía satélite antes de que pase a mostrárselas —comenzó Powell—. Las fotos que estoy a punto de enseñarles
son a veces difíciles de interpretar para una persona corriente, como pueda ser yo mismo. Las minuciosas tareas
de análisis fotográfico ocupan a expertos con muchos años
de experiencia, que pasan largas horas estudiando las imágenes sobre mesas luminosas. Al mostrarles estas imágenes,
intentaré captar y explicar lo que significan, lo que indican
a nuestros especialistas». La primera fotografía estaba fe-
chada el 10 de noviembre de 2002, hacía sólo tres meses,
y años después de que los iraquíes, supuestamente, se hubieran desecho de todas sus armas de destrucción masiva.
«Permítanme ampliar esta imagen —prosiguió Powell
mientras hacía un *zoom* de la primera fotografía. En ella
aparecía un edificio rectangular, con un vehículo aparcado
al lado—. Observen la parte izquierda de la imagen. A la
izquierda pueden ver un primer plano de uno de los cuatro
barracones químicos. Las dos flechas indican la presencia
de indicios fehacientes de que estos barracones almacenan
municiones químicas. La flecha superior que reza "Seguridad" indica una instalación que, para esta clase de barracón, equivale a una firma química. Dentro de dicha instalación hay guardias especiales con equipos especiales para
supervisar cualquier escape que pudiera tener el barracón
—entonces Powell pasó al vehículo que había al lado del
edificio. Era, según dijo, otra marca de fábrica—. Esto es
un vehículo de descontaminación en caso de que algo salga mal. Se desplaza entre los cuatro barracones en función
de las necesidades de los operarios que los manipulan».

El análisis de Powell presumía, desde luego, que la imagen permitía identificar el camión. Pero las imágenes ceni-
tales de camiones no siempre son tan claras como nos gus-

taría: a veces los camiones que transportan cisternas de petróleo se parecen demasiado a los que llevan lanzaderas de cohetes Scud. Aunque una imagen sea un buen comienzo, si uno de verdad quiere saber lo que está mirando, probablemente necesite más de una imagen. Yo miré las fotografías con Patrick Eddington, que durante muchos años trabajó como analista de imágenes para la CIA. Eddington examinó detenidamente las fotos. «Nos cuentan que esto es un vehículo de descontaminación —me dijo. Tenía una foto en la pantalla de su ordenador portátil y se acercó más a él para verla mejor—. Pero la resolución es suficiente para decidir que a mí no me lo parece. Tampoco veo ningún otro vehículo de descontaminación reconocible como tal. Estos vehículos suelen ser furgonetas de fabricación soviética relativamente fáciles de identificar. Este camión se me hace demasiado largo». Para recabar una segunda opinión, Eddington me recomendó que consultara a Ray McGovern, otro analista de la CIA que había servido a la agencia durante veintisiete años, siendo uno de los asesores personales de George H. W. Bush para cuestiones de inteligencia militar cuando Bush padre era vicepresidente. «Si eres un experto, puedes decir un montón de cosas mientras miras una foto como ésta —dijo McGovern, que había oído otra interpretación—. Yo creo —dictaminó— que es un coche de bomberos».

13 de diciembre de 2004

ALGO PRESTADO. ¿DEBERÍA ARRUINARTE LA VIDA UNA ACUSACIÓN DE PLAGIO?

1.

Un día de la primavera de 2004, una psiquiatra llamada Dorothy Lewis recibió una llamada de su amiga Betty, que trabajaba en Nueva York. Betty acababa de ver en Broadway una pieza teatral con el título de *Congelados*, de la dramaturga británica Bryony Lavery. «Me dijo: "Por alguna razón me ha recordado a ti. Deberías ir a verla"», recuerda Lewis. Lewis preguntó a Betty que de qué trataba la obra; y Betty le dijo que uno de los personajes era una psiquiatra que estudiaba a asesinos en serie. «Le dije: "Mi necesidad de ir a ver eso es parecida a la de ir a la Luna"».

Lewis ha estudiado a asesinos en serie durante los últimos veinticinco años. Con su colaborador, el neurólogo Jonathan Pincus, ha publicado muchos trabajos de investigación, demostrando que los asesinos en serie tienden a sufrir patrones predecibles de disfunción psicológica, física y neurológica: que casi todos fueron víctimas de espeluznantes abusos físicos y sexuales siendo niños; y que casi todos ellos han sufrido alguna lesión cerebral o enfermedad mental. En 1998 Lewis publicó unas memorias tituladas *Guilty by Reason of Insanity* [Culpable a causa de la locura]. Fue la última persona en visitar a Ted Bundy antes de que lo mandaran a la silla eléctrica. Pocas personas en el mundo han pasado tanto tiempo pensando en los asesinos en serie como Dorothy Lewis, así que cuando su amiga Betty le dijo que tenía que ir a ver *Congelados*, le sonó como si a un jardinero le propusiesen que pasara el fin de semana trabajando en el jardín.

Pero las llamadas seguían llegando. *Congelados* reinaba en Broadway, y ya la habían nominado a un Tony. Encima, siempre que cualquier conocido de Dorothy Lewis la veía, le decía que de verdad debía ir a verla. En junio recibió la llamada de una mujer desde el teatro donde representaban *Congelados.* «Me dijo que había oído que yo trabajaba en este campo, que trataba a asesinos, y me propuso participar en una charla después de la función —recuerda Lewis—. Yo había hecho esto antes y había sido un placer, así que acepté. Le pedí que me enviara el texto».

El texto llegó y Lewis se sentó para leerlo. Al principio de la obra, una frase llamó su atención: «Era uno de aquellos días». Uno de los asesinos sobre los que Lewis había escrito en su libro había usado aquella misma expresión. Pero supuso que era una coincidencia. «Luego venía una escena de una mujer en un avión, escribiendo a un amigo. Se llama Agnetha Gottmundsdottir. Le está escribiendo a su colega, a un neurólogo llamado David Nabkus. Entonces comprendí que había más, y también por qué todo el mundo me decía que fuera a ver la obra».

Lewis se puso a subrayar línea tras línea. Ella había trabajado en la Facultad de Medicina de la Universidad de Nueva York. El psiquiatra de *Congelados* trabajaba en la Facultad de Medicina de Nueva York. Lewis y Pincus hicieron un estudio sobre lesiones cerebrales entre quince condenados a muerte. Gottmundsdottir y Nabkus hacían un estudio de lesiones cerebrales en quince presos en el corredor de la muerte. Una vez, mientras Lewis examinaba al asesino en serie Joseph Franklin, éste la olfateó, de forma grotescamente sexual. Lo mismo le pasa a Gottmundsdottir con el asesino en serie de la obra, Ralph. Una vez, mientras examinaba a Ted Bundy, Lewis le besó en la mejilla. Gottmundsdottir, en algunas producciones de *Congelados,* besa a Ralph. «No faltaba nada —continúa Lewis—. Leyendo aquello en mi casa comprendí que aquello era yo. Me sentí robada y violada de algún modo peculiar. Era como si alguien me hubiera robado... No creo en el alma, pero, si hubiera tal cosa, era como si alguien hubiera robado mi esencia».

Lewis nunca participó en la charla. Contrató a un abogado. Y bajó a la ciudad de Nueva York desde New Haven para ver *Congelados*. «En mi libro cuento cómo siempre salgo corriendo de casa mientras arrastro mi maleta negra con ruedas y asa extensible, y que tengo dos carteras grandes también de color negro. Pues así empieza la obra: Agnetha, "con un bolsón negro y una maleta con ruedas y asa extensible", se apresura para no llegar tarde al aeropuerto». Lewis había escrito cómo, de niña, le había mordido a su hermana en la tripa. En el escenario, Agnetha fantaseaba en voz alta con atacar a una azafata en un avión y morderle la garganta. Después de que terminara la obra, los actores volvieron al escenario para responder a preguntas del público. «Alguien preguntó: "¿De dónde sacó Bryony Lavery la idea de la psiquiatra?" —contaba Lewis—. Y uno de los actores, el protagonista masculino, dijo: "Ah, ella comentó que lo había leído en una revista médica inglesa"». Lewis es una mujer menuda, con ojos grandes como los de una niña, y los tenía abiertos como platos ahora que hacía memoria. «No me habría importado si hubiera escrito una obra sobre una psiquiatra interesada en el lóbulo frontal y el sistema límbico —continuó—. Eso es una divulgación lícita. Lo veo todas las semanas en televisión, en *Ley y orden* o en *CSI*, veo cómo usan el material que Jonathan y yo sacamos a la luz. Y eso es maravilloso. Por esa vía habría sido aceptable. Pero ella se pasó. Tomó cosas de mi propia vida, y ésa es la parte que me hizo sentir violada».

A petición de su abogado, Lewis elaboró dos cuadros detallados en los que exponía las que consideraba partes cuestionables de la obra de Lavery. Entre los dos ocupaban quince páginas. El primero exponía las semejanzas temáticas entre *Congelados* y el libro de Lewis *Guilty by Reason of*

Insanity. El otro, la sección más indiscutible, copiaba doce casos de coincidencias casi textuales —un total de 675 palabras— entre unos pasajes de *Congelados* y los mismos pasajes de un perfil de Lewis publicado en 1997. El perfil se titulaba «Dañado». Salió el 24 de febrero de 1997 en *The New Yorker*. Lo escribí yo.

2.

Las palabras pertenecen a quien las escribió. Pocos conceptos éticos más simples, particularmente ahora que la sociedad invierte cada vez más energías y recursos en la creación de propiedad intelectual. En los últimos treinta años, las leyes de propiedad intelectual se han visto reforzadas. Los tribunales se han vuelto más dispuestos a conceder protecciones a la propiedad intelectual. La lucha contra la piratería se ha convertido en una obsesión de Hollywood y la industria discográfica; y en mundos como el académico o el editorial, el plagio ha pasado de ser una demostración de malos modales literarios a algo mucho más cercano a un delito.

Cuando hace dos años se descubrió que Doris Kearns Goodwin había fusilado pasajes de otros historiadores, le pidieron que dimitiera del comité del Premio Pulitzer. ¿Y por qué no? Si hubiera robado un banco, la habrían despedido al día siguiente.

Yo había trabajado en «Dañado» en el otoño de 1996. Solía visitar a Dorothy Lewis en su oficina del hospital Bellevue y veía los vídeos de sus entrevistas con asesinos en serie. Una vez me encontré con ella en Missouri. Lewis declaraba en el juicio contra Joseph Franklin que reivindicaba atentados contra, entre otros, el líder de los derechos civiles Vernon Jordan y el pornógrafo Larry Flynt. En el juicio se exhibió el vídeo de una entrevista que Franklin había concedido a una televisión. Le preguntaron si sentía remordimiento. Yo escribí:

—No puedo decir que lo sienta —contestó. Hizo otra pausa antes de añadir—: Lo único que siento es que no sea legal.

—¿El qué?

Franklin contestó como si le hubieran preguntado la hora.

—Matar judíos.

Este diálogo, casi literal, se reproducía en *Congelados*.

A Lewis, seguía el artículo, no le parecía que Franklin fuera totalmente responsable de sus acciones. Ella lo veía como una víctima de disfunción neurológica y abuso físico en la niñez. «La diferencia entre un crimen por maldad y un crimen por enfermedad —escribí— es la que hay entre un pecado y un síntoma». Aquello también aparecía en *Congelados,* no una vez, sino dos. Le mandé un fax a Bryony Lavery:

Me satisface ser fuente de inspiración para otros escritores y, si me hubiera pedido permiso para citarme, incluso libremente, se lo habría concedido con sumo gusto. Pero fusilar lo que escribo, sin mi aprobación, es un robo.

Pero, casi nada más enviar el fax, empecé a tener dudas. Lo cierto era que, aunque asegurase que me habían robado, no me sentía así. Tampoco me sentía particularmente enfadado. Una de las primeras cosas que le había dicho a un amigo después de oír los ecos de mi artículo en *Congelados* fue que aquél era el único modo de que algo escrito por mí se oyera en los escenarios de Broadway. Bromeaba, pero sólo a medias. A cierto nivel, el que Lavery me copiara no dejaba de halagarme. Un escritor más taimado habría cambiado todas las referencias a Lewis, habría vuelto a redactar mis frases a fin de enmascarar su origen. Pero eso a mí ¿en qué me habría beneficiado?

Dorothy Lewis, por su parte, estaba naturalmente alterada. Consideraba presentar una demanda. Para aumentar sus probabilidades de éxito, me pidió que le asignara los derechos de autor de mi artículo. Inicialmente me mostré de acuerdo, pero después cambié de opinión. Lewis me había dicho que quería «recuperar su vida». Sin embargo, para recuperarla, al parecer primero tenía que adquirirla de mí. Resultaba un poco extraño.

Yo también leí *Congelados*. Lo encontré impresionante. Comprendo que no parece una consideración relevante. Sin embargo lo era: en vez de sentir que mis palabras me habían sido arrebatadas, sentí que habían pasado a formar parte de alguna causa más magnífica. A finales de septiembre, la historia saltó a los medios. En Inglaterra, el *Times*, el *Observer* y la Associated Press, todos contaban el presunto plagio de Lavery, y sus artículos fueron recogidas por periódicos del mundo entero. Bryony Lavery había leído uno de los míos y reaccionó usándolo para construir una obra de arte. Y ahora su reputación estaba hecha añicos. Ahí había algo que no estaba tan bien.

3.

En 1992 los Beastie Boys sacaron una canción titulada «Pass the Mic», que empieza con un *sample* de seis segundos tomado de la composición de 1976 «Choir», del flautista de jazz James Newton. El *sample* era un ejercicio de lo que llaman multifonética elemental, donde el flautista «sobresopla» el instrumento a la vez que canta en *falsetto*. En el caso de «Choir», Newton tocaba un do con la flauta y luego aullaba un do, un re bemol y otro do; y la distorsión del do sobresoplado combinada con su vocalización creaba un sonido sorprendentemente complejo y tormentoso. En «Pass the Mic», los Beastie Boys repitieron el *sample* de Newton más de cuarenta veces. El efecto era fascinante.

En el mundo de la música, la obra con derechos de autor entra en dos categorías: la ejecución de una música grabada y la composición base de dicha ejecución. Si usted escribe un *rap* y quiere *samplear* los coros de Billy Joel en «Piano Man», primero necesita el permiso de la discográfica para usar la grabación de «Piano Man» y luego el de Billy Joel (o quien posea su música) para usar la composición subyacente. En el caso de «Pass the Mic», los Beastie Boys obtuvieron el primer permiso —los derechos para usar la grabación de «Choir»— pero no el segundo. Newton presentó una demanda y perdió; y la razón por la cual perdió sirve como introducción útil a la hora de reflexionar sobre la propiedad intelectual.

El objeto de litigio no era el uso de la ejecución de la música por Newton. Los Beastie Boys, en eso todo el mundo estaba de acuerdo, habían obtenido correctamente la ejecución de la música por Newton cuando pagaron los derechos de autor correspondientes a la grabación. Y no había ninguna duda de que habían copiado la música subyacente al *sample*. El objeto de litigio era simplemente que los Beastie Boys estaban obligados también a solicitar el permiso secundario: ¿era la composición incluida en aquellos seis segundos tan distintiva y original que Newton pudiera reclamar su posesión? Según sentencia firme del tribunal, no.

El mejor experto que prestó testimonio por la parte de los Beastie Boys en el caso de «Choir» fue Lawrence Ferrara, catedrático de Música en la Universidad de Nueva York. Cuando le pedí que me explicara los motivos de la sentencia, se precipitó al piano que tenía en una esquina de despacho y tocó aquellas tres notas. «¡Do, re bemol, do! —gritó—. ¡Punto, no hay más! Ésa es la propiedad que se robó. ¿Sabe usted lo que es eso? Eso no es más que un mordente, un giro. Esto se ha hecho miles y miles de veces. Nadie puede decir que es suyo». Entonces Ferrara tocó la sucesión de cuatro notas más famosa de la música clásica, las primeras de la Quinta de Beethoven: sol, sol, sol, mi bemol. Aquello era sin duda de Beethoven. Pero ¿era original? «Esto ya no está tan claro —dijo Ferrara—. Desde luego otros compositores han usado esa misma sucesión de notas. El mismo Beethoven las usa también en una sonata para piano, incluso se encuentran en composiciones que preceden a Beethoven. Una cosa es la ejecución de un *pum pum pum puum,* con ese tempo y esas duraciones. Pero ¿la mera sucesión de esas notas, sol, sol, sol, mi bemol? Eso no es de nadie».

Ferrara una vez prestó testimonio en calidad de experto por la parte de Andrew Lloyd Webber, a quien había demandado Ray Repp, un compositor de música folclórica católica. Repp alegaba que los primeros compases de «La canción del fantasma» (1984) de Lloyd Webber, que forma parte de *El fantasma de la ópera,* tenían una semejanza aplastante con su composición «Till You», escrita seis años antes, en 1978. Mientras Ferrara contaba la historia, volvió a sentarse al piano y tocó los principios de ambas canciones, uno tras otro. Sin duda, sonaban sorprendentemente similares. «Éste es Lloyd Webber —dijo, cantando el nombre de cada nota mientras las tocaba—. Y éste es Repp. La misma sucesión. La única diferencia es que Andrew escribe una cuarta perfecta y Repp escribe una sexta».

Pero Ferrara no había terminado. «Me dije: "Veamos todo lo que Andrew Lloyd Webber escribió antes de 1978: *Jesucristo Superstar, Joseph, Evita"* —Ferrara repasó las partituras y en *Joseph and the Amazing Technicolor Dreamcoat* encontró lo que buscaba—. Ésta es la canción: "Benjamin Calypso" —Ferrara se puso a tocarla. La sensación de familiaridad era inmediata—. Es la primera frase de "La canción del fantasma". Incluso usa las mismas notas. Pero espere, falta lo mejor. Esto es "Close Every Door", de una función de *Joseph* en 1969». Ferrara es un hombre pulcro, animado, con un fino bigote impecablemente recortado. Recordarle el caso de Lloyd Webber casi había bastado para que se pusiera a dar brincos. Se puso a tocar otra vez. Era la segunda frase de «La canción del fantasma». «La primera mitad de "La canción del fantasma" está en "Benjamin Calypso". La segunda mitad está en "Close Every Door".

Son idénticas. Sobre el papel. En el caso del primer tema, de hecho "Benjamin Calypso" está más cerca de la primera mitad del tema objeto de litigio que la canción del demandante. Lloyd Webber escribe algo en 1984 y se copia a sí mismo».

En el caso de «Choir», la copia perpetrada por los Beastie Boys no ascendió a la categoría de robo porque era demasiado trivial. En el caso de «La canción del fantasma», lo que se decía que Lloyd Webber había copiado no se consideraba robo porque el material en cuestión no pertenecía a su acusador. De conformidad con la ley de propiedad intelectual, la cuestión no es si uno copió el trabajo de otro. La cuestión es *qué* se copió y *cuánto*. La doctrina de la propiedad intelectual no es una aplicación directa del principio ético «No robarás». En su meollo está la noción de que hay ciertas situaciones en las que *puedes* robar. La protección de los derechos de autor, por ejemplo, está limitada en el tiempo; una vez que algo pasa al dominio público, cualquiera puede copiarlo sin restricción. Suponga que ha inventado usted una cura para el cáncer de mama en el laboratorio de su sótano. Una patente protegería su propiedad intelectual durante veinte años, transcurridos los cuales cualquiera podría beneficiarse libremente de su invención. Usted posee un monopolio inicial sobre su creación, porque nos interesa proporcionar incentivos económicos para la gente que inventa cosas como un buen fármaco contra el cáncer. Pero después de un intervalo decente, todo el mundo puede robar su cura del cáncer de mama, porque también va en interés de la sociedad el permitir que el mayor número de personas posible copie su invención; sólo entonces otros podrán aprender de ella, edificar sobre ella, ofrecer alternativas mejores y más baratas. Este equilibrio entre la protección y la limitación de propiedad intelectual está consagrado en la Constitución estadounidense: «El Congreso tendrá la potestad de fomentar el progreso de las ciencias y las artes útiles, asegurando, *por tiempo limitado,* a autores e inventores el derecho exclusivo de sus respectivos escritos y descubrimientos».

4.

Entonces ¿es verdad que las palabras pertenecen a la persona que las escribió, tal como otras clases de propiedades pertenecen a sus dueños? En realidad, no. Como argumenta el profesor de Derecho de Stanford Lawrence Lessig en su libro *Por una cultura libre:*

En lenguaje ordinario, el clasificar los derechos de autor entre los que atañen a la propiedad resulta un poco engañoso, toda vez que la propiedad de derechos de autor es de una índole extraña [...]. Entiendo lo que estoy robando si le quito la mesa de camping que tiene en el patio trasero. Tomo una cosa, la mesa de camping; y una vez que se la he quitado, usted deja de tenerla. ¿Pero qué deja usted de tener cuando yo tomo prestada la buena idea de poner una mesa de camping en el patio trasero y decido imitarle haciendo lo propio en el mío? ¿Qué es lo que le he arrebatado entonces?

La cuestión no atañe sólo al hecho de que una mesa de camping es un objeto tangible, no una idea, aunque ésta sea una diferencia importante. La cuestión es que en casos ordinarios —de hecho, en la práctica totalidad de los casos, salvo una estrecha gama de excepciones— las ideas divulgadas al mundo son gratuitas. No le quito nada a usted cuando copio el modo el que viste... aunque pudiera parecer extraño que lo hiciese a diario [...]. A la inversa, como dijo Thomas Jefferson (y esto es especialmente verdadero cuando copio el modo en que alguien viste), «quien recibe una idea mía, recibe instrucción él mismo sin disminuir la mía, así como quien enciende su vela con la mía, recibe luz sin oscurecerme».

Lessig arguye que, a la hora de trazar una línea entre intereses privados e intereses públicos en materia de propiedad intelectual, últimamente los tribunales y el Congreso se han inclinado demasiado hacia el lado de los intereses privados. Escribe, por ejemplo, sobre la lucha de algunos países en vías de desarrollo por acceder a las versiones baratas de fármacos occidentales a través de la llamada *importación paralela:* comprar fármacos de otro país en vías de desarrollo que sí cuenta con licencia para producir medicinas patentadas. La medida salvaría incontables vidas. Pero Estados Unidos se ha opuesto alegando, no que mermaría las ganancias de empresas farmacéuticas de Occidente (que de todos modos no venden muchas medicinas patentadas en países en vías de desarrollo), sino que viola la sacrosanta propiedad intelectual. «Como cultura hemos perdido este sentido del equilibrio —escribe Lessig—. Un cierto fundamentalismo de la propiedad, sin conexión alguna con nuestra tradición, reina ahora en esta cultura».

Incluso lo que Lessig censura como extremismo de la propiedad intelectual, sin embargo, reconoce que esta propiedad tiene sus límites. Estados Unidos no dijo que los países en vías de desarrollo nunca podrían acceder a las versiones baratas de fármacos estadounidenses. Dijo sólo que tendrían que esperar hasta que expiraran las patentes. Los argumentos que Lessig aduce contra los defensores incondicionales de la propiedad intelectual atañen casi todos a *dónde* y *cuándo* debería trazarse una línea entre el derecho de copiar y el derecho a la protección del copiado, no a *si* debería haber dicha línea.

Pero el plagio es diferente, y eso es lo que lo hace tan extraño. Las reglas éticas que gobiernan cuándo es aceptable que un escritor copie a otro son aún más estrictas que la posición más extrema de los defensores de la propiedad intelectual: cuando se trata de literatura, por alguna razón hemos decidido que copiar nunca es aceptable. Hace poco, el profesor de Derecho de Harvard Laurence Tribe fue acusado de fusilar material del historiador Henry Abraham para su libro de 1985 *God Save This Honorable Court* [Dios salve a este respetable tribunal]. ¿Cuál era la acusación? En una revelación aparecida en la publicación conservadora *The Weekly Standard,* Joseph Bottum esgrimió un buen número de ejemplos de paráfrasis cercana, pero la humeante arma del crimen fue esta oración copiada: «Taft declaró públicamente que Pitney era "un miembro débil" del Tribunal, por lo que no podía asignarle casos». Eso es todo. Dieciocho palabras.

Poco después de oír hablar de *Congelados,* fui a ver a un amigo mío que trabaja en la industria de la música. Nos sentamos en su salón del Upper East Side, en butacas enfrentadas, mientras él se abría paso a través de una montaña de CD. Puso «Angel», del cantante de *reggae* Shaggy, y luego «The Joker», de la Steve Miller Band, pidiéndome que escuchara muy atentamente la semejanza entre las líneas del bajo. Puso el «Whole Lotta Love», de Led Zeppelin; y luego el «You Need Love», de Muddy Waters, para mostrarme hasta qué punto los Led habían bebido en las fuentes del *blues* en busca de inspiración. Puso «Twice My Age», de Shabba Ranks and Krystal, y luego el almibarado *hit* de los años setenta «Seasons in the Sun», hasta que yo pudiera oír los ecos de la segunda canción en la primera. Puso «Last Christmas», de Wham!, seguida del tema de Barry Manilow «Can't Smile Without You», para explicar por qué podría ser que Manilow se hubiera sobresaltado la primera vez que oyó aquella canción; y luego «Joanna», de Kool and the Gang, porque, de un modo diferente, «Last Christmas» también era un homenaje a Kool and the Gang. «Ese sonido tan característico de Nirvana —dijo mi amigo—, que arranca suave y sube bruscamente a la estridencia, como una explosión, mucho de eso estaba inspirado en los Pixies. Pero Kurt Cobain —cantante de Nirvana y compositor de las canciones— era tan genial que logró apropiárselo. ¿Y "Smells Like Teen Spirit"? —quizás la can-

ción más conocida de Nirvana—. Esto es "More Than a
Feeling" de Boston —se puso a tararear el *riff* del éxito de
Boston y dijo—: la primera vez que oí "Smells Like Teen
Spirit", me dije: "Ese lametón de guitarra viene de 'More
Than a Feeling'". Pero esto era otra cosa. Era inmediato y
brillante y nuevo».

Puso otro CD: «Do Ya Think I'm Sexy», de Rod Stewart,
un éxito enorme de los años setenta. El coro tiene un gan-
cho distintivo, pegadizo; la clase de melodía que millones
de estadounidenses probablemente tararearon en la ducha
el año que salió. Entonces puso «Taj Mahal», del artista brasileño Jorge Ben Jor, un tema grabado varios años antes de
la canción de Rod Stewart. De joven mi amigo pinchaba
discos en varios clubes del centro. Desarrolló interés por
otras músicas del mundo. «Lo pillé entonces», dijo con una
pequeña sonrisa de astucia en el rostro. Los primeros compases de «Taj Mahal» eran muy suramericanos, a un mundo de distancia de lo que acabábamos de escuchar. Y luego
lo oí. Era tan obvio e inequívoco que me reí a carcajadas;
prácticamente nota por nota se repetía el estribillo de «Do
Ya Think I'm Sexy». Era posible que a Rod Stewart se le hubiera ocurrido aquella misma figura rítmica, porque la semejanza no es prueba de influencia. Pero también era posible que hubiera estado en Brasil, hubiera escuchado algo
de música local y le hubiera gustado lo que oyó.

Mi amigo tenía cientos de estos ejemplos. Podíamos ha-
bernos pasado horas en su salón jugando a las genealogías
musicales. ¿Le molestaban estos ejemplos? Por supuesto
que no, porque tenía suficientes conocimientos de música
para saber que estos patrones de influencia —pellizcos de
plagio transformador— estaban en el corazón mismo del
proceso creativo. Cierto, la copia podía ir demasiado lejos.
Había veces en que un artista simplemente reproducía el
trabajo de otro y aquello no tenía un pase, pues inhibía la
verdadera creatividad. Pero era igualmente peligroso el exceso de celo en la vigilancia de la expresión creativa, porque

si Led Zeppelin no hubieran gozado de libertad para excavar en la mina del *blues* en busca de inspiración, no tendríamos el «Whole Lotta Love»; y si Kurt Cobain no hubiera escuchado «More Than a Feeling» y elegido y transformado la parte que de verdad le gustaba, no tendríamos «Smells Like Teen Spirit», que en la evolución del rock suponía un verdadero paso adelante respecto de «More Than a Feeling». Un ejecutivo de discográfica tiene que entender la distinción entre el préstamo transformador y el que es simplemente derivativo; y esa distinción, según comprendí, era la pieza que faltaba en el debate sobre los préstamos tomados por Bryony Lavery. Sí, ella había copiado mi trabajo. Pero nadie preguntaba por qué lo había copiado, ni qué había copiado, ni si su copia servía a algún objetivo más magnífico.

5.

Bryony Lavery vino a verme a principios de octubre de aquel año. Era un hermoso sábado por la tarde, y nos encontramos en mi apartamento. Tiene cincuenta y tantos años y el pelo rubio, corto y alborotado sobre unos ojos azul claro. Llevaba vaqueros, una camisa holgada de color verde y unos zuecos. Había algo duro y áspero en ella. En el *Times* del día anterior, el crítico teatral Ben Brantley no había sido amable con su última obra, *Last Easter*. Se suponía que estaba en la cresta de la ola. *Congelados* había sido nominada para un Tony. «Off Broadway» había abierto con *Last Easter*. ¿Y ahora? Ella se sentó pesadamente a la mesa de mi cocina. «He pasado por toda la gama de las emociones —dijo, jugando nerviosamente con las manos mientras hablaba, como si necesitara un cigarrillo—. Pienso que cuando se crea, se oscila entre la confianza absoluta y la duda absoluta; y a mí me ha tocado pasar intensamente por ambas. Después de *Congelados,* tenía mucha confianza en que sabía escribir bien; pero luego se abrió ante mí un abismo de duda —alzó la vista hacia mí—. Lo siento terriblemente —dijo—. Lo que pasa cuando escribo es que encuentro que, de algún modo, divido varias cosas en zonas; y me encuentro con que he recortado cosas de los periódicos porque su historia u otra cosa en ellos me resultaron interesantes en su momento, me pareció que desempeñarían un papel en el escenario. Luego comienzan a cuajar. Es como cuando la sopa comienza a espesarse. Y luego una historia, que también es una estructura, comienza a surgir. Yo había leído textos de suspense, como *El silencio de los corderos*, sobre asesinos en serie diabólicamente inteligentes. También había visto un documental sobre las víctimas de los asesinos de Yorkshire, Myra Hindley y Ian Brady, los llamados "asesinos de los páramos". Hicieron desaparecer a varios niños. De algún modo me pareció que matar no era diabólicamente inteligente. Era todo lo contrario. Era banal, estúpido y destructivo a más no poder. Hay entrevistas con supervivientes; y lo que me sorprendió era que parecían congelados en el tiempo. Uno de ellos dijo: "Si ese hombre anduviera suelto... Soy un hombre dado a perdonar, pero a él no podría perdonarlo. Lo mataría". Eso está en *Congelados*. Estaba pensando en eso. Entonces ingresaron a mi madre en el hospital para una intervención muy simple, pero el cirujano pinchó su matriz, y por lo tanto su intestino; y ella contrajo peritonitis y murió».

Cuando Lavery se puso a hablar de su madre, tuvo que interrumpir su relato para sobreponerse a la emoción. «Ella tenía setenta y cuatro años; y lo que me ocurrió es que perdoné completamente. Pensé que simplemente fue un error. Siento mucho que le pasara a mi madre, pero sinceramente fue un error». Los sentimientos de Lavery la confundían, porque le venían a la mente personas de su propia vida a quienes había guardado rencor, durante años, por el más trivial de los motivos. «En muchos sentidos, *Congelados* era una tentativa de entender la naturaleza del perdón», dijo.

Al final Lavery se conformó con escribir una obra de tres personajes. El primero es un asesino en serie llamado Ralph, que secuestra y asesina a una joven. El segundo es la madre de la muchacha asesinada, Nancy. El tercero es una psiquiatra de Nueva York, Agnetha, que va a Inglaterra a examinar a Ralph. A lo largo de la obra, las tres vidas van entrecruzándose lentamente; los personajes van cambiando y «descongelándose» a medida que van aceptando la idea de perdonar. Para el personaje de Ralph, Lavery dice que utilizó un libro sobre un asesino en serie titulado *The Murder of Childhood* [El asesinato de la infancia], de Ray Wyre y Tim Tate. Para el de Nancy, un artículo escrito en *The Guardian* por una mujer llamada Marian Partington, cuya hermana había sido asesinada por los asesinos en serie Frederick y Rosemary West. Y para el personaje de Agnetha, Lavery utilizó una reimpresión de mi artículo que había leído en una publicación británica. «Quería a un científico que comprendiera —dijo Lavery—, un científico que pudiera explicar cómo era posible perdonar a un hombre que había matado a su hija, que pudiera explicar que una matanza en serie no era un crimen de maldad, sino el síntoma de un enfermedad. Quería algo *veraz*», resumió.

Entonces ¿por qué no nos citó a Lewis y a mí? ¿Cómo podía haber sido tan meticulosa en cuanto a la veracidad, pero no sobre la atribución? Lavery no tenía respuesta. «Pensé que estaba bien usarlo —dijo con un encogimiento avergonzado—. Ni se me ocurrió preguntar. Lo veía como una noticia del periódico».

Era consciente de cuánto dejaba que desear su explicación; y cuando siguió diciendo que mi artículo había estado en una carpeta grande que contenía las fuentes que había usado para escribir la obra, y que había extraviado esta carpeta en Birmingham durante las primeras representaciones de la obra, fue consciente de cuánto dejaba que desear también aquello.

Pero entonces Lavery se puso a hablar de Marian Partington, su otra inspiración importante, y su historia se hizo más compleja. Mientras escribía *Congelados,* dijo Lavery, escribió a Partington para informarle de que se estaba basando en sus experiencias para escribir una ficción. Y cuando *Congelados* se estrenó en Londres, ella y Partington se conocieron y charlaron. Hojeando artículos sobre Lavery en la prensa británica, encontré esto, publicado hace dos años en *The Guardian,* mucho antes de formularse las acusaciones de plagio:

> Lavery es consciente de su deuda con la escritura de Partington y está impaciente por reconocerla. «Siempre lo menciono, porque soy consciente de lo muchísimo que debo a la generosidad de Marian Partington [...]. Hay que tener muchísimo cuidado escribiendo de algo así, porque se menciona a mucha gente cuyas vidas se han visto trastornadas; y una no querría que después se encontraran con la historia por casualidad».

Así pues, Lavery no era indiferente a la propiedad intelectual ajena. Sólo a la mía. Eso era porque, a sus ojos, lo que tomaba de mí era diferente. Eran, como decía ella, noticias. Copió mi descripción del colaborador de Dorothy Lewis, Jonathan Pincus, realizando un examen neurológico. Copió la descripción de los terribles efectos neurológicos de pasar periodos prolongados bajo un alto estrés. Copió mi transcripción de la entrevista televisiva con Franklin. Reprodujo una cita que yo había hecho de un estudio de niños sometidos a abusos. Copió una cita de Lewis sobre la naturaleza del mal. No copió mis reflexiones o conclusiones ni la estructura. Fusiló oraciones como: «Son funciones de la corteza cerebral, en particular de aquellas partes de ésta que están debajo de la frente, conocidas como lóbulos frontales: modificar los impulsos que surgen del interior del cerebro; proporcionar juicio; organizar el comportamiento y la adopción de decisiones; aprender y adoptar las reglas que rigen la vida diaria». Cuesta sentir el menor orgullo de paternidad literaria por una oración así. Supongo que es una versión adaptada de algo que leí en un manual. Lavery sabía que dejar de citar a Partington habría estado mal. Tomar prestada la historia personal de una mujer cuya hermana fue víctima de un asesino en serie importa porque esa historia tiene verdadero valor emocional para su dueño. Como explicó Lavery, entra en la vida trastornada de otra persona. El refrito de descripciones enunciativas de funciones fisiológicas, ¿entra en la misma liga?

También importa el *uso* que Lavery decidió dar a mis palabras. El préstamo cruza la línea cuando se usa para un trabajo derivativo. Una cosa es escribir una historia de los Kennedy, como Doris Kearns Goodwin, tomando prestado, sin atribución, de otra historia de los Kennedy. Pero Lavery no escribía otro perfil de Dorothy Lewis. Escribía una obra sobre algo completamente nuevo: qué pasaría si una madre conociera al hombre que mató a su hija. Y usó mis descripciones del trabajo de Lewis y su perfil biográfico como componente básico en la creación de una confrontación plausible. ¿No se supone que la creatividad funciona así? El problema no son las palabras viejas al servicio de una idea nueva. Lo que inhibe la creatividad son las palabras nuevas al servicio de una idea vieja.

Y éste es el segundo problema del plagio. No es ya que su persecución se haya llevado al extremo. Es sobre todo que se ha desvinculado de la cuestión más amplia de qué inhibe la creatividad y qué no. Aceptamos el derecho de un escritor a embarcarse en una imitación a escala natural de otro; pensemos en cuántas novelas de asesinos en serie se han clonado de *El silencio de los corderos*. Sin embargo, cuando Kathy Acker incorporó a una novela satírica fragmentos textuales de una escena de sexo escrita por Harold Robbins, fue denunciada por plagio (y amenazada con un pleito). Cuando trabajé en un periódico nos enviaban rutinariamente a «refreír» un reportaje del *Times:* hacer una versión nueva de una idea ajena. Pero quien hubiera reproducido literalmente sin citarla cualquiera de las partes del reportaje del *Times* —aun la más banal de las frases— se habría puesto en situación de despido. La ética del plagio se ha convertido en un narcisismo de las pequeñas diferencias: puesto que el periodismo difícilmente puede arrogarse propiedad intelectual de la idea, dada su naturaleza eminentemente derivativa, sólo puede reclamar originalidad al nivel de la más ínfima literalidad.

Dorothy Lewis aduce que una de las cosas que más le ofenden de *Congelados* era que Agnetha tenía un amorío con su colaborador, David Nabkus. Lewis temía que la gente pensara que ella misma había tenido un amorío con su colaborador, Jonathan Pincus. «Esto es difamación —me dijo Lewis—. Soy reconocible en la obra. Bastantes personas me han llamado y han dicho: "Dorothy, ésa eres tú"; y si hasta entonces todo lo que se ha dicho es verdad, entonces ¿por qué no va a serlo el amorío? Ésa es otra razón por la que me siento violada. Si se toma la vida de alguien, haciéndola absolutamente identificable, no está bien atribuirle un amorío, y menos como punto culminante de la obra».

Es fácil entender el sobresalto para una Lewis que en el patio de butacas ve a «su personaje» admitir semejante indiscreción. Pero lo cierto es que Lavery tiene todo el derecho a atribuirle un amorío a Agnetha, porque Agnetha no es Dorothy Lewis. Es un personaje ficticio, extraído de la vida de Lewis, pero dotada de un juego completamente imaginario de circunstancias y acciones. En la vida real, Lewis besó a Ted Bundy en la mejilla; y en algunas versiones de *Congelados,* Agnetha besa a Ralph. Pero Lewis besó a Bundy sólo porque él la besó primero; y hay una diferencia grande entre responder al beso de un asesino e iniciarlo. La primera vez que vemos a Agnetha, se apresura saliendo de su casa. En el avión alberga crueles pensamientos. Dorothy Lewis también sale corriendo de su casa y alberga crueles pensamientos. Pero la función dramática de aquella escena era hacernos pensar, en aquel momento, que Agnetha está loca. Y un hecho ineludible sobre Lewis es que ella no está loca: ella ha ayudado a conseguir que la gente se replantee sus nociones de criminalidad por su firme control de sí misma y de su trabajo. En otras palabras, a Lewis ya no sólo le molesta el hecho de que Lavery haya copiado la historia de su vida, sino también cómo Lavery ha *cambiado* la historia de su vida. Ya no le perturba sólo el plagio. Le perturba el arte —el empleo de palabras viejas al servicio de una idea nueva—; y sus sentimientos son perfectamente comprensibles, porque las alteraciones de arte pueden ser exactamente igual de inquietantes e hirientes que el robo que supone un plagio. Ahora bien, el arte no es una violación ética.

Cuando leí las críticas originales de *Congelados,* noté que muchísimas veces los críticos usaban, sin atribución alguna, ligeras variaciones de la oración: «La diferencia entre un crimen por maldad y un crimen por enfermedad es la diferencia entre un pecado y un síntoma». Esta frase es mía, desde luego. La escribí yo. Lavery la tomó prestada de mí y ahora los críticos la tomaban prestada de ella. La plagiaria, plagiada. En este caso no hay ninguna defensa «del arte»: aquella frase no estaba haciendo nada nuevo. Y no eran «noticias». ¿Poseo pues o no esta frase sobre los pecados y los síntomas? Resulta que hay una cita de Gandhi que relaciona esas dos mismas palabras; y estoy seguro de que, si me pusiera a arar por el fértil campo de la literatura en lengua inglesa, por los surcos saldrían los crímenes del mal y los de la enfermedad. El hecho central del caso de «La canción del fantasma» es que, si Ray Repp estaba tomando algo prestado de Andrew Lloyd Webber, seguramente no se dio cuenta de ello; y Andrew Lloyd Webber no comprendió que se estaba copiando a sí mismo. La propiedad creativa, nos recuerda Lessig, tiene muchas vidas: el periódico llega a nuestra puerta, pasa a formar parte del archivo del conocimiento humano, se usa para envolver pescado y, cuando las ideas pasan a sus terceras y cuartas vidas, perdemos la pista que decía de dónde vinieron, y el control de adónde van. La última falta de honradez de los fundamentalistas contra el plagio es animarnos a fingir que estas cadenas de influencias evolutivas no existen, que las palabras de un escritor tienen un nacimiento virgen y una vida eterna. Supongo que podría ofenderme por lo que les pasó a mis palabras. También podría limitarme a reconocer que cabalgué aquella línea un buen rato... y luego la dejé marchar.

«Ha sido un maldito infierno, de verdad, porque atenta contra mi propia noción de mi personaje —dijo Lavery, sentándose en la mesa de mi cocina. Un ramo de flores que ella había traído estaba sobre el mostrador detrás de ella—. Me siento fatal, lo he pasado fatal por un descuido. Me gustaría reparar lo que pasó y no sé cómo. Sencillamente no creí estar haciendo nada malo. Luego un artículo sale en el *New York Times* y da la vuelta al mundo». Hubo un largo silencio. La escritora estaba afligida. Pero, más que eso, estaba confundida, ella no entendía cómo 675 palabras bastante corrientes podían hacer que se cayeran las paredes. «Ha sido horrible, espantoso —se echó a llorar—. Aún estoy asimilando lo que pasó. Espero que a alguien le sirva para algo... aunque no imagino para qué».

22 de noviembre de 2004

1.

En otoño de 1973 el Ejército sirio empezó a concentrar gran número de blindados, andanas de artillería y fuerzas de infantería a lo largo de su frontera con Israel. Simultáneamente, al sur, el Ejército egipcio canceló todos los permisos, llamó a filas a miles de reservistas y lanzó una maniobra militar masiva, construyendo carreteras y preparando posiciones de artillería antiaérea a lo largo del canal de Suez. El 4 de octubre una misión israelí de reconocimiento aéreo mostró que los egipcios habían dispuesto su artillería en posiciones ofensivas. Aquella tarde el Amán, agencia militar israelí de información, supo que escuadras soviéticas habían zarpado de Port Said y de Alejandría, y que el Gobierno soviético había comenzado a evacuar por avión a las familias de sus consejeros en El Cairo y Damasco. El 6 de octubre, a las cuatro de la madrugada, el director de la inteligencia militar de Israel recibió una llamada telefónica urgente de una de las fuentes de información más fidedignas del país. Egipto y Siria, decía la fuente, atacarían aquel mismo día. Inmediatamente el Alto Mando israelí convocó una reunión con la mayor urgencia. ¿Era inminente la guerra? El jefe del Amán, comandante general Eli Zeira, revisó las pruebas y decidió que no. Se equivocaba. Aquella tarde Siria les atacó por el este, aplastando las endebles defensas israelíes en los altos del Golán; y Egipto les atacó desde el sur, bombardeando posiciones israelíes. Ocho mil soldados de infantería cruzaron el canal de Suez. A pesar de todas las advertencias de las semanas anteriores, los mandos israelíes fueron cogidos de improviso. ¿Por qué no supieron conectar los puntos trazando la línea que los unía?

Si se empieza a dibujar esta línea la tarde del 6 de octubre y se desandan los acontecimientos, el rastro de pistas que indican un ataque parece obvio; resulta forzoso concluir que algo funcionaba mal en los servicios de información israelíes. Por otra parte, si uno empieza a dibujar la línea varios años antes de la guerra del Yom Kippur y sigue hacia adelante, recreando lo que sabían los servicios israelíes en el mismo orden en que fueron conociéndolo, surge una imagen muy diferente. En otoño de 1973, Egipto y Siria daban, sin duda, señales de estar preparándose para la guerra. Pero, en el Oriente Próximo de la época, la guerra siempre se mascaba en el ambiente. En el otoño de 1971, por ejemplo, tanto el presidente de Egipto como su ministro de la Guerra indicaban públicamente que la hora de la batalla se acercaba. El Ejército egipcio fue movilizado, con tanques y puentes portátiles en dirección al canal. Las posiciones tomadas fueron de índole ofensiva. No pasó nada. En diciembre de 1972 los egipcios se movilizaron otra vez. Su Ejército se fortificó furiosamente a lo largo del canal. Una fuente fidedigna dijo a los servicios de información israelíes que el ataque era inminente. Tampoco esta vez pasó nada. En la primavera de 1973 el presidente de Egipto declaró a *Newsweek* que su país «se estaba movilizado en toda regla para reanudar la batalla». Fuerzas egipcias fueron trasladadas al canal. Volvieron a levantarse extensas fortificaciones a lo largo del paso de Suez. Se alertó a los donantes de sangre. El personal de defensa civil también fue movilizado. Se impusieron apagones en todas partes de Egipto. Una fuente fidedigna dijo a los servicios de información israelíes que el ataque era inminente. Pero éste no llegó. Entre enero y octubre de 1973 el Ejército egipcio se movilizó *diecinueve veces* sin llegar a ir a la guerra. El Gobierno israelí no podía movilizar a su Ejército cada vez que sus vecinos lo amenazaran. Israel es un pequeño país con un Ejército ciudadano. Cada movilización resultaba sumamente sacrificada para los ciudadanos y altamente gravosa para el Estado; y el Gobierno israelí era más que consciente de un hecho: si movilizaba a su Ejército, aunque Egipto y Siria no fueran en serio respecto a hacer la guerra, la misma movilización israelí podría hacer que se pusieran serios.

Tampoco otros indicios parecían concluyentes. El hecho de que las familias soviéticas hubieran sido enviadas a casa bien podía obedecer a poco más que otra pelea entre los Estados árabes y Moscú. Sí, una fuente fidedigna llamó a las cuatro de la mañana, con los datos definitivos de un ataque a última hora de la tarde, pero sus dos últimas advertencias de ataque inminente se habían demostrado falsas. Es más, la fuente dijo que el ataque vendría a la puesta del sol, cuando un ataque a hora tan tardía no daba tiempo a abrir operaciones aéreas. En otras palabras, los servicios de información israelíes no veían ningún patrón en las intenciones de los árabes, porque, hasta que Egipto y Siria de hecho atacaron a primera hora de la tarde del 6 de octubre de 1973, sus intenciones no formaban ningún modelo reconocible. Eran más bien una mancha del test de Rorschach. Lo que está claro al volver la vista atrás rara vez resulta tan evidente antes de producirse el hecho. Esto es una obviedad que, sin embargo, merece la pena repetir, en particular a la hora de asignar culpas por los sorpresivos atentados del 11 de septiembre.

2.

De las muchas *autopsias* hechas con posterioridad al 11-S, la que ha merecido mayor atención es *La célula terrorista*, de John Miller, Michael Stone y Chris Mitchell. Los autores comienzan su relato con El Sayyid Nosair, el egipcio detenido en noviembre de 1990 por disparar contra el rabino Meir Kahane, fundador de la Liga de Defensa Judía, en el salón de baile del hotel Marriott, en pleno centro de Manhattan. El apartamento de Nosair en Nueva Jersey fue registrado y los investigadores encontraron dieciséis cajas de archivos, incluidos: manuales de entrenamiento militar; copias de los teletipos con destino a la Junta de Jefes de Estado Mayor; manuales para la fabricación de bombas, y mapas, anotados en árabe, de hitos como la Estatua de la Libertad, el Rockefeller Center y el World Trade Center.

Según *La célula terrorista,* Nosair tenía vínculos con traficantes de armas y radicales islámicos en Brooklyn, que a su vez estaban detrás del atentado contra el World Trade Center perpetrado dos años y medio más tarde y diseñado por Ramzi Yousef, cuya presencia se detecta en Manila en 1994, al parecer conspirando para matar al Papa, estrellar un avión contra el Pentágono o el edificio de la CIA y atentar con bombas contra no menos de doce aviones transcontinentales de pasajeros simultáneamente. ¿Y con quién se reunía Yousef en Filipinas? Con Mohammed Jalifa, Wali Jan Amin-Sha e Ibrahim Munir, todos los cuales habían sido compañeros de armas o prestado juramento de lealtad o trabajado para un turbio millonario saudí llamado Osama ben Laden.

Miller trabajó como corresponsal televisivo a lo largo de grandes partes de la pasada década; y los mejores pasajes de *La célula terrorista* relatan sus propias experiencias al cubrir la información sobre terrorismo. Es un reportero extraordinario. En el momento del primer atentado contra el World Trade Center, en febrero de 1993, plantó una luz intermitente sobre el tablero de mandos de su coche y siguió a la caravana de vehículos de emergencia que se encaminaban al centro. (En el lugar del atentado fue implacablemente seguido por un hatajo de reporteros —yo era uno de ellos— convencidos de que el mejor modo de enterarse de lo que pasaba era intentar oír sus conversaciones. Miller trabó amistad con los agentes del FBI que dirigían la oficina antiterrorista de Nueva York —Neil Herman y John O'Neill, en particular— y se obsesionó con Al Qaeda tanto como ellos. Estuvo en Yemen, con el FBI, después de que Al Qaeda bombardeara el buque de la Marina estadounidense *Cole.* En 1998, en el Marriott de Islamabad, él y su fotógrafo se encontraron con alguien conocido como Ajtar a secas, que los evadió del país a través de la montañosa frontera con Afganistán para que pudieran entrevistarse con Osama ben Laden. En *La célula terrorista,* el periodo entre 1990 y el 11-S se convierte en una devastadora línea de puntos: la evolución de Al Qaeda. «¿Cómo pudo ocurrirnos?», se pregunta el libro ya en sus páginas iniciales. La respuesta, arguyen los autores, puede encontrarse siguiendo el hilo conductor que conecta el asesinato de Kahane con el 11-S. En los acontecimientos de la pasada década, afirman, hay un claro «patrón repetitivo».

El mismo argumento esgrime el senador Richard Shelby, vicepresidente del Comité para Asuntos de Inteligencia del Senado, en su informe investigador del 11-S, desclasificado el pasado diciembre [de 2002]. El informe es un documento lúcido y poderoso, en el que Shelby enumera minuciosamente, una tras otra, todas las señales omitidas o malinterpretadas que apuntaban a un ataque terrorista de gran envergadura. La CIA sabía que dos presuntos activistas de Al Qaeda, Jalid Al-Mihdhar y Nawaf Al-Hazmi, habían entrado en el país, pero no se lo dijo al FBI ni al NSC. Un agente del FBI en Phoenix envió una nota a la oficina central que comenzaba con la oración: «El objetivo de esta comunicación es advertir al FBI y a Nueva York de la posibilidad de un esfuerzo coordinado por Osama ben Laden para enviar a Estados Unidos activistas que reciban cursos de pilotaje en academias de aviación civil».

Pero el FBI nunca actuó en consecuencia de esta información, ni acertó a relacionarla con informes de que los terroristas estuvieran interesados en la utilización de aviones civiles como armas. El FBI detuvo al presunto terrorista Zacarias Moussaoui, debido a su comportamiento sospechoso en la escuela de vuelo, pero era incapaz de integrar su caso en un cuadro más grande de actividad terrorista. «El problema fundamental [...] es la incapacidad de nuestros servicios de información para unir la línea de puntos que se extiende ante el 11 de septiembre de 2001, delatando el interés de los terroristas en atacar objetivos simbólicos estadounidenses», concluye el informe Shelby. La expresión «línea de puntos» aparece tan a menudo en dicho informe que se convierte en una especie de mantra. Había un patrón, a toro pasado, de lo más simple; y sin embargo los vanagloriados servicios de inteligencia estadounidenses simplemente no fueron capaces de verlo.

Ninguno de estos análisis *post mortem,* sin embargo, responde a la pregunta planteada por la guerra del Yom Kippur: dicho patrón ¿era obvio antes del ataque? Esta cuestión —si revisamos nuestro juicio de los acontecimientos después de ocurridos— es algo que ha merecido mucha atención por parte de los psicólogos. Por ejemplo, en vísperas de la histórica visita de Richard Nixon a China, el psicólogo Baruch Fischhoff pidió a un grupo de personas que calculasen la probabilidad de que se produjeran una serie de posibles resultados del viaje. Así, ¿cuáles eran las posibilidades de que el viaje condujera al establecimiento de relaciones diplomáticas permanentes entre China y Estados Unidos? ¿Y de que Nixon se reuniera con el líder chino, Mao Tse-tung, al menos una vez? ¿Y de que Nixon calificara el viaje como un éxito? El viaje resultó ser un triunfo diplomático. Entonces Fischhoff volvió a las mismas personas y les pidió que recordaran sus predicciones sobre los resultados de la visita. Encontró que ahora los sujetos, de manera abrumadora, «recordaban» haber sido más optimistas de lo que de hecho habían sido en su momento. Quien al principio había juzgado improbable que Nixon se reuniera con Mao, después, cuando la prensa estaba llena de datos de la reunión de Nixon con Mao, «recordaría» haber pensado que las posibilidades de una reunión eran bastante altas. Fischhoff llama a este fenómeno «determinismo gradual» —la sensación retrospectiva que va invadiéndonos a posteriori de que lo ocurrido era en realidad inevitable—, cuyo principal efecto, advierte, es el de convertir en esperados acontecimientos inesperados. En sus propias palabras, «la presencia de un acontecimiento aumenta su probabilidad reconstruida, haciéndolo menos sorprendente de lo que seguiría siendo si se recordara la predicción inicial».

Leer el informe de Shelby, o la narrativa sin costuras de Nosair al Ben Laden en *La célula terrorista,* equivale a convencerse de que, si la CIA y el FBI simplemente hubieran sido capaces de conectar la línea de puntos, lo que ocurrió el 11-S no debería haber sido una sorpresa en absoluto. ¿Es ésta una crítica justa o solamente otro caso de determinismo gradual?

3.

El 7 de agosto de 1998 dos terroristas de Al Qaeda detonaron un camión repleto de explosivos en el exterior de la embajada estadounidense en Nairobi, matando a 213 personas e hiriendo a más de cuatro mil. Miller, Stone y Mitchell ven este atentado contra la embajada en Kenia como un ejemplo de manual del fracaso de los servicios secretos. La CIA, nos dicen, había identificado una célula de Al Qaeda en Kenia mucho antes del atentado, y sus miembros estaban bajo vigilancia. Tenían una carta de ocho páginas, escrita por un activista de Al Qaeda, que anunciaba la llegada inminente de «ingenieros» —palabra en clave para significar «fabricantes de bombas»— a Nairobi. La embajadora estadounidense en Kenia, Prudence Bushnell, había rogado a Washington más medidas de seguridad. Un prominente abogado y legislador keniano asegura que el servicio de información de su país advirtió del complot a la inteligencia estadounidense varios meses antes del 7 de agosto; y en noviembre de 1997 un hombre llamado Mustafá Mahmud Said Ahmed, que trabajaba para una de las empresas de Osama ben Laden, entró en la embajada de Estados Unidos en Nairobi y advirtió a sus servicios de inteligencia de una conspiración para volar el edificio. ¿Qué hicieron nuestros funcionarios? Repatriaron al líder de la célula keniana —ciudadano estadounidense— e interrumpieron bruscamente su vigilancia del grupo. No hicieron caso a la carta de ocho páginas. Según se dice, mostraron la advertencia del servicio de inteligencia keniano al Mossad, que la desatendió, y, después de interrogar a Ahmed, decidieron que su testimonio no era creíble. Después del bombardeo, se asegura en *La célula terrorista,* un alto cargo de Ministerio de Asuntos Exteriores telefoneó a Bushnell para preguntar «¿Cómo ha podido ocurrir esto?». «Por primera vez desde la explosión —escriben Miller, Stone y Mitchell— Bushnell pasó del horror a la ira. "¡No sería por falta de advertencias! ¿Es que nadie leyó mi carta?", le espetó como respuesta».

Todo esto será indiscutible, pero ¿no cae en la trampa del determinismo gradual? No está nada claro que pase la prueba del determinismo gradual. Es una versión corregida del pasado. De lo que no nos enteramos es de toda la otra gente que la inteligencia estadounidense tenía bajo vigilancia, de cuántas advertencias más recibieron y cuántas otras pistas parecieron promisorias en un primer momento pero acabaron por no conducir a ninguna parte. El principal obstáculo para el proceso de recabar información era invariablemente el problema del «ruido»: el hecho de que la información inútil es infinitamente más abundante que la información útil. El informe de Shelby menciona que la división de antiterrorismo del FBI recibió *sesenta y ocho mil* pistas excepcionales y no seguidas que se remontan hasta 1995. De entre aquéllas, probablemente no sean útiles más que unas cien. Los analistas, en resumen, deben ser selectivos; y las decisiones adoptadas en Kenia, habida cuenta de todos estos factores, no parecen fuera de lo razonable. Se abandonó la vigilancia de la célula, pero es que su líder había dejado el país. Bushnell advirtió a Washington, pero, como se admite en *La célula terrorista,* ese tipo de advertencias se repetían desde África de manera constante. Los funcionarios del Mossad pensaban que la inteligencia keniana era dudosa, y algo sabría el Mossad al respecto. Puede que Ahmed hubiera trabajado para Ben Laden, pero no pasó la prueba del polígrafo y también se supo que ya antes había hecho advertencias similares —de manera infundada— a otras embajadas estadounidenses en África. Si un hombre entra en la oficina de uno, no pasa la prueba del detector de mentiras y luego uno descubre que ha estado vendiendo la misma historia infundada por todas las partes de la ciudad, ¿puede alguien culparle por no concederle credibilidad?

Miller, Stone y Mitchell cometen el mismo error cuando citan la transcripción de una conversación, grabada por los servicios secretos italianos, en agosto de 2001, entre dos agentes secretos de Al Qaeda, Abdel Kader Es Sayed y un hombre conocido como Al Hilal. Ésta, aseguran, es otra información que «parecía pronosticar los atentados del 11 de septiembre».

—Estoy estudiando aviones —le dice Al Hilal a Es Sayed—. Si Dios quiere, espero poder traerte una ventanilla u otra pieza la próxima vez que nos veamos.

—¿Por qué? ¿Se ha planeado una yihad? —pregunta Es Sayed.

—En lo sucesivo, mantente atento a las noticias y recuerda estas palabras: «En todo lo alto» —contesta Al Hilal.

Es Sayed piensa que Al Hilal se refiere a una operación en su Yemen natal, pero Al Hilal le corrige:

—El ataque por sorpresa vendrá de otro país, será un atentado de los que no se olvidan.

Poco después Al Hilal dice del plan:

—Es algo aterrador que va del sur al norte, del este al oeste. La persona que ideó este plan es un loco, pero también un genio. Los dejará helados.

Es un diálogo seductor. Ahora parecería que se refiere al 11-S. Pero ¿en qué sentido era «un pronóstico»? No indicaba la hora ni el lugar ni el método ni el objetivo. Sólo sugería que había terroristas sueltos a los que les gustaba hablar de hacer algo dramático con un aeroplano, lo cual, conviene recordarlo, no permitía distinguirlos con claridad de cualquier otro terrorista padecido durante los últimos treinta años.

En el mundo real la información es invariablemente ambigua. La información sobre las intenciones del enemigo tiende a ser parca en detalles. Y la información rica en detalles tiende a quedarse corta en lo tocante a las intenciones. En abril de 1941, por ejemplo, los aliados supieron que Alemania había movilizado un Ejército enorme hasta el frente ruso. Este dato estaba fuera de toda discusión: las tropas eran visibles y contables. Pero ¿qué significaba? Churchill concluyó que Hitler pretendía atacar a Rusia. Stalin interpretó que el ataque de Hitler iba en serio, pero sólo si la Unión Soviética incumplía las condiciones del ultimátum alemán. El ministro británico de Asuntos Exteriores, Anthony Eden, pensó que Hitler iba de farol, con la esperanza de arrancar más concesiones a los rusos. La inteligencia británica creyó —al menos en un principio— que Hitler simplemente quería reforzar su frontera oriental en previsión de un posible ataque soviético. La única forma de que esta información hubiera sido definitiva habría sido que los aliados hubieran recibido una segunda información —como la llamada telefónica entre Al Hilal y Es Sayed— que demostrara el verdadero objetivo de Alemania. Del mismo modo, la única manera de que la llamada telefónica de Al Hilal hubiera sido definitiva habría sido contar con una información tan detallada como el conocimiento por los aliados de desplazamientos de tropas por parte de los alemanes. Pero rara vez los servicios de inteligencia disfrutan de ambas clases de información. Tampoco sus analistas se dedican a adivinar el pensamiento, capacidad que los seres humanos sólo adquieren en sentido retrospectivo.

En *La célula terrorista* se cuenta que, en los meses que precedieron al 11 de septiembre, Washington era un frenesí de preocupaciones:

> Un pinchazo de las conversaciones telefónicas entre presuntos miembros de Al Qaeda a principios del verano [de 2001], así como los informes [de un activista de Al Qaeda detenido] que había comenzado a cooperar con el Gobierno, convencieron a los investigadores de que Ben Laden planeaba una operación significativa —un mensaje interceptado a Al Qaeda se refería a un acontecimiento «del tipo Hiroshima»— y a corto plazo. Todo el verano la Casa Blanca recibió advertencias reiteradas de la CIA: los atentados eran inminentes.

El hecho de que estas preocupaciones no acertaran a protegernos no demuestra las limitaciones de los servicios de inteligencia. Demuestra las limitaciones de la inteligencia misma.

4.

A principios de la década de 1970, un profesor de Psicología en la Universidad de Stanford llamado David L. Rosenhan reunió a: un pintor, un estudiante de posgrado, un pediatra, un psiquiatra, un ama de casa y tres psicólogos. Les dijo que ingresaran bajo nombre supuesto en diferentes hospitales psiquiátricos, con el argumento de que oían voces. Recibieron instrucciones de decir que las voces les eran desconocidas, pero que identificaban palabras como «vacío», «golpe» y «hueco». Después de aquella mentira inicial, en lo sucesivo los pseudopacientes debían ser absolutamente sinceros, comportarse tal como fueran normalmente e insistir en todo momento ante el personal del hospital que las voces habían desaparecido y que no habían vuelto a experimentar más síntomas. Los ocho sujetos fueron hospitalizados, por regla general, durante diecinueve días. Uno no recibió el alta hasta pasados casi dos meses. Rosenhan quiso averiguar si alguien entre el personal del hospital había descubierto la argucia. No encontró a nadie.

En cierto sentido, la prueba de Rosenhan es un clásico problema de inteligencia. Aquí había una señal (una persona cuerda) enterrada en una montaña de ruido confuso y conflictivo (un hospital psiquiátrico); y los analistas de la información (los médicos) debían unir los puntos. Fracasaron estrepitosamente. En el transcurso de su permanencia en el hospital, a los ocho pseudopacientes les fueron administradas un total de dos mil cien píldoras. Se sometieron a entrevistas psiquiátricas que sirvieron como base para redactar sobrios resúmenes de casos que documentaban sus patologías. Como Rosenhan les había pedido que tomaran apuntes para documentar el tratamiento, este acto rápidamente pasó a formar parte de su supuesta patología. «Paciente embebido en su comportamiento grafómano», escribió siniestramente una enfermera en sus apuntes. Una vez etiquetados como enfermos en el momento de ingresar, ya no podían sacudirse el diagnóstico.

—¿Nervioso? —preguntó amistosamente una enfermera a otro de los sujetos que paseaba cierto día por los pasillos.

—No —la corrigió él, en vano—, aburrido.

La solución a este problema parece bastante obvia: la medicina y la enfermería tienen que dar más crédito a la posibilidad de que algunas personas que ingresan en los hospitales psiquiátricos estén de hecho cuerdas. Así que Rosenhan fue a un hospital de investigación y educativo e informó al personal de que, en algún momento de los tres próximos meses, les enviaría uno o más de esos pseudopacientes. Esta vez, de los 193 pacientes admitidos en el periodo de tres meses, 41 fueron identificados por al menos un empleado como cuerdos con casi absoluta seguridad. Sin embargo, tampoco esta vez acertaron. Lo cierto era que Rosenhan no les había enviado a nadie. En su intento de solucionar un problema de inteligencia (exceso de diagnósticos), el hospital se limitó a crear otro problema (defecto diagnóstico). Ésta es la segunda y quizás más grave consecuencia del determinismo gradual: en nuestro celo por corregir lo que creemos que son los problemas del pasado, terminamos por crear nuevos problemas para el futuro.

Pearl Harbor, por ejemplo, se ha considerado universalmente como un fracaso organizativo. Estados Unidos tenía todas las pruebas que necesitaba para predecir el ataque japonés, pero las señales estaban dispersas por los diversos servicios de inteligencia. El Ejército y la Armada no se comunicaban el uno con la otra. Pasaban el tiempo discutiendo y compitiendo entre sí. Ésta fue, en parte, la razón por la que se creó la CIA, en 1947: para garantizar que toda la información se recogiese y procesase en un solo lugar. Veinte años después de Pearl Harbor, Estados Unidos sufrió otro catastrófico fracaso de su inteligencia en la bahía de Cochinos: el Gobierno de Kennedy subestimó en extremo la capacidad combativa de los cubanos, así como su apoyo a Fidel Castro. Esta vez, sin embargo, el diagnóstico era completamente diferente. Como concluyó Irving L. Janis en su famoso estudio del pensamiento colectivo, la causa original del fiasco de la bahía de Cochinos fue que la operación estaba concebida por un pequeño grupo sumamente cohesionado cuyos lazos de cercanía inhibieron los efectos beneficiosos del debate y la competencia. El problema era ahora la centralización. Uno de los sociólogos organizacionales más influyentes de la era de la posguerra, Harold Wilensky, dispensó uno de sus raros elogios a «la rivalidad constructiva» fomentada por Franklin D. Roosevelt, la cual en su opinión explica por qué el presidente tenía tan formidables análisis sobre cómo atajar los males económicos de la Gran Depresión. En su clásico *Inteligencia organizacional* (1967) Wilensky indica:

> Roosvelt usaba la información de un confidente anónimo para cuestionar y comprobar la del otro, poniendo firmes a ambos; reclutó a personalidades fuertes y estructuró su trabajo de forma que los choques estuvieran garantizados. [...] En materia de Asuntos Exteriores, asignó a Moley y Welles tareas que se solapaban con las del ministro del ramo, el secretario de Estado Hull; en Conservación y Energía asignó misiones idénticas a Ickes y Wallace; en Bienestar, confundiendo tanto las funciones como las iniciales, asignó a Ickes la PWA, y la WPA a Hopkins; en Política, Farley se encontró compitiendo con otros consejeros políticos para el control del patrocinio. El efecto: un anuncio oportuno de los argumentos, que presionaba tanto a los expertos como al presidente a considerar las opciones principales a medida que les llegaban hirviendo desde abajo.

Los servicios de inteligencia que teníamos antes del 11-S eran consecuencia directa de esta filosofía. Se suponía que el FBI y la CIA debían rivalizar entre sí, tal como eran rivales Ickes y Wallace. Pero ahora hemos cambiado de opinión. El FBI y la CIA, nos cuenta con desaprobación el senador Shelby, discuten y compiten entre ellos. La historia del 11-S, concluye su informe, «debería servir como ejemplo práctico de los peligros que entraña dejar de compartir la información puntual y eficazmente entre las organizaciones». Shelby quiere una nueva centralización y un mayor enfoque en la cooperación. También le parece deseable «una entidad que recopile y centralice toda la información a nivel nacional, que prevalezca siempre con independencia de burocracias pendencieras». Shelby piensa que el servicio de inteligencia debería quedar bajo control de un grupo pequeño y sumamente cohesionado, lo que le lleva a sugerir la completa retirada del FBI de la lucha antiterrorista. El FBI, según Shelby, está gobernado por

actitudes individuales profunda y firmemente enraizadas que otorgan más valor a la fabricación de relatos, apoyados por pruebas, de fechorías por parte del acusado que el que conceden a la extracción de inferencias probables basadas en información incompleta y fragmentaria, a la hora de apoyar la toma de una decisión dada. [...] Los organismos encargados de aplicar la ley manejan información, extraen conclusiones y en última instancia no hacen sino pensar de manera diferente a como lo hacen los servicios de inteligencia. Indudablemente los analistas de la información serían policías mediocres, al igual que ha quedado muy claro que los policías no son gran cosa como analistas de información.

En su alocución con motivo del debate sobre el estado de la Unión en 2003, el presidente George W. Bush hizo lo que quería Shelby: anunció la creación del Centro de Integración de la Amenaza Terrorista, una unidad especial que combina las actividades antiterroristas del FBI y la CIA. La diversidad cultural y organizativa de las cuestiones de inteligencia, antaño estimadas, son hoy menospreciadas.

Lo cierto es que uno podría igualmente basarse en las lecciones del 11-S para abogar por el viejo sistema. ¿No es una ventaja que el FBI no piense como la CIA? Después de todo, fue el FBI quien produjo dos de los ejemplos más proféticos de análisis: la petición por parte de la oficina de Minneápolis de una autorización para registrar en secreto las pertenencias de Zacarias Moussaoui, y la nota de Phoenix, ahora famosa. En ambos casos lo que daba valor al análisis del FBI era precisamente el hecho de que difería de la tradicional fabricación de inferencias probables a partir del «panorama general» que era propia del analista. Los agentes del FBI se centraban en un solo caso, lo investigaban en profundidad y generaban «relatos, apoyados por pruebas, de fechorías por parte del acusado» harto elocuentes respecto de una amenaza por parte de Al Qaeda.

Lo mismo puede decirse del presunto problema de la rivalidad. *La célula terrorista* describe lo que pasó después de que la policía filipina registrase el apartamento que Ramzi Yousef compartía con su compañero de conspiración, Abdul Hakim Murad. Los agentes de la unidad antiterrorista del FBI volaron inmediatamente a Manila y «chocaron contra la CIA». Como reza el viejo adagio sobre la Oficina y la Agencia, el FBI quería ahorcar a Murad, mientras la CIA sólo quería embaucarlo. Los dos grupos acabaron trabajando juntos, pero sólo porque tenían la obligación de cooperar. La suya era una relación «viciada por la rivalidad y la desconfianza». Pero ¿qué tiene de malo esta clase de rivalidad? Como nos dicen Miller, Stone y Mitchell, la verdadera objeción de Neil Herman —ex responsable nacional de antiterrorismo del FBI— a trabajar con la CIA «no tenía nada que ver con el procedimiento. Sencillamente él no pensaba que la Agencia fuera a servir de ninguna ayuda para encontrar a Ramzi Yousef. "En aquel entonces no creo que la CIA hubiera podido encontrar a una persona en un cuarto de baño —corrobora Herman—. Joder, no creo que hubieran podido encontrar ni el cuarto de baño"». Los reformistas siempre suponen que la rivalidad entre el FBI y la CIA es esencialmente *matrimonial,* esto es, se trata de una disfunción entre dos que deberían cooperar pero no pueden trabajar juntos. Pero igualmente podría verse como una versión de la rivalidad que en un mercado competitivo empuja a las empresas a trabajar con más ahínco y fabricar mejores productos.

El sistema de inteligencia perfecto no existe, y cada mejora parece implicar una renuncia. Hace un par de meses, por ejemplo, un sospechoso detenido en Canadá, recla-

mado en Nueva York por un delito de falsificación, facilitó
a la policía los nombres y las fotografías de cinco inmigrantes árabes, que según dijo habían entrado en Estados Unidos. El FBI emitió una alerta el 29 de diciembre, colgando
sus nombres y fotografías de su sitio web, sección «Guerra
contra el terrorismo». Incluso el presidente Bush metió
baza: «Tenemos que saber por qué han cruzado nuestra
frontera, qué están haciendo en nuestro país». Al final resultó que el sospechoso detenido en Canadá se había inventado la historia. Después un funcionario del FBI dijo
que la Agencia había difundido las fotografías «prefirien-
do errar por exceso». Hoy nuestros servicios de inteligencia
son sumamente sensibles. Pero esta clase de sensibilidad
no está exenta de costes. Como escribió el politólogo Richard K. Betts en su ensayo «Analysis, War, and Decision:
Why Intelligence Failures Are Inevitable» [Análisis, guerra
y decisiones: por qué los fallos de inteligencia son inevita-
bles]: «Incrementar la sensibilidad de los sistemas de advertencia reduce el riesgo de sorpresas, pero aumenta el
número de alarmas falsas, lo que a su vez incide en un de-
trimento de la sensibilidad». Cuando salimos corriendo a
comprar cinta aislante para sellar nuestras ventanas contra
un ataque químico y no pasa nada, o cuando el Gobierno
nos mantiene en alerta naranja durante varias semanas y al
final nada pasa, pronto comenzamos a dudar de cualquier
advertencia que se nos haga. ¿Por qué fue la flota del Pací-
fico en Pearl Harbor tan insensible a los indicios de un inminente ataque japonés? Porque la semana anterior al 7
de diciembre de 1941 había examinado siete informes de
presencia de submarinos japoneses en la zona. Los siete
eran falsos. A los psiquiatras de Rosenhan se les escapaban
los cuerdos al principio; pero una vez avisados empezaron
a ver cuerdos por todas partes. Esto será un cambio, pero
no es exactamente progreso.

5.

Tras la guerra del Yom Kippur, el Gobierno israelí designó una comisión investigadora especial. Uno de los testigos convocados ante ella fue el comandante general Zeira, jefe del Amán. ¿Por qué, le preguntaron, había insistido en que la guerra no era inminente? Su respuesta fue simple:

> El comandante en Jefe tiene que tomar decisiones, y éstas deben estar claras. El mejor apoyo que el jefe del Amán puede prestar al comandante en jefe es una estimación clara, inequívoca y formulada de manera objetiva. Sin duda, cuanto más clara e inequívoca sea la estimación, más claro e inequívoco será el error. Pero éste es un riesgo profesional que compete al jefe del Amán.

Los historiadores Eliot A. Cohen y John Gooch, en su libro *Infortunios militares,* argumentan que fue la certeza de Zeira lo que acabó revelándose como fatal: «El fracaso culpable de los líderes del Amán en septiembre y octubre de 1973 reside, no en su creencia de que Egipto no atacaría, sino en la suprema confianza que exhibían, que deslumbró a los funcionarios con poder de decisión [...] En vez de transmitir al primer ministro, al comandante en jefe y al ministro de Defensa la ambigüedad que rodeaba a la situación, insistieron —hasta el último día— en que no habría guerra y punto».

Pero, desde luego, Zeira dio una respuesta inequívoca a la pregunta de si habría guerra porque eso era lo que los políticos y la opinión pública exigían de él. Nadie quiere ambigüedad. Hoy el FBI nos da advertencias cifradas por colores y habla de aumento de las comunicaciones entre los terroristas, y esta información nos enfurece por su vaguedad. ¿Qué significará *aumento de las comunicaciones?* Lo que nosotros queremos es una predicción. Queremos creer que las intenciones de nuestros enemigos son un rompecabezas que los servicios de inteligencia pueden resolver, trazando una línea clara que una los puntos dispersos. Pero rara vez una historia está tan clara, al menos antes de que algún periodista emprendedor o comité investigador decida volver a escribirla, a toro pasado.

10 de marzo de 2003

EL ARTE DEL FRACASO. POR QUÉ UNAS PERSONAS
SE AHOGAN Y OTRAS SON PRESA DEL PÁNICO

1.

Hubo un momento en el tercer y decisivo set de la final de
Wimbledon de 1993 en el que Jana Novotna parecía invenci-
ble. Ganaba 4-1 y servía con 40-30, estando a un punto de
ganar el juego y a sólo cinco de ascender a la cima del tenis
mundial. Acababa de lanzar a su oponente, Steffi Graf, un
revés que, tras peinar el borde mismo de la red, aterrizó tan
repentinamente en el lado de Graf que la alemana no pudo
sino quedarse mirando con gesto de estática frustración. En
las gradas de la pista central no cabía un alfiler. Los duques
de Kent ocupaban sus asientos de costumbre en el palco real.
Novotna vestía de blanco, serena y confiada, su rubia melena
recogida con una cinta. Entonces ocurrió algo. La checa sirvió la pelota directamente contra la red. Paró y se estabilizó
para lanzar su segundo servicio —botó la pelota, arqueó la
espalda—, pero el segundo fue aún peor. Su oscilación parecía indolente: mucho brazo y pocas piernas o torso. Doble
falta. En el siguiente peloteo, estuvo lenta para reaccionar a
una bola alta disparada por Graf y falló lastimosamente una
volea franca. En el punto que decidía el juego, devolvió
una bola alta directamente contra la red. En vez de 5-1, 4-2.
Servía Graf, que ganó su juego sin dificultad: 4-3. Novotna al
servicio. No lanzaba la pelota lo bastante alta. Y tenía la cabeza baja. Sus movimientos se habían ralentizado notablemente. Otra doble falta. Y otra. Otra más. Obligada a correr de lo
lindo por un buen *drive* de Graf, la checa devolvió, de forma

279

inexplicable, una pelota baja, plana, directamente hacia su rival, en vez del *drive* cruzado con el que se habría dado tiempo de regresar a su posición: 4-4. ¿Novotna comprendió de pronto lo espantosamente cerca que estaba de la victoria? ¿Recordó que nunca había ganado un torneo grande? Mirando al otro lado de la red, ¿vio a Steffi Graf —¡la Graf!—, la mejor jugadora de su generación?

Sobre la línea de fondo, esperando el saque de Graf, Novotna ya está visiblemente agitada, meciéndose adelante y atrás, dando brincos. Se hablaba a sí misma. Sus ojos vagaban por toda la pista. Graf dominó el noveno juego a placer; Novotna, moviéndose como a cámara lenta, no ganó un solo punto: 5-4 para Graf. En el descanso, Novotna se limpió la cara y la raqueta con una toalla y luego cada uno de sus dedos individualmente. Volvía a tocarle sacar. Falló, por mucho, una volea rutinaria, sacudió la cabeza, se reconvino a sí misma. Falló su primer servicio, conectó el segundo, pero no fue muy bueno. Al primer peloteo, falló un revés tan estrepitosamente que casi se dio con la pelota en la cara. Novotna estaba irreconocible, no parecía una jugadora de la élite del tenis, sino una principiante otra vez. Se estaba derrumbando bajo presión, pero el porqué exacto era tan incomprensible para ella como para muchos millones de espectadores. ¿No se supone que la presión saca lo mejor de nosotros? Nos esforzamos. Nos concentramos más. Recibimos un chute de adrenalina. Nos preocupamos más por nuestro rendimiento. Entonces ¿qué le pasaba a la finalista checa?

En el punto de campeonato, Novotna le lanzó a Graf un globo bajo, cauteloso y sin profundidad. Graf contestó con un *smash* elevado de imposible devolución. Casi pareció compasiva. Todo había terminado. Aturdida, Novotna se fue a la red. Graf la besó dos veces. En la ceremonia de entrega de premios, la duquesa de Kent entregó a Novotna el trofeo de consolación que distingue a la finalista del torneo, una pequeña bandeja de plata, y le susurró algo al oído. Entonces

Novotna pareció caer por fin en lo que acababa de ocurrirle. Allí estaba, sudorosa y agotada, sacándole la cabeza a la elegante duquesa, con sus cabellos blancos y su collar de perlas. La duquesa la atrajo hacia sí por la cabeza, que apoyó en su hombro, y Novotna empezó a sollozar.

2.

Los seres humanos a veces vacilan bajo presión. Los pilotos se estrellan, los buceadores se ahogan. En el fragor de la competición, los jugadores de baloncesto no encuentran la canasta ni los golfistas la bandera. Cuando ocurre esto, decimos que el deportista ha tenido *pánico* a ganar o, por usar un término más coloquialmente deportivo, que se ha *ahogado* ante la victoria. Pero ¿qué significan esas palabras? Ambas son peyorativas. Tanto ahogarse como dejarse dominar por el pánico se consideran tan malas como abandonar. Pero ¿son todas las formas de fracaso iguales? ¿Qué dicen las formas en que fracasamos sobre quiénes somos y cómo pensamos? Vivimos en una era obsesionada con el éxito, con documentar la miríada de modos en que la gente con talento vence los desafíos y supera los óbices. Sin embargo, también hay mucho que aprender documentando la miríada de vías por las que personas muy talentosas a veces fracasan.

Ahogarse suena aquí vago, como si abarcara casi cualquier cosa. No obstante, describe una clase muy específica de fracaso. Por ejemplo, los psicólogos a menudo usan un primitivo videojuego para comprobar las habilidades motrices. Te sientan ante un ordenador con una pantalla que muestra cuatro recuadros alineados y un teclado que tiene cuatro botones correspondientes también en fila. A razón de una cada vez, empiezan a aparecer aspas en las casillas de la pantalla. Te dicen que, cada vez que esto suceda, pulses la tecla correspondiente a la casilla. Según Daniel Willingham, psicólogo de la Universidad de Virginia, si a uno le anuncian previamente el patrón que seguirá la aparición de las aspas, su tiempo de reacción a la hora de accionar la tecla derecha mejorará de forma sobresaliente. Al principio se va muy despacio, hasta que se ha aprendido la secuencia, y entonces se avanza cada vez más rápido. A esto Willingham lo llama *aprendizaje explícito*. Pero supongamos que al examinando no se le diga que las aspas vayan a aparecer en una secuencia regular y que, hasta después de practicar un ratito, éste no sea consciente de que hay un patrón. Aun así, irá cada más vez rápido: aprenderá la secuencia inconscientemente. A esto Willingham lo llama *aprendizaje implícito*: es el que se produce fuera de la conciencia. Digo «fuera de» porque estos dos sistemas de aprendizaje están bastante separados físicamente, al basarse en partes diferentes del cerebro. Willingham dice que la primera vez que nos enseñan algo —como a dar un revés con una raqueta— este algo se estudia detenidamente de una manera muy deliberada, mecánica. Pero a medida que vamos mejorando, el sistema implícito asume el control: el golpe de revés empieza a salirnos fluidamente, sin pensar. Los ganglios basales, donde reside parcialmente el aprendizaje implícito, tienen que ver con la fuerza y la coordinación. Cuando ese sistema toma el mando, el tenista comienza a desarrollar su toque con exactitud, a ser capaz en cada caso de hacer una dejada o conectar un servicio a ciento sesenta kilómetros por hora. «Es algo que ocurre gradualmente —dice Willingham—. Cuando se han conectado varios miles de *drives*, puede que al cabo de un rato uno siga atendiendo conscientemente al proceso. Pero no es probable. Al final uno realmente no nota en absoluto lo que hace su mano».

Bajo circunstancias de estrés o gran tensión, sin embargo, el sistema explícito a veces asume el control. Esto es lo que significa ahogarse. Cuando Jana Novotna vaciló en Wimbledon, fue porque se puso a pensar en sus golpes otra vez, fue consciente de ellos. Perdió su fluidez, su toque. Cometió una doble falta tras otra y falló varios *smash*, lances del juego que exigen la mayor sensibilidad en cuanto a fuerza y coordinación. Parecía una persona diferente; jugando con la lenta y cautelosa deliberación de una principiante... porque, en cierto modo, volvía a ser una principiante: volvía a confiar en un sistema de aprendizaje que no había usado para sacar ni para conectar voleas desde que, siendo una niña, empezó a jugar al tenis. Lo mismo le ha pasado a Chuck Knoblauch, segundo base de los Yankees de Nueva York, que de forma inexplicable ha tenido problemas para lanzar la pelota a la primera base. Bajo la tensión de jugar delante de cuarenta mil hinchas en el Yankee Stadium, Knoblauch ha vuelto al modo explícito, lanzando como si jugara en una liga juvenil.

El pánico es otra cosa completamente distinta. Considérese el siguiente relato de un accidente de buceo con botellas de oxígeno, narrado por Ephimia Morphew, especialista en factores humanos en la NASA: «Era una inmersión para sacarse el certificado de buceo en aguas abiertas, en la bahía de Monterrey (California), hace unos diez años. Yo tenía diecinueve años. Llevaba dos semanas buceando. Era mi primera vez en aguas abiertas sin instructor. Solamente una amiga mía y yo. Teníamos que bajar unos cuarenta pies y hacer un ejercicio en el que nos quitábamos los respiradores de la boca, cogíamos uno de repuesto que llevábamos en el chaleco y practicábamos la respiración con la pieza de recambio. Mi amiga hizo su ejercicio. Me tocaba a mí. Me quité el respirador. Saqué el auxiliar. Me lo puse en la boca. Exhalé, para limpiar los conductos, y luego inhalé. Para gran sorpresa mía, era agua. Había inhalado agua. Entonces el tubo que conectaba aquella boquilla a mi bombona, a mi fuente de aire, se soltó y el aire del tubo me explotó en la cara. Inmediatamente extendí la mano al suministro de aire de mi compañera, como para arrebatárselo. Lo hice sin pensar, fue una respuesta fisiológica. Mis ojos ven a mi mano hacer algo irresponsable. Lucho conmigo misma y me digo: "No hagas eso". Busqué en mi mente qué podía hacer. Nada me venía a la memoria. Todo lo que recordaba era una cosa: si no puedes cuidar de ti misma, deja que tu compañera cuide de ti. Dejé la mano muerta y me limité a quedarme ahí parada».

Esto es un ejemplo de manual de lo que es el pánico. En aquel momento Morphew dejó de pensar. Olvidó que tenía otra fuente de aire, la cual había funcionado perfectamente hasta que, momentos antes, ella misma se la había sacado de la boca. Olvidó que su compañera también tenía un suministro de aire que funcionaba y que podía compartirse fácilmente. Olvidó que echar mano del respirador de su compañera las pondría en peligro a las dos. Se había quedado sólo con su instinto más básico: «consigue aire». El estrés borra la memoria a corto plazo. La gente con mucha experiencia tiende a no dejarse dominar por el pánico porque, cuando el estrés suprime su memoria a corto plazo, todavía les queda algún residuo de experiencia que utilizar. Pero ¿qué tenía una principiante como Morphew? *Rebusqué en mi mente qué podía hacer. Nada me venía a la memoria.*

El pánico también causa lo que los psicólogos llaman estrechamiento de la percepción. En un estudio llevado a cabo a principios de los años setenta, se pidió a un grupo de sujetos que realizaran un experimento de agudeza visual sometidos a lo que para ellos era un buceo a veinte metros de profundidad en una cámara de descompresión. Al mismo tiempo, se les pidió que pulsaran un botón cada vez que vieran un pequeño destello de luz encenderse y apagarse en su visión periférica. Los sujetos en la cámara de presión tenían un ritmo cardiaco mucho más elevado que el grupo de control, lo que indicaba que estaban acusando el estrés. Aquella tensión no afectó a su exactitud en la tarea de agudeza visual, pero no lo hicieron ni la mitad de bien que el grupo de control a la hora de captar la luz periférica. «Uno tiende a concentrarse u obsesionarse con una cosa —dice Morphew—. Hay un famoso ejemplo de la aviación: la luz del tren de aterrizaje estaba fundida, así que los pilotos no tenían ningún modo de saber si el tren estaba desplegado o no. Se centraron tanto en esa luz que nadie notó que el piloto automático se había desactivado. El avión se estrelló». Del mismo modo, Morphew echó mano del respirador de su compañera porque era el único suministro de aire que podía ver.

El pánico, en este sentido, es lo contrario del ahogamiento. El ahogamiento es pensar demasiado. El pánico es pensar demasiado poco. El ahogamiento tiene que ver con la pérdida de instinto. El pánico consiste en la vuelta al instinto. Puede que parezcan lo mismo, pero son dos mundos aparte.

3.

¿Por qué importa esta distinción? En algunos casos, la verdad, no importa mucho. Si uno pierde un partido de tenis reñido, poco importa si fue por ahogo o por pánico; sea como fuere, la cuestión es que uno ha perdido. Pero claramente hay casos en los cuales el modo en que se produce el fracaso es crucial para entender por qué el fracaso se produce.

Considérese el accidente de aviación en el que John F. Kennedy hijo se mató el verano pasado [año 1999]. Los detalles del vuelo son conocidos. Un viernes por la tarde en julio de 1999, Kennedy despegó con su esposa y su cuñada rumbo a Martha's Vineyard. Como había niebla, Kennedy voló bordeando la costa de Connecticut, guiándose por la línea de luces que la demarcaba. A la altura de Westerly (Rhode Island) abandonó el litoral, virando en dirección a Rhode Island Sound. En aquel momento, al parecer desorientado por la oscuridad y la neblina, realizó una serie de curiosas maniobras: ladeó su avión a la derecha, internándose más en el océano, y luego a la izquierda. Primero subió y luego descendió. Primero aceleró y luego redujo la velocidad. A escasas millas de su destino, Kennedy perdió el control del avión y éste se precipitó al océano.

El error de Kennedy, en términos técnicos, consistía en que no logró mantener el nivel de las alas. Esto resultó crucial, porque cuando un avión se ladea a babor o a estribor, inicia un giro en el cual las alas van perdiendo su sustentación vertical. Si no se corrige, este proceso no hace sino acelerarse. El ángulo de ladeo aumenta, el giro se hace cada vez más acusado y el avión comienza a precipitarse a tierra en un bucle-sacacorchos cada vez más estrecho. Los pilotos lo llaman el cementerio en espiral. ¿Por qué Kennedy no invirtió este descenso en picado? Porque, en circunstancias de visibilidad baja y la tensión alta, mantener el nivel de las alas —y de hecho, hasta saber si uno está entrando en un cementerio en espiral— resulta sorprendentemente difícil. Kennedy no pudo soportar la presión.

Si Kennedy hubiera volado durante el día o con un claro de luna, no le habría pasado nada. Cuando un piloto mira de frente desde la cabina, el ángulo de sus alas se hace evidente por la línea del horizonte que tiene ante sí. Pero cuando fuera está oscuro, el horizonte desaparece. No hay ninguna referencia externa del ladeo del avión. En tierra, sabemos si estamos a nivel por muy oscuro que esté, debido a los mecanismos detectores de movimiento que hay en el interior de nuestro oído. En un picado en espiral, sin embargo, el efecto de la fuerza G del avión en el oído interno significa que el piloto siente su avión perfectamente nivelado aun cuando no lo esté en absoluto. Asimismo, cuando se está a bordo de un avión a reacción que se ha ladeado treinta grados después del despegue, el libro sobre el regazo de su vecino de fila no se cae al suelo, y tampoco un bolígrafo en el suelo rueda hacia «la parte de abajo» del avión. La física del vuelo es tal que un aeroplano en pleno giro siempre parece perfectamente a nivel para quien se encuentra dentro de la nave.

Se trata de una noción difícil, y para entenderla hice un vuelo con William Langewiesche, autor de un magnífico libro sobre el tema, *Inside the Sky* [Dentro del cielo]. Nos encontramos en el aeropuerto San José, en el aeródromo donde los multimillonarios de Silicon Valley tienen sus aviones privados. Langewiesche es un hombre fuerte entrado en la cuarentena, tremendamente bronceado y con el atractivo propio de un piloto (al menos desde la película *Elegidos para la gloria*). Despegamos al ocaso, rumbo a la bahía de Monterrey, hasta dejar atrás las luces de la costa, con la noche borrando el horizonte. Langewiesche dejó ladearse el avión ligeramente a la izquierda. Levantó las manos de los mandos. Como el firmamento no me decía nada, me concentré en los paneles: el morro del avión se caía. El giroscopio me informó de que nos ladeábamos; primero quince, luego treinta, después cuarenta y cinco grados. «Hemos entrado en un picado en espiral», me dijo Langewiesche con calma. Nuestra velocidad se incrementaba regularmente: 180, 190, 200 nudos. La aguja del altímetro se desplomaba. El avión caía como una piedra, a tres mil pies por minuto. Apenas si podía distinguir un leve aumento del zumbido del motor, y el rugido del viento al aumentar nuestra velocidad. Pero si Langewiesche y yo hubiéramos estado hablando, no se habría oído nada. Si la cabina no hubiera estado presurizada, podrían haberme reventado los oídos, particularmente cuando entramos en el tramo más vertical del picado. ¿Pero más allá de esto? Nada en absoluto. En una caída espiral, la carga G —o fuerza de inercia— es normal. Como dice Langewiesche, al avión le gusta caer en espiral. El tiempo total transcurrido desde que habíamos empezado a caer no superó los seis o siete segundos. De repente, Langewiesche enderezó las alas y tiró del timón para levantar el morro del avión, corrigiendo el rumbo de caída. Ahora sí que sentía toda la fuerza de la carga G, hundiéndome en mi asiento. «Al caer, la carga G no se nota —comentó Langewiesche—. No hay nada más confuso para los primerizos».

Pregunté a Langewiesche cuánto tiempo más podríamos haber seguido cayendo. «En unos cinco segundos, habríamos sobrepasado los límites del aeroplano», contestó, queriendo decir que cualquier intento de corregir el rumbo de caída habría hecho pedazos el avión. Aparté la vista de los mandos y le pedí a Langewiesche que cayera en espiral otra vez, esta vez sin decírmelo. Esperé. Estaba a punto de decirle a Langewiesche que ya podía comenzar cuando de repente me vi empujado contra mi asiento. «Sólo hemos caído mil pies», dijo Langewiesche.

Esta incapacidad de notar, de experimentar, lo que le pasa al avión donde va uno es lo que hace el pilotaje nocturno tan estresante. Es el tipo de tensión que Kennedy debió de sentir al virar internándose en el mar a la altura de Westerly, dejando tras de sí las luces que demarcan la costa de Connecticut. Un piloto que sobrevoló Nantucket aquella noche declaró al Consejo Nacional de Seguridad en el Transporte (NTSB en sus siglas en inglés) que, cuando él descendió sobre Martha's Vineyard, miró abajo y no había «nada que ver. Ningún horizonte ni luz de referencia [...]. Pensé que habría habido un apagón en la isla». Kennedy se había quedado ciego, en todos los sentidos; y debió de haber sido consciente del peligro en el que se encontraba. Tenía muy poca experiencia de vuelo sin referencias visuales del entorno. La mayoría de las veces que había hecho el mismo trayecto, había tenido un horizonte o unas luces como referencia. Aquella extraña secuencia de maniobras al final era la frenética busca de un claro en la neblina. Kennedy intentaba volver a encontrar las luces de Martha's Vineyard, recuperar el horizonte perdido. El informe del NTSB sobre el accidente casi transcribe la desesperación del piloto:

A las 21.38h el objetivo inicia un giro a la derecha en una dirección sur. Unos 30 segundos más tarde, el objetivo invierte su descenso a 2.200 pies e inicia un ascenso que dura otros 30 segundos. Durante este lapso de tiempo, el objetivo detuvo su giro y la velocidad aérea disminuyó a unos 153 nudos. A las 21.39h, el objetivo se estabiliza a 2.500 pies y vuela en una dirección sureste. Unos 50 segundos más tarde, el objetivo inicia un giro a la izquierda y asciende a 2.600 pies. Mientras el objetivo continúa su giro a la izquierda, cae en una pendiente a razón de unos 900 pies por milla.

¿Era ahogo o pánico? En este caso es crucial la distinción entre ambos estados. Si Kennedy hubiera sentido ahogo, habría vuelto al modo de aprendizaje explícito. Sus movimientos en la cabina se habrían vuelto notablemente más lentos, menos fluidos. Habría vuelto a la aplicación mecánica, tímida de las primeras lecciones de pilotaje... Y eso podría haber funcionado. Kennedy necesitaba pensar, concentrarse en sus paneles, salir del modo de vuelo instintivo que le servía cuando tenía un horizonte visible.

En cambio, según todos los indicios, se vio dominado por el pánico. En el momento en que tenía que recordar las lecciones de vuelo a ciegas que había recibido, la mente —como la de Morphew bajo el agua— debió de quedársele en blanco. En vez de repasar los paneles, parece haberse obsesionado con una pregunta: ¿dónde están las luces de Martha's Vineyard? Su giroscopio y otros instrumentos bien podrían habérsele vuelto tan invisibles como las luces periféricas en el experimento de la cámara de descompresión. Había echado mano a sus instintos, fiándose de las sensaciones que le transmitía el avión; pero, por supuesto, en la oscuridad el instinto no sirve de mucho. El informe del NTSB dice que la última vez que las alas del Piper estuvieron a nivel fue a los siete segundos de las 21.40; y el avión impacta contra el agua a las 21.41, con lo que el periodo crítico dura menos de sesenta segundos. A los dieciocho segundos el avión estaba inclinado con un ángulo mayor de cuarenta y cinco grados. Dentro de la cabina todo habría parecido normal. En algún momento, Kennedy debió de notar cómo rugía el viento fuera, o el motor dentro, mientras aumentaba la velocidad. Puede que, confiando en su instinto, tirase del timón, intentando levantar la proa del avión. Pero realizar esta maniobra sin nivelar antes las alas no hace sino acentuar la espiral y agravar el problema. También es posible que Kennedy no hiciera nada en absoluto, que se quedara congelado a los mandos, todavía buscando desesperadamente las luces de Martha's Vineyard, cuando su avión golpeó el agua. A veces los pilotos ni siquiera intentan salir de una caída en espiral. A esto Langewiesche lo llama «una G hasta el fondo».

4.

Lo que le pasó a Kennedy aquella noche ilustra una segunda diferencia principal entre el pánico y el ahogo. El pánico es el fracaso convencional, de la clase que tácitamente entendemos por tal. Kennedy fue víctima del pánico porque no sabía bastante sobre el pilotaje sólo con paneles de mandos. Si hubiera tenido otro año de vuelo, tal vez no le habría dominado el pánico; y esto encaja en lo que creemos: que el rendimiento debería mejorarse con la experiencia, que la presión es un óbice que los diligentes pueden vencer. Pero el ahogamiento tiene poco sentido intuitivo. El problema de Novotna no fue falta de diligencia; estaba tan perfectamente acondicionada e instruida como la que más en el circuito tenístico. ¿Y de qué le había servido la experiencia? En 1995, en la tercera ronda del Abierto francés, Novotna se ahogó incluso más espectacularmente que contra Graf, saliendo derrotada ante Chanda Rubin tras ceder una ventaja de 5-0 en el tercer set. Cuesta dudar de que parte del motivo de su derrumbamiento contra Rubin fuera su anterior derrumbamiento contra Graf; de que el segundo fracaso se nutre del primero, permitiéndole convencerse de que era capaz de ponerse 5-0 en el tercer set y aun así perder. Si el pánico es el fracaso convencional, el ahogamiento es un fracaso paradójico.

Claude Steele, psicólogo de la Universidad de Stanford, y sus colegas han realizado varios experimentos en años re-

cientes en los que observaron cómo ciertos grupos funcionan bajo presión; y sus conclusiones llegan al meollo de lo que resulta tan extraño sobre el ahogamiento. Steele y Joshua Aronson encontraron que, cuando daban a un grupo de estudiantes de Stanford una prueba estandarizada y les decían que era una medida de su capacidad intelectual, los estudiantes blancos obtenían resultados mucho mejores que los de sus colegas negros. Pero cuando la misma prueba se les presentaba sencillamente como un ejercicio de laboratorio más, sin el menor énfasis en la capacidad, las puntuaciones de negros y blancos eran prácticamente idénticas. Steele y Aronson atribuyen esta disparidad a lo que llaman «la amenaza del estereotipo»: cuando los estudiantes negros se ven en una situación que les enfrenta directamente contra un estereotipo sobre su grupo —que en este caso tiene que ver con la inteligencia— la presión resultante afecta a su rendimiento.

Steele y otros han encontrado que la amenaza del estereotipo funciona en cualquier situación donde se represente a grupos de modos negativos. Dé a un grupo de mujeres cualificadas una prueba de matemáticas y dígales que medirá su capacidad cuantitativa y lo harán mucho peor que hombres igualmente expertos; presente la misma prueba sencillamente como un instrumento de investigación y lo harán tan bien como los hombres. O considérese un puñado de experimentos dirigidos por un ex alumno de Steele, Julio García, profesor en la Universidad de Tufts. García reunió a un grupo de estudiantes atléticos blancos e hizo que un instructor blanco los sometiera a unas pruebas físicas: saltos de altura y de longitud, sin carrerilla, y flexiones ininterrumpidas durante veinte segundos. Luego el instructor les pidió que repitieran las pruebas y, como cabría suponer, García encontró que los estudiantes rendían un poco mejor en cada una de las pruebas la segunda vez que las efectuaron. Entonces García sometió a un segundo grupo de estudiantes a las mismas pruebas, sustituyendo sólo

al instructor por un afroamericano. Ahora los estudiantes blancos ya no mejoraban su segunda tanda de saltos verticales. Realizó el experimento otra vez, sólo que esta vez sustituyó al instructor blanco por otro instructor negro que era mucho más alto y corpulento que el anterior. En esta prueba, los estudiantes blancos de hecho saltaban menos altura la segunda tanda que la primera. El rendimiento en las flexiones, no obstante, permanecía inalterado con todos los instructores. Después de todo, no hay ningún estereotipo que sugiera que los blancos no puedan hacer tantas flexiones como los negros. La tarea más afectada fue el salto vertical sin carrerilla, debido a lo que dice nuestra cultura: los blancos no saben saltar.

Es cierto, por otra parte, que los estudiantes negros en promedio tienen peores resultados académicos que los blancos; y que éstos no saltan tan alto como los negros. El problema es que siempre supusimos que esta clase de fracaso bajo presión es pánico. ¿Qué les decimos a los atletas y estudiantes que no llegan a lo que se espera de ellos? Lo mismo que a los pilotos o buceadores principiantes: que trabajen más, con más dedicación; que se tomen más en serio los exámenes de su capacidad. Pero Steele asegura que, al observarse el rendimiento de los estudiantes negros o mujeres cuando se sienten bajo la amenaza de un estereotipo, no se ven los alocados intentos de adivinación que caracterizan a alguien dominado por el pánico. «Lo que uno tiende a ver es demasiado esmero y cuestionamientos a posteriori —explica—. Cuando uno va y los entrevista, tiene la sensación de que, al verse amenazados, se dicen: "Huy, más vale que tenga cuidado. No vaya a fastidiarla". Entonces, después de haber decidido adoptar esta estrategia, se calman y hacen el examen. Pero éste no es el modo de sacar una puntuación alta en una prueba estandarizada. Cuanto más haga esto, más se alejará de las intuiciones útiles, del procesamiento rápido que se valora en estos tests. Ellos piensan que lo están haciendo bien porque ponen empeño, pero se equivo-

can». Esto es ahogo, no pánico. Los atletas de García y los estudiantes de Steele son como Novotna, no como Kennedy. Fallaron porque eran buenos en lo que hacían: sólo los que se preocupan por si lo harán bien se sienten presionados por la amenaza del estereotipo. La receta habitual para el fracaso —trabajar más y tomarse el test más en serio— no hará sino agravar sus problemas.

Esta lección es difícil de comprender, pero más difícil todavía es entender este hecho: el ahogamiento requiere que a uno le preocupe menos el ejecutante y más la situación en la que se desenvuelve. Novotna misma no pudo hacer nada para evitar su derrumbe ante Graf. Lo único que podría haberla salvado, en aquel momento crítico del tercer set, habría sido que las cámaras de televisión hubieran estado apagadas, que los duques estuvieran en su casa y que los espectadores esperasen fuera un rato. Pero en los deportes esto no se puede hacer. El ahogamiento es una parte central del drama de la competición atlética, porque los espectadores tienen que estar allí; y la capacidad de vencer la presión de los espectadores forma parte de lo que significa ser un campeón. Pero esa misma inflexibilidad despiadada no tiene por qué gobernar el resto de nuestras vidas. Tenemos que aprender que a veces un rendimiento pobre refleja, no la capacidad innata del ejecutante, sino la tez del público; y que a veces un mal examen es prueba, no dc un mal estudiante, sino de uno bueno.

5.

Tras las tres primeras rondas del torneo de golf Masters 1996, Greg Norman acumulaba una ventaja, aparentemente insalvable, sobre su más cercano rival, el inglés Nick Faldo. Norman era el mejor jugador del mundo. Lo apodaban «el Tiburón». No se paseaba por las calles; las acechaba, rubio y ancho de espaldas. Su *caddie,* tratando de seguirle el ritmo. Pero entonces llegó el noveno hoyo del último día del torneo. Norman jugaba con Faldo, y los dos hicieron buenas salidas. Veía ya el *green*. Delante de la bandera había una cuesta escarpada: cualquier pelota que se quedara corta volvería a bajar rodando de forma irremisible. Faldo golpeó primero. Su pelota salvó de largo el desnivel, aterrizando cerca del hoyo.

Le tocaba a Norman, que se quedó un buen rato de pie junto a la pelota. «Aquí lo importante es no quedarse corto», dijo el comentarista, incurriendo en lo obvio. Norman dio su golpe y se quedó congelado, con su palo suspendido en el aire, mientras veía volar la bola. Se le había quedado corta. Norman miró, pétreo, cómo rodaba de vuelta veinticinco metros cuesta abajo. Con aquel error algo se rompió dentro de él.

En el décimo hoyo, la pelota se le fue a la izquierda; el tercer golpe le quedó demasiado lejos de la bandera; y falló un *putt* de lo más factible. En el undécimo, Norman tenía un *putt* de un metro para hacer el par del hoyo. Llevaba toda la semana metiendo *putts* así. Sacudió manos y piernas antes de agarrar el palo, intentando relajarse. Falló: su tercer *bogey* consecutivo. En el duodécimo, Norman lanzó la pelota directamente al agua. En el decimotercero, la incrustó en un montón de agujas de pino. En el decimosexto, sus movimientos eran tan mecánicos y fuera de sincronía que, cuando se balanceó para golpear la bola, las caderas se le descompasaron del resto del cuerpo y la pelota fue a parar a otra charca. Frustrado, Norman golpeó la hierba con su palo como con una guadaña: lo que llevaba veinte minutos haciéndose obvio era ya oficial: acababa de tirar por la borda la oportunidad de su vida.

Faldo había comenzado el día seis golpes detrás de Norman. Cuando los dos empezaron su lento paseo al decimoctavo hoyo, entre una multitud de espectadores, Faldo llevaba una ventaja de cuatro golpes. Pero dio aquellos últimos pasos silenciosamente, incluso cabizbajo. Entendió lo que había pasado en los *greens* y en las calles aquel día. Y se sentía obligado por la particular etiqueta del ahogamiento, al entender que lo que él había ganado era algo menos que una victoria; y que lo que Norman había sufrido era algo menos que una derrota.

Cuando todo hubo acabado, Faldo se abrazó a Norman. «No sé qué decir... sólo quiero darte un abrazo —susurró, antes de decir la única cosa que puede decírsele a un ahogado—. Me siento fatal por lo que ha pasado. Lo siento mucho». Y los dos hombres rompieron a llorar.

21 y 28 de agosto de 2000

BLOWUP. ¿A QUIÉN SE PUEDE CULPAR DE UN DESASTRE COMO LA EXPLOSIÓN DEL *CHALLENGER*? A NADIE (Y DEBERÍAMOS ACOSTUMBRARNOS)

1.

En la era tecnológica, hasta los desastres tienen su ritual. Cuando los aviones se estrellan o las plantas químicas explotan, cada prueba física —sea hierro retorcido u hormigón fracturado— se convierte en una suerte de fetiche, minuciosamente identificado, catalogado, etiquetado y analizado, objeto de exámenes sometidos a comisiones de investigación, que a su vez sondean, interrogan y emiten su ecuánime conclusión. Se trata de un ritual reconfortante, basado en el principio de que lo que aprendemos de un accidente puede ayudarnos a impedir otros; y una medida de su balsámica eficacia la da el hecho de que los estadounidenses no cerraran su industria nuclear después del accidente de la central nuclear de Three Mile Island, en Harrisburg (Pensilvania) ni dejan de surcar los cielos después de cada nuevo accidente de aviación. Pero los rituales del desastre rara vez se llevan a cabo de forma tan dramática como en el caso del transbordador espacial *Challenger*, que se volatilizó sobre el sur de Florida el 28 de enero de 1986.

Cincuenta y cinco minutos después de la explosión, cuando el último de sus fragmentos había caído al océano, los barcos de rastreo se presentaron en el área del siniestro. Permanecieron allí durante los tres meses siguientes, como parte de lo que se convirtió en la operación marítima de salvamento más vasta de la historia, durante la cual se peinaron ciento cincuenta mil millas náuticas cuadradas en busca de ruinas flotantes, mientras el fondo marino que rodeaba el área siniestrada se inspeccionaba con submarinos. A mediados de abril de 1986, los equipos rescataron varias piezas de metal carbonizado que confirmaron lo que hasta entonces sólo había sido una sospecha: la explosión había sido provocada por un sellado defectuoso de uno de los cohetes propulsores de la lanzadera, que habían dejado escapar una llama que prendió en un depósito de combustible externo.

Armada con esta confirmación, una comisión investigadora especialmente nombrada por el presidente concluyó, en el mes de junio, que este deficiente sellado reflejaba una ingeniería chapucera y una negligente dirección en la NASA y en su principal contratista, la empresa Morton Thiokol. Debidamente castigada, la NASA volvió a la mesa de diseño, de la que se levantó treinta y dos meses más tarde con una lanzadera nueva: el *Discovery,* diseñado según las lecciones extraídas del desastre. Durante aquel primer vuelo posterior al *Challenger,* ante la mirada expectante de todo Estados Unidos, la tripulación del *Discovery* celebró una breve misa conmemorativa. «Queridos amigos —dijo el comandante de la misión, capitán Federick H. Hauck, dirigiéndose a los siete astronautas muertos en el *Challenger*—, vuestra pérdida ha significado que los que quedábamos pudiéramos comenzar de nuevo con seguridad». El ritual se había completado. La NASA había vuelto.

Pero ¿y si las suposiciones en que se basan nuestros rituales del desastre no fueran verdad? ¿Y si estos *post mortem* públicos no nos ayudaran a evitar futuros accidentes? Durante los últimos años, un grupo de eruditos ha mantenido el argumento inquietante de que los rituales que siguen a los accidentes de aviación o nucleares son tanto ejercicios de autoengaño como bálsamos reconfortantes. Para estos revisionistas, los accidentes de tecnología avanzada bien pudieran no tener una causa clara en absoluto. Puede que sean inherentes a la complejidad de los sistemas tecnológicos que hemos creado.

Este revisionismo acaba de ampliarse al desastre del *Challenger* con la publicación por parte de la socióloga Diane Vaughan de *The Challenger Launch Decision* [La decisión del despegue del *Challenger*], el primer análisis verdaderamente definitivo de los acontecimientos que condujeron hasta el 28 de enero de 1986. La opinión convencional es que el accidente del *Challenger* fue una anomalía, que se produjo porque la gente de la NASA no había hecho bien su trabajo. Pero la conclusión del estudio es la opuesta: nos dice que el accidente se produjo porque la gente de la NASA había hecho exactamente lo que se suponía que debía hacer. «En lo fundamental, ninguna decisión de la NASA fue errónea —escribe Vaughan—. Más bien una serie de decisiones aparentemente inofensivas se combinaron fatalmente para deparar a la agencia espacial un resultado catastrófico».

Sin duda, el análisis de Vaughan suscitará vehementes protestas; pero aun suponiendo que sea sólo parcialmente correcto, las implicaciones de esta clase de argumentación son enormes. En la edad moderna nos hemos rodeado de cosas como centrales eléctricas, armamento nuclear y aeropuertos que gestionan cientos de vuelos por hora, basándonos en la suposición de que los riesgos que representan son, al menos, manejables. Pero si el funcionamiento normal de los sistemas más complejos presenta fisuras potencialmente catastróficas, entonces nos estamos basando en una asunción falsa. Ni los riesgos son fácilmente manejables ni los accidentes fácilmente evitables; los rituales del desastre no tienen ningún significado. Escuchada por primera vez, la historia del *Challenger* fue trágica. Su reposición, una década más tarde, es sencillamente banal.

2.

Quizás el mejor modo de entender el debate sobre la explosión del *Challenger* sea comenzar con un accidente que lo precedió: el desastre de la planta nuclear de Harrisburg en marzo de 1979. La conclusión de la comisión presidencial que investigó el accidente de Harrisburg consistió en atribuirlo a error humano, específicamente por parte de los operarios de la planta. Pero la verdad de lo que pasó allí, según sostienen los revisionistas, es mucho más compleja; y sus argumentos merecen examinarse detalladamente.

El problema de Harrisburg comenzó con una obstrucción del llamado condensador de la planta, una especie de gigantesco filtro de agua. Los problemas con el condensador no eran insólitos en Harrisburg, y tampoco particularmente serios. Pero en este caso la obstrucción hizo que se escapara humedad por el sistema de ventilación de la planta, ocluyendo inadvertidamente dos válvulas y cerrando el flujo de agua fría al generador de vapor de la planta.

Resulta que Harrisburg tenía un sistema refrigerador de reserva precisamente para prevenir esta situación. Pero aquel día en particular, por motivos que nadie conoce a ciencia cierta, las válvulas del sistema de reserva no estaban abiertas. Las habían cerrado; y el chivato de la sala de control que lo indicaba estaba tapado por una etiqueta de «en reparación» que colgaba de un interruptor situado justo encima. Esto hacía depender al reactor de otro sistema de reserva, un tipo especial de válvula de alivio. Pero, por una desafortunadísima conjunción de circunstancias, dicha válvula de alivio tampoco funcionaba correctamente aquel día. Se quedó abierta cuando se suponía que debía estar cerrada y, para empeorar aún más las cosas, tampoco funcionaba un indicador de la sala de control que debería haber dicho a los operarios que la válvula de alivio estaba inutilizada. Para cuando los ingenieros de Harrisburg comprendieron lo que pasaba, el reactor estaba a punto de fundirse.

En otras palabras, cinco incidentes menores habían acabado por provocar un gravísimo accidente. No había modo de que los ingenieros de la sala de control pudieran haber detectado cualquiera de ellos. No se cometió ningún error evidente ni se adoptaron decisiones espectacularmente malas que exacerbaran los sucesivos incidentes. Y todas las anomalías —el bloqueo del condensador, el cierre de las válvulas, la ocultación del indicador, el defecto en la válvula de alivio, la avería del indicador— eran tan triviales consideradas individualmente que, de haberse detectado, no habrían pasado de constituir un fastidio. Lo que causó el accidente fue el modo en que varios incidentes menores se combinaron de improviso para acabar creando un problema de extremada gravedad.

Esta clase de desastre es lo que el sociólogo de la Universidad de Yale Charles Perrow ha definido a las mil maravillas como un *accidente normal*. Para Perrow, *normal* aquí no significa frecuente; significa la clase de accidente que se puede esperar del funcionamiento habitual de un operativo tecnológicamente complejo. Los sistemas modernos, argumenta Perrow, están compuestos de miles de piezas, todas las cuales se interrelacionan de tantos modos que es imposibles preverlos todos. Considerando esta complejidad, es casi inevitable que algunas combinaciones de fracasos menores acaben ascendiendo a algo catastrófico. En un tratado clásico sobre accidentes que data de 1984, Perrow toma por ejemplos célebres accidentes aéreos, vertidos de crudo, explosiones de plantas químicas y desgracias causadas por armas nucleares, demostrando cuántos de ellos se entienden mejor considerados como normales. Quien haya visto la película *Apolo XIII* habrá recibido una ilustración perfecta de uno de los más famosos accidentes normales: la expedición del *Apolo* salió mal debido a una interacción de fallos en los tanques de oxígeno e hidrógeno de la nave espacial con una señal luminosa que desvió la atención de los astronautas del verdadero problema.

De haberse tratado de un «verdadero» accidente —si la misión hubiera tropezado con problemas debido a un error masivo o venal— la historia habría dado para una película mucho peor. En los verdaderos accidentes, la gente lanza discursos acalorados y delira y persigue al culpable. En resumen, hace lo que siempre hace la gente en las películas de suspense de Hollywood. Pero lo que hacía insólita *Apolo XIII* era el hecho de que la emoción dominante en ella no era la cólera, sino la confusión: cómo podían salir tan mal tantas cosas por motivos aparentemente tan insignificantes. No había nadie a quien culpar, ningún oscuro secreto que desenterrar, ningún otro recurso que reconstruir un sistema entero desde el punto en que había fallado de forma tan inexplicable. A la postre, el accidente normal era el más aterrador.

3.

¿Fue un accidente normal la explosión del *Challenger*? En sentido estricto, la respuesta es no. A diferencia de lo que pasó en Harrisburg, la explosión del transbordador espacial vino provocada por una sola avería catastrófica: los llamados *O-rings*, o anillas de juntura, que debían impedir filtraciones de gases calientes procedentes de los cohetes propulsores, no cumplieron su cometido. Pero Vaughan argumenta que en realidad el problema de los *O-rings* no era más que un síntoma. La causa del accidente, según ella, fue la cultura de la NASA, una cultura conducente a una serie de decisiones respecto del *Challenger* que seguían estrechamente los contornos de un accidente normal.

El meollo de la pregunta es cómo la NASA decidió evaluar los problemas que había padecido con los *O-rings* de los cohetes propulsores. Los *O-rings* son unas anillas finas de goma que van superpuestas a los labios de cada uno de los cuatro segmentos del cohete. Cada *O-ring* debía sellar herméticamente su junta, un poco como los botes caseros de conservas. Pero desde nada menos que en 1981, en una expedición tras otra, los *O-rings* habían mostrado crecientes problemas. En varios casos el sello de goma se había erosionado peligrosamente, lo que sugiere que habían estado a punto de escapar gases a altas temperaturas. Es más, se sospechaba que los *O-rings* eran menos eficaces con tiempo frío, cuando el caucho se endurecía, perdiendo hermetismo en el sellado. En la mañana del 28 de enero de 1986 la plataforma de lanzamiento del transbordador espacial amaneció sobre hielo; la temperatura en el momento del despegue apenas sobrepasaba 0° C. Previendo estas temperaturas bajas, los ingenieros de la Morton Thiokol, fabricante de los cohetes propulsores de la lanzadera, recomendaron retrasar el lanzamiento. Los jefazos de Morton Thiokol y la NASA, sin embargo, rechazaron la sugerencia, decisión que indujo tanto a la comisión presidencial como a los numerosos críticos a acusar a la NASA de negligencia grave, si no criminal.

Vaughan no discute que la decisión fue nefasta. Pero, después de repasar miles de páginas de transcripciones y documentos internos de la NASA, no pudo encontrar ninguna prueba de negligencia o sacrificio de la seguridad en aras de la política o la conveniencia. Los errores que cometió la NASA, según ella, se cometieron en el curso normal de las operaciones. Por ejemplo, puede que retrospectivamente parezca obvio que el tiempo frío perjudicaba a la eficacia de los *O-rings*. Pero entonces no era obvio: en un vuelo anterior de la lanzadera los *O-rings* habían sufrido daños peores después de un despegue a 28 grados. Y en una serie de ocasiones anteriores en que la NASA había propuesto —cancelándolos por otros motivos— despegues con temperaturas de 5 grados, Morton Thiokol no había dicho una palabra sobre la potencial amenaza planteada por el frío, por lo cual su objeción posterior le había parecido a la NASA menos razonable que arbitraria. Vaughan confirma que había una discusión entre gerentes e ingenieros en vísperas del lanzamiento, pero advierte que, dentro del programa de la lanzadera, este género de discusiones era de lo más habitual. Y, aunque la comisión presidencial quedase asombrada por el repetido empleo por parte de la NASA de expresiones como *riesgo aceptable* y *erosión aceptable* en la discusión interna sobre las juntas de los cohetes de propulsión, Vaughan demuestra que el vuelo con riesgos aceptables formaba parte de la cultura estándar de la NASA. De hecho, las listas de riesgos aceptables para el transbordador espacial ocupaban seis volúmenes. «Aunque no se hubiera predicho la erosión [de los *O-rings*] en sí misma, su presencia se conformaba a las expectativas de la ingeniería para sistemas técnicos de tan gran escala —escribe la autora—. En la NASA, los problemas eran la norma. *Anomalía* era palabra de uso diario [...] El proyecto entero descansaba sobre la suposición de que las desviaciones podían controlarse, pero nunca eliminarse».

Lo que la NASA había creado era una cultura cerrada que, en palabras de Vaughan, «normalizaba la desviación» para que, de cara al mundo exterior, algunas decisiones obviamente cuestionables fueran vistas por la dirección de la NASA como prudentes y razonables. La descripción de este mundo interno es lo que hace su libro tan inquietante: cuando Vaughan presenta la secuencia de las decisiones que condujeron al lanzamiento —cada una de las cuales es individualmente tan trivial como los eslabones de la cadena de fracasos que condujeron al borde del desastre en Harrisburg—, es difícil encontrar un punto exacto en que las cosas se torcieran o donde las cosas pudieran hacerse mejor la próxima vez. «En verdad se puede afirmar que la decisión de lanzar el *Challenger* se adoptó de conformidad con las regulaciones en vigor –concluye—. Pero los acuerdos, reglas, procedimientos y normas de índole cultural que siempre funcionaron en el pasado esta vez no surtieron efecto. La tragedia no la causaron administradores amorales que violaban las normas, sino la pura conformidad con ellas».

4.

Hay otro modo de contemplar este problema; a saber, desde el punto de vista de cómo los seres humanos gestionan el riesgo. Una de las asunciones que subyacen al ritual moderno del desastre es que, cuando un riesgo puede identificarse y eliminarse, el sistema incrementa su seguridad. Las nuevas juntas de los propulsores de la lanzadera, por ejemplo, son mucho mejores que las viejas, con lo que las posibilidades totales de que se repita un accidente como el del *Challenger* deberían haberse reducido, ¿correcto? Esto es tan intuitivamente correcto que cuestionárselo parece casi imposible. Pero cuestionárselo es justamente lo que ha hecho otro grupo de eruditos, enunciando su teoría de la homeostasis de los riesgos. Hay que decir que dentro de la comunidad académica se están produciendo grandes debates sobre hasta qué punto puede y debe aplicarse esta teoría de la homeostasis de los riesgos. Pero la idea básica, brillantemente presentada por el psicólogo canadiense Gerald Wilde en su libro *Riesgo deseado* es perfectamente sencilla: en ciertas circunstancias, los cambios que parecen hacer más seguro un sistema o una organización de hecho no surten este efecto. ¿Por qué? Porque los seres humanos tienen una tendencia aparentemente fundamental a compensar riesgos inferiores en un área asumiendo riesgos mayores en otra.

Considérense, por ejemplo, los resultados de un famoso experimento realizado hace varios años en Alemania: parte de una flota de taxis muniquesa fue equipada con sistemas de freno antibloqueo (ABS), la reciente innovación tecnológica que había mejorado infinitamente el frenado, particularmente sobre superficies resbaladizas. El resto de la flota no sufrió variaciones. Ambos grupos —que por lo demás contaban con idéntica dotación— fueron sometidos a observación estrecha y secreta durante tres años.

Se suponía que unos frenos mejores mejorarían la seguridad de la conducción. Pero eso es justo lo contrario de lo que pasó. Dotar de ABS a algunos conductores no surtió absolutamente ningún efecto en el número de accidentes que sufrían; de hecho, los convirtió en conductores notablemente peores. Conducían más rápido. Tomaban curvas más cerradas. Eran menos considerados al cambiar de carril. Frenaban con más brusquedad. Mostraban mayor tendencia a pegarse al vehículo que tuvieran delante. No se integraban tan bien en el tráfico general y también estaban implicados en más conatos de accidente. En otras palabras, los sistemas ABS no se usaban para reducir accidentes; en lugar de eso, los conductores se servían de este elemento adicional de seguridad para permitirse conducir más rápido y más imprudentemente sin aumentar su riesgo de participar en un accidente. Como dirían los economistas, *consumieron* la reducción de riesgos en vez de ahorrarla.

La homeostasis de los riesgos no es una regla universal. A menudo —como en el caso de, por ejemplo, los cinturones de seguridad— el comportamiento compensatorio sólo compensa en parte la reducción de riesgos comportada por una medida de seguridad. Pero se cumple con frecuencia suficiente para merecer una consideración más seria. ¿Por qué mueren más peatones atropellados en pasos de cebra que en cruces peatonales no marcados? Porque compensan el entorno «seguro» de un paso de cebra vigilando menos el tráfico rodado. ¿Por qué, según un estudio, la introducción de tapas a prueba de niños en los frascos de medicamentos provocó un aumento sustancial de intoxicaciones infantiles con resultado de muerte? Porque los adultos se volvieron menos cuidadosos a la hora de dejar los frascos fuera del alcance de los niños.

La homeostasis de los riesgos también funciona en la dirección opuesta. A finales de los años sesenta, Suecia pasó de conducir por la izquierda de la calzada a conducir por la derecha, un cambio que cabría imaginar como conducente a una epidemia de accidentes. De hecho, ocurrió lo contrario. La gente compensó su falta de familiaridad con el nuevo modelo de tráfico conduciendo con más cuidado. Durante los doce meses siguientes, las víctimas de accidentes de tráfico cayeron el 17 por ciento antes de volver paulatinamente a sus niveles anteriores. Como dice Wilde, bromeando sólo a medias, los países verdaderamente interesados en incrementar su seguridad vial deberían plantearse hacer este cambio de manera habitual.

No se requiere mucha imaginación para ver cómo esta homeostasis de los riesgos se aplica a la NASA y al transbordador espacial. En una frase citada con frecuencia, Richard Feynman, el premio Nobel de Física que formó parte de la comisión del *Challenger,* dijo que la toma de decisiones en la NASA era «una especie de ruleta rusa». Cuando los *O-rings* empezaron a tener problemas y no pasó nada, la agencia pasó a crccr que «el riesgo ya no es tan alto para los próximos vuelos», como dijo Feynman, añadiendo que «podemos relajar nuestras normas un poquito, porque la última vez nos libramos». Pero la mejora de los *O-rings* no significa que se suprima esta clase de asunción de riesgos. Hay seis volúmenes enteros de componentes de la lanzadera que la NASA considera tan delicados como los *O-rings*. Es perfectamente posible que la mejora de los *O-rings* no sirva sino para dar a la NASA confianza para jugar un poco más a la ruleta rusa.

Es una conclusión deprimente, pero no debería sorprendernos. La verdad es que nuestro declarado compromiso con la seguridad, nuestra fiel observancia de los rituales del desastre, siempre enmascaró cierta hipocresía. En realidad no queremos el más seguro de todos los mundos posibles. El límite de velocidad estadounidense de 88 kilómetros por hora probablemente salvara más vidas que cualquier otra medida gubernamental de la generación pasada. Pero el hecho de que el Congreso lo revocase el mes pasado con un mínimo de oposición demuestra que preferimos consumir los recientes avances en seguridad que suponen cosas como los cinturones de seguridad y los *airbags* antes que ahorrarlos. Lo mismo se cumple para las espectaculares mejoras que recientemente se han introducido en el diseño aeronáutico y en los sistemas de navegación aérea. Presumiblemente, estas innovaciones podrían usarse para rebajar al mínimo posible el número de accidentes de aviación. Pero esto no es lo que quieren los consumidores. Lo que quieren es que los vuelos sean más baratos, más puntuales o más cómodos, así que los avances en seguridad, al menos en parte, se consumen haciendo volar aviones en peores condiciones de tráfico o meteorológicas.

Lo que los accidentes como el del *Challenger* deberían enseñarnos es que hemos construido un mundo cuyo potencial para la catástrofe de alta tecnología está engarzado en el tejido de la vida cotidiana. En algún momento futuro —por el más mundano de los motivos, y con las mismas inmejorables intenciones— una nave espacial de la NASA volverá a caer del cielo envuelta en llamas. Al menos deberíamos admitir esto ante nosotros mismos. Y si no podemos —si la posibilidad es demasiado abrumadora—, entonces nuestra única opción es comenzar a pensar en deshacernos por completo de cosas tan peligrosas como un transbordador espacial.

22 de enero de 1996

TERCERA PARTE

PERSONALIDAD, CARÁCTER E INTELIGENCIA

«Llevará un traje cruzado. Abrochado». En efecto...

MADURACIÓN TARDÍA. ¿POR QUÉ ASOCIAMOS GENIALIDAD CON PRECOCIDAD?

1.

Pocos años después de terminar la carrera de Derecho, Ben Fountain ya era socio del bufete especializado en negocios inmobiliarios de Akin, Gump, Strauss, Hauer y Feld, en la sucursal de Dallas. Entonces decidió que quería escribir ficción. El único texto que Fountain había publicado en su vida era un artículo de temas jurídicos. Su formación literaria consistía en un puñado de clases de escritura creativa recibidas en la universidad. Había intentado escribir cuando volvía a casa del trabajo por la noche, pero estaba, por lo general, demasiado cansado para hacer nada. Decidió dejar su trabajo.

«Tenía una tremenda aprensión —recuerda Fountain—. Me parecía habermc tirado de un precipicio sin saber si el paracaídas se iba a abrir. Nadie quiere malgastar su vida, y a mí me iba bien en el ejercicio de la abogacía. Podría haber tenido una buena carrera. Mis padres estaban muy orgullosos de mí... Era una locura».

Comenzó su nueva vida un lunes de febrero por la mañana. Se sentó a la mesa de su cocina a las 7.30. Se hizo un plan. Todos los días escribía hasta la hora de comer. Luego se acostaba en el suelo durante veinte minutos para descansar la mente. Después volvía al trabajo unas horas más. Era abogado. Tenía disciplina. «Entendí desde el principio que, si no cumplía mi programa, me iba a sentir fatal. Así que siempre me las arreglaba para escribir lo que tenía programado. Lo trataba como un trabajo. No lo aplazaba». Su primera narración era sobre un corredor de bolsa que usa información interna, cruzando una línea moral. Ocupaba sesenta páginas y le costó tres meses escribirla. Cuando terminó aquella historia, volvió al trabajo y escribió otra; y luego otra.

En su primer año, Fountain vendió dos relatos. Ganó en confianza. Escribió una novela. Decidió que no era muy buena y terminó por guardarla en un cajón. Entonces vino lo que él describe como su periodo oscuro, cuando reajustó sus expectativas y comenzó otra vez. Consiguió publicar un cuento en *Harper's*. Un agente literario de Nueva York lo vio y se interesó por él. Reunió un volumen de cuentos titulado *Brief Encounters with Che Guevara* [Breves encuentros con el Che Guevara], y Ecco, una división de HarperCollins, lo publicó. Las críticas fueron sensacionales. El suplemento literario del *Times* lo calificó de «desgarrador». Ganó el Premio de la Fundación Hemingway/PEN. Fue elegido Libro Recomendado del Año. Entró en las principales listas regionales de *best sellers*. Fue considerado uno de los mejores libros del año por el *San Francisco Chronicle*, el *Chicago Tribune* y la *Kirkus Reviews*, y mereció comparaciones con la obra de Graham Greene, Evelyn Waugh, Robert Stone y John Le Carré.

La historia de Ben Fountain suena familiar: un joven de provincias que, de repente, se pone el mundo literario por montera. Pero el éxito de Ben Fountain estaba lejos de ser repentino. Dejó su trabajo en Akin, Gump, etcétera en 1988. Por cada relato que publicó en aquellos primeros años, sufrió al menos treinta rechazos. En la novela que acabó en un cajón había invertido cuatro años. El periodo oscuro se prolongó durante la segunda mitad de los años noventa. Su consagración con *Breves encuentros...* se produjo en 2006, dieciocho años después de aquella primera mañana que se sentó a escribir a la mesa de su cocina. El «joven» escritor de provincias había tardado cuarenta y ocho años en ponerse el mundo literario por montera.

2.

De acuerdo con la concepción popular, el genio está inextricablemente ligado a la precocidad: hacer algo verdaderamente creativo, según nos inclinamos a pensar, requiere la frescura, la exuberancia y la energía de la juventud. Orson Welles hizo su obra maestra, *Ciudadano Kane*, a los veinticinco. Herman Melville escribió un libro por año desde sus veintitantos, culminando, a la edad de treinta y dos con *Moby Dick*. Mozart escribió su decisivo *Concierto para piano Nº 9 en mi bemol* a la edad de veintiuno. En algunas formas creativas, como la poesía lírica, la importancia de la precocidad ha ascendido a la categoría de una ley de hierro. ¿Cuántos años tenía T. S. Eliot cuando escribió la «Canción de amor de J. Alfred Prufrock» («Envejezco... Envejezco»)? Veintitrés. «Los poetas alcanzan su punto culminante en la juventud», mantiene el investigador sobre la creatividad James Kaufman. Mihály Csíkszentmihályi, autor de *Flujo*, está de acuerdo: «Se considera que los versos líricos más creativos son los que escriben los jóvenes». Según el psicólogo de Harvard Howard Gardner, una autoridad principal en materia de creatividad, «la poesía lírica es un dominio donde el talento se descubre pronto, se quema intensamente y se extingue a edad temprana».

Hace unos años, un economista en la Universidad de Chicago llamado David Galenson decidió averiguar si esta presunción sobre la creatividad era correcta. Examinó cuarenta y siete antologías de poesía principales publicadas desde 1980 y contó los poemas que aparecían con más frecuencia. Algunas personas, desde luego, discutirían la noción de que el mérito literario pueda cuantificarse. Pero Galenson sencillamente pretendía hacer un sondeo cruzado sobre una amplia sección de poemas que, según los eruditos literarios, conformaban lo más granado del canon estadounidense. Los primeros once son, en este orden: el «Prufrock» de T. S. Eliot, «La hora de la mofeta» de Robert Lowell, «Visita al bosque con nevada vespertina» de Robert Frost, «Carretilla roja» de William Carlos Williams, «El pez» de Elizabeth Bishop, «La mujer del comerciante fluvial» de Ezra Pound, «Papá» de Sylvia Plath, «En una estación del metro» de Pound, «Mending Wall» de Frost, «El muñeco de nieve» de Wallace Stevens y «El baile» de Williams. Los autores de estos once poemas tenían, cuando escribieron cada uno de ellos, veintitrés, cuarenta y uno, cuarenta y ocho, cuarenta, veintinueve, treinta, treinta, veintiocho, treinta y ocho, cuarenta y dos y cincuenta y nueve años, respectivamente.

No hay ninguna evidencia, concluía Galenson, que corrobore la pretensión de que la poesía lírica es cosa de personas jóvenes. Algunos poetas crean sus mejores obras al principio de sus carreras. Otros hacen su mejor trabajo decenios más tarde. El cuarenta y dos por ciento de los poemas de Frost presentes en las antologías los escribió el maestro después de cumplir cincuenta. ¿Y de Williams? El 44 por ciento. ¿Y Stevens? El 49 por ciento.

Otro tanto puede decirse del cine, advierte Galenson en su estudio «Viejos maestros y jóvenes genios: los dos ciclos vitales de la creatividad artística». Sí, Orson Welles había alcanzando su culminación como director a los veinticinco. Pero Alfred Hitchcock rodó *Crimen perfecto, La ventana indiscreta, Atrapa a un ladrón, Pero... ¿quién mató a Harry?, Falso culpable, Vértigo, Con la muerte en los talones* y *Psicosis* —una de las rachas más magníficas de un director en toda la historia del cine— entre la edad de cincuenta y cuatro y la de sesenta y uno. Mark Twain publicó *Las aventuras de Huckleberry Finn* a los cuarenta y nueve. Daniel Defoe escribió *Robinson Crusoe* con cincuenta y ocho.

Los ejemplos que Galenson no podía quitarse de la cabeza, sin embargo, eran Picasso y Cézanne. Él era amante del arte y conocía bien sus historias. Picasso fue prodigio incandescente. Su carrera como artista serio comenzó con una obra maestra, *Evocación: entierro de Casagemas,* pintada a la edad de veinte años. En poco tiempo, realizó muchos de los mayores trabajos de su carrera, incluido *Las señoritas de Aviñón,* a la edad de veintiséis años. Picasso encaja perfectamente en nuestras ideas habituales sobre el genio.

Cézanne no. Si uno va a la sala Cézanne del parisino Musée d'Orsay —la más soberbia colección de Cézanne del mundo— las obras maestras que se encuentran en el muro de honor fueron pintadas todas al final de su carrera. Galenson hizo un simple análisis económico, tabulando los precios pagados en subastas por pinturas de Picasso y Cézanne con los años en los que los maestros crearon aquellas obras. Un cuadro del Picasso veinteañero costaba, según encontró Galenson, un promedio de cuatro veces más que una pintura firmada por el Picasso sesentero. En el caso de Cézanne, se cumplía lo opuesto. Los cuadros que pintó a los sesenta y tantos se valoraban quince veces mejor que los que hizo de joven. La frescura, la exuberancia y la energía de la juventud a Cézanne le sirvieron de poco. Maduró tardíamente; y por alguna razón, en nuestra historia del genio y la creatividad nos olvidamos de los Cézannes que en el mundo han sido.

3.

El primer día que Ben Fountain se sentó a escribir a la mesa de su cocina transcurrió bien. Sabía cómo se suponía que comenzaba la historia del corredor de bolsa. Pero el segundo día, me cuenta, «perdió el oremus». No sabía cómo describir las cosas. Se sintió devuelto al primer día de colegio. No tenía una visión totalmente formada, lista para que él la volcase a la página. «Tuve que crearme una imagen mental de un edificio, un cuarto, una fachada, un corte de pelo, un ropaje... Descendí a lo más básico —explica—. Comprendí que no tenía facilidad para las descripciones verbales. Me compré diccionarios visuales, diccionarios arquitectónicos, y los estudié».

Fountain se puso a recoger artículos sobre cosas que le interesaban; y poco después comprendió que había desarrollado una gran fascinación por Haití. «Mi archivo haitiano no hacía más que crecer —dice Fountain—. Pensé: "¡Vale!, aquí está mi novela". Durante un mes o dos me dije que en realidad no tenía que ir allí, que podía imaginármelo todo. Pero después de un par de meses pensé: "Pero ¿cómo no vas a ir?", y para allá me fui, en abril o mayo de 1991».

Hablaba poco francés, no digamos criollo haitiano. Nunca había estado en el extranjero. Tampoco conocía a nadie en Haití. «Llego al hotel, subo las escaleras y me encuentro a un tipo de pie al final de ellas —recuerda Fountain—. Me dijo: "Me llamo Pierre. Y usted necesita un guía". Contesté: "Tiene usted más razón que un santo". Era una persona muy genuina, comprendió de inmediato que no buscaba chicas ni drogas ni nada por el estilo —continuó Fountain—. Me di cuenta de que era el tipo de guía que necesitaba».

Fountain quedó fascinado por Haití. «Es casi como un laboratorio —dice—. Todo lo que ha pasado en los últimos quinientos años: el colonialismo, la raza, el poder, la política, los desastres ecológicos, está allí, muy concentrado. Además, a nivel visceral encontré que me sentía cómodo en aquel país». Viajó más veces a Haití, a veces una semana, a veces dos. Trabó amistades, a las que invitó a visitarle en Dallas. «Uno no ha vivido hasta que ha tenido invitados haitianos en su casa —dice Fountain—. Me relacioné con el país. No me limité a ejercer de turista literario. Este proceso incluye una parte no muy racional ni lineal. Yo había delimitado una época específica sobre la que escribir y tenía que documentarme sobre ciertas cosas. Pero me enteré de otras que en principio no tenía por qué conocer. Conocí a un tipo que cooperaba con Save the Children y estaba en la meseta central, a unas doce horas de autobús. Yo no tenía ninguna razón para ir allí. Pero allí estaba, molido, en aquel autobús, cubierto de polvo. Había sido una excursión dura, pero fue un viaje glorioso. No tenía nada que ver con el libro, pero no fue conocimiento inútil».

En *Breves encuentros con el Che Guevara,* cuatro de las narraciones versan sobre Haití y son las mejores de la colección. Saben a Haití; parecen escritas de dentro afuera, no de fuera adentro. «Cuando terminé la novela, no sé, me pareció que no había acabado con Haití, que podía seguir profundizando en el país —recuerda Fountain—. He venido más de treinta veces y siempre encuentro algo nuevo».

Los prodigios como Picasso, arguye Galenson, rara vez se embarcan en esta clase de exploración ampliable. Tienden a ser «conceptuales», como dice Galenson, en el sentido de que parten de una idea clara de adónde quieren llegar y la ejecutan. «Me cuesta entender la importancia que se concede a la palabra investigación», decía Picasso en una entrevista con el artista Marius de Zayas. «En mi opinión, la búsqueda en la pintura carece de sentido. La clave es encontrar». Y proseguía: «Los distintos estilos que he adoptado en mi arte no deben considerarse como una evolución en busca de un ideal... Yo nunca he hecho pruebas ni experimentos».

Pero los tardíos en madurar, opina Galenson, tienden a trabajar de otra manera. Su aproximación es experimental. «Sus objetivos son imprecisos, luego su procedimiento es provisional, va en incrementos», escribe Galenson en «Viejos maestros y jóvenes genios», y continúa así:

La imprecisión de sus objetivos significa que estos artistas rara vez sienten que han tenido éxito; en consecuencia, a menudo domina sus carreras la búsqueda de un solo objetivo. Estos artistas se repiten, pintan muchas veces el mismo motivo, van cambiando gradualmente el tratamiento en un proceso experimental de ensayo y error. Cada obra conduce a la siguiente, y en general ninguna está privilegiada sobre las demás. Los pintores experimentales rara vez hacen bosquejos específicos preparatorios o proyectos de cuadro. Consideran la producción de un cuadro como un proceso de busca, orientada a descubrir la imagen en el curso de su creación; es típico que consideren el estudio como un objetivo más importante que la fabricación de pinturas terminadas. Los artistas experimentales construyen sus habilidades gradualmente a lo largo de sus carreras, mejorando su trabajo paulatinamente a lo largo de periodos dilatados. Estos artistas son perfeccionistas y suele frustrarles sobremanera la incapacidad de alcanzar su objetivo.

Donde Picasso quería encontrar, no buscar, Cézanne decía lo contrario: «Yo busco en la pintura».

Un innovador experimental *quiere* ir treinta veces a Haití. Así es como esa clase de mentes se figuran lo que quieren hacer. Cuando Cézanne pintaba un retrato del crítico Gustave Geffroy, le hizo posar ochenta sesiones, más de tres meses, antes de anunciarle el fracaso del proyecto (el resultado es una de esas obras maestras en lugar de honor que hay en el Musée d'Orsay). Cuando Cézanne pintó a su marchante, Ambrose Vollard, obligó a su modelo a llegar a las ocho de la mañana y sentarse sobre una pequeña plataforma hasta las once y media, sin descansos, en 150 ocasiones... antes de abandonar el retrato. Pintaba una escena, luego la repintaba, luego la volvía a pintar. Era conocido por acuchillar sus lienzos en pedazos durante sus ataques de frustración.

Mark Twain era igual. Galenson cita al crítico literario Franklin Rogers sobre el método empírico de Twain: «Su procedimiento rutinario parece haber sido comenzar una novela con algún plan estructural que generalmente pronto se demostraba defectuoso, con lo cual él buscaba un nuevo hilo argumental que vencería la dificultad, volvía a escribir lo ya escrito y luego seguía adelante hasta que algún nuevo defecto le forzaba a repetir el proceso».

Twain se enredó y desesperó tantas veces con *Huckleberry Finn,* tanto lo rescribió y abandonó y retomó, que le costó casi diez años terminar el libro. Los Cézannes que en el mundo han sido florecen tardíamente, no como consecuencia de algún defecto de su carácter, ni por distracción o carencia de ambiciones, sino porque la clase de creatividad que procede por el sistema de ensayo y error necesariamente tarda mucho en materializarse.

Uno de los mejores relatos de *Breves encuentros...* se titula «Pájaros casi extintos de la cordillera central». Es sobre un ornitólogo secuestrado por las FARC de Colombia. Como es habitual en la obra de Fountain, está escrito con la gracia de la facilidad. Pero nada hubo de fácil ni lleno de gracia en el proceso de su creación. «Ese cuento fue una lucha —dice Fountain—. Pequé de ambicioso. Probablemente escribí quinientas páginas de ese cuento, si sumamos sus múltiples reencarnaciones». Fountain está trabajando ahora mismo en una novela que tenía que salir este año. Lleva retraso.

4.

La idea de Galenson de que la creatividad puede dividirse en dos tipos, conceptual y experimental, tiene un número de implicaciones importantes. Por ejemplo, a veces pensamos que lo que les pasa a los de maduración tardía es que tardan en arrancar. Como no comprenden que algo se les da bien hasta que cumplen los cincuenta, lógicamente alcanzan el éxito tarde en la vida. Pero esto no es exactamente así. Cézanne empezó casi tan pronto como Picasso. También pensamos a veces que, cuando a un artista se le *descubre* tarde, fue porque el mundo tardó en apreciar sus dones. En ambos casos se presume que el prodigio y el maduro tardío son fundamentalmente lo mismo, y que un florecimiento tardío es sencillamente un genio bajo condiciones de fracaso en el mercado. Lo que el argumento de Galenson sugiere es algo más: que los tardíos florecen tarde porque, hasta un momento tardío de sus carreras, sencillamente no son muy buenos.

«Todas estas cualidades de su visión interna se veían continuamente obstaculizadas, obstruidas, por la incapacidad de Cézanne de dar suficiente verosimilitud a los personajes de su trama —escribió el gran crítico de arte inglés Roger Fry del primer Cézanne—. Aun estando excepcionalmente dotado para la ejecución técnica, carecía del relativamente común don de la ilustración, que cualquier dibujante de la prensa aprendía en una escuela de artes gráficas; y para plasmar visiones como las de Cézanne se requería este don en grado sumo». En otras palabras, el Cézanne joven no sabía dibujar. De *El banquete,* que el maestro pintó a los treinta y uno, escribe Fry: «Es innegable que Cézanne ha hecho una composición muy pobre». Y continúa: «Personalidades más felizmente dotadas y más integrales han sido capaces de expresarse armoniosamente desde el principio mismo. Pero naturalezas ricas, complejas y contradictorias como la de Cézanne requieren un largo periodo de fermentación». Intentaba algo tan evasivo que no fue capaz de dominarlo sin consumir decenios de práctica.

Ésta es la fastidiosa lección de la larga tentativa de Fountain por hacerse notar en el mundo literario. En su camino al éxito, la flor tardía parecerá un fracaso: mientras revisa y desespera y cambia el curso y reduce lienzos a jirones después de meses o años de trabajo, lo que este artista produzca se parecerá a lo que crean los artistas que nunca florecerán en absoluto. Para los prodigios todo es más fácil. Su genio les precede. La flor tardía lo tiene difícil. Requiere paciencia y fe ciega (agradezcamos que Cézanne no tuviera un orientador en el instituto que, tras mirar sus primeros bosquejos, le aconsejase que se hiciera contable). Siempre que nos encontramos ante una flor tardía, no podemos por menos de preguntarnos cuántas otras no habremos despreciado porque juzgamos sus talentos antes de tiempo. Pero también tenemos que aceptar que no hay nada que podamos hacer al respecto. ¿Cómo saber cuál de entre los muchos fracasos terminará floreciendo?

No mucho después de conocer a Ben Fountain, fui a ver al novelista Jonathan Safran Foer, autor del *best seller* de 2002 *Todo está iluminado*. Fountain es un hombre de pelo canoso, leve y modesto. En palabras de un amigo suyo, «parece un golfista de Augusta». Foer está en su temprana treintena y apenas parece lo bastante mayor como para tomarse un whisky. A Fountain le caracteriza la suavidad, como si los años de lucha le hubieran limado las asperezas. Foer da la impresión de que, si uno lo tocara estando él en pleno vuelo conversacional, se llevaría una descarga eléctrica.

«La verdad es que entré en la literatura por la puerta de atrás —dijo Foer—. Mi mujer es escritora, se crió escribiendo diarios. Sus padres decían: "¡Esa luz! ¡A dormir!". Pero ella tenía una linterna para seguir leyendo bajo las sábanas. Por mi parte, no recuerdo haber leído ni un libro hasta mucho más tarde que la mayoría de la gente. Sencillamente no me interesaba».

Foer fue a Princeton y en su primer año de estudiante asistió a un curso de escritura creativa a cargo de la novelista Joyce Carol Oates. «Tuvo —explica— algo de capricho, tal vez nacido de la sensación de que debía realizar otros cursos. Yo nunca había escrito creativamente. Ni se me había ocurrido; pero a mitad del semestre un día llegué a la clase temprano y mi profesora me dijo: "Me alegro de tener esta oportunidad para decírtelo: tienes en mí una admiradora". Para mí fue una verdadera revelación».

Oates le dijo que tenía la más importante virtud de un escritor: energía. Había estado escribiendo quince páginas por semana para aquella clase, una historia entera por cada seminario.

«¿Cómo puede salir tanta agua de una grieta tan pequeña? —dijo, con una carcajada—. Había algo en mí que rebosaba como el agua de una presa».

En su segundo año, volvió a matricularse en escritura creativa. Al verano siguiente viajó a Europa. Quería conocer el
pueblo ucraniano de donde procedía su abuelo. Después de
aquel viaje, marchó a Praga. Allí leyó a Kafka, como cualquier
estudiante de literatura, y se sentó ante su ordenador.

«Sólo escribía —dijo—. Ni me di cuenta hasta que ya estaba haciéndolo. No había ido con intención de escribir un
libro. Escribí trescientas páginas en diez semanas. Aquello
sí que fue escribir. Nunca lo había hecho».

Aquello era una novela sobre un muchacho llamado Jonathan Safran Foer que visita el pueblo ucraniano donde
había nacido su abuelo. Aquellas trescientas páginas fueron el primer esbozo de *Todo está iluminado,* una novela ex-
quisita y extraordinaria que consolidó a Foer como una de
las voces literarias más distintivas de su generación. Tenía
diecinueve años.

Foer se puso a hablar del otro modo de escribir libros,
cuando uno afila minuciosamente su arte a lo largo de años y
más años. «Yo no podría hacer eso —dijo. La mera idea parecía sumirle en la perplejidad. Estaba claro que no tenía el menor entendimiento de cómo se haría eso de innovar por vía
experimental—. ¿Y si el arte que uno intenta aprender consiste en la originalidad? ¿Cómo se aprende a ser original?»

Se puso a describir su visita a Ucrania. «Fui al *shtetl* de
donde procedía mi familia. Se llama Trachimbrod, y ése es
el nombre que uso en el libro. El suyo verdadero. ¿Pero sabes algo divertido? Ahí se acabó el trabajo de documenta-
ción». Cuando escribió la primera frase, se sintió orgulloso
de ella; y luego se puso a pensar adónde le llevaba. «Pasé la
primera semana debatiendo conmigo mismo sobre qué hacer con esta primera oración. Pero una vez que tomé esa
decisión, me sentí liberado para crear solamente. A partir de
entonces fue como una explosión».

Si uno lee *Todo está iluminado* termina con la misma sensación que se tiene tras leer *Breves encuentros con el Che Guevara,* la sensación de transporte que se experimenta cuan-

do una obra literaria obliga al lector a penetrar en el mundo que propone. Ambas son obras de arte. Pero como artistas, Fountain y Foer no podrían parecerse menos. Fountain fue treinta veces a Haití. Foer fue a Trachimbrod solamente una vez. «Para mí no significaba nada —dijo Foer—. No tenía absolutamente ninguna experiencia allí. Fue un trampolín para mi libro. Me lancé a una piscina vacía y la fui llenando». Tiempo total empleado en inspiración: tres días.

5.

Dejar la abogacía y convertirse en escritor no fue una decisión que Ben Fountain tomase absolutamente solo. Está casado y tiene una familia. Conoció a su mujer, Sharon, cuando ambos estudiaban Derecho en la Universidad de Duke. Cuando él trabajaba en bienes inmobiliarios para Akin, Gump, etcétera ella llevaba camino de que la hicieran socia en el bufete fiscal de Thompson y Knight. De hecho, los dos trabajaban en el mismo edificio del centro de Dallas. Se casaron en 1985 y tuvieron un hijo en abril de 1987. Sharie, como llama Fountain a su mujer, se tomó cuatro meses de permiso por maternidad antes de volver al trabajo. A finales de aquel año la hicieron socia.

«Llevábamos a nuestro hijo a una guardería de la ciudad —recuerda Sharie—. Salíamos de casa juntos en el mismo coche: uno de nosotros lo llevaba a la guardería y el otro se iba a trabajar. Uno de nosotros lo recogía y luego, a eso de las ocho de la tarde, lo bañábamos, lo acostábamos y aún no habíamos comido. Entonces nos mirábamos diciendo: "Esto es sólo el principio" —hizo una mueca—. Seguimos así tal vez un mes o dos. Ben me decía: "¿Cómo lo hacen otros padres?". Ambos convinimos en que, de seguir así, probablemente acabaríamos siendo todos infelices. Ben me dijo: "¿Quieres quedarte en casa?". Bueno, yo era bastante feliz en mi trabajo y él no, así que por mi parte no tenía ninguna necesidad de quedarme en casa. Yo no tenía nada mejor que hacer que ejercer la abogacía; él creía que sí. Le dije: "Mira, ¿podemos compaginar la guardería con tu proyecto de escribir?". Eso fue lo que hicimos».

Ben podía comenzar a escribir a las siete y media de la mañana porque Sharie llevaba a su hijo a la guardería. Dejaba de trabajar a mediodía porque era cuando tenía que recogerlo. Luego hacía las compras y tareas domésticas. En 1989 tuvieron otro bebé, una niña. Fountain se había convertido en un amo de casa hecho y derecho del norte de Dallas.

«Cuando Ben empezó a quedarse en casa, abordamos el hecho de que el plan podría no funcionar. ¿Cuándo podría decirse que no había funcionado? Yo dije: "Vamos a darle diez años" —recuerda Sharie. A ella un plazo de diez años le parecía razonable—. Lleva tiempo decidir si algo te gusta o no», dice. Y cuando los diez años se volvieron doce y luego catorce y luego dieciséis, y los niños ya iban al instituto, ella lo apoyó, porque, incluso durante aquel largo tiempo en que Ben no logró publicar nada en absoluto, ella mantuvo su confianza en que mejoraría. Tampoco le importaban los viajes a Haití. «No puedo imaginarme escribiendo una novela sobre un lugar que al menos no haya intentado visitar», dice. Incluso lo acompañó una vez. Lo primero que vio, de camino a la ciudad desde el aeropuerto, fue gente quemando neumáticos en medio de la carretera.

«Yo tenía un sueldo bastante decente, no necesitábamos dos —continuó Sharie, que transmite una tranquilidad imperturbable—. El dinero nunca viene mal, pero con un sueldo nos llegaba».

Sharie era la mujer de Ben. Pero también fue —por rescatar un término de antaño— su mecenas. Hoy esta palabra tiene un eco de condescendencia, porque consideramos mucho más apropiado que los artistas, como todo hijo de vecino, se apoyen en el mercado. Pero el mercado sólo funciona con gente como Jonathan Safran Foer, cuyo arte surge, totalmente culminado, al principio de su carrera; o como Picasso, cuyo talento era tan cegadoramente obvio que un marchante de arte le ofreció un sueldo de ciento cincuenta francos mensuales en cuanto puso los pies en París, a la edad de veinte años. Si uno tiene el tipo de mente creativa que comienza sin un plan y tiene que experimentar y aprender por la vía práctica, necesita que alguien lo acompañe por el largo y difícil camino que le quede por recorrer a su arte antes de alcanzar su verdadero nivel.

Esto es lo que resulta tan instructivo de cualquier biografía de Cézanne. Los relatos de su vida comienzan hablando de Cézanne y rápidamente se convierten en la historia de su círculo social. Ante todo está siempre su mejor amigo de la niñez, el escritor Émile Zola, quien convence al torpe provinciano inadaptado de que se mude a París y una vez allí le sirve como guardián, protector y consejero durante los largos años de vacas flacas.

Oigamos a Zola, desde París, en una carta al joven Cézanne aún residente en Provenza. Nótese el tono de la misiva, más paternal que fraternal:

> Me haces una pregunta singular. Por supuesto que aquí se encuentra trabajo, como en otras partes, si se tiene la voluntad de trabajar. Además París ofrece una ventaja que no se encuentra en otros lugares: los museos, en los que se puede estudiar a los viejos maestros de 11 a 4. Así es como debes dividirte el tiempo: de 6 a 11 acudes a un estudio a pintar modelos en vivo; luego almuerzas; de 12 a 4 haces copias, en el Louvre o en los jardines de Luxemburgo, de la obra maestra que prefieras. Eso suma nueve horas de trabajo. Yo creo que debería bastar.

Zola continúa, y detalla exactamente cómo podía Cézanne apañarse con una asignación mensual de ciento veinticinco francos:

Éste es mi presupuesto: en alquiler de una habitación, 20 francos por mes; almuerzo, 18 *sous;* cena, 22, o sea dos francos al día, 60 mensuales... Queda pagar el estudio: el Taller Suizo, uno de los menos caros, cobra, creo, 10 francos. Sumando otros 10 francos para lienzos, pinceles, pinturas, sale a 100. Te quedan 25 francos para gastar en lavandería, luz y las mil pequeñas necesidades que puedan surgir.

Camille Pissarro fue la siguiente figura crucial en la vida de Cézanne. Fue Pissarro quien cobijó a Cézanne bajo su ala y le enseñó a ser pintor. Durante años, hubo periodos en que ambos se iban al campo a trabajar juntos.

Luego estaba Ambrose Vollard, patrocinador de la primera exposición individual de Cézanne, a la edad de cincuenta y seis años. A instancias de Pissarro, Renoir, Degas y Monet, Vollard cazó a Cézanne en Aix. Descubrió una naturaleza muerta en la copa de un árbol, adonde había sido arrojada por Cézanne en un rapto de repugnancia. De vuelta en París, hizo correr la voz de que le interesaban los cuadros de Cézanne. En *Lost Earth: A Life of Cézanne* [Tierra perdida: vida de Cézanne], el biógrafo Philip Callow describe lo que pasó después:

> Poco después apareció en su hotel un hombre con un cuadro envuelto en un paño. Lo vendió por 150 francos, lo que le inspiró a volver corriendo a su casa con el marchante para inspeccionar varios Cézannes más, magníficos. Vollard pagó mil francos por el lote. Al salir casi se golpeó la cabeza con un cuadro pasado por alto. La mujer de aquel hombre lo había arrojado por la ventana. Todos los cuadros habían estado acumulando polvo, semienterrados entre un montón de trastos en el desván.

Todo esto fue antes de que Vollard accediera a sentarse 150 veces, de ocho a once y media de la mañana, sin descansos, para un cuadro que Cézanne acabó abandonando indignado. Una vez, cuenta Vollard en sus memorias, él mismo se quedó dormido, cayéndose de su improvisada plataforma. Cézanne le reprendió, enfurecido: «¡Hasta una manzana sabe estarse quieta!». Eso es amistad.

Finalmente, estaba el padre de Cézanne, el banquero Louis-Auguste. Desde que Cézanne hijo dejó Aix, a la edad de veintidós años, Louis-Auguste le pagó las facturas, incluso cuando Cézanne daba toda la sensación de no ser nada más que un diletante fracasado. De no haber sido por Zola, Cézanne habría vivido infeliz en Provenza como hijo de un banquero; de no haber sido por Pissarro, nunca habría aprendido a pintar; de no haber sido por Vollard (a instancias de Pissarro, Renoir, Degas y Monet), sus lienzos se habrían podrido en algún desván; de no haber sido por su padre, el largo aprendizaje de Cézanne habría sido económicamente inviable. La lista de mecenas es extraordinaria. Los tres primeros —Zola, Pissarro y Vollard— habrían sido famosos aunque Cézanne nunca hubiera existido, y el cuarto era un empresario excepcionalmente dotado que al morir dejó cuatrocientos mil francos a su hijo. No es que Cézanne recibiera algo de ayuda; es que tenía todo un *dream team* en su rincón.

Ésta es la lección postrera que ofrecen las flores tardías: su éxito depende en grado sumo de esfuerzos ajenos. En las biografías de Cézanne, Louis-Auguste aparece invariablemente como una especie de filisteo gruñón que no apreciaba el genio de su hijo. Pero Louis-Auguste no estaba obligado a costear la carrera de Cézanne durante todos aquellos años. Habría tenido perfecto derecho a exigir a su hijo que se buscara un trabajo de verdad, tal como Sharie bien podría haberse opuesto a los repetidos viajes de su marido al caos haitiano. Podría haber argumentado que ella tenía derecho a vivir de acuerdo con su profesión y estado, que merecía conducir un BMW, el coche que en el norte de Dallas conducen las parejas con poder, en vez del Honda Accord con el que acabó conformándose.

Pero ella creyó en el arte de su marido, o quizás, más sencillamente, creyó en su marido, del mismo modo en que Zola y Pissarro y Vollard y —a su quejumbrosa manera— Louis-Auguste debieron de creer en Cézanne. Las historias de flores tardías son invariablemente historias de amor, y tal vez por eso su comprensión ofrece dificultades. Nos gustaría pensar que asuntos mundanos como la lealtad, la constancia y la buena voluntad necesaria para seguir firmando cheques en apoyo de lo que se parece bastante al fracaso no tienen nada que ver con algo tan raro como el genio. Pero a veces el genio no tiene nada de raro; a veces es simplemente lo que surge después de veinte años de esfuerzo en la mesa de la cocina.

«Sharie nunca mencionó el dinero, ni una vez. Nunca», dijo Fountain. La tenía a su lado y la miró de forma que dejaba claro que entendía cuánto de *Breves encuentros...* pertenecía a su esposa. Los ojos se le inundaron de lágrimas. «Ella no me presionó jamás —dijo—. Ni siquiera de forma encubierta, ni siquiera implícitamente».

20 de octubre de 2008

1.

El día del gran partido de fútbol americano entre los Tigers
de la Universidad de Missouri y los Cowboys de Oklahoma
State, un ojeador de jugadores llamado Dan Shonka estaba
sentado en la habitación de su hotel en Columbia (Missouri)
con un reproductor de vídeo portátil. Shonka ha trabajado
para tres equipos de la Liga Nacional de fútbol americano.
Antes de eso, fue entrenador de este deporte, y antes jugó
como *linebacker;* aunque, como él dice, «aquello fue hace ya
cuarenta y cinco kilos y tres operaciones de rodilla». Todos
los años evalúa a entre ochocientos y mil doscientos jugadores por todo el país, ayudando a los equipos profesionales a decidir a quién escoger en los *drafts* universitarios, lo
que significa que durante los últimos treinta años probablemente haya visto tantos partidos de fútbol americano
como el que más en Estados Unidos. En su reproductor de
DVD tenía sus deberes para el gran partido de la tarde: un
vídeo corregido de la competición anterior de los Tigers
jugando contra los Cornhuskers de la Universidad de Nebraska.

Shonka era muy metódico al usar el vídeo, parando y
rebobinando cada vez que veía algo que le llamaba la atención. Le gustaron Jeremy Maclin y Chase Coffman, dos receptores de Mizzou [o Missouri]. Le encantó William Moore,
la seguridad, fuerte y dolorosa, del equipo atrás. Pero, sobre todo, se interesó por el *quarterback* de los Tigers, la es-

trella de su escuadra: un fornido zaguero con brazos como piernas llamado Chase Daniel.

«Me gusta que el *quarterback* pueda cambiar de jugada en movimiento, que no tenga que reducir la marcha», comenzó Shonka. Tenía un montón de formularios de evaluación junto a él; y mientras miraba el partido, iba introduciendo en gráficas y clasificaciones cada lanzamiento de Daniel. «Y luego el criterio. ¡Hombre!, si hoy no es tu día, prueba otro día. ¿Se meterá allí y probará, con un tío respirándole en la cara? ¿Será capaz de meterse allí mismo, lanzar, y aun contener el golpe? ¿Lanza mejor el tipo cuando está en el *pocket*, o lanza igual de bien cuando está en movimiento? Lo que hace falta son grandes competidores. Durabilidad. ¿Pueden mantenerse firmes, tienen fuerza, dureza? ¿Te puedes fiar de ellos para un partido importante? ¿Pueden dirigir a un equipo por el campo y anotar en el tramo final del partido? ¿Tienen visión de juego? Mientras mi equipo vaya por delante, bueno. Pero cuando me están pateando el culo, quiero saber lo que va a hacer ese tío».

Señaló su pantalla. Daniel había lanzado un dardo y, justo en ese momento, un defensor lo había golpeado de lleno. «¿Viste cómo apareció? —dijo Shonka—. Se quedó allí mismo y lanzó el balón en medio de semejante estampida. Este chico los tiene en su sitio». Daniel medía 1,83 y pesaba 102 kilos: un pecho toro. Se movía con una seguridad en sí mismo que lindaba con la arrogancia. Lanzaba rápidamente y a ritmo. Eludía ágilmente a los defensas. Lanzaba en corto y en largo con la misma exactitud. Al final del partido, había dado un asombroso 78 por ciento de pases buenos, deparando a Nebraska la peor derrota en su cancha de los últimos cincuenta y tres años. «Sabe pasar muy rápidamente —dijo Shonka—; y si este Johnny tiene que coger su fusil, lo coge». Shonka había visto todos los *quarterbacks* prometedores de las ligas universitarias, había hecho gráficas de sus lanzamientos, y para él Daniel era especial: «Podría ser uno de los mejores *quarterbacks* universitarios del país».

Pero entonces Shonka se puso a hablar de cuando él estaba en la plantilla de los Eagles de Filadelfia, en 1999. Cinco *quarterbacks* fueron escogidos en la primera ronda de los *drafts* universitarios de aquel año, y todos parecían igual de prometedores que Chase Daniel ahora. Pero sólo uno de ellos, Donovan McNabb, cumplió su promesa. Del resto, uno cayó en la mediocridad después de un principio decente. Dos fueron rotundos fracasos, y el último era tan horrible que, después de que lo rechazasen en la NFL, ni siquiera consiguió entrar en la liga canadiense.

El año anterior le había pasado lo mismo a Ryan Leaf, que iba a ser el Chase Daniel de 1998. Los Chargers de San Diego le convirtieron en el segundo jugador seleccionado de todo el *draft* y le dieron 11 millones de dólares de prima por firmar. Resultó que Leaf era horrible. En 2002, le tocó a Joey Harrington. Harrington era el niño mimado de la Universidad de Oregón y el tercer jugador del *draft*. Shonka aún no se explica qué le pasó.

«Te digo que yo vi a Joey en vivo —dijo—. Este tío lanzaba láseres, podía lanzar en cualquier posición, tenía fuerza en el brazo, tenía envergadura, tenía inteligencia —Shonka se puso tan mustio como puede ponerse un ex *linebacker* de 127 kilos enfundado en un chándal negro—. ¿Sabes que ahora es concertista de piano? No puedes imaginarte cómo me gustaba Joey». Sin embargo, la carrera de Harrington consistió en una prueba fallida con los Lions de Detroit y una caída en el olvido. Shonka volvió la vista a la pantalla, donde el joven que él pensaba que podría ser el mejor *quarterback* del país comandaba a su equipo por todo el campo. «¿Cómo se traducirá esta capacidad a la NFL? —Shonka meneó lentamente la cabeza—. A saber».

Éste es el «problema del *quarterback*». Hay ciertos empleos en los que no se puede saber casi nada de los candidatos antes de que comiencen, nada que prediga lo buenos que serán una vez que hayan sido contratados. Entonces ¿cómo sabemos a quién escoger en casos así? En los últimos años numerosas disciplinas han comenzado a enfrentarse con este problema, pero ninguna con consecuencias sociales tan profundas como la profesión de la enseñanza.

2.

Uno de los instrumentos más importantes de la investigación educativa contemporánea es el análisis del *valor añadido*. Este análisis usa puntaciones de pruebas estandarizadas para examinar en qué medida el rendimiento académico de los estudiantes en el aula de un profesor determinado va cambiando entre el principio y el final del año escolar. Supongamos que la señora Brown y el señor Smith imparten un curso de tercero que puntúa en el percentil 50, tanto en las pruebas de matemáticas como en las de lectura, el primer día de clase, en septiembre. Cuando los estudiantes vuelven a ser examinados en junio, la clase de la señora Brown puntúa en el porcentaje 70, mientras los estudiantes del señor Smith han caído al 40. Este cambio en las calificaciones de los estudiantes, según la teoría del valor añadido, es un indicador la señora Brown que el señor Smith.

Se trata de una medida burda, desde luego. Ni el profesor es el único responsable de cuánto se aprende en un aula ni todo lo valioso que un profesor imparte a sus estudiantes puede captarse con una prueba estandarizada. Sin embargo, si uno va siguiendo a Brown y Smith durante tres o cuatro años, su efecto en las calificaciones de sus alumnos comienza a hacerse predecible: teniendo datos suficientes, es posible identificar cuáles son los profesores muy buenos y cuáles son muy malos. Es más —y éste es el hallazgo que ha galvanizado el mundo educativo—, la diferencia entre los profesores buenos y los malos resulta ser enorme.

Eric Hanushek, economista de Stanford, estima que los alumnos de un profesor muy malo aprenderán, por regla general, la mitad de los contenidos de un año escolar. Los alumnos de un profesor muy bueno aprenderán un año y medio de materia. La diferencia es de un año de estudio en un solo año. El efecto de un profesor empequeñece el del centro: en realidad, su hijo está mejor en una escuela mala con un profesor excelente que en una escuela excelente con un profesor malo. Este efecto del profesor también es mucho más influyente que el del tamaño de la clase. Habría que reducir la clase promedio casi a la mitad para imprimir el mismo empujón que se lograría pasando de un profesor medio a un profesor en el percentil 85. Y recuerde que un profesor bueno cuesta tanto como uno medio, mientras que reducir a la mitad el tamaño de las clases requeriría construir el doble de aulas y contratar al doble de profesores.

Recientemente Hanushek hizo un cálculo rudimentario de lo que un mínimo enfoque en la calidad de profesorado podría significar para Estados Unidos. Si se clasifican los países del mundo en términos del rendimiento académico de sus alumnos, Estados Unidos queda justo por debajo del promedio, media desviación estándar por debajo de un grupo de países de rendimiento relativamente alto, como Canadá y Bélgica. Según Hanushek, Estados Unidos podría salvar este hueco sencillamente relevando al 6-10 por ciento inferior de los profesores de la enseñanza pública y sustituyéndolos por profesores de calidad media. Después de años de preocupación por cuestiones como la financiación, el tamaño del aula y el diseño del plan de estudios, muchos reformadores han llegado a la conclusión de que nada importa más que encontrar a gente con potencial para ser grandes profesores. Pero ojo: nadie sabe qué aspecto tiene una persona con potencial para ser un gran profesor. El sistema escolar tiene el problema del *quarterback*.

3.

El saque inicial para el partido de Missouri contra Oklahoma era a las siete, en una tarde perfecta para jugar al fútbol: cielo despejado y una ligera brisa de otoño. Durante horas, la hinchada había ido colmando los aparcamientos que rodeaban el estadio. Los coches se alineaban a lo largo de las carreteras que conducen a la universidad, muchos con los emblemáticos *rabos Tiger* colgados del maletero. Era uno de los partidos más importantes de Mizzou en muchos años. Los Tigers estaban invictos y tenían una posibilidad de ascender al número uno del fútbol americano universitario. Shonka se abrió paso a través de la muchedumbre y tomó asiento en la tribuna de prensa. Debajo él, en el campo, los jugadores parecían piezas sobre un tablero de ajedrez.

Sacaron los Tigres. Chase Daniel estaba a unas siete yardas detrás de su línea ofensiva. Tenía cinco receptores, dos a su izquierda y tres a su derecha, espaciados de un lado del campo a otro. Sus hombres de línea también estaban muy espaciados. Jugada tras jugada, Daniel recibió el *snap* de su *center,* plantó los dos pies y lanzó el balón en pases diagonales rápidos, de siete u ocho yardas, a uno de sus cinco receptores.

El estilo ofensivo de los Tigers se conoce como *spread,* extensión, y casi todos los mejores *quarterbacks* de la Liga Universitaria, jugadores que entrarán en los *drafts* para convertirse en profesionales, son *quarterbacks* de extensión. Al espaciar ampliamente a los hombres de línea y a los receptores, este sistema facilita al *quarterback* calcular las intenciones de la defensa contraria antes de que el balón sea puesto en movimiento *(snap):* el *quarterback* puede mirar arriba y abajo de la línea, «leer» la defensa y decidir dónde lanzar el balón antes de que nadie haya movido un músculo. Daniel había estado jugando así, en extensión, desde la universidad; lo dominaba con maestría. «Mira qué rápido saca el balón —dijo Shonka—. En dos segundos, ya se lo ha quitado de encima. Sabe exactamente adónde va. Cuando todo el mundo está extendido así, la defensa no puede disfrazar su cobertura. Chase sabe enseguida lo que va a hacer. Este sistema simplifica las decisiones del *quarterback*».

Pero a Shonka esto no le ayudaba mucho. Siempre había sido difícil predecir cómo le iría a un *quarterback* universitario en el mundo profesional. El juego profesional era, sencillamente, más rápido y más complejo. Con el advenimiento de la extensión, sin embargo, la correspondencia entre los dos niveles de juego se había alterado casi por completo. Los equipos de la NFL no dominan la extensión. No pueden. Los defensas profesionales superan tanto en rapidez a los de la Liga Universitaria que saldrían disparados a través de los grandes huecos en la línea ofensiva y aplanarían al *quarterback*. En la NFL, la línea ofensiva está unida como una piña. Daniel no tendría cinco receptores. La mayoría de las veces tendría cuatro como mucho. No podría permitirse el lujo de quedarse a siete yardas, detrás del centro, plantando los pies, sabiendo al instante dónde lanzar. Tendría que agacharse justo detrás del centro, recibir el *snap* directamente y correr hacia atrás antes de plantarse para lanzar. Los defensores no estarían a siete yardas de distancia. Estarían por todas partes, desde el principio. La defensa ya no tendría que mostrar la mano, porque el campo no estaría tan extendido. Ahora podría disfrazar sus intenciones. Daniel no sería capaz de leer la defensa antes de recibir el *snap*. Tendría que leer la jugada unos segundos después de que se iniciase el juego.

«En extensión, ves a muchos tíos abiertos de par en par —dijo Shonka—. Pero cuando un tío como Chase vaya a la NFL, allí nunca va a ver a sus receptores abrirse, sólo en algún caso raro, como cuando alguien resbala o alguno pifia la cobertura. Entre profesionales, cuando te sacas ese balón de las manos, si no usas la vista para mover al defensor un poquito, te interceptan el balón. La capacidad atlética contra la que juegan en la liga grande es increíble».

Mientras Shonka hablaba, Daniel movía a su equipo campo abajo. Pero casi siempre lanzaba aquellos rápidos pases en diagonal. En la NFL, tendría que hacer mucho más que aquello: tendría que lanzar pases largos, verticales, por encima de la defensa. ¿Podría lograr aquella clase de lanzamiento? Shonka no lo sabía. Luego estaba lo de su estatura. Uno ochenta y tres estaba bien para un sistema de extensión, donde los huecos grandes en la línea ofensiva daban a Daniel muchas oportunidades de lanzar el balón y ver campo abajo. Pero en la NFL no habría huecos y los hombres de línea que se precipitarían sobre él medirían uno noventa y cinco, no uno ochenta.

«Me pregunto —continuó Shonka— si puede verlo. ¿Puede ser productivo en este nuevo tipo de ataque? ¿Cómo lo manejará? Me gustaría verlo plantado rápidamente desde el centro. Me gustaría ver su capacidad para leer coberturas que no están en la extensión. Me gustaría verlo en el *pocket*. Me gustaría verle mover los pies. Me gustaría verlo hacer un *deep dig* o una *deep comeback*. Ya sabes, como un tiro de veinte o veinticinco yardas campo abajo».

Estaba claro que Shonka no sentía la misma vacilación al evaluar a otras estrellas de Mizzou —el *safety* Moore, los receptores Maclin y Coffman—. Los partidos que jugarían con los profesionales también serían diferentes de los que jugaban en la universitaria, pero la diferencia era sencillamente de grado. Habían tenido éxito en Missouri porque eran fuertes y rápidos y hábiles, y estos rasgos se traducen bien en el fútbol profesional.

Un *quarterback* universitario que se incorpore a la NFL, en cambio, tiene que aprender a jugar de forma completamente diferente. Shonka empezó a hablar de Tim Couch, el primer *quarterback* elegido en aquel legendario *draft* de 1999. Couch había batido todos los récords imaginables en sus años con la Universidad de Kentucky. «Solían poner cinco cubos de basura en el campo —recordó Shonka, meneando la cabeza— y Couch se quedaba allí de pie, lanzaba, y el tío te metía un balón en cada cubo». Pero Couch fracasó con los profesionales. No era que los *quarterbacks* profesionales no tuvieran que ser precisos. Era que la clase de exactitud requerida para hacer el trabajo bien sólo podía medirse en un verdadero partido de la NFL.

Asimismo, es preciso que todos los *quarterbacks* que llegan al ámbito profesional pasen una prueba de cociente intelectual, el Test de Personal de Wonderlic. La teoría que subyace a esta prueba es que el juego en la Liga Profesional es mucho más exigente en el aspecto cognoscitivo que el de la Liga Universitaria, y que una inteligencia alta debería ser un buen indicativo de éxito. Pero cuando los economistas David Berri y Rob Simmons analizaron las puntuaciones —que se filtran rutinariamente a la prensa— se encontraron con que las del test Wonderlic son prácticamente inútiles como profetas. De los cinco *quarterbacks* admitidos en la primera ronda del *draft* de 1999, Donovan McNabb, el único de los cinco con fotografía en el Salón de la Fama, había sacado la puntuación más baja en el Wonderlic. ¿Y quién más tenía un cociente intelectual en la misma horquilla que McNabb? Dan Marino y Terry Bradshaw, dos de los mejores *quarterbacks* de la historia de este deporte.

Estamos acostumbrados a lidiar con los problemas que plantean las predicciones volviendo a buscar mejores profetas. Ahora comprendemos que ser un buen médico requiere la capacidad de comunicar, escuchar y sentir empatía; y así, aumenta la presión sobre la facultades de Medicina para que presten atención a las capacidades interpersonales además de a las calificaciones académicas. Podemos tener mejores médicos sólo con seleccionar más inteligentemente a los estudiantes en la Facultad de Medicina. Pero nadie dice que a Dan Shonka se le está escapando algún ingrediente clave en su análisis; que sólo con que fuera un poco más perspicaz podría predecir la trayectoria de la carrera de Daniel. El problema del fichaje de *quarterbacks* es que el rendimiento de Daniel no puede predecirse. La tarea para la que se ha preparado es tan particular y especializada que no hay ningún modo de saber quién tendrá éxito en ella y quién no. De hecho, Berri y Simmons no encontraron ninguna relación entre el orden en que un *quarterback* había sido elegido en el *draft* —es decir, cómo de alto lo habían valorado basándose en su rendimiento en la Liga Profesional— y lo bien que había jugado con los profesionales.

Todo el tiempo que Chase Daniel estuvo en el campo contra Oklahoma State, su suplente, Chase Patton, estuvo en la banda, mirando. Patton no jugó ni un solo *down*. En sus cuatro años en Missouri, hasta la fecha, había lanzado un total de veintiséis pases. Y aún había gente en el mundo de Shonka que pensaba que al final Patton sería mejor *quarterback* profesional que Daniel. La semana del partido contra Oklahoma, la revista deportiva nacional *ESPN* llegó a sacar a ambos jugadores en portada, con el título «Chase Daniel, dispuesto a ganar el Heisman», refiriéndose al trofeo otorgado al mejor jugador de la Liga Universitaria; y seguido: «Su suplente podría ganar la Super Bowl». ¿Por qué a todo el mundo le gustaba tanto Patton? No estaba claro. Tal vez fuera una cuestión de estética. Tal vez fuera porque esta temporada en la NFL un *quarterback* que había deambulado por los banquillos de la Liga Universitaria sin demasiado brillo está jugando de maravilla con los Patriots de Nueva Inglaterra. Parece absurdo poner a un atleta en la portada de una revista sin ningún motivo en particular. Pero quizás se reduzca a un «problema del *quarterback*» llevado al extremo. Si el rendimiento en la Liga Universitaria no nos dice nada, ¿por qué no valorar a alguien que no ha tenido la posibilidad de destacar de la misma manera que juzgamos a alguien que juega como el mejor?

4.

Imaginemos a una joven profesora de preescolar sentada en el suelo de un aula y rodeada de siete niños. En la mano sostiene una cartilla con la que enseña el alfabeto a los niños, letra a letra: «La A de Amigo... La B de Burro...». La clase se ha grabado y el vídeo lo está examinando un grupo de expertos, que construyen gráficas y clasificaciones para cada uno de los movimientos de la profesora.

A los treinta segundos, el líder del grupo —Bob Pianta, decano de la Escuela Curry de Magisterio de la Universidad de Virginia— detiene el vídeo. Señala a dos niñas sentadas a la derecha del círculo. Son excepcionalmente activas, se inclinan hacia el interior del círculo y estiran la mano para alcanzar el libro.

«Me llama la atención la animación de los afectos en esta aula —dijo Pianta—. Una de las cosas que hace la profesora es crear un espacio con capacidad para contener eso. Y lo que la distingue de otros profesores es que tiene la flexibilidad de permitir a los niños moverse y tocar el libro. No obliga rígidamente a los niños a estarse quietos».

El equipo de Pianta ha desarrollado un sistema para evaluar varias capacidades relacionadas con la interacción entre profesor y alumno en la práctica. Entre ellas se encuentra «el respeto por la perspectiva del alumno»; es decir, la cintura de un profesor para permitir a los estudiantes alguna flexibilidad con la que desenvolverse mejor en el aula.

Pianta paró y rebobinó la cinta dos veces, hasta que se hizo patente lo que la profesora había logrado: los niños estaban activos, sin que la clase se le fuera de las manos.

«Un profesor peor habría considerado esa inclinación curiosa de los niños como mala conducta —continuó Pianta—: "Eso no se hace. Sentaos bien". Lo habría estropeado todo».

Bridget Hamre, una de los colegas de Pianta, intervino: «Tienen tres o cuatro años. A esa edad, cuando los niños muestran interés, no lo hacen como los adultos, que adoptan una actitud como de alerta. Los niños se inclinan adelante y se menean. Es su modo de participar. Un buen profesor no interpreta esto como mal comportamiento. Pero es difícil inculcar esta idea a los profesores nuevos, porque en el momento en que se les pide respeto por la perspectiva del estudiante, lo interpretan como una pérdida del control del aula».

La lección siguió. Pianta indicó cómo la profesora personalizaba el material: la «B de Burro» se había convertido en una breve discusión sobre cuáles de los niños habían estado en una granja. «Casi cada vez que un niño dice algo, ella le responde, que es lo que describimos como la sensibilidad del profesor», dijo Hamre.

Entonces la profesora preguntó a los niños si sabían el nombre de alguien que comenzara por esa letra.

—¡Blas! —dice un niño que se llama así.

—Sí, Blas empieza por B —asiente la profesora.

—¡Yo, yo! —dice una niña. La profesora se vuelve hacia ella.

—Tú te llamas Verónica. Eso se escribe con V de Ventana.

Era un momento clave. De todos los elementos de la enseñanza analizados por el grupo de Virginia, la retroalimentación —una respuesta directa, personal, del profesor a una declaración específica del alumno— parece ser la más estrechamente vinculada al éxito académico. La profesora no sólo oye el «¡Yo, yo!» entre el bullicio; además, lo contesta directamente.

«Bueno, tampoco es una retroalimentación *tan* buena —dijo Hamre—. Buena retroalimentación es cuando hay un intercambio recíproco para conseguir un entendimiento más profundo». El modo perfecto de manejar aquel momento habría sido que la profesora hiciera una pausa para pedirle a Verónica la tarjeta con su nombre escrito, indicarle la letra V, mostrarle la diferencia con la B y asegurarse de que la clase se fijara en ambas letras. Pero la profesora no hizo esto, bien porque no se le ocurrió, o porque le distrajo el bullicio de las niñas a su derecha.

«Por otra parte, podría no haber hecho caso a la muchacha, lo cual pasa mucho —continuó Hamre—. Otra cosa que pasa mucho es que el profesor diga sólo: "Estás equivocada". La retroalimentación del tipo sí-o-no puede que sea probablemente la predominante, pero casi no proporciona ninguna información para el niño en términos de aprendizaje».

Pianta pasó otra cinta, de una situación casi idéntica: un círculo de preescolares alrededor de una profesora. La lección era sobre cómo podemos saber si alguien está contento o triste. La profesora empezó representando una conversación corta entre dos marionetas de mano, Henriette y Twiggle: Twiggle está triste hasta que Henriette comparte su sandía con él.

«La idea que la profesora intenta transmitir es que se puede saber, mirando a alguien a la cara, cómo se siente, si triste o feliz —dijo Hamre—. Lo que los niños de esta edad tienden a decir es que se puede saber si alguien está triste debido a algo que le haya pasado. Por ejemplo, un niño ha perdido a su perrito y por eso está triste. De verdad no les entra esta nueva idea. Para la profesora es un reto, una lucha».

«¿Os acordáis de cuando dibujamos las caras de todos? —dice la profesora tocándose la cara, indicando sus ojos y su boca—. Cuando alguien es feliz, su cara nos lo dice. Nos lo dicen sus ojos». Los niños miran inexpresivamente. La profesora insiste: «Mirad, mirad —dice sonriendo—. ¡Estoy alegre! ¿Cómo lo sabéis? Mirad mi cara. Decidme lo que cambia en mi cara cuando me pongo contenta. No, no, miradme la cara... No...»

Una niña que tiene al lado dice: «Ojos», dando a la profesora una oportunidad de usar a uno de sus alumnos para ilustrar una lección. Pero la profesora ni la oye. Vuelve a preguntar qué es lo que ha cambiado en la cara. Exagera las muecas de alegría como si los niños fuesen a comprenderlo a fuerza de repetición. Pianta paró la cinta. Un problema, advirtió, era que Henriette hacía feliz a Twiggle al compartir la sandía con él, lo que no ilustra bien la lección.

«Un modo mejor de manejar esto sería anclar alguna referencia a la que pudieran agarrarse los niños —dijo Pianta—. Debería preguntar: "A vosotros ¿qué os pone contentos?". Los niños contestarían. Entonces ella podría decir: "Enséñame la cara que pones cuando estás así de contento. ¡Vale!, y ¿qué te parece la cara de Fulanito? Ahora dime qué te pone triste. Muéstrame tu cara cuando estás triste. ¡Vaya, parece que te ha cambiado!". Básicamente, ya has explicado la lección. Luego podrías hacer algún ejercicio práctico con los niños, para consolidar. Pero esto no va a ninguna parte».

«¿Qué me ha cambiado en la cara?», repitió la profesora por, parecía, centésima vez. Un muchacho se inclinó adelante en el círculo, intentando implicarse en la lección del modo en que lo hacen los chiquillos. Sus ojos estaban atentos en la profesora. «¡Siéntate bien!», le cortó ésta.

Mientras Pianta pasaba una cinta detrás de otra, los patrones empezaron a quedar claros. Había un profesor que dictaba en voz alta oraciones en una prueba de ortografía, pero todas las frases del dictado procedían de su propia vida —«La semana pasada fui a una boda»—, lo que significaba omitir una oportunidad de contar algo que enganchara a sus estudiantes. Otra profesora se precipitaba a un ordenador para pasarles una presentación en PowerPoint, encontrándose con que el aparato estaba apagado. Mientras esperaba a que arrancase, su clase se sumió en el caos.

Y luego estaba la superestrella: un joven profesor de matemáticas de instituto, con vaqueros y un polo verde. «A ver —comenzó, de pie ante la pizarra—. Triángulos rectángulos especiales. Vamos a practicar con ellos, simplemente soltando ideas —dibujó dos triángulos—. Calculad la longitud de la hipotenusa, si podéis. Si no, lo haremos entre todos». El profesor hablaba y se movía rápidamente, lo que según Pianta podría interpretarse negativamente, porque la clase era de trigonometría. No es una materia fácil. Pero su energía parecía contagiar a la clase. En ningún momento dejó de prometer ayuda. *Si no, lo haremos entre todos*. En una esquina del cuarto había un estudiante llamado Ben, que claramente se había perdido algunas clases. «A ver de qué te acuerdas, Ben —dijo el profesor. Ben estaba perdido. El profesor se puso rápidamente a su lado—. Te voy a dar una pista —le hizo una sugerencia rápida—: ¿Qué tal funcionaría esto? —Ben volvió al trabajo. El profesor pasó al estudiante de al lado de Ben y echó un vistazo a su trabajo—. ¡Sí, señor, así se hace!». Se acercó a un tercer alumno, luego a un cuarto. Llevaba dos minutos y medio de clase, el tiempo que la profesora deficitaria había tardado en encender el ordenador, y ya había planteado el problema, había examinado a casi todos sus alumnos y estaba de vuelta en la pizarra, llevando la lección un paso más allá.

«En un grupo como éste, el modus operandi al uso sería: él está en el estrado, dando una conferencia a los chicos, y no tiene ni idea de quién se entera de lo que está haciendo y quién no —dijo Pianta—. Pero él ofrece una retroalimentación individualizada. En cuanto a retroalimentación, se sale de la gráfica». Pianta y su equipo siguieron observando con admiración.

5.

Las reformas educativas suelen comenzar subiendo el listón a los profesores, de modo que las exigencias académicas y cognoscitivas para entrar en la profesión sean lo más estrictas posible. Pero después de ver las cintas de Pianta y comprobar la complejidad de los elementos que hacen eficaz la enseñanza, llama la atención este énfasis en el saber libresco. La profesora de preescolar que enseñaba el alfabeto era sensible a las necesidades de sus estudiantes y sabía dejar a las niñas de la derecha moverse y retorcerse sin interrumpir al resto de los alumnos; el profesor de trigonometría sabía cerrar un ciclo con su clase en dos minutos y medio, haciendo que todos sintieran que habían recibido su atención personal. Pero éstas no son capacidades cognoscitivas.

Un grupo de investigadores —Thomas J. Kane, economista en la Escuela de Magisterio de Harvard; Douglas Staiger, economista en Dartmouth; y Robert Gordon, politólogo en el Center for American Progress— han investigado si ayuda o no el tener a un profesor que se ha ganado una alta certificación académica, o un máster. Ambas son cartas credenciales caras en dinero y tiempo que casi todos los distritos suponen en posesión de su personal docente; ninguna sirve de mucho en el aula. Las calificaciones, licenciaturas y certificados —por muy relacionados con la enseñanza que parezcan— son tan útiles en la predicción del éxito docente como el que un *quarterback* de fútbol americano sepa encestar el balón en un cubo de basura.

Otro investigador educativo, Jacob Kounin, hizo una vez un análisis de «desistimientos», en los que un profesor tiene que corregir algún tipo de mala conducta. En un caso, «Mary se inclina hacia la mesa de su derecha y le susurra algo a su compañera Jane. Ambas se echan a reír tontamente. El profesor dice: "¡Mary, Jane, ya está bien!"». Esto es una conminación al desistimiento. Pero cómo haga desistir un profesor —su tono de voz, sus actitudes, su elección de las palabras— no parece obrar ninguna diferencia a la hora de mantener el orden en el aula. ¿Cómo puede ser? Kounin volvió sobre el vídeo y notaron que cuarenta y cinco segundos antes de que Mary le susurrara a Jane, Lucy y John habían comenzado a susurrar. Entonces Robert lo había notado y había participado, provocando la risa tonta de Jane, con lo cual Jane le dijo algo a John. Entonces fue cuando Mary le susurró a Jane. Era una cadena contagiosa de malas conductas, y lo que de verdad era significativo no era cómo un profesor la cortaba por el final, sino si era capaz de parar la cadena antes de que comenzara. Kounin llamaba a esa capacidad «el lenguaje de los hechos», concepto que definió como «la comunicación de un profesor con los niños mediante su comportamiento efectivo, esto es, más que anunciar verbalmente cosas como "Os he visto", demostrar con hechos que sabe lo que están

haciendo los niños en todo momento, que tiene esos prover-
biales ojos en la nuca». Queda claro que para ser un gran
profesor hay que poseer este lenguaje. Pero ¿cómo sabe alguien si lo tiene hasta que se ha plantado ante una clase de
veinticinco revoltosos Janes, Lucys, Johns y Roberts con la
pretensión de imponer el orden?

6.

Quizás ninguna profesión se haya tomado las implicaciones
del problema del *quarterback* más en serio que la de asesor financiero, y la experiencia de estos asesores financieros también es una guía útil para lo que podría pasar en la enseñanza. No se exige ninguna cualificación formal para entrar en
este ámbito, excepto un título universitario. Las firmas de
servicios financieros no buscan sólo a los mejores estudiantes
ni exigen títulos de posgrado o especifican una lista de requisitos previos. Nadie sabe de antemano qué hace a un buen
asesor financiero diferente de uno malo, así que este ámbito
abre sus puertas de par en par.

«Una pregunta que hago mucho es: "¿Cómo es un día
típico de su vida?" —dice Ed Deutschlander, copresidente
de Grupo de Recursos de la North Star en Minneápolis—.
Si alguien me contesta: "Me levanto a las cinco y media, voy
al gimnasio, voy a la biblioteca, voy a clase, voy al trabajo,
hago deberes hasta las once", esa persona tiene una posibilidad». En otras palabras, Deutschlander empieza buscando los mismos rasgos generales que busca todo gerente de
recursos humanos.

Dice Deutschlander que el año pasado su firma entrevis-
tó a unas mil personas, entre las que encontró cuarenta y
nueve de su gusto, una proporción de veinte entrevistados
por candidato. Aquellos candidatos fueron enviados a un
«campo de entrenamiento» de cuatro meses en el que debían actuar como verdaderos consejeros financieros. «De-

bían ser capaces de obtener en aquel periodo de cuatro meses un mínimo de diez clientes oficiales —dijo Deutschlander—. Si alguno consigue captar diez clientes y es capaz de mantener un mínimo de diez reuniones por semana, eso significa que esa persona ha reunido más de cien presentaciones en este periodo de cuatro meses. Entonces sabemos que esta persona es al menos lo bastante rápida para jugar a este juego».

De las cuarenta y nueve personas invitadas al campo de entrenamiento, veintitrés pasaron el corte y fueron contratadas como asesores en prácticas. Entonces comenzó la verdadera clasificación. «Incluso con los mejores, a veces se tarda tres o cuatro años en saber si alguien está a la altura —dice Deutschlander—. Al principio sólo se rasca la superficie. De aquí a cuatro años, espero conservar a no menos de un treinta o cuarenta por ciento de estos veintitrés».

A las personas como Deutschlander se les suele llamar *porteros,* un título que sugiere que los apostados a la puerta de una profesión están ahí para discriminar, para seleccionar quién pasa por la puerta y quién no. Pero Deutschlander ve su papel como el del guardián de una puerta lo más abierta posible: para encontrar a diez nuevos asesores financieros, está dispuesto a entrevistar a mil personas. El equivalente de este enfoque en la NFL obligaría a los equipos a renunciar a toda adivinación de cuál será «el mejor» *quarterback* del instituto, probando en cambio a tres o cuatro candidatos «buenos».

En la enseñanza, las implicaciones son aún más profundas. Sugieren que, en vez de levantar el listón, deberíamos bajarlo, porque no hay ninguna razón para el cultivo de normas si estas normas no se ajustan a nuestros intereses finales. La enseñanza debería estar abierta a cualquiera con pulso cardiaco y título universitario; y a los profesores debería juzgárseles después de que hayan comenzado a ejercer la docencia, no antes. Esto significa que la profesión tiene que comenzar a implantar un equivalente al campo de entrenamiento de Ed Deutschlander. Necesita un sistema de aprendizaje que permita a los candidatos ser evaluados con rigor. Kane y Staiger han calculado que, dadas las enormes diferencias entre el cielo y el suelo en la profesión, habría que probar aproximadamente a cuatro candidatos para encontrar a un profesor bueno. Esto significa que la plaza no puede concederse con arreglo a un procedimiento rutinario, como se hace ahora. Además, la estructura salarial de la profesión docente es sumamente rígida, y esto también tendría que cambiar en un mundo donde queremos evaluar a los profesores en conformidad con su rendimiento real. Un aprendiz debe cobrar como tal. Pero si encontramos profesores de percentil 88, que pueden enseñar en un año la materia de año y medio, habrá que pagarles mejor, tanto porque queremos que se queden como porque el único modo de conseguir que la gente pruebe lo que de repente se convertirá en una profesión de alto riesgo es ofrecer a los supervivientes el incentivo de una buena recompensa.

¿Es políticamente factible esta solución al problema del *quarterback* en la enseñanza? Los contribuyentes bien podrían retraerse ante los gastos que acarrea probar a cuatro profesores para encontrar uno bueno. Los sindicatos de la enseñanza han venido resistiéndose a la menor desviación respecto del actual sistema. Pero todo lo que necesitan los reformadores es copiar para la profesión docente lo que firmas como la Northern Star llevan haciendo años. Deutschlander entrevista a mil personas para encontrar a diez asesores. Gasta grandes cantidades de dinero en averiguar quién posee la particular mezcla de capacidades que exige el trabajo. «Entre costes directos e indirectos —dice—, la mayoría de las firmas invierten entre cien mil y doscientos cincuenta mil dólares en los tres o cuatro primeros años de un principiante»; y en la mayoría de casos, desde luego, la inversión fracasa. Pero si uno está dispuesto a afrontar esa clase de inversión y demostrar ese grado de paciencia, terminará contando con un asesor financiero como la copa de un pino. «Tenemos ciento veinticinco asesores a jornada completa. El año pasado, setenta y uno de ellos se ganaron el derecho a pertenecer a la Mesa Redonda del Millón de Dólares [asociación que reúne a los miembros más exitosos del sector]. Tenemos a setenta y un miembros entre ciento veinticinco en ese grupo de élite». ¿Qué dice esto de una sociedad que dedica más cuidado y paciencia a la selección de los que manejan su dinero que a la de quienes manejan a sus hijos?

7.

A mitad del último cuarto del partido entre Oklahoma y Missouri, los Tigers tenían problemas. Por primera vez en toda la temporada, iban detrás en el marcador. Si no anotaban, perderían cualquier posibilidad de lograr un campeonato nacional. Daniel recibió el *snap* de su *center* y plantó los pies para pasar el balón. Sus receptores estaban cubiertos. Echó a correr. La defensa de Oklahoma State se le echó encima. Estaba bajo la presión, algo que rara vez le ocurría en extensión. Exasperado, pasó el balón hacia el extremo del campo, directamente a los brazos de un defensa de los Vaqueros.

Shonka se levantó de un salto. «Pero ¡qué le pasa! —gritó—. Está irreconocible».

Al lado de Shonka, un ojeador de los Chiefs de Kansas City parecía alicaído. «¡Chase nunca rifa la pelota!»

Era tentador juzgar el error de Daniel como algo definitivo. La extensión no había funcionado. Habían conseguido estresarle. Así sería jugar en la NFL, ¿verdad? Pero no hay nada que se parezca a jugar de *quarterback* en la NFL. Hay que pasar por ello para saber lo que es. Una predicción, en un campo donde la predicción no es posible, no es más que un prejuicio. Puede que ese error en el pase signifique que Daniel no será un buen *quarterback* profesional, o tal vez sea un error de los que sirven como lección. «No se juzga una tarta de bodas por una guinda», dictaminó Shonka*.

15 de diciembre de 2008

---

* Este artículo se escribió durante la temporada universitaria de fútbol americano de 2008. Missouri acabó venciendo 10-4, y la figura de Chase Daniel —considerado uno de los favoritos para ganar el Trofeo Heisman— se desvaneció. No lo seleccionaron para los *drafts* NFL de 2009, pero firmó como agente libre con los Redskins de Washington.

MENTES PELIGROSAS. EL PERFIL CRIMINOLÓGICO, SIMPLIFICADO

1.

El 16 de noviembre de 1940, los trabajadores del edificio de la Consolidated Edison en la calle Sesenta y cuatro Oeste de Manhattan encontraron una bomba tubular casera sobre una cornisa. Llevaba atada una nota: «Aquí tenéis, delincuentes del Con. Edison». En septiembre de 1941 se encontró una segunda bomba, en la calle Diecinueve, a pocas manzanas de las oficinas centrales de la Con. Edison, cerca de Union Square. La habían dejado en la calle, envuelta en un calcetín. Unos meses más tarde, la policía de Nueva York recibió una carta que prometía «llevar al Con. Edison ante la justicia: pagarán por sus ruines actos». Siguieron otras dieciséis cartas, entre 1941 y 1946, todas escritas con mayúsculas, con mucha repetición de la expresión «ruines actos» y todas firmadas con las iniciales FP. En marzo de 1950, una tercera bomba —mayor y más potente que las anteriores— fue hallada en el nivel subterráneo más bajo de la estación ferroviaria Grand Central Terminal. La siguiente se halló en un teléfono público de la Biblioteca de Nueva York. Explotó, al igual que la colocada en otro teléfono público de la Grand Central. En 1954, el «Terrorista Loco» —como acabó conociéndosele— golpeó cuatro veces, una en el auditorio de Radio City, repartiendo metralla entre el público. En 1955 golpeó seis veces. La ciudad estaba alborotada. Las investigaciones de la policía no llevaban a ninguna parte. A finales de 1956, desesperado, el inspector Howard Finney (del laboratorio criminológico de la policía neoyorquina) y dos agentes de paisano fueron a ver a un psiquiatra llamado James Brussel.

Brussel era un discípulo de Freud. Vivía en la calle Doce, en el West Village, y fumaba en pipa. En México, al principio de su carrera, había hecho contraespionaje para el FBI. Escribió muchos libros, incluido *Instant Shrink: How to Become an Expert Psychiatrist in Ten Easy Lessons* [Loquero al instante: cómo convertirse en un avezado psiquiatra en diez sencillas lecciones]. Finney puso un montón de documentos sobre el escritorio de Brussel: fotografías de bombas no explosionadas, imágenes de devastación, fotocopias de las nítidas misivas de FP. «No pasé por alto el escepticismo que se leía en los ojos de los dos policías de paisano —escribe Brussel en sus memorias, *Fichero de un psiquiatra criminalista*—. Yo había visto esa mirada antes, sobre todo en el Ejército, en los rostros de los duros oficiales de la vieja escuela, agentes de a pie de calle que estaban seguros de que este asunto de la psiquiatría moderna no era más que una sarta de tonterías».

Se puso a hojear los materiales del caso. Durante dieciséis años, FP se había obsesionado con la idea de que la Con. Ed. le había infligido alguna terrible injusticia. Claramente era un paranoico clínico. Pero la paranoia tarda algún tiempo en desarrollarse. FP llevaba poniendo bombas desde 1940, lo que sugería que había alcanzado la mediana edad. Brussel examinó a fondo la minuciosidad de la letra en las notas de FP. Se trataba de un hombre ordenado, cauteloso; probablemente un trabajador ejemplar. Además, su uso de la lengua sugería cierta educación. Pero había algo de afectado en la elección de los términos y en su formulación. A menudo se refería a la Con. Edison como *el* Con. Edison. ¿Y eso de «cobardes y viles actos»? FP parecía haber nacido en el extranjero. Brussel reexaminó más estrechamente las cartas y notó que todas las letras eran mayúsculas perfectas, excepto las uves dobles, que estaban abombadas y se parecían más a dos úes. A ojos de Brussel, aquellas úes dobles parecían un par de pechos. Repasó las descripciones de escenarios de crímenes. Cuando FP plantaba sus bombas en cines, rajaba con un cuchillo el forro inferior del asiento y embutía los explosivos entre la tapicería. ¿No parecía esto simbolizar la penetración de una mujer, o la castración de un hombre, quizás ambas cosas? Era probable que FP nunca hubiera progresado más allá de la etapa edípica. Era un soltero, un solitario. Vivía con una figura materna. Brussel dio un paso más: FP era eslavo. Así como el empleo de un garrote habría apuntado a alguien de extracción mediterránea, la combinación de cuchillo y bomba apuntaba más a Europa oriental. Algunas cartas se habían echado a buzones del condado de Westchester, pero era improbable que FP hubiera enviado las cartas desde su ciudad natal. De todos modos, varias ciudades del sureste de Connecticut tenían una gran población eslava. ¿Y no había que pasar por Westchester para llegar a la ciudad desde Connecticut?

Brussel esperó un momento y luego, en una escena que se ha hecho legendaria entre los que trazan perfiles criminales, hizo una predicción:

—Una cosa más...

Cerré los ojos porque no quería ver su reacción. Visualicé al Terrorista Loco: alguien impecablemente aseado, absolutamente pulcro. Un hombre de los que evitan los estilos de vestir más novedosos hasta que la costumbre largamente establecida los vuelve conservadores. Le vi claramente, mucho más claramente de lo que los hechos establecían sin ningún género de duda. Sabía que me estaba dejando dominar por la imaginación, pero no podía evitarlo.

—Una cosa más —repetí, cerrando los ojos con fuerza—, cuando lo atrapen, y no me cabe duda de que lo atraparán, llevará traje.

—¡Jesús! —susurró uno de los detectives.

—Y lo llevará abrochado —añadí.

Abrí los ojos. Finney y sus hombres no dejaban de mirarse.

—Un traje cruzado —dijo el inspector.

—Sí.

—Abrochado.

—Sí.

Asintió. Sin decir otra palabra, se marcharon.

Un mes más tarde, George Metesky fue detenido por la policía en relación con los atentados con bomba contra la ciudad de Nueva York. Se había cambiado el apellido por el de Milauskas. Vivía en Waterbury (Connecticut), con sus dos hermanas mayores. Estaba soltero. Era extremadamente aseado. Iba a misa con regularidad. Había trabajado para la Con. Edison desde 1929 hasta 1931 y aseguraba haber sufrido una lesión en el trabajo. Cuando abrió la puerta a los policías, les dijo: «Ya sé por qué estáis aquí, chicos. Pensáis que soy el Terrorista Loco». Era medianoche y el Terrorista estaba en pijama. La policía le pidió que se vistiera. Cuando volvió, se había peinado hasta el tupé y llevaba los zapatos recién lustrados. También llevaba un traje cruzado. Abrochado.

2.

En su libro *Inside the Mind of BTK* [En la mente de BTK], el eminente criminalista del FBI John Douglas cuenta la historia de un asesino en serie que acechó las calles de Wichita (Kansas) en los años setenta y ochenta. Douglas inspiró el personaje del agente Jack Crawford en *El silencio de los corderos*. Fue el protegido de Howard Teten, pionero del FBI en criminología y decisivo en el establecimiento en 1972 de su Unidad de Ciencia Conductual en Quantico, y que a su vez había sido un protegido de Brussel, lo que en la hermandad de los criminólogos es como que a uno le psicoanalice el psicoanalista al que psicoanalizó Freud. Para Douglas, Brussel era el padre de la criminología y, tanto en el estilo como en la lógica, *En la mente de BTK* rinde homenaje constante a *Fichero de un psiquiatra criminalista*.

BTK, en sus siglas inglesas, significaba «atar, torturar, matar», los tres verbos usados por el asesino para identificarse en sus notas insultantes a la policía de Wichita. BTK había matado por primera vez en enero de 1974, cuando asesinó en casa de éste a Joseph Otero, de treinta y ocho años, así como a su esposa, Julia, al hijo de ambos, Joey, y a su hija de once años, que fue hallada en el sótano colgando de una tubería con semen sobre una pierna. En abril de aquel mismo año apuñaló a una mujer de veinticuatro años. En marzo de 1977 ató y estranguló a otra joven; y durante los próximos años cometió al menos otros cuatro asesinatos. La ciudad de Wichita estaba conmocionada. Las investigaciones de la policía no llevaban a ninguna parte. En 1984, a la desesperada, dos detectives de policía de Wichita fueron a ver a Douglas a Quantico.

La reunión, escribe Douglas, se celebró en una sala de conferencias de la primera planta del edificio de ciencia forense del FBI. Entonces él llevaba casi un decenio de carrera en la unidad de ciencia conductual. Sus dos primeros *best sellers*, *Mindhunter: Inside the FBI's Elite Serial Crime Unit* [Cazador de mentes: la unidad de élite de criminales en serie del FBI] y *Obsession: The FBI's Legendary Profiler Probes the Psyches of Killers, Rapists, and Stalkers and Their Victims and Tells How to Fight Back* [Obsesión: las prestigiosas investigaciones del FBI de asesinos, violadores y acosadores, sus víctimas, y cómo defenderse], todavía quedaban en el futuro. Trabajando en 150 casos al año, se desplazaba constantemente a lo ancho y largo de Estados Unidos, pero BTK nunca se alejaba de sus pensamientos. «Algunas noches —escribe— no podía dormir, preguntándome: "¿Quién diablos es este BTK? ¿Por qué hace lo que hace? ¿Qué desencadena su conducta?"».

Roy Hazelwood se sentaba al lado de Douglas. Enjuto de carnes y fumador empedernido, Hazelwood se especializaba en crímenes sexuales, y escribió *best sellers* como *Dark Dreams* [Sueños oscuros] y *The Evil That Men Do* [El mal que hacen los hombres]. Al otro lado de Hazelwood se sentaba un ex piloto de la Fuerza Aérea llamado Ron Walker, de quien Douglas escribe: «Era más listo que el hambre» y un «estudioso con una excepcional capacidad de trabajo».

Los tres hombres del FBI y los dos detectives se sentaron alrededor de una gran mesa de roble. «El objetivo de nuestra sesión era seguir avanzando hasta sacarle todo el jugo a lo que teníamos», escribe Douglas. Confiaban en la tipología desarrollada por su colega Robert Ressler, por su parte autor de los *best sellers* sobre crímenes verdaderos *El que lucha con monstruos* y *Dentro del monstruo*. El objetivo era esbozar un retrato del asesino: qué tipo de hombre era BTK, a qué se dedicaba, dónde trabajaba y qué aspecto tenía. Así comienza *En la mente de BTK*.

Hoy día estamos tan familiarizados con las narraciones de crímenes vistas a través de los ojos de un criminólogo que es fácil perder de vista cuán audaz es este género. La novela policiaca tradicional comienza con un cadáver y se centra en la busca del culpable por el detective. Se siguen pistas. Se tiende una red, que se va ensanchando para abarcar a un conjunto desconcertantemente disjunto de sospechosos: el mayordomo, el amante despechado, el sobrino rencoroso, el europeo indolente. El clásico quién-ha-sido. En el género criminológico, la red se va estrechando. El escenario del crimen no inicia la búsqueda del asesino. Lo define. El criminólogo tamiza los materiales de caso, mira más allá de lo obvio y acaba *sabiendo*. «Generalmente, un psiquiatra puede estudiar a un hombre y hacer algunas predicciones razonables sobre lo que éste puede hacer en el futuro: cómo reaccionará a tal estímulo, cómo se comportará ante cual situación —escribe Brussel—. Lo que he hecho es invertir los términos de la profecía. Estudiando los hechos de un hombre, he deducido qué tipo de hombre podría ser». Busquen a un eslavo de mediana edad con traje cruzado. No es un quién-ha-sido, sino un ha-sido-éste; y con arreglo a tal plan, no es el criminólogo quien atrapa al criminal. Eso queda para la policía competente. Él se encarga de organizar una reunión. A menudo no anota sus predicciones. Eso les corresponde a los policías. Tampoco siente la necesidad de implicarse en la investigación subsiguiente ni, de hecho, justificar sus predicciones. Una vez, nos dice Douglas, fue a la comisaría local y ofreció sus servicios para el caso de una anciana ferozmente golpeada y violada. Los detectives asignados a este crimen eran polis de a pie de calle y Douglas era un ratón de oficina, con lo que cabe imaginárselo sentado sobre el borde de su escritorio, con los demás arrastrando sillas a su alrededor.

«—Bien —dije a los detectives—, esto es lo que pienso», comienza Douglas: «Será un adolescente de instituto, de dieciséis o diecisiete años... Estará despeinado, tendrá el pelo desaliñado, sin cepillar». Douglas continuó: es un chico solitario, algo extraño, sin novia, con mucha cólera reprimida. Va a casa de la vieja. Sabe que está sola. Tal vez le haya hecho algún trabajo en el pasado. Sigue Douglas:

Hago una pausa en mi narración y les digo:
—Ahí fuera hay alguien que coincide con esta descripción. Si lo encuentran, tienen a su hombre.

Los detectives se miran unos a otros. Uno de ellos esboza una sonrisa:
—¿Es usted vidente, Douglas?
—Ojalá —contesto—. Mi trabajo sería mucho más fácil.
—Es que ya hemos traído a una pitonisa, Beverly Newton, estuvo aquí hace un par de semanas y nos dijo tres cuartos de lo mismo.

Podría pensarse que Douglas se picaría por semejante comparación. Después de todo, es agente de la policía judicial y estudió con Teten, que estudió con Brussel. Es un as en lo suyo, forma parte de un equipo que restauró la reputación del FBI en su lucha contra la delincuencia, inspirando incontables películas, programas de televisión y películas de suspense con gran éxito de ventas; puso las herramientas de la psicología moderna en relación con el salvajismo de la mente criminal... y va un poli y lo llama *vidente*. Pero a Douglas no le ofende en absoluto. Al contrario, le mueve a reflexionar sobre los inefables orígenes de sus perspicacias, momento en el que surge la pregunta de qué es exactamente el misterioso arte de perfilar sospechosos, y si merece alguna credibilidad. Sigue escribiendo Douglas:

> Lo que intento hacer con un caso es reunir todas las pruebas que tengo para trabajar [...] y luego me meto, mental y emocionalmente, en la cabeza del criminal. Intento pensar como él.
> No estoy seguro de cómo pasa esto exactamente, igual que novelistas como Tom Harris, que me han consultado a lo largo de los años, tampoco pueden decir exactamente cómo cobran vida sus personajes. Si hay un componente de clarividencia, no voy a evitarlo.

3.

A finales de los setenta, John Douglas y su colega del FBI Robert Ressler intentaron entrevistar a los asesinos en serie más desgraciadamente famosos del país. Empezaron en California, porque, como dice Douglas, «en California nunca escasearon crímenes extraños y espectaculares». En los fines de semana y días libres de los meses que siguieron, visitaron una prisión federal tras otra, hasta que hubieron entrevistado a treinta y seis asesinos.

Douglas y Ressler querían saber si había un patrón que relacionara la vida de un asesino y su personalidad con la naturaleza de sus crímenes. Buscaban lo que los psicólogos llaman *homología*, una relación entre el carácter y los actos;

y después de comparar lo que descubrieron de los asesinos con lo que ya sabían de sus asesinatos, estaban convencidos de haber encontrado una.

Los asesinos en serie, concluyeron, entraban en una de dos categorías. Algunos escenarios de crimen muestran pruebas de planificación con arreglo a una lógica. La víctima se selecciona para realizar una fantasía específica. Su caza podría implicar una astucia para engañarla. El autor mantiene el control en todas las partes del crimen. Se toma su tiempo con la víctima, pasando metódico de las fantasías a los hechos. Es adaptable, móvil. Casi nunca abandona su arma en el lugar donde perpetró su asesinato. Oculta meticulosamente el cadáver. Douglas y Ressler, en sus respectivos libros, califican este tipo de crimen como *organizado*.

En un crimen *desorganizado*, la víctima no se escoge de conformidad con una lógica. Aparentemente se elige al azar y se la ataca de improviso, en vez de acecharla y coaccionarla. El asesino podría echar mano de un cuchillo de cocina y dejarlo en el lugar de los hechos. El crimen se ejecuta tan descuidadamente que a menudo la víctima tiene una posibilidad de contraatacar. Podría producirse en circunstancias de riesgo elevado. «Además, un asesino desorganizado no suele conocer la personalidad de sus víctimas ni le interesa —escribe Ressler en *El que lucha con monstruos*—. No quiere saber quiénes son, y muchas veces toma medidas para borrarles las personalidades rápidamente golpeándolas hasta dejarlas inconscientes o cubrirles el rostro, cuando no desfigurándolas».

Cada uno de estos estilos, según esta argumentación, corresponde a un tipo de personalidad. El asesino organizado es inteligente y educado. Se siente superior a los que le rodean. El asesino desorganizado es poco atractivo y tiene una pobre imagen de sí mismo. A menudo padece algún género de discapacidad. Es demasiado raro y huraño para estar casado o tener novia. Si no vive solo, vive con sus padres. Tiene una tonelada de pornografía en el armario. Si tiene coche, es una carraca.

«Se presume que el escenario de un crimen refleja el comportamiento del asesino y su personalidad del mismo modo en que los muebles de una casa revelan el carácter del propietario», se nos dice en un manual criminológico que Douglas y Ressler contribuyeron a escribir. Cuanto más descubrían, más exactas eran las asociaciones que establecían. Si la víctima era blanca, el asesino sería blanco. Si la víctima era vieja, el asesino sería sexualmente inmaduro.

«En nuestra investigación descubrimos que [...] a menudo los delincuentes en serie no habían tenido éxito en sus esfuerzos por entrar en la policía, aceptando empleos en campos relacionados, como la seguridad privada o la vigilancia nocturna», escribe Douglas. Considerando que a los violadores sistemáticos les obsesionaba el control, tenía sentido que les fascinara la institución social que lo simboliza. De aquella clarividencia nacía otra predicción: «Una de las cosas que empezamos a decir en algunos de nuestros perfiles fue que el UNSUB [el sujeto desconocido] conduciría un vehículo parecido a los de la policía, digamos un Ford Crown Victoria o un Chevrolet Caprice».

4.

A primera vista, el sistema del FBI parece extraordinariamente útil. Consideremos un estudio de un caso a menudo usado en la bibliografía especializada. El cadáver de una profesora de educación especial de veintiséis años de edad apareció en la azotea de su edificio de apartamentos del Bronx. Al parecer la habían secuestrado nada más volver ella a su casa del trabajo, a las seis y media de la mañana. La habían golpeado hasta dejarla irreconocible, la ataron con sus propias medias y su cinturón. El asesino mutiló sus órganos sexuales, le cortó los pezones, le mordió todo el cuerpo, le escribió obscenidades en el vientre, se masturbó sobre su cuerpo, defecó junto a él.

Supongamos que somos criminólogos del FBI. Primera pregunta: su raza. La víctima es blanca, luego diremos que el asesino es blanco. Digamos que tiene entre veintitantos y treinta y pocos, que es cuando los treinta y seis hombres de la muestra del FBI empezaron a matar. El crimen, ¿es organizado o desorganizado? Desorganizado, claramente. El cadáver se abandona en una azotea del Bronx, a plena luz, con alto riesgo. ¿Y qué hace el asesino en el edificio a las seis y media de la mañana? Podría ser una especie de militar, o podría vivir en el vecindario. De uno u otro modo, parece familiarizado con el edificio. Sin embargo, es desorganizado, luego no es estable. Si tiene empleo, es obrero a lo sumo. Probablemente tenga antecedentes relacionados con la violencia o el sexo. Sus relaciones con las mujeres serán inexistentes o profundamente complicadas. Y la mutilación y la defecación son tan extrañas que probablemente padezca alguna enfermedad psíquica o abuse de alguna sustancia. ¿Qué tal suena? Porque resulta que da en el clavo. De lleno. El asesino era Carmine Calabro, de treinta años, soltero, en paro, un actor profundamente trastornado que, cuando no estaba en alguna clínica psiquiátrica, vivía con su padre, viudo, en el cuarto piso del edificio donde se produjo el asesinato.

Pero ¿cuán útil es realmente este perfil? La policía ya tenía a Calabro en su lista de sospechosos: si uno busca a la persona que mató y mutiló al cadáver de la azotea, no necesita que un psicólogo le apunte al desaliñado enfermo psíquico que vive en el cuarto piso con su padre.

Por eso los criminólogos del FBI siempre han intentado complementar los contornos básicos del sistema organizado/desorganizado con detalles más reveladores, algo que dirige a la policía de cabeza a un sospechoso. A principios de los años ochenta, Douglas hizo una presentación en una habitación llena de policías y agentes del FBI en el condado de Marin sobre «el Senderista Asesino», que mataba a mujeres de excursión por las montañas del norte de San Francisco. En opinión de Douglas, el asesino era el clásico delincuente desorganizado: atacante de improviso, blanco, treinta y pocos, obrero manual, probablemente «con un historial de orinarse en la cama, provocar incendios y torturar animales». Entonces volvió a sus conductas asociales. ¿Por qué todas las matanzas se producían en el monte? Douglas razonó que el asesino requería tal aislamiento porque tenía alguna tara que le avergonzaba profundamente. ¿Sería algo físico, como la falta de una extremidad? Pero entonces ¿cómo podía adentrarse en el monte y dominar físicamente a sus víctimas? Finalmente, se le ocurrió: «—Otra cosa —añadí después de una pausa llena de significado—: el asesino tendrá un defecto en el habla».

Así era. Eso es lo que se llama un dato útil. ¿O qué? Douglas pasa a decirnos que había fijado la edad del delincuente en la primera treintena, y resultó tener cincuenta. Los detectives usan perfiles para reducir la gama de sospechosos. Esto no sirve para acertar en un detalle específico si los detalles generales son incorrectos.

En el caso de Derrick Todd Lee, el asesino en serie de Baton Rouge, el perfil del FBI describía al delincuente como un varón blanco, trabajador manual, de entre veinticinco y treinta y cinco años, que «quería ser visto como alguien atractivo para las mujeres». El perfil continuaba: «Sin embargo, su nivel de sofisticación en la relación con mujeres, sobre todo las que quedan por debajo de él en la escala social, es bajo. Cualquier contacto que haya tenido con mujeres que él encuentre atractivas sería descrito por estas mujeres como "incómodo"». El FBI tenía razón respecto a que el asesino fuera un varón de cuello azul de entre veinticinco y treinta y cinco. Pero Lee resultó ser un tipo encantador y sociable, de los que se ponen sombrero vaquero y botas de piel de serpiente y van de bares. Era extrovertido, pródigo en novias, con reputación de mujeriego. Y no era blanco. Era negro.

Un perfil no es un examen que aprueba quien acierte la mayoría de las respuestas. Es un retrato, cuyos detalles deben ser todos coherentes de algún modo para que la imagen sirva de algo. El Ministerio del Interior británico analizó 184 crímenes para ver cuántas veces los perfiles conducían a la detención de su autor. El perfil funcionó en cinco de los casos. Esto es sólo el 2,7 por ciento, lo que tiene sentido si se considera la situación del detective que recibe una lista de conjeturas del criminólogo. ¿Se creen la parte del tartamudeo? ¿La de los treinta años? ¿O levantan las manos en señal de frustración?

5.

El estudio criminológico del FBI plantea un problema más profundo: Douglas y Ressler no entrevistaron a una muestra representativa de asesinos en serie para generar su tipología. Se dirigieron a quienquiera que pasase por ahí o cerca. Tampoco entrevistaron a los individuos según un protocolo establecido. Se limitaron a sentarse y charlar, lo que no es un cimiento particularmente firme para un sistema psicológico. Así, cabe preguntarse si los asesinos en serie de verdad pueden clasificarse por su nivel de organización.

Hace poco un grupo de psicólogos de la Universidad de Liverpool decidió comprobar las presunciones del FBI. Primero elaboraron una lista de características que en el escenario de un crimen generalmente se consideraban demostrativas de organización: quizás la víctima estaba viva durante las vejaciones sexuales, o el cadáver estaba dispuesto de un modo determinado, o no se encontraba el arma homicida, ni el cadáver, o se había producido inmovilización, o tortura. Luego hicieron una lista de características de la desorganización: quizás la víctima recibió una paliza, el cadáver se abandonó en un lugar aislado, las pertenencias de la víctima se hallaron dispersas, o se improvisó el arma homicida.

Si el FBI tenía razón, razonaron, los detalles de la escena del crimen para cada una de aquellas dos listas deberían coincidir: si uno ve uno o más rasgos organizados en un crimen, debería haber una probabilidad razonablemente alta de ver otros. Sin embargo, cuando contemplaron una muestra de cien crímenes de asesinos en serie, no encontraron ninguna base para la distinción del FBI. Los crímenes no entran en un campo u otro. Resulta que casi siempre son una mezcla de rasgos organizados clave y una serie arbitraria de rasgos desorganizados. Laurence Alison, uno de los líderes del grupo de Liverpool y autor de *The Forensic Psychologist's Casebook* [El archivo de un psiquiatra forense], me dijo: «Todo esto es mucho más complejo de lo que el FBI se imagina».

Alison y otro de sus colegas también miraban a la homología. Si Douglas tenía razón, entonces cierta clase de crimen debería corresponder a cierta clase de criminal. Así pues, el grupo de Liverpool seleccionó cien violaciones perpetradas en el Reino Unido por un desconocido de la víctima, clasificándolas según veintiocho variables, como si el violador se disfrazaba, si piropeaba a sus víctimas, si las ataba, las amordazaba, si les vendaba los ojos, si se disculpaba, si les robaba, etcétera. Ellos entonces miraron si los patrones de los crímenes se correspondían con los atributos de los criminales, como: la edad, el tipo de empleo, la identidad étnica, el nivel de educación, el estado civil, el número de condenas previas, el motivo, el uso de drogas. Los violadores que ataban, amordazaban y vendaban los ojos ¿se parecían más entre sí que los que, digamos, piropeaban y pedían disculpas? La respuesta es no, rotundamente.

«El hecho es que delincuentes diferentes pueden mostrar los mismos comportamientos por motivos completamente diferentes —explica Brent Turvey, un forense sumamente crítico con el enfoque del FBI—. Tenemos un violador que ataca a una mujer en el parque y le levanta la camisa cubriéndole la cara con ella. ¿Por qué? ¿Qué significa esto? Podría significar muchas cosas diferentes: que no quiere verla; que no quiere que ella le vea; que quiere concentrarse en sus pechos; que quiere imaginarse a otra; que quiere inmovilizarle los brazos. Todo es posible. No se puede analizar aisladamente un solo comportamiento».

Hace unos años, Laurence Alison volvió al caso de la profesora asesinada en la azotea de su edificio del Bronx. Quería saber por qué, si el enfoque que el FBI aplicaba al perfilado de criminales estaba basado en una psicología tan simplista, seguía considerándose fidedigna. La respuesta, según sospechó, estaba en el modo en que se elaboraban los perfiles. Cuando desmenuzó, oración por oración, el análisis del asesino de la azotea, encontró que estaba tan colmado de datos incomprobables en un lenguaje contradictorio y ambiguo que podía apoyar prácticamente cualquier interpretación.

Hace mucho que los astrólogos y videntes conocen estos trucos. El mago Ian Rowland, en su clásico *The Full Facts Book of Cold Reading* [Guía completa de la lectura en frío], los detalla uno por uno, en lo que fácilmente podría servir como manual del criminólogo principiante. Primero está la astucia del arco iris, «afirmación que atribuye al cliente tanto un rasgo de su personalidad como el rasgo opuesto». («En general, usted puede ser un tipo más bien tranquilo, modesto; pero bajo según qué circunstancias, puede ser el alma de la fiesta, si le da por ahí»). La afirmación de Santiago, así llamada en alusión al personaje [de Shakespeare] que en *Como gustéis* pronuncia el discurso sobre las Siete Edades del Hombre, adapta la predicción a la edad del sujeto. A alguien de treinta y muchos o cuarenta y pocos, por ejemplo, el vidente le dirá: «Si es usted sincero consigo mismo, a menudo se pregunta qué pasó con todos aquellos sueños que tenía cuando era joven». Luego está la falacia de Barnum, una aserción tan genérica que nadie se mostraría en desacuerdo con ella; y el hecho borroso, o declaración aparentemente verdadera expresada de tal modo que «deja mucho que especificar» («Veo una conexión con Europa, posiblemente Gran Bretaña, o podría ser una región más cálida, ¿el Mediterráneo?»); y esto es sólo el principio: luego hay técnicas como la envidia al vecino, la pregunta desviada, la muñeca rusa o los terrones de azúcar, por no hablar de la bifurcación y las conjeturas de probabilidad alta, todas las cuales, expertamente combinadas, pueden convencer hasta al observador más escéptico de hallarse ante la verdadera clarividencia.

«Y pasando al terreno profesional, no trabaja usted con niños, ¿verdad?», pregunta Rowland a sus sujetos, en un ejemplo de la técnica que denomina «negación atenuada».

—¿*Con niños? No.*
—No, no lo pensaba. No casa con su papel.

Naturalmente, si los sujetos responden de manera diferente, se pretende que la pregunta en negativo era más bien conjetura en positivo: no trabajará usted con niños...

—*Pues sí, a tiempo parcial.*
—Eso me había parecido.

Después de que Laurence Alison hubo analizado el perfil del asesino de la azotea, decidió jugar a una versión de la lectura de mentes. Ofrecía los datos del crimen, el perfil preparado por el FBI y una descripción del asesino a un grupo de mandos de la policía y forenses ingleses. ¿Qué les parecía el perfil? Sumamente exacto. Entonces Alison dio el mismo paquete de materiales del caso a otro grupo de policías, pero esta vez se inventó a un delincuente imaginario, uno totalmente diferente de Calabro. Este nuevo asesino tenía treinta y siete años. Era alcohólico. Acababan de despedirle de su trabajo y había dado con la víctima en una de sus rondas. Es más, según les aseguró Alison, tenía un historial de relaciones violentas con mujeres y condenas previas por agresión y robo con allanamiento. ¿Cuán exacto le pareció a un grupo de policías experimentados el perfil del FBI cuando lo cotejaron con el asesino de pega? Exactamente igual de exacto que cuando lo emparejaban con el delincuente verdadero.

Luego en realidad James Brussel no veía al Terrorista Loco en aquel montón de cuadros y fotocopias. Era una ilusión. Como ha indicado el erudito literario Donald Foster en su libro del año 2000 *Author Unknown* [Autor desconocido], Brussel limpió sus predicciones para sus memorias. En realidad dijo a la policía neoyorquina que buscara al Terrorista en White Plains, enviando a su unidad de desactivación de explosivos a buscar gamusinos en el condado de Westchester, a base de cribar los archivos de allí. Brussel también dijo a la policía que buscara a un hombre con una cicatriz facial que Metesky no tenía. Les dijo que buscaran a un hombre con un trabajo nocturno, y Metesky había estado mayormente en paro desde dejar la Con. Edison en 1931. Les dijo que buscaran a alguien entre los cuarenta y los cincuenta, y Metesky tenía más de cincuenta. Les dijo que buscaran a algún «experto en artillería civil o militar» y lo más que Metesky se acercaba a esto era un breve empleo en un taller de máquinas. Y Brussel, a pesar de lo que escribió en sus memorias, nunca dijo que el Terrorista fuera eslavo. En realidad le dijo a la policía que buscara a un hombre «culto y nacido en Alemania», una predicción tan errada que hasta el Terrorista se vio obligado a protestar. En plena investigación policial, cuando el *Journal American* de Nueva York se ofreció a imprimir cualquier comunicación del Terrorista Loco, Metesky escribió malhumorado para puntualizar: «Lo más cerca que estoy de ser "teutónico" es que mi padre se embarcó en Hamburgo para venir a este país... hace unos sesenta y cinco años».

La verdadera heroína del caso, en vez de Brussel, fue una mujer llamada Alice Kelly. Le habían encargado que examinara los archivos del personal de Edison. En enero de 1957 encontró una queja de un empleado que databa de principios de los años treinta: el limpiador del generador había sido derribado por una corriente de gases calientes en la planta de Hell Gate. El trabajador dijo que se había herido. La empresa dijo que no era así. Y en la marea de cartas airadas del antiguo empleado, Kelly descubrió una amenaza —«tomarme la justicia por mi mano»— que había aparecido en una de las cartas del Terrorista Loco. El nombre del ex empleado era George Metesky.

En realidad Brussel no había entendido la mente del Terrorista Loco. Sólo parece haber entendido que, si uno hace un gran número de predicciones, las que resultaron equivocadas caerán pronto en el olvido, y las que resulten correctas le harán famoso. El ha-sido-éste no es un triunfo del análisis forense. Es un truco de salón.

6.

«Hasta aquí es adonde he llegado con este tipo», dice Douglas al abrir la sesión de perfilado con la que comienza *En la mente de BTK*. Era 1984. El asesino seguía suelto. Douglas, Hazelwood, Walker y los dos detectives de Wichita estaban sentados alrededor de la mesa de roble. Douglas se quitó la americana y la colgó del respaldo de su silla. «Cuando comenzó en 1974, tenía veintipocos años —comenzó Douglas—. Han pasado diez años, lo que lo convierte en alguien bien entrado en la treintena».

Le tocaba a Walker: BTK nunca había realizado una penetración sexual. Esto le sugería a alguien «con un historial de inadecuación e inmadurez sexual». Su personalidad sería «del tipo lobo solitario. Pero no está solo porque los demás le eviten —continuó—, sino porque así lo decide... Sabe desenvolverse en sociedad, pero sólo superficialmente. Puede que tenga amistades femeninas a las que dirigirse, pero se sentiría muy incómodo con una hembra de su pandilla». El siguiente era Hazelwood: BTK sería un «masturbador compulsivo». Y continuó: «Las mujeres que han tenido relaciones sexuales con este tipo lo describirían como alguien distante, desvinculado, más interesado en que le sirvan que viceversa».

Douglas siguió en esa línea: «Las mujeres con las que ha estado son muchos años más jóvenes, muy ingenuas; o mucho más viejas y dependen de él como fuente de ingresos», aventuró. Es más, decidieron los criminólogos, BTK conduciría un coche «decente» pero «indescriptible».

En este punto, las visiones empezaron a amontonarse. Douglas dijo que le había parecido que BTK estaría casado. Pero ahora pensaba que tal vez estuviera divorciado. Especuló con que BTK fuera de clase media-baja, probablemente viviera de alquiler. Walker lo veía como «un oficinista de bajo rango, más que un trabajador manual». A Hazelwood le parecía «de clase media» y «culto». Respecto a su cociente intelectual, el acuerdo era unánime: estaba entre 105 y 145. Douglas se preguntaba si tendría relación con el estamento militar. Para Hazelwood, era «el señor Ahora», una persona que necesitaba «satisfacción inmediata». Walker dijo que los que lo conocieran «podrían decir que lo recordaban, aunque en realidad no sabían gran cosa sobre él». Entonces Douglas tuvo un destello de inspiración, una clarividencia: «No me extrañaría que tuviera algún trabajo de los de llevar uniforme... Loco no está. Pero es malo como él solo».

Llevaban así casi seis horas. Las mejores mentes del FBI habían facilitado un perfil a los detectives de Wichita para ayudarles en su investigación: busquen a un varón estadounidense con una posible conexión con los militares y un cociente intelectual superior a 105. Le gusta masturbarse y se muestra distante y egoísta en la cama. Tiene un coche decente. Es una persona del tipo «lo quiero ahora». No se siente cómodo con las mujeres, aunque puede que tenga amistades femeninas. Es un lobo solitario, pero con capacidades sociales. No será fácil de olvidar. Pero será difícil de conocer. Será soltero o divorciado; pero de estar casado, su esposa será más joven o más vieja. Puede que viva de alquiler o puede que no; y podría ser de clase baja, clase baja media, clase media baja o clase media. Y más que estar loco, es malo como él solo. Según mi recuento, eso es una afirmación de Santiago, dos declaraciones de Barnum, cuatro astucias arco iris, una conjetura de alta probabilidad, dos predicciones que de hecho no lo son, pues no se pueden verificar, y nada remotamente cercano al hecho sobresaliente de que BTK era un pilar de su comunidad, presidente de su congregación, esposo y padre.

«Esto tiene solución —dijo Douglas a los detectives mientras se levantaba y se ponía la chaqueta—. No duden en darnos un telefonazo si podemos servirles de ayuda». Y uno se lo imagina tomándose un momento para ofrecer una sonrisa alentadora y una palmada en la espalda: «A éste lo cogéis fijo»*.

12 de noviembre de 2007

---

* No mucho después de que saliera este artículo, debatí con John Douglas en la NPR. Esperaba que tuviese una especie de respuesta bien pensada a las críticas de Alison y sus colegas. Pero enseguida se evidenció que no tenía ni idea de quiénes eran Alison ni ninguno de los demás detractores académicos del perfilado criminológico.

El mito del talento.
¿Están sobrevalorados los listos?

1.

En el cenit del *boom* de las puntocom en los años noventa, varios directivos de McKinsey y Cía., la firma de consultoría en *management* más grande y prestigiosa de Estados Unidos, lanzaron la que llamaron «guerra por el talento». Miles de cuestionarios fueron enviados a directivos de todo el país. Dieciocho empresas fueron seleccionadas para recibir atención especial; y los consultores pasaron hasta tres días en cada empresa, entrevistando desde al presidente hasta al personal de recursos humanos. McKinsey quería documentar de qué modo las empresas punteras de Estados Unidos se diferenciaban de otras firmas por la forma en que manejaban asuntos como la contratación y los ascensos. Pero, mientras los consultores filtraban montones de informes, cuestionarios y transcripciones de entrevistas, se fueron convenciendo de que la diferencia entre ganadores y perdedores era más profunda de lo que habían supuesto. «Nos miramos unos a otros hasta que, de repente, se nos encendió la bombilla», escriben los tres consultores que dirigieron el proyecto —Ed Michaels, Helena Handfield-Jones y Beth Axelrod— en su libro *La guerra por el talento*. Las mejores empresas de todas, concluyeron, tenían líderes obsesionados con la cuestión del talento. Reclutaban sin cesar, encontrando y contratando a tantos trabajadores excelentes como les fuera posible. Seleccionaban y apartaban a sus estrellas, recompensándolas de forma desproporcionada y ascendiéndolas a puestos de cada vez más responsabilidad. «Apuesten por los atletas naturales, aquellos con capacidades intrínsecas más destacadas», señalan los autores citando con aprobación a un directivo de la General Electric, quien también aconseja: «No teman promover a estrellas sin una experiencia expresamente relevante, aunque parezca que el ascenso les viene grande». El éxito de una economía moderna, según Michaels, Handfield-Jones y Axelrod, requiere «esa disposición receptiva hacia el talento [...], la creencia profundamente arraigada en que disponer de los mejores talentos en todos los niveles es la forma de superar a la competencia».

Esta «disposición receptiva hacia el talento» conforma la nueva ortodoxia de la empresa estadounidense. Es la justificación intelectual de por qué se priman tan alto las titulaciones en escuelas empresariales de primera fila, y por qué los paquetes de compensación para ejecutivos superiores se han vuelto tan desmedidos. En la corporación moderna el sistema se considera sólo tan fuerte como las estrellas que lo conforman; y en los pocos años pasados este mensaje lo han predicado consultores y gurús de la administración de empresas en todo el mundo. Ninguno, sin embargo, ha divulgado la palabra tan ardientemente como McKinsey, y, de todos sus clientes, una firma se tomó más a pecho que ninguna la disposición receptiva al talento. Era una empresa donde McKinsey dirigía veinte proyectos distintos, donde las facturaciones de McKinsey sobrepasaban los 10 millones de dólares al año, donde un director de McKinsey asistía habitualmente a reuniones de la junta directiva y donde el presidente mismo era un antiguo socio de McKinsey. Me refiero, por supuesto, a Enron.

El escándalo de Enron ha cumplido casi un año. Las reputaciones de Jeffrey Skilling y Kenneth Lay, los dos directivos superiores de la empresa, se han visto destruidas. Arthur Andersen, auditora de Enron, ha quedado prácticamente fuera del negocio y ahora los investigadores han girado su atención a los banqueros de inversión de Enron. El único socio de Enron que ha escapado en gran parte indemne es McKinsey, lo que es curioso, dado que esencialmente creó el esqueleto de la cultura Enron. Enron era la empresa «de talento» definitiva. Cuando Skilling fundó la división corporativa conocida como Enron Capital and Trade, en 1990, «decidió incorporarle una corriente estable de lo más granado que pudiera encontrar en las mejores universidades y MBA, abasteciendo la empresa por el talento», nos dicen Michaels, Handfield-Jones y Axelrod. Durante los años noventa Enron incorporó personas recién salidas de un MBA a razón de 250 por año. «Teníamos unas cosas llamadas los «supersábados» —recuerda un antiguo directivo de Enron—. Yo entrevisté a varios de estos tipos recién salidos de Harvard. Serían unos niñatos, pero aun así te dejaban flipado. Sabían cosas que yo no había oído en la vida». Una vez en Enron, estos dechados de excelencia eran recompensados excesivamente, y promovidos sin pensar en la precedencia ni en la experiencia. Enron era un *star system*. «Lo único que diferencia a Enron de nuestros competidores es nuestro capital humano, nuestro talento», dijo Lay, entonces presidente de Enron, a los consultores de McKinsey cuando llegaron a la oficina central de la empresa, en Houston. O, como otro directivo de Enron explicó a Richard Foster, compañero de McKinsey que celebró a Enron en su libro de 2001 *Creative Destruction* [Destrucción creativa], «contratamos a gente muy lista y les pagamos más de lo que ellos piensan que se merecen».

La dirección de Enron, en otras palabras, hizo exactamente lo que los consultores de McKinsey decían que tenían que hacer las empresas para tener éxito en la economía moderna: contrató y recompensó a la flor y la nata... y ahora está en bancarrota. Los motivos de su derrumbe son complejos, como está de más decir. Pero ¿y si Enron hubiera fracasado, no a pesar de su receptividad hacia el talento, sino debido a ella? ¿Y si la gente lista estuviese sobreestimada?

2.

En el meollo de la visión de McKinsey hay un proceso que los paladines de la guerra por el talento llaman *diferenciación y afirmación*. Los empresarios, según razonan, tienen que sentarse un par de veces al año y mantener un «debate sincero, incisivo y sin temas vedados sobre cada individuo, clasificando a los empleados en grupos A, B y C. Los A deben plantearse retos y ser desproporcionadamente recompensados. Los B necesitan que los animen y reafirmen. Los C, o espabilan o los despachan». Enron siguió este asesoramiento casi al pie de la letra, estableciendo comités internos para revisar el rendimiento. Sus miembros se reunían dos veces al año; y clasificaron a cada persona en su sección con arreglo a diez criterios distintos, usando una escala de 1 a 5. El proceso se llamaba *rank and yank*. Aquellos clasificados en lo alto de su unidad recibían bonos dos tercios más altos que los que caían en el siguiente 30 por ciento; los del grupo inferior no recibían ningún bono ni *stock option* suplementaria. En algunos casos, tuvieron que abandonar la empresa.

¿Cómo se hacía la clasificación? Lamentablemente, los consultores de McKinsey pasaron muy poco tiempo hablando de este asunto. Una posibilidad es sencillamente contratar y recompensar a la gente más inteligente. Pero el vínculo entre, digamos, el cociente intelectual (CI) y el rendimiento en el trabajo es cualquier cosa menos abrumador. En una escala donde un valor de 0,1 o inferior significa prácticamente ninguna correlación y un 0,7 o superior implica una correlación fuerte (la altura de uno, por ejemplo, se correlaciona un 0,7 con la altura de sus padres), la correlación entre el CI y el éxito ocupacional está entre el 0,2 y el 0,3. «Lo que el CI no recoge es la eficacia en el orden del sentido común, sobre todo en lo que atañe al trabajo en equipo —dice Richard Wagner, psicólogo de la Universidad Estatal de Florida—. En términos de cómo evaluamos la educación, todo se acaba en el rendimiento individual. Si uno colabora con otras personas, eso se llama hacer trampas. Una vez que se sale al mundo real, todo lo que hace uno implica trabajo con otra gente».

Wagner y Robert Sternberg (psicólogo de la Universidad de Yale) han desarrollado pruebas para medir este componente práctico, lo que ellos llaman *conocimiento tácito*. El conocimiento tácito implica cosas como saber administrarse uno mismo y a los demás, y cómo navegar en situaciones sociales complejas. He aquí una pregunta de uno de esos test:

Acaban de ascenderle a la dirección de un importante departamento de su empresa. El ex director ha sido transferido a una posición equivalente en un departamento de menos importancia. Hasta donde usted sabe, la razón del relevo es que el rendimiento general del departamento ha sido mediocre. No ha habido ninguna carencia evidente, solamente la percepción de que el departamento es más bien *normalito*, no muy bueno. La misión que le corresponde a usted es levantar el departamento. De usted se esperan resultados rápidamente. Evalúe la calidad de las siguientes estrategias para tener éxito en su nuevo puesto.

a) Delegar sistemáticamente responsabilidades en la persona menos experta a quien pueda confiarse cada tarea.

b) Dar a sus superiores informes frecuentes sobre la marcha de su departamento.

c) Anunciar una reorganización general del departamento que incluya deshacerse de quienes considere «peso muerto».

d) Concentrarse más en su equipo que en las tareas a desempeñar.

e) Hacer que la gente se sienta completamente responsable de su trabajo.

Wagner encuentra que una prueba así predice cómo se desempeñará la persona en el lugar de trabajo: los buenos gerentes escogen la (b) y la (e); un mal gestor tiende a escoger la (c). Sin embargo, no hay ninguna conexión clara entre tal conocimiento tácito y otras formas de conocimiento y experiencia. El proceso de evaluar la capacidad en el lugar de trabajo es mucho más lioso de lo que parece.

Lo que un empresario de verdad quiere evaluar no es el potencial, sino el rendimiento. Lo cual es igualmente difícil. En *La guerra por el talento,* los autores hablan sobre cómo la RAF o Real Fuerza Aérea británica usó el sistema de clasificación en A, B y C con sus pilotos durante la batalla de Inglaterra. Pero clasificar a pilotos de caza con arreglo a criterios de rendimiento limitados y relativamente objetivos (bajas enemigas, por ejemplo, o la capacidad de devolver sus formaciones salvas a la base) es mucho más fácil que evaluar la competencia del gerente de una nueva unidad en, digamos, marketing o desarrollo de negocio. Además, ¿a quién se le pide que evalúe el rendimiento del jefe? Los estudios demuestran que hay muy poca correlación entre cómo le valoran a uno sus pares y cómo lo tasa su jefe. El único modo riguroso de evaluar el rendimiento, según los especialistas en recursos humanos, es usar criterios lo más específicos posible. Se supone que un directivo toma apuntes detallados sobre sus empleados a lo largo de todo el año, para eliminar del proceso de evaluación las reacciones personales subjetivas. Sólo se puede clasificar el rendimiento de alguien si *se conoce* dicho rendimiento. En la irresponsable cultura de Enron, esto resultaba casi imposible. La gente considerada talentosa era constantemente empujada a nuevos puestos y desafíos. El volumen anual de renovación de puestos por promociones estaba cerca del 20 por ciento. Lynda Clemmons, la llamada «chica del tiempo» que comenzó el negocio de los derivados meteorológicos para Enron, saltó, en siete rápidos años, de comercial a asociada; de ahí, a gerente, y de ahí a directora, para acabar dirigiendo su propia unidad de negocio. ¿Cómo se evalúa el rendimiento de alguien en un sistema donde nadie trabaja suficiente tiempo para permitir tal evaluación?

La respuesta es que uno termina por hacer evaluaciones de rendimiento que no están basadas en el rendimiento. Entre los muchos libros encendidos que se escribieron sobre Enron antes de su quiebra figura el *best seller Liderando la revolución,* del consultor de *management* Gary Hamel. Cuenta la historia de Lou Pai, quien lanzó el negocio del comercio de energía que caracterizó a Enron. El grupo de Pai comenzó con un desastre: perdió decenas de millones de dólares intentando vender electricidad a consumidores residenciales en mercados recién desregulados. El problema, explica Hamel, es que en realidad los mercados no estaban desregulados: «Los Estados que abrían sus mercados a la competencia seguían interponiendo reglas diseñadas para dar grandes ventajas a sus compañías tradicionales». No parece habérsele ocurrido a nadie que Pai debió haber examinado dichas reglas con más cuidado antes de arriesgar millones de dólares. Pronto le dieron la posibilidad de crear el negocio de *outsourcing* de electricidad comercial, y él cumplió perdiendo dinero a espuertas unos años más, antes de dejar Enron con 270 millones de dólares en el bolsillo.

Como Pai tenía «talento», le dieron nuevas oportunidades; y cuando volvió a desperdiciarlas le dieron todavía más. Para eso tenía «talento». «En Enron, el fracaso —hasta el del tipo que termina en la primera página del *Wall Street Journal*— no necesariamente hunde una carrera», escribe Hamel, dejando claro que esto le parece bueno. Por lo visto, las empresas que animan a asumir riesgos deben estar dispuestas a tolerar errores. Ahora bien, si el talento se define como algo separado del rendimiento real de un empleado, ¿para qué sirve exactamente?

3.

La guerra por el talento no es más que un argumento para complacer a los empleados A, para adularlos. «Hay que hacer todo lo que se pueda para tenerlos ocupados y satisfechos, incluso encantados», escriben Michaels, Handfield-Jones y Axelrod. «Averigüe qué es lo que más les gustaría hacer y deles responsabilidades en esa dirección. Solucione cualquier problema que pudiera impulsarles a agarrar la puerta, como un jefe que los frustra o las servidumbres de los cargantes viajes de trabajo». Ninguna empresa hacía esto mejor que Enron. Según una historia contada a menudo, Louise Kitchin, veintinueve años, *trader* de gas en Europa, se convenció de que la empresa debía desarrollar un negocio de venta por Internet. Se lo dijo a su jefe y se puso a trabajar en el proyecto en sus ratos libres, hasta tener a su disposición a un equipo de 250 personas de todas las partes de Enron para ayudarle. A los seis meses, Skilling fue informado finalmente. «Nunca me pidieron capital —diría Skilling más tarde—. Nunca me pidieron gente. Ya habían comprado los servidores. Ya habían comenzado a destrozar el edificio. Ya habían iniciado revisiones jurídicas en veintidós países cuando me enteré del asunto. Era —continuó, aprobador, Skilling— exactamente la actitud que seguirá impulsando a esta empresa hacia delante».

Hay que destacar que lo que cualificaba a Kitchin para dirigir EnronOnline no era su competencia para hacerlo, sino el hecho de que quisiera hacerlo, y Enron era un lugar donde las estrellas hacían lo que querían. «La fluidez es un requisito absolutamente imprescindible en nuestra empresa. Y el tipo de gente que contratamos lo hace cumplir escrupulosamente —dijo Skilling del equipo de McKinsey—. No sólo este sistema aumenta el nivel de entusiasmo para cada gerente, esto modela el negocio de Enron en la dirección que sus gerentes encuentran más apasionante». Otra vez Skilling: «Si muchos [empleados] afluyen a una nueva unidad de negocio, esto es señal de que la oportunidad es buena [...] Si una unidad de negocio no atrae fácilmente a la gente, eso indica que es un negocio donde Enron no debería estar». Lo que cabría esperar es que un presidente dijera que, si una unidad de negocio no puede atraer *clientes* muy fácilmente, esto indica que la empresa no debería estar en ese negocio. Se supone que el negocio de una empresa está orientado en la dirección que sus gerentes consideran más *rentable*. Pero en Enron las necesidades de clientes y accionistas eran secundarias respecto a las de sus estrellas.

A principios de los años noventa, los psicólogos Robert Hogan, Robert Raskin y Dan Fazzini escribieron un brillante ensayo titulado *The Dark Side of Charisma* [El lado oscuro del carisma]. En él se argumenta que los gerentes fallidos se clasifican en tres tipos. Uno es el Flotador de Alta Amabilidad, que asciende sin esfuerzo en una organización porque nunca adopta decisiones difíciles ni se granjea enemistades. Otro es el Homme de Ressentiment, que bulle bajo una superficie calma y conspira contra sus enemigos. El más interesante de los tres es el Narcisista, cuya energía y seguridad en sí mismo, combinadas con su encanto personal, le conducen inexorablemente a la parte alta de la escala corporativa. Los narcisistas son gestores horribles. Se resisten a aceptar sugerencias, en parte por no parecer débiles y también porque no creen que los demás tengan nada útil que decirles. «Los narcisistas están condicionados para recibir más crédito por un éxito del que les corresponde legítimamente —escriben Hogan y sus coautores—, y también para evitar reconocer cualquier responsabilidad por sus fracasos y defectos, por los mismos motivos por los que exigen más reconocimiento del que merecen». Por si fuera poco:

> Los narcisistas suelen emitir juicios con mayor confianza que otras personas [...] y, como estos juicios se emiten con tal convicción, otras personas tienden a creerlos, con lo que los narcisistas se vuelven desproporcionadamente más influyentes en situaciones de grupo. Finalmente, debido a su seguridad en sí mismos y a su fuerte necesidad de reconocimiento,

los narcisistas tienden a «nombrarse a sí mismos»; por consiguiente, cuando en un grupo u organización se produce un vacío jerárquico, el narcisista se apresura a llenarlo.

Tyco Corporation y WorldCom eran la personificación del Lucro: sólo les interesaba el beneficio financiero a corto plazo. Enron encarnaba a Narciso: una empresa que se atribuía más mérito por el éxito del que le correspondía legítimamente, que no reconocía responsabilidad por sus fracasos, que se vendía hábilmente como un grupo de genios y que sustituía la dirección disciplinada por el autonombramiento. En un pasaje de *Liderando la revolución* Hamel busca a un directivo superior de Enron, y lo que relata con la respiración entrecortada —la fanfarronería, la autosatisfacción— podría servir de epitafio para la actitud receptiva al talento:

«No se pueden controlar los átomos dentro de una reacción de fusión nuclear», dijo Ken Rice cuando dirigía Enron Capital and Trade Resources (ECT), el mayor vendedor de gas natural en Estados Unidos y el mayor comprador y vendedor de electricidad. Luciendo una camiseta negra, vaqueros azules y botas camperas, Rice hizo un dibujo en la pizarra blanca de su oficina que representaba su unidad de negocio como un reactor nuclear. Luego trazó circulitos dentro que representaban a los «originadores de contratos», pistoleros encargados de cerrar tratos y generar nuevos negocios. De cada círculo salía una flecha, y las flechas apuntaban en todas las direcciones. «Permitimos a la gente tomar cualquier dirección que ellos elijan».

La distinción entre la Corporación Lucro y la Corporación Narciso es importante, porque el modo en que concebimos nuestros conocimientos ayuda a determinar cómo nos comportamos. Carol Dweck, psicóloga de la Universidad de Columbia, encuentra que generalmente la gente mantiene una de dos creencias firmes respecto de su inteligencia: la consideran un rasgo fijo o algo que es maleable y puede desarrollarse con el tiempo. Una vez Dweck hizo un estudio en la Universidad de Hong Kong, donde todas las clases se imparten en inglés. Ella y sus colegas abordaron a un grupo grande de estudiantes de Sociología, les dijeron su puntuación en dominio del inglés y les preguntaron si querían hacer un curso para mejorar su competencia en esta lengua. Cabría haber esperado que todos los que obtuvieron malas notas se matriculasen en el curso de perfeccionamiento. La Universidad de Hong Kong es una institución exigente, y allí es difícil estudiar bien las ciencias sociales sin tener buenos conocimientos de inglés. Curiosamente, sin embargo, sólo aquellos que creían en la maleabilidad de la inteligencia expresaron interés por esta clase. Los estudiantes que consideraban su inteligencia un rasgo fijo estaban tan preocupados por la posibilidad de ser calificados como deficientes que prefirieron quedarse en casa. «Los estudiantes que tienen un concepto fijo de su inteligencia se preocupan tanto de parecer inteligentes que actúan neciamente —escribe Dweck—, pues ¿qué hay más necio que desperdiciar la posibilidad de aprender algo esencial para el propio éxito?».

En un experimento similar, Dweck sometió a una clase de estudiantes preadolescentes a una prueba llena de problemas de dificultad alta. Cuando hubieron terminado, elogió a un grupo por su esfuerzo y al otro grupo por su inteligencia. Aquellos elogiados por su inteligencia se mostraron poco dispuestos a abordar tareas difíciles y su rendimiento en las pruebas subsiguientes pronto empezó a decaer. Entonces Dweck pidió a los chicos que escribieran cartas a estudiantes de otra escuela, describiendo su experiencia en el estudio. Con ello se reveló algo notable: el 40 por ciento de los estudiantes a los que se había elogiado por su inteligencia mintieron sobre la puntuación obtenida en la prueba, redondeándola al alza. No es que fueran gente de personalidad mentirosa ni menos inteligente o segura de sí misma que los demás. Sencillamente hicieron lo que hace la gente cuando se la sumerge en un ambiente que la celebra únicamente por su «talento» innato. Comienza a definirse según esa descripción y, cuando los tiempos son duros y esa imagen propia se ve amenazada, tiene dificultades con las consecuencias. No emprende acciones correctivas. No da la cara ante unos inversores o la opinión pública para admitir que se equivocó. Antes que eso, mentirá.

4.

El más craso error de McKinsey y sus acólitos de Enron es presumir que la inteligencia de una organización es sencillamente una función de la inteligencia de sus empleados. Creen en las estrellas porque no creen en los sistemas. En cierto sentido, esto es comprensible, porque obviamente el esplendor individual enriquece nuestras vidas. Los grupos no escriben grandes novelas, ni fue un comité quien concibió la teoría de la relatividad. Pero las empresas funcionan de conformidad con otras reglas. No sólo crean; también ejecutan y compiten y coordinan los esfuerzos de muchas personas diferentes, y las organizaciones más acertadas en estas tareas son aquellas donde la estrella es el sistema.

Hay un maravilloso ejemplo de esto en la historia del llamado Pearl Harbor del este, durante la II Guerra Mundial. En los nueve primeros meses de 1942 la Marina de Estados Unidos sufrió una catástrofe. Los submarinos U-Boot alemanes, con bases en costas atlánticas y caribeñas, hundían los barcos mercantes estadounidenses casi a voluntad. Los capitanes de estas naves se maravillaban de su buena fortuna. «Ante este mar luminoso, contra el fulgor de un despreocupado nuevo mundo, pasaban las siluetas de barcos reconocibles en todo detalle, nítidas como los contornos que se ven en un catálogo de ventas —escribió el comandante de uno de estos ingenios—. Todo lo que teníamos que hacer era apretar el botón».

Lo que convertía esto en un rompecabezas era que, al otro lado del Atlántico, los británicos tenían muchos menos problemas para defender sus buques contra estos mismos ataques. Los británicos, además, transmitían de mil amores a los estadounidenses todos los datos de que disponían sobre sónares, cargas de profundidad y construcción naval para la guerra. Aun así, los alemanes lograron paralizar las zonas costeras de Estados Unidos en el Atlántico.

Cabe imaginarse lo que habrían concluido los consultores de McKinsey: que si la Marina no tenía una actitud receptiva al talento, que si el presidente Roosevelt tenía que reclutar a profesionales del más alto rango y ascenderlos a puestos claves de mando en el Atlántico. Pero Roosevelt ya había hecho esto mismo. Al principio de la guerra había relevado al almirante Harold R. Stark, hombre sólido pero poco dado a la espectacularidad como comandante de Operaciones Navales, sustituyéndolo por el legendario Ernest Joseph King. «Era un realista supremo con la arrogancia de un genio», escribe Ladislas Farago en *The Tenth Fleet* [La Décima Flota], una historia de las batallas con submarinos de la II Guerra Mundial. «Tenía una fe ilimitada en sí mismo, en su enorme conocimiento de asuntos navales y en la justicia de sus ideas. A diferencia de Stark, que toleraba todo género de incompetencias a su alrededor, King no tenía ninguna paciencia con los necios».

En otras palabras, a la Marina no le faltaba talento en la cúpula. Lo que no tenía era la clase de organización que necesitaba. Como escribe Eliot A. Cohen, un erudito de la estrategia militar en la Johns Hopkins, en su brillante libro *Military Misfortunes in the Altantic* [Desgracias militares en el Atlántico]:

Para emprender bien la guerra antisubmarina, los analistas tenían que casar fragmentos de información —radiogoniometría, observaciones visuales, datos descifrados y el dato «candente» de un ataque submarino inminente— para que luego un comandante coordinase los esfuerzos de los buques de guerra, la aviación y los convoyes de escolta. La síntesis tenía que hacerse casi «en tiempo real», en cuestión de horas, incluso minutos en algunos casos.

Los británicos desempeñaban mejor esta tarea porque tenían un sistema operativo centralizado. Los estrategas movían los buques británicos por el Atlántico como piezas de ajedrez, para engañar a las «manadas de lobos» submarinas alemanas. En cambio, el almirante King era un firme partidario de las estructuras de dirección descentralizadas: sostenía que los gerentes nunca deberían decir a sus subordinados *«cómo* hacer algo, ni siquiera *qué* "hacer"». En la jerga de hoy, diríamos que era un creyente en la «flexibilidad», del tipo que celebraban los consultores de McKinsey Thomas J. Peters y Robert H. Waterman en su *best seller* de 1982 *En busca de la excelencia.* Pero la «flexibilidad» no ayuda a encontrar submarinos alemanes. A lo largo de casi todo 1942, la Marina siguió intentando actuar inteligentemente confiando en el conocimiento técnico, y se obstinó en rechazar lecciones operativas de los británicos. La Marina también carecía de la estructura organizativa necesaria para aplicar a aquel campo concreto el conocimiento técnico que en verdad tenía. Sólo cuando la Marina creó la Décima Flota —una sola unidad para coordinar toda la guerra antisubmarina en el Atlántico— se produjo un cambio en la situación. Un año y medio antes de que se formara la Décima Flota, en mayo de 1943, la Marina hundió treinta y seis U-Boot. En los seis meses siguientes, hundió setenta y cinco. «La creación de la Décima Flota *no* atrajo al campo de la guerra antisubmarina a individuos más talentosos de los que habían atraído organizaciones anteriores —escribe Cohen—. Lo que la Décima Flota sí propició, en virtud de su organización y mando, era que esos individuos se hicieran mucho más eficaces que antes». El mito del talento presume que la gente inteligente hace inteligente a una organización. Pero es mucho más frecuente que ocurra al revés.

5.

Hay sobradas pruebas de este principio entre las empresas más exitosas de Estados Unidos. Southwest Airlines contrata a muy pocos MBA, paga modestamente a sus directivos y da aumentos según la experiencia, no en virtud de ninguna ley del *rank and yank*. Y sin embargo, es con mucho la más exitosa de todas las líneas aéreas estadounidenses, porque ha creado una organización infinitamente más eficaz que la de sus competidoras. En la Southwest, el tiempo invertido para conseguir que un avión que acaba de aterrizar vuelva a estar listo para el despegue —un índice clave de productividad— es, por regla general, de veinte minutos, y requiere cuatro personas de tripulación en tierra y otras dos a las puertas (en United Airlines, en cambio, el tiempo de vuelta al estado de servicio se acerca a los treinta y cinco minutos y requiere un personal en tierra de doce miembros y tres agentes en la puerta).

En el caso de la gigantesca cadena Wal-Mart, uno de los periodos más críticos de su historia se produjo en 1976, cuando Sam Walton se «desjubiló», eliminando a su cuidadosamente escogido sucesor, Ron Mayer. Mayer acababa de cumplir cuarenta años. Era ambicioso. Era carismático. Era, en palabras de un biógrafo de Walton, «un niño prodigio de las finanzas». Pero Walton acabó por convencerse de que Mayer estaba pasándose de lo que la gente de McKinsey habría llamado «diferenciación y afirmación» dentro del grupo, a despecho de la cultura incluyente que había imperado en Wal-Mart. Mayer tuvo que marcharse y Wal-Mart sobrevivió. Después de todo, Wal-Mart es una empresa, no la Liga de las Estrellas. Walton fichó a David Glass, que procedía del Ejército y había estudiado en la Universidad del Sur de Misuri, como presidente. La empresa ocupa hoy el número 1 en la lista de las 500 de *Fortune*.

En Procter & Gamble tampoco rige el *star system*. ¿Cómo va a regir? ¿Es que la flor y la nata de Harvard y Stanford se mudaría a Cincinnati para trabajar en detergentes cuando podrían ganar tres veces más reinventando el mundo en Houston? Procter & Gamble no enamora. Su presidente es el de toda la vida, un ex oficial de la Armada que comenzó su carrera empresarial como adjunto al gerente de marca para el lavavajillas Joy. Si los mejores de Procter & Gamble echaran una partida al Trivial Pursuit a los de Enron, sin duda el equipo de Houston ganaría de calle. Pero Procter & Gamble ha dominado el sector de los productos de consumo durante casi un siglo, porque tiene un sistema directivo cuidadosamente concebido y una rigurosa metodología de marketing que le ha permitido ganar batallas con marcas como Crest and Tide un decenio detrás de otro. En la Marina de Procter & Gamble, el almirante Stark se habría quedado. Pero un comité de dirección intersectorial habría configurado la Décima Flota incluso antes de que la guerra comenzara.

6.

Entre los hechos más indiscutibles de Enron, a la postre hubo algo de lo que sus gerentes se sintieron orgullosos. Tenían lo que, en la terminología de McKinsey, se llama *mercado abierto* en cuanto a la contratación. En el sistema de mercado abierto —el ataque de McKinsey a la idea misma de una organización fija— cualquiera podía solicitar cualquier trabajo que quisiese, y no se permitía a ningún gerente retener a nadie. Se fomentaba birlar profesionales a la competencia. Cuando un ejecutivo de Enron llamado Kevin Hannon puso en marcha la unidad global de banda ancha de la empresa, lanzó al mismo tiempo un proyecto que llamaba Contratación Exprés. Hannon invitó a cien profesionales de toda la empresa al Houston Hyatt para ofrecerles la incorporación a su equipo. A la misma salida del salón de reuniones dispuso unas salitas con todo lo necesario para formalizar los contratos. «Para finales de aquella misma semana Hannon había reunido los cincuenta dechados de excelencia que buscaba para su unidad de banda ancha —escriben Michaels, Handfield-Jones y Axelrod—, y sus pares tenían cincuenta vacantes que cubrir». A nadie, ni siquiera a los consultores que cobraban por pensar en la cultura de Enron, pareció preocuparle que aquellas cincuenta vacantes pudieran perjudicar al rendimiento de los departamentos afectados, que la estabilidad de los negocios que ya gestionaba la firma podría ser beneficiosa, que la realización personal de los empleados estrella de Enron podría entrar en conflicto con los intereses generales de la firma.

Éste es el género de cuestiones que deberían plantear los consultores de *management*. Pero el consultor de *management* de Enron era McKinsey, y McKinsey estaba tan preso del mito del talento como sus clientes. En 1998 Enron contrató a diez MBA de Wharton; aquel mismo año, McKinsey contrató a cuarenta. En 1999 Enron contrató a doce de Wharton; McKinsey, a sesenta y uno. Los consultores de McKinsey predicaban en Enron lo que creían de sí mismos. «Cuando los contratábamos, nunca era sólo para una semana —recuerda un antiguo directivo de Enron, a propósito de los brillantes jóvenes de McKinsey que vagaban por los vestíbulos de la oficina central de la empresa—. Era para dos o cuatro meses. Siempre andaban por ahí». La empresa buscaba a gente que tuviera el talento necesario para pensar fuera del molde. Nunca se les ocurrió que, si todo el mundo tenía que pensar fuera del molde, tal vez fuera el molde lo que había que arreglar.

22 de julio de 2002

1.

Nolan Myers se crió en Houston, fue el mayor de dos hijos de una familia de clase media. Fue al Instituto de Artes Visuales de Houston y luego a Harvard, donde tenía intención de especializarse en historia y ciencias. Pero después de descubrir el goce de la programación, se pasó a la informática. «Programar es una de esas cosas que te enganchan y que no puedes dejar hasta que has terminado —dice Myers—. Te embebes en ella; de repente miras el reloj y te han dado las cuatro de la mañana. Me gusta su elegancia». Myers es ligeramente achaparrado y tiene ojos azul claro. No le cuesta reírse; y cuando habla mueve las manos y el torso para dar énfasis a sus palabras. Toca en un grupo de música *klezmer* que se llama Charvard Chai Notes. Habla mucho con sus padres. Es un alumno de notable alto.

A finales de su último curso, Myers pasó mucho tiempo entrevistándose con empresas de tecnología. Se dirigió a una empresa llamada Trilogy, de Texas, pero pensó que no encajaría. «Una de las filiales de la Trilogy se anuncia en la prensa buscando estudiantes de tecnología excelentes; les prometen doscientos mil dólares al año y un BMW de la empresa», dijo Myers, sacudiendo la cabeza con incredulidad. En otra de sus entrevistas, un reclutador le pidió que solucionara un problema de programación; él cometió un error estúpido y el reclutador le devolvió su respuesta diciéndole que de «solución» no tenía nada. Myers aún se ruboriza cuando lo recuerda. «¡Qué nervioso estaba! Pensé: "Nolan, tío, la has cagado"». Por la forma en que lo dice, cuesta mucho creer que de verdad se pusiera nervioso, o tal vez Nolan Myers llama nervios a lo que el resto de nosotros llamamos hormigueo en el estómago. Myers no parece el tipo de persona que se pone nerviosa. Parece la clase de persona a la que uno llamaría la víspera de un examen final en séptimo, cuando nada tiene sentido y a uno le invade el pánico.

Me gusta Nolan Myers. Estoy convencido de que logrará el éxito en cualquier carrera que elija. Digo estas dos cosas aun cuando no haya pasado más de noventa minutos en su presencia. Nos encontramos una sola vez, una tarde soleada, justo antes de su graduación, en el Au Bon Pain de Harvard Square. Él llevaba zapatillas de deporte, pantalones caquis y una camisa de polo de color verde oscuro. Llevaba una mochila grande, que dejó caer al suelo bajo la mesa. Le invité a un zumo de naranja. Él pescó en su cartera un dólar para reembolsarme, pero lo rechacé. Nos sentamos junto a la ventana. Antes habíamos hablado por teléfono durante unos tres minutos para concertar la entrevista. Luego le envié un correo electrónico, preguntándole cómo le reconocería en Au Bon Pain. Me envió el siguiente mensaje, con unas gotas de lo que, estoy convencido —de nuevo, casi sin ninguna prueba—, era el garbo típico de Myers: «22 años, metro setenta, pelo castaño liso, guapísimo». Nunca he hablado con su padre, con su madre, con su hermano menor ni con sus profesores. Nunca lo he visto eufórico o enfadado o deprimido. No sé nada de sus hábitos personales, sus gustos ni sus caprichos. Ni siquiera puedo decir por qué me causa esta impresión tan favorable. Es apuesto, inteligente, culto, gracioso, pero no *tan* apuesto, inteligente, culto y gracioso como para que haya alguna explicación obvia de las conclusiones que he sacado sobre él. Simplemente me cae bien, me impresiona favorablemente. Si yo fuera un empresario buscando jóvenes talentos recién salidos de la universidad, lo contrataría sin dudarlo.

De Nolan Myers me habló Hadi Partovi, un ejecutivo de la Tellme, una empresa emergente muy comentada en Silicon Valley que ofrecía acceso telefónico a Internet. Si usted fuera un recién licenciado en Informática por el MIT, por Harvard o Stanford, Caltech o Waterloo y buscara trabajo en el sector del software, Tellme probablemente anduviera en lo alto de su lista. Partovi y yo hablamos en la sala de conferencias de las oficinas de Tellme, junto a la amplísima planta abierta donde se sientan los programadores de toda la empresa, los vendedores y los ejecutivos, algunos de ellos con literas construidas sobre sus escritorios. (Tellme recientemente se mudó a una antigua imprenta —un edificio de oficinas de baja altura con un enorme almacén adosado— y, conforme a la lógica de la nueva economía, procedió a convertir las viejas oficinas en almacén y el viejo almacén en oficinas). Partovi es un hombre apuesto de veintisiete años, con la piel olivácea y el pelo corto, rizado, moreno. Durante nuestra entrevista no dejó de sentarse con la silla peligrosamente inclinada en un ángulo de cuarenta y cinco grados. Al final de una larga parrafada sobre lo difícil que era encontrar a gente de alta calidad, soltó un nombre: Nolan Myers. De memoria, me recitó su número de teléfono. Me dijo que se moría porque Myers trabajara en Tellme.

Partovi había conocido a Myers en enero del último año de éste en la universidad, durante un viaje que hizo a Harvard cargado con borradores de contratos bajo el brazo. «Fue un día atroz —recuerda Partovi—. Empecé a las siete de la mañana y seguí hasta las nueve de la noche. En cuanto salía una persona, entraba otra». Los quince primeros minutos de cada entrevista los pasaba hablando de Tellme: de su estrategia, sus objetivos, su negocio. Luego cada entrevistado tenía que resolver un problema de programación no muy complejo. Durante el resto de la entrevista, Partovi hacía preguntas. Recuerda que a Myers se le dio bien la prueba de programación; y después de hablar con él durante treinta o cuarenta minutos se convenció de que

Myers tenía «lo que hay que tener». Partovi pasó todavía menos tiempo con Myers que yo. Él tampoco habló con la familia de Myers, ni lo vio en estado eufórico o enfadado o deprimido. Sabía que Myers había pasado el último verano de becario en Microsoft y estaba a punto de graduarse por una universidad de la prestigiosa Ivy League. Pero prácticamente todos los empleados de una empresa como Tellme se habían graduado por una universidad de élite, y al programa de verano de Microsoft se apuntan más de seiscientos universitarios cada año. Partovi ni siquiera sabía por qué Myers le gustaba tanto. Pero lo tenía claro. «Fue algo visceral», dice.

No muy diferente fue la experiencia que Nolan Myers tuvo con Steve Ballmer, presidente de Microsoft. Aquel mismo año, Myers había asistido a una fiesta para ex becarios de Microsoft, la Gradbash. Ballmer pronunció un discurso allí y, cuando hubo terminado, Myers levantó la mano. «Él hablaba mucho de orientar la empresa en ciertas direcciones —me dijo Myers—, y le pregunté cómo afectaría esto a su capacidad de apostar en otras direcciones: ¿van a seguir haciendo pequeñas apuestas?». Después de las preguntas, un reclutador de Microsoft se acercó a Myers y le dijo: «Steve quiere tu dirección de correo electrónico». Myers se la dio; y no tardó en intercambiarse correos electrónicos con Ballmer. Al parecer, éste quería que Myers se incorporase a Microsoft. «Me investigó a fondo —dice Myers—. Sabía con qué grupo estaba haciendo entrevistas, sabía mucho sobre mi persona. Me envió un correo electrónico invitándome a ir a Microsoft; que si tenía preguntas, me pusiera en contacto con él. Yo me limité a darle las gracias. Después de visitar a Tellme, le escribí otro correo diciéndole que estaba interesado en Tellme, aquí estaban los motivos, que no estaba seguro aún; y que, si tenía algo que decir, me gustaría hablar con él. Le di mi número. Él me llamó y, después de algún que otro intento frustrado, conseguimos hablar: de la trayectoria de mi carrera, de cómo Microsoft influiría en ella, de lo que él pensaba de Tellme. Quedé sumamente impresionado por él, me pareció que estaba verdaderamente interesado en mí».

¿Qué convenció a Ballmer de que quería a Myers? ¡Un chispazo! Vio un trocito de Myers Nolan en acción y, sin más, el presidente de una empresa de 400.000 millones de dólares llamaba a un recién licenciado a sus filas. De algún modo, Ballmer sabía que le gustaba Myers, del mismo modo en que lo sabía Hadi Partovi, del mismo modo en que lo supe yo después de nuestra breve charla en Au Bon Pain. Pero ¿qué es lo que sabíamos? ¿Qué podíamos saber? Desde cualquier ángulo razonable, seguramente ninguno de nosotros conocía a Myers Nolan en absoluto.

Es un lugar común de la nueva economía que en última instancia el éxito de cualquier empresa reside en la calidad del personal que contrata. En muchas empresas de tecnología, prácticamente se espera que los empleados vivan en la oficina, en condiciones de intimidad que habrían sido inconcebibles hace una generación. Muchas instalaciones de la oficina prototípica de Silicon Valley —sala de videojuegos, cafetería, literas, canastas de baloncesto— son elementos de recreo, no de trabajo. Y en el recreo, lo que uno quiere es jugar con sus amigos. Pero ¿cómo averiguar quiénes son los amigos de uno? Hoy día, la gente de recursos humanos peina el país en busca de currículos. Analiza vidas laborales, y las plantillas de sus competidores. Solicita referencias y luego hace lo que yo con Myers Nolan: se sienta una hora con un perfecto desconocido e intenta sacar conclusiones sobre su inteligencia y su personalidad. La entrevista de trabajo se ha convertido en una de las convenciones cruciales de la economía moderna. Pero exactamente ¿qué puede uno saber sobre un perfecto desconocido después de sentarse a hablar con él por espacio de una hora?

2.

Hace algunos años Nalini Ambady, una psicóloga experimental de la Universidad de Harvard, se dispuso a examinar junto con Robert Rosenthal los aspectos no verbales de una buena enseñanza. Como base de su investigación, usó vídeos de docentes filmados durante un programa de formación en Harvard. Su plan era exhibir estos vídeos, sin sonido, a observadores exteriores, para que estos evaluaran la eficacia de los profesores a juzgar por sus expresiones y otras señales físicas. Ambady quería tener al menos un minuto de película con que trabajar. Pero cuando miró las cintas, encontró que sólo había unos diez segundos en que se viera solo al profesor, sin los estudiantes. «No quería que se viera a los estudiantes en el marco, porque obviamente esto influiría sus evaluaciones —dice Ambady—. Entonces fui a mi consejero y le dije: "Esto no va a funcionar"».

Pero funcionó. Los observadores, ante un vídeo sin sonido de diez segundos, no tenían ninguna dificultad para evaluar a los profesores en una lista categórica de quince rasgos de su personalidad. De hecho, cuando Ambady redujo a cinco segundos la duración de los vídeos, las puntuaciones no variaron; y siguieron siendo las mismas incluso cuando ella empezó a mostrar dos escasos segundos de vídeo a sus evaluadores. Parece increíble, a no ser que de hecho se miren los vídeos de Ambady, como hice yo, comprendiendo que los ocho segundos que distinguen a los clips más largos de los más cortos son superfluos: todo lo que vaya más allá del primer destello de una impresión es innecesario. Cuando hacemos un juicio repentino, tardamos un instante en efectuarlo. Pero es, muy claramente, un juicio: obtenemos una sensación que no tenemos ninguna dificultad en verbalizar.

El siguiente paso de Ambady le condujo a una conclusión aún más notable. Comparó aquellos juicios repentinos sobre la eficacia de cada profesor con evaluaciones hechas, después de todo un semestre de clases, por los alumnos de aquellos mismos profesores. La correlación entre ambas series de correlaciones, según descubrió Ambady, era asombrosamente alta. Una persona que mira dos segundos un vídeo mudo de un profesor que nunca conoció llegará a conclusiones sobre la valía de este profesor muy similares a las de un estudiante que asista a sus clases durante un semestre entero.

Recientemente Frank Bernieri, psicólogo de la Universidad de Toledo (Ohio), realizó un experimento comparable. Trabajando con una de sus estudiantes de posgrado, Neha Gada-Jain, Bernieri seleccionó a dos personas para que actuaran como entrevistadores, y durante seis semanas las instruyó en los procedimientos y técnicas apropiados para hacer entrevistas de trabajo eficaces. Después, los dos entrevistadores interrogaron a noventa y ocho voluntarios de distintas edades y circunstancias. Las entrevistas duraron entre quince y veinte minutos; y después cada entrevistador rellenó una evaluación de seis páginas, dividida en cinco secciones, de la persona con la que acababa de hablar. Al principio, la intención del estudio era averiguar si los aspirantes que habían recibido formación en ciertos comportamientos no verbales diseñados para congraciarse con sus entrevistadores —como imitar sus gestos físicos o sus posturas— obtenían mejores resultados que los aspirantes que se comportaban normalmente. Resultó que no era así. Pero entonces otra de los estudiantes de Bernieri, llamada Tricia Prickett, decidió usar los vídeos de las entrevistas y las evaluaciones recogidas para poner a prueba la máxima de que todo depende del apretón de manos.

«Tomó quince segundos de vídeo que mostraban al aspirante llamando a la puerta, entrando, estrechando la mano del entrevistador y sentándose mientras el entrevistador le recibía», explicó Bernieri. Entonces, como Ambady, Prickett pidió a una serie de forasteros que valoraran a los aspirantes basándose en el vídeo del apretón de manos, usando los mismos criterios que los entrevistadores. Una vez más, contrariamente a lo esperado, sus calificaciones fueron muy similares a las de los entrevistadores. «En nueve de los once rasgos por los que se juzgaba a los aspirantes, los observadores predecían considerablemente el resultado de la entrevista —dice Bernieri—. La solidez de las correlaciones era extraordinaria».

Esta investigación lleva las conclusiones de Ambady un paso más allá. En el experimento de Toledo, los entrevistadores recibían instrucción en el arte de entrevistar. No escribían una evaluación del profesor mientras abrían la puerta para marcharse. Rellenaban un cuestionario formal, detallado, de los diseñados para ofrecer la visión más cuidadosa e imparcial de una entrevista. Y aun así sus puntuaciones no eran tan diferentes de las de la gente de la calle que solamente había visto el saludo. Por eso Hadi Partovi, Steve Ballmer y yo estábamos de acuerdo respecto a Nolan Myers. Al parecer, los seres humanos no tienen que conocer a alguien para creer que lo conocen; y, al parecer, tampoco importa mucho si Partovi llegó a su conclusión después de escudriñar a Myers durante una hora, si yo alcancé la mía después de noventa minutos de distendida conversación en Au Bon Pain o si Ballmer se decidió después de ver y oír cómo Myers hacía una pregunta.

Bernieri y Ambady creen que el poder de las primeras impresiones sugiere que los seres humanos tienen cierta capacidad prerracional para formarse juicios sólidos sobre los demás. En los experimentos de Ambady con profesores, cuando pedía a sus observadores que realizaran una tarea cognoscitiva potencialmente amena —como memorizar un conjunto de números— mirando las cintas, sus juicios sobre la valía de un profesor permanecían inalterados. Pero cuando indicó a sus observadores que pensaran bien sus calificaciones antes de otorgarlas, su exactitud sufrió considerablemente. Pensar no es más que un estorbo. «Las estructuras cerebrales implicadas aquí son muy primitivas

—especula Ambady—. Todas estas reacciones afectivas probablemente estén gobernadas por las estructuras cerebrales inferiores». Lo que recogemos en aquel primer instante parecería ser algo bastante básico sobre el carácter de una persona, porque lo que concluimos a los dos segundos se parece bastante a lo que concluimos después de veinte minutos o, de hecho, un semestre entero. «Tal vez se pueda decir inmediatamente si alguien es extrovertido, o medir la capacidad de comunicar de esta persona —dice Bernieri—. Tal vez estas pistas o señales sean inmediatamente accesibles y evidentes». Bernieri y Ambady se refieren a la existencia de una forma poderosa de la intuición humana. En cierto modo, esto consuela, porque sugiere que podemos toparnos con un perfecto desconocido y deducir inmediatamente algo importante sobre él. Esto significa que no debería preocuparme no ser capaz de explicar por qué me gusta Myers Nolan, porque, si tales juicios se hacen sin pensar, entonces seguramente desafían toda explicación.

Pero aquí también subyace una sugerencia perturbadora: yo creo que Myers Nolan es una persona dotada y agradable. Pero no tengo ni idea, tras nuestro breve encuentro, de cuán honrado es; ignoro si es un egocéntrico, si trabaja mejor solo o en equipo, o cualquier otro entre muchos rasgos fundamentales. El hecho de que la gente que sencillamente ve el apretón de manos llegue a las mismas conclusiones que la gente que realiza una entrevista exhaustiva también implica, quizás, que las impresiones iniciales importan demasiado, que colorean todas las otras impresiones que acumulamos con el tiempo.

Por ejemplo, le pregunté a Myers si no le inquietaba la perspectiva de saltar directamente de la universidad al mercado de trabajo. Me parecía una pregunta razonable, ya que recuerdo lo ansioso que yo estaba antes de comenzar mi primer empleo. ¿Era consciente de lo mucho que tendría que trabajar? Por ahí no había problema, contestó: ya trabajaba entre ochenta y cien horas por semana en la facultad. «Pero habrá cosas que pensarás que no haces muy bien. Eso ¿no te preocupa?», insistí.

Su respuesta fue muy aguda: «¿Te refieres a cosas que no hago muy bien o a cosas que no puedo aprender? Ésa es la cuestión. Hay muchas cosas sobre las que no sé nada; pero tengo confianza en que, en el entorno adecuado y con los estímulos correctos, puedo desenvolverme bien». «¡Gran respuesta!», anoté en mis apuntes, sintiendo esa pequeña emoción que experimenta un entrevistador cuando el comportamiento del entrevistado se ajusta a sus expectativas. Como yo había decidido desde el principio que Myers Nolan me gustaba, lo que oí en su respuesta fue solidez y confianza. Si hubiera decidido desde el principio que no me gustaba, habría interpretado aquella respuesta como arrogancia y bravuconería. La primera impresión se convierte en una profecía autocumplida: oímos lo que esperamos oír. La entrevista está inexorablemente sesgada en favor de los agradables.

3.

Cuando Ballmer, Partovi y yo conocimos a Myers Nolan, hicimos una predicción. Observamos cómo se comportaba en nuestra presencia —cómo hablaba y actuaba y parecía pensar— y sacamos una conclusión sobre cómo se comportaría en otras situaciones. Yo había decidido, recuerdo, que Myers era la clase de persona a la que llamar la víspera de un examen final. ¿Era correcta mi generalización?

Ésta es una cuestión que los psicólogos sociales han examinado estrechamente. A finales de los años veinte, en un famoso estudio, el psicólogo Theodore Newcomb analizó la extroversión entre adolescentes en un campamento de verano. Encontró que lo hablador que un muchacho se mostrara en una situación —digamos, en el almuerzo— era sumamente profético de lo hablador que el muchacho se mostraría en el mismo entorno en el futuro. Un muchacho que se mostrase curioso en el desayuno del lunes probablemente volvería a ser curioso en el desayuno del martes. Pero su comportamiento en un entorno no decía casi nada sobre cómo se comportaría en un entorno diferente: por cómo se comportaba alguien en el desayuno, no podía predecirse cómo se comportaría durante, digamos, el recreo de la tarde. En un estudio más reciente sobre la diligencia con que se desempeñaban los estudiantes del Carleton College, los investigadores Walter Mischel, Neil Lutsky y Philip K. Peake mostraron que el esmero que un estudiante ponía en sus trabajos o su puntualidad en la asistencia a clase no decía casi nada sobre si asistía a clase a menudo, si tenía ordenado el cuarto ni sobre lo escrupuloso que era en el aseo personal. Evidentemente, cómo nos comportemos en cualquier momento dado tiene menos que ver con alguna brújula inmutable en nuestro interior que con los detalles concretos de nuestra situación.

Esta conclusión, obviamente, está en desacuerdo con nuestra intuición. La mayoría de las veces presumimos que la gente muestra los mismos rasgos de carácter en situaciones diferentes. Habitualmente subestimamos el gran papel que desempeña el contexto en el comportamiento de la gente. En el experimento del campamento de verano en Newcomb, por ejemplo, los resultados que muestran la escasa coherencia de los comportamientos en un entorno u otro en cuanto a locuacidad, curiosidad y conducta gregaria fueron tabulados a partir de las observaciones registradas sobre el terreno por los monitores del campamento. Pero cuando, al final del verano, se pidió a aquellos mismos monitores que ofrecieran sus impresiones finales de los niños, los monitores recordaron el comportamiento de los niños como algo sumamente constante.

«La base de la ilusión consiste en que, de algún modo, confiamos en que nos estamos enterando de lo que ocurre, que somos capaces de leer la disposición de una persona —explica Richard Nisbett, psicólogo de la Universidad de

Michigan—. Cuando usted tiene una entrevista con alguien e invierte una hora en ella, no la conceptúa como una muestra del comportamiento de una persona, y menos como una muestra posiblemente parcial, que es lo que es. Lo que cree ver es un holograma, una imagen pequeña y borrosa, pero de la persona entera».

Entonces Nisbett mencionó a su frecuente colaborador, Lee Ross, que enseña Psicología en Stanford: «Hubo un año en que enseñó estadística y otro año en que dio un curso con mucha psicología humanista. Recibió las evaluaciones de sus alumnos sobre su trabajo de profesor. La primera se refería a él como alguien frío, rígido, remoto, meticuloso, tenso. La segunda describía a un tipo maravilloso, de gran corazón, profundamente preocupado por las cuestiones que concernían a la comunidad y con el crecimiento humano de sus estudiantes. Eran Jekyll y Hyde, pero en ambos casos los estudiantes creían estar viendo al verdadero Lee Ross».

Los psicólogos llaman a esta tendencia —a fijarse en los rasgos de carácter supuestamente estables y pasar por alto la influencia del contexto— *error fundamental de atribución,* que, combinado con lo que ya sabemos sobre los juicios repentinos, convierte la entrevista en un encuentro aún más problemático. No sólo dejé que mis primeras impresiones dieran color a la información que había reunido sobre Myers, sino que también presumí que el modo en que se comportaba conmigo en el contexto de una entrevista era indicativo del modo en que se comportaría siempre. No es que la entrevista sea inútil; lo que aprendí sobre Myers —que él y yo nos llevábamos bien— es algo que nunca podría haber visto en un currículum ni dirigiéndome a sus referencias. Es solamente que nuestra conversación resulta haber sido menos útil, y potencialmente más engañosa, de lo que yo había supuesto. El más básico de los rituales humanos —la conversación con un desconocido— resulta ser un campo minado.

4.

No mucho después de haber conocido a Nolan Myers, hablé con un consultor de recursos humanos de Pasadena, Justin Menkes. El trabajo de Menkes consiste en saber cómo extraer significados de un encuentro cara a cara, y con ello en mente se avino a pasar una hora entrevistándome del mismo modo en que él pensaba que debía realizarse una entrevista. De entrada, no se diferenciaba de una visita a un psiquiatra, pero en vez de tomarse meses, si no años, para averiguar las cosas, Menkes se propuso desvelar mis secretos en una sesión. «Considere —me dijo— una pregunta planteada con frecuencia, como: "Describa algunas situaciones en las que su trabajo fue objeto de críticas. ¿Cómo las encajó?". El problema es que resulta demasiado obvio lo que se supone que el entrevistado debe decir: "Hubo una situación, trabajando en un proyecto, en que no lo hice tan bien como podía —dijo, adoptando el tonillo de la sinceridad fingida—. Pero mi jefe me aportó algunas críticas constructivas. Rehicimos el proyecto. Fue duro. Pero lo resolvimos"». Lo mismo puede decirse de preguntas como «¿Qué opinan de usted sus amigos?», cuya respuesta correcta (preferentemente precedida de una pausa, como para sugerir que el entrevistado nunca hubiera imaginado que alguien le hiciera tal pregunta) es: «Supongo que me consideran una persona con don de gentes; o eso, o un tipo al que no le asusta el trabajo duro».

Myers y yo también habíamos hablado sobre cuestiones obvias:

—¿Cuál es tu punto débil? —le pregunté.

Él contestó:

—En primer intenté trabajar en un proyecto benéfico, un festival infantil, aquí en Boston. Y tenía a varios tipos trabajando conmigo. Comencé a preocuparme por el alcance de lo que teníamos entre manos, la responsabilidad que habíamos contraído, la necesidad de cumplir nuestros compromisos. Al final echamos el freno, pero ahora creo que podríamos haber hecho un gran trabajo —entonces Myers sonrió abiertamente y dijo, como en un aparte—: ¿De verdad considero que esto es un defecto? Francamente, no.

Tenía razón, por supuesto. Lo que yo le había preguntado en realidad era si podía describir una virtud como si fuera un defecto; y al contestar como lo hizo, sencillamente había demostrado su conocimiento de las reglas no escritas de la entrevista.

«Pero —dijo Menkes— ¿y si las preguntas se formularan de otra manera para que las respuestas no fueran obvias? Por ejemplo: "En la reunión semanal de su equipo, de improviso su jefe comienza a criticar agresivamente su rendimiento en el proyecto en curso. ¿Qué hace usted?"».

Sentí una punzada de ansiedad. ¿Qué haría yo? Recordé a un jefe horrible que había tenido hace años. «Probablemente me sentiría molesto —dije—. Pero dudo que dijera nada. Probablemente me limitaría a alejarme». Menkes no dio ninguna indicación de si esta respuesta le complacía o no. Sencillamente me advirtió que otra persona bien podría haber dicho algo como: «Iría a ver a mi jefe más tarde, en privado, y le interpelaría sobre por qué tuvo que avergonzarme delante de mi equipo». Lo que yo decía era que probablemente encajaría con estoicismo las críticas —incluso las infundadas— de un superior; en el segundo caso, el aspirante decía que adoptaría un estilo más frontal. Como mínimo, decíamos al entrevistador si el lugar de trabajo exige estoicismo o confrontación; y para Menkes estos datos eran tan reveladores como pertinentes.

Luego Menkes pasó a otra área: el trabajo bajo presión. Una pregunta típica en esta área es algo como «¿En alguna ocasión tuvo que hacer varias cosas a la vez? ¿Cómo manejó la situación? ¿Cómo decidió qué hacer primero?». Según Menkes, esto también es demasiado fácil de contestar. «Es cuestión de organizarse —comenzó otra vez con su tonillo de falsa sinceridad—. Tuve que compaginar, priorizar y delegar de manera apropiada. Despachaba frecuentemente con mi jefe». Luego Menkes formuló la misma pregunta de otra manera: «Está usted en una situación en la que ha asumido dos responsabilidades muy importantes que atender. Ambas tienen una fecha límite imposible de cumplir. Usted no puede lograr ambos objetivos. ¿Cómo gestionaría una situación así?».

«Bueno —dije—, yo miraría los dos, decidiría cuál se me daba mejor y luego iría a mi jefe y le diría: "Mejor hacer una cosa bien que dos mal", y buscaríamos a otra persona para encargarse de la otra tarea».

Menkes captó inmediatamente un detalle revelador en mi respuesta: a mí me interesaba decidir qué tarea desempeñaría mejor. Pero la clave aquí ¿no era cuál de los dos proyectos era más crucial *para la empresa?* Con aquel comentario, yo había revelado un dato sustancioso: que en un momento de crisis relacionada con los flujos de trabajo, adoptaría un enfoque personalista. «Quizás sea usted un poco individualista —dijo diplomáticamente Menkes—. Acaba de ofrecer una información esencial».

Deliberadamente, Menkes no sacaba ninguna conclusión amplia. Si no somos gente tímida o habladora o abierta, sino gente tímida en algunos contextos, habladora en otras situaciones y abierta en otras áreas, entonces lo que significa conocer a alguien es catalogar y apreciar todas esas variaciones. Menkes intentaba comenzar dicho proceso de catalogación. Esta técnica se conoce como *entrevista estructurada.* En estudios llevados a cabo por psicólogos industriales se ha demostrado que es la única clase de entrevista que tiene algún éxito a la hora de predecir el rendimiento en el lugar de trabajo. En las entrevistas estructuradas, el formato es bastante rígido. Cada aspirante es tratado exactamente de la misma manera. Las preguntas se suceden con arreglo a un guión. Los entrevistadores reciben una cuidadosa instrucción y cada aspirante es evaluado sobre una serie de escalas predeterminadas.

Lo interesante de la entrevista estructurada es la estrechez de sus objetivos. Cuando entrevisté a Nolan Myers yo buscaba a tientas una especie de sentido global de quién era él; pero Menkes parecía completamente desinteresado en llegar al mismo concepto general de mi persona: parecía comprender la necedad de albergar tal expectativa ante una entrevista de una hora. La entrevista estructurada funciona precisamente porque de hecho no es una entrevista; no se trata de llegar a conocer a alguien, en un sentido tradicional. Tiene tanto que ver con rechazar información como con recopilarla.

No sorprende, pues, que los entrevistadores especializados hayan encontrado extraordinariamente difícil convencer a la mayoría de los empresarios de adoptar la entrevista estructurada. Sencillamente no les parece bien. Para la mayoría de nosotros, contratar a alguien es esencialmente un proceso romántico, en el que la entrevista de trabajo funciona como una versión desexualizada de una cita. Buscamos a alguien con quien tenemos cierta química, incluso si el emparejamiento resultante acarrea lágrimas, y resulta que perseguidor y perseguido no tienen nada en común. Queremos la promesa ilimitada propia de los amoríos. La entrevista estructurada, en cambio, parece ofrecer sólo la lógica seca y el espíritu práctico de un matrimonio de conveniencia.

5.

Nolan Myers se rompía la cabeza decidiendo qué trabajo aceptar. Se pasó media hora al teléfono con Steve Ballmer, y Ballmer fue muy persuasivo. «Me dio muy buenos consejos, muy buenos —dice Myers de sus conversaciones con el presidente de Microsoft—. Me decía que debía ir al lugar que me entusiasmase más, el que considerase mejor para mi carrera. Se ofreció a ser mi mentor». Dice Myers que hablaba con sus padres todos los días para consultarles sobre qué hacer. En febrero voló a California y pasó un sábado saltando de un ejecutivo de Tellme a otro, preguntando y contestando preguntas. «Básicamente, yo buscaba respuestas a tres preguntas. La primera: ¿cuáles eran los objetivos a largo plazo de la empresa? ¿Dónde se veían de aquí a cinco años? Segunda: ¿qué papel desempeñaría yo en la empresa? —de repente se paró y se echó a reír—. ¡Anda! Se me ha olvidado la tercera». En marzo, Myers se comprometió con Tellme.

¿Le irá bien en la empresa? Eso creo, aunque francamente no tenga ni idea. Es una pregunta más difícil de contestar ahora de lo que habría sido hace treinta o cuarenta años. En 1965 a Nolan Myers le habría contratado IBM. Llevaría un traje azul, tendría una oficina pequeña y no levantaría la cabeza de su escritorio. Los detalles de su personalidad no habrían importado tanto. No era tan importante que IBM entendiera quiénes eran sus empleados antes de que la empresa les contratara, sino que los empleados entendieran quién era IBM. Si uno franqueaba la puerta en Armonk o en una sucursal de Illinois, sabía lo que tenía que saber y cómo se suponía que debía actuar. Pero andar por las enormes oficinas abiertas de Tellme, con sus literas por encima de los escritorios, es recibir el impacto de la cultura de Silicon Vallcy. A Nolan Myers no le asignarán un papel social, ese traje azul, ni tampoco un organigrama. Tellme, como cualquier incipiente empresa tecnológica de hoy día, quiere que sus empleados formen partc dc un equipo fluido, sean flexibles e innovadores, trabajen con grupos cambiantes en ausencia de la jerarquía y burocracia; y en aquel ambiente, donde el lugar de trabajo se desdobla en espacio de recreo, los detalles de su personalidad importan; y mucho.

Esto forma parte del atractivo de la nueva economía, porque la amplísima oficina-almacén de Tellme es un lugar más productivo y agradable para trabajar que los cubículos de la vieja IBM. Pero aquí el peligro consiste en que se pervierta la valoración de estos rasgos de carácter súbitamente importantes. Si dejamos que la *personabilidad* —o indefinible intuición prerracional, ampliada por el llamado error fundamental de atribución— siga influyendo hoy en el proceso de contratación, entonces todo cuanto habremos hecho es sustituir la red del chico conocido, en la que uno contrataba a su sobrino, con la red del chico nuevo, donde uno contrata a quien le haya caído mejor en el momento de estrecharle la mano. El progreso social, a no ser que seamos cuidadosos, puede convertirse sencillamente en el medio por el que sustituimos lo obviamente arbitrario por lo no tan obviamente arbitrario.

Myers ha pasado casi todo el último año ayudando a enseñar Introducción a la Informática. Dice que comprendió que uno de los motivos por los que los estudiantes se apuntaban al curso era que querían encontrar empleo en la industria del software. «Decidí que, después de haber pasado la criba de tanta entrevista, había desarrollado cierto dominio del proceso, y que me gustaría compartirlo. Ofrecerse a potenciales empleadores es todo un arte. Así que lo que hacíamos en esta clase era conversar sobre el tipo de cosas que buscan los jefes, traducidas a rasgos de la personalidad. Una de las cosas más importantes que hay que trasladar es la confianza en lo que uno hace y en quién es uno. ¿Cómo se hace eso? Hable claramente y sonría —Nolan Myers sonrió al decirlo—. Para mucha gente, es una habilidad muy difícil de aprender. Por algún motivo, parece que yo lo entiendo intuitivamente».

29 de mayo de 2000

1.

Una soleada tarde de invierno, Guy Clairoux recogió de la guardería a su hijo Jayden, de dos años y medio, y se fue dando un paseo con él a su casa del oeste de Ottawa, la capital de Canadá. Cuando ya casi llegaban, Jayden se quedó rezagado de su padre y, aprovechando que éste estaba de espaldas, una perra de raza pitbull saltó la cerca de un patio trasero y se lanzó a por el niño. «Tenía la cabeza del niño en la boca, y se puso a sacudirla así», contaría más tarde la esposa de Clairoux, JoAnn Hartley. Ante su horror, otros dos pitbulls brincaron sobre la cerca, participando en la agresión. Los Clairoux llegaron a la carrera. El padre golpeó en la cabeza a la primera de los perros, para que soltara a Jayden, y luego lanzó a este hacia su madre. Ella cayó sobre su hijo, protegiéndolo con su cuerpo. «¡JoAnn! —gritó Guy cuando los tres perros atacaron a su esposa—. Cúbrete el cuello, cúbrete el cuello». Una vecina, que contemplaba la escena desde su ventana, gritó pidiendo ayuda. Su novio y un amigo, Mario Gauthier, corrieron afuera. Un muchacho del vecindario agarró su palo de hockey y se lo lanzó a Gauthier. Él empezó a golpear a uno de los perros en la cabeza, hasta que el palo se rompió. «No paraban —dijo Gauthier—. En cuanto parabas, volvían a atacar. Nunca he visto perros tan furiosos. Parecían demonios de Tasmania». Llegó la policía. Separaron a los perros. Los Clairoux y uno de los auxiliadores ingresaron en el hospital. Cinco días más tarde, el parlamento de la provincia de Ontario prohibió la propiedad de pitbulls. «Así como no admitiríamos a un gran tiburón blanco en una piscina —declaró el fiscal general de la provincia, Michael Bryant—, tal vez tampoco debamos tener estos animales en calles civilizadas».

Los pitbulls, descendientes de los bulldogs usados en el siglo XIX para luchas contra toros y peleas caninas, han sido criados con fomento de su «temeridad» y rebaja de la inhibición de su agresividad. La mayoría de los perros sólo luchan en última instancia, cuando mirar fijamente y gruñir no basta. Un pitbull está dispuesto a luchar en respuesta a una provocación ínfima o nula. Los pitbulls parecen tener una gran tolerancia al dolor, lo que les permite pelear a muerte. Mientras que los perros guardianes como el pastor alemán intentan, por lo general, refrenar a quienes perciben como amenazas mordiendo una vez y sosteniendo la presa, los pitbulls buscan infligir el máximo daño. Muerden sin aflojar jamás y agitan sus fauces con intención de desgarrar. No gruñen o asumen una expresión facial agresiva a modo de advertencia. Simplemente atacan. «A menudo son insensibles a las actitudes conciliadoras que suelen disuadir de una agresión», se lee en un informe científico sobre esta raza. «Así, los perros no criados para luchar suelen rehusar el combate o rendirse echándose sobre el lomo y exponiendo un lado vulnerable al otro can, en actitud de sumisión. Muy a menudo, los pitbulls interpretaban esta señal como una invitación a destripar a su oponente, que aceptan de inmediato». En los estudios epidemiológicos de mordeduras caninas, el pitbull está sobrerrepresentado entre las razas que han herido gravemente o matado personas. En consecuencia, han sido prohibidos o restringidos en varios países de Europa occidental, en China y en numerosos municipios de Norteamérica. Los pitbulls son peligrosos.

Claro que no todos los pitbulls son peligrosos. La mayoría no muerde a nadie. Por otro lado, el dóberman, el gran danés, el pastor alemán y el rottweiler también son mordedores frecuentes; y el perro que recientemente desfiguró a una francesa tan horriblemente que fue sometida al primer trasplante facial del mundo era, lo que son las cosas, un labrador. Cuando decimos que los pitbulls son peligrosos, hacemos una generalización, tal como generalizan las empresas aseguradoras cuando cobran más a los jóvenes por el seguro de su coche que al resto de los mortales (aun cuando muchos jóvenes sean conductores perfectamente buenos), o como generalizan los médicos cuando les dicen a los varones de mediana edad con sobrepeso que vigilen su colesterol (aun cuando muchos hombres de mediana edad con sobrepeso no experimenten ningún problema cardiaco). Como no sabemos qué perro morderá a alguien o qué varón de mediana edad tendrá un infarto o qué conductores jóvenes tendrán un accidente, sólo podemos hacer predicciones generalizando. Como ha observado el jurista Frederick Schauer, «pintar con brocha gorda es una dimensión a menudo inevitable y con frecuencia deseable de nuestras vidas llenas de toma de decisiones».

Otro sinónimo de generalización, sin embargo, es *estereotipo;* y por lo general los estereotipos no se consideran dimensiones deseables de nuestras vidas llenas de toma de decisiones. El proceso de desplazamiento de lo específico a lo general es tan necesario como peligroso. Un médico, con algún apoyo estadístico, podría generalizar sobre los hombres de una cierta edad y peso. Pero generalizar basándose en otros rasgos más concretos, como la hipertensión, el historial familiar o el tabaquismo, ¿no salvaría más vidas? Detrás de toda generalización está la elección de qué factores incluir en ella y cuáles dejar fuera, proceso que puede revelarse sorprendentemente complejo. Después de la agresión contra Jayden Clairoux, el Gobierno de Ontario decidió hacer una generalización respecto de los pitbulls. Pero también podría haber decidido generalizar acerca de los perros grandes, o sus dueños, o sobre los niños pequeños, o sobre los patios traseros con cerca... O, de hecho, sobre un gran número de otras cosas relacionadas con los perros, la gente y los sitios donde coinciden. ¿Cómo saber cuándo hemos hecho la generalización correcta?

2.

En julio de 2005, después de una serie de atentados con bomba en el metro y los autobuses de Londres, el Departamento de Policía de la Ciudad de Nueva York anunció que introduciría agentes en el metro para realizar registros al azar de los bolsos de los pasajeros. De primeras, hacer búsquedas arbitrarias a la caza de terroristas —a diferencia de guiarse por generalizaciones— parece una idea tonta. Como escribió entonces un columnista de la revista *New York*, «no es que sean la mayoría, sino que prácticamente todos los yihadistas que han atentado contra objetivos de Europa occidental o Estados Unidos son jóvenes árabes o paquistaníes. En otras palabras, se puede predecir con un grado de certeza aceptable el aspecto que tendrá un terrorista de Al Qaeda, igual que siempre hemos sabido qué aspecto tenían los mafiosos... aun cuando entendemos que sólo una fracción infinitesimal de los estadounidenses de origen italiano pertenecen a la mafia».

Pero, un momento: ¿de verdad sabemos qué aspecto tienen los mafiosos? En la saga de *El padrino,* que es donde la mayoría de los estadounidenses hemos adquirido nuestros conocimientos sobre la mafia italiana, los miembros varones de la familia Corleone fueron interpretados por Marlon Brando, que era de linaje irlandés y francés, James Caan, que es judío, y dos estadounidenses de origen italiano, Al Pacino y John Cazale. A juzgar por *El padrino,* los mafiosos tienen aspecto de hombres blancos de ascendencia europea, lo que como generalización no resulta terriblemente provechosa. Saber qué aspecto tiene un terrorista islámico no es más fácil. Los musulmanes no son, como los amish, identificables por la indumentaria. Tampoco destacan entre la multitud como los pívots de baloncesto; no se presentan en formas y tamaños previsibles. El Islam es una religión universal.

«Tenemos una política contra el perfil étnico —asegura Raymond Kelly, comisario de policía de Nueva York—. La implanté en marzo del primer año que estuve aquí. Aplicar clichés raciales no sólo está mal; también es ineficaz. Si uno mira los atentados de Londres, hay tres ciudadanos británicos de ascendencia paquistaní. Luego está Germaine Lindsay, que es jamaicano. Luego está la siguiente remesa, la del 21 de julio, que son de África oriental. O la chechena que se inmola en una estación de metro de Moscú a principios de 2004. ¿A quién estereotipamos? Mire la ciudad de Nueva York. El cuarenta por ciento de los neoyorquinos ha nacido fuera del país. Mire la diversidad que hay en la propia policía. ¿A quién debo perfilar?

Kelly señalaba lo que podría llamarse «el problema de categorías» del estereotipo. Las generalizaciones implican establecer correspondencias entre una categoría de gente y un comportamiento o rasgo: los hombres de mediana edad con sobrepeso corren riesgo de sufrir un ataque cardiaco; los jóvenes tienden a la conducción imprudente. Pero, para que ese proceso funcione, hay que poder definir, identificar la categoría sobre la que se hace la generalización. «¿Cree usted que los terroristas no son conscientes de los estereotipos sobre la identidad étnica? —continuó Kelly—. Mire a los secuestradores aéreos del 11-S. Llegaron aquí. Se afeitaban. Iban a bares de *topless*. Querían mezclarse, aparentar que formaban parte del sueño estadounidense. No son tontos. ¿Podría un terrorista disfrazarse de judío jasídico antes de bajar al metro, sin ser detectado? Sí. Por eso creo que el perfil étnico es una locura.

3.

Prohibir los pitbulls también implica un problema de categoría, porque resulta que los pitbulls no pertenecen a una clase solamente. El nombre se refiere a perros que pertenecen a un número de razas relacionadas, como el staffordshire terrier americano, el staffordshire bullterrier y el pitbull terrier americano, todos los cuales comparten características como cuerpo compacto y musculoso, hocico corto y piel lisa, con poco pelo. Así, la prohibición de Ontario no sólo proscribe estas tres razas, sino también «cualquier perro con aspecto y características físicas considerablemente similares» a éstas, queriendo decirse: los perros «tipo pitbull». Pero esto ¿qué significa? Un cruce entre un pitbull terrier americano y un golden retriever ¿es del tipo pitbull o del tipo golden retriever? Pensar que todo terrier musculoso es un pitbull es una generalización; luego pensar que un perro peligroso es algo considerablemente similar a un pitbull es una generalización de una generalización. «Tal como están escritas la mayoría de estas leyes, un pitbull acaba siendo lo que ellos digan que es —dice Lora Brashears, gerente de un perrera en Pensilvania—. Para la mayoría de la gente esto significa: perro grande y feo que da miedo porque muerde».

El objetivo de prohibir los pitbulls, obviamente, no es prohibir el aspecto de los perros que se parecen a los pitbulls. El aspecto de un pitbull es un comodín que vale por el temperamento de un pitbull, por algún rasgo que comparten estos perros. Pero la «pitbullidad» también resulta un concepto evasivo. Las características supuestamente peligrosas del tipo pitbull —temeridad, determinación, insensibilidad al dolor— están básicamente pensadas para dirigirse contra otros perros. Los pitbulls no se criaron para atacar a la gente. Al contrario: cualquier perro que atacase a los espectadores, o a su amo, o al entrenador, o a cualquier otro implicado en la crianza de un perro de pelea, solía ser sacrificado. La regla de este mundillo era: «Los perros que tocan la carne humana mueren».

Un grupo radicado en Georgia y llamado American Temperament Test Society (ATTS) ha sometido a veinticinco mil perros a un ejercicio estandarizado, dividido en diez partes y diseñado para evaluar la estabilidad de un perro, su timidez, su agresividad y su sociabilidad en compañía humana. Uno de los miembros del grupo ata a un perro a una correa de dos metros y juzga su reacción a estímulos como: disparos, un paraguas que se abre, un forastero extrañamente vestido que se acerca de modo amenazante. El ochenta y cuatro por ciento de los pitbulls pasan la prueba, lo cual los clasifica por delante de los sabuesos, airedale terriers, collies y cualquier otro excepto una variedad de perro salchicha. «Hemos hecho pruebas a alrededor de mil perros del tipo pitbull —dice Carl Herkstroeter, presidente de ATTS—. La mitad de estas pruebas las hice yo. Y entre todos los individuos que probé, sólo tuve que descalificar a un pitbull debido a sus tendencias agresivas. Han pasado la prueba extraordinariamente bien. Tienen un buen temperamento. Son muy buenos con los niños». Hasta podría argumentarse que los mismos rasgos que hacen al pitbull tan agresivo hacia otros perros son los que lo hacen tan agradable para la gente. «Últimamente hay muchos pitbulls utilizados para terapia —cuenta la escritora Vicki Hearne—. Su estabilidad y resolución los hacen excelentes para el trabajo con gente a la que podría alterarle un tipo de perro más animado, del tipo juguetón. Cuando los pitbulls intentan reconfortar, son tan resueltos como cuando luchan, aunque en este caso su resolución se centre en mostrarse apacibles. Y al ser intrépidos, no tienen miedo de mostrarse apacibles con cualquiera».

Entonces ¿qué pitbulls se meten en problemas? «Aquellos para los que está pensada esta legislación tienen tendencias agresivas desarrolladas por el criador, inducidas por el entrenador o reforzadas por el dueño», responde Herkstroeter. Un pitbull malvado es un perro maleado a través de la cría selectiva, mediante cruce con razas de más tamaño y agresivas hacia el hombre, como los pastores alemanes o los rottweilers; o bien condicionándolo de modo que exprese hostilidad hacia los seres humanos. Así pues, un pitbull es peligroso para la gente, no en la medida en que exprese su esencia de pitbull, sino en el grado en que se desvíe de ella. La prohibición de los pitbulls es una generalización respecto de una generalización a propósito de un rasgo que, de hecho, no es general. Es un problema de categorías.

4.

Uno de los aspectos desconcertantes de la ciudad de Nueva York es que, después de las enormes y bien publicitadas reducciones de la delincuencia a mediados de los años noventa, la tasa de criminalidad ha seguido reduciéndose. Entre 2004 y 2006, por ejemplo, los asesinatos en Nueva York se redujeron en casi el 10 por ciento; las violaciones, en un 12 por ciento; y los robos con allanamiento en más del 18 por ciento. Por escoger al azar otro año reciente, en 2005 el robo de automóviles disminuyó el 11,8 por ciento. Entre una lista de doscientas cuarenta ciudades de Estados Unidos con una población de más de cien mil habitantes, la ciudad de Nueva York ocupa el puesto 222º por tasa de criminalidad, codeándose en la parte inferior de la tabla con Fontana (California) y Puerto Sta. Lucía (Florida). En los años noventa, esta disminución del crimen se ha venido atribuyendo a grandes y obvios cambios en la vida cotidiana de la urbe y a la acción municipal: disminución del tráfico de drogas, aburguesamiento de Brooklyn, exitosa implantación de una acción policial granular y constante (*Broken Windows policing*). Pero todos aquellos grandes cambios se produjeron hace una década. ¿Por qué la delincuencia *sigue* reduciéndose?

Puede que la explicación tenga que ver con un cambio de las tácticas policiales. El Departamento de Policía de Nueva York (NYPD) tiene un mapa informatizado que muestra, precisamente y en tiempo real, dónde se han registrado los crímenes más graves; y en cualquier momento el mapa suele mostrar varias docenas de puntos calientes de alta criminalidad, los cuales están en constante cambio, siendo algunos tan pequeños como dos o tres bloques de manzanas. Lo que ha hecho el NYPD, a las órdenes del comisario Kelly, es usar el mapa para establecer *zonas de impacto*, y dirigir a los agentes recién graduados —que solían distribuirse proporcionalmente a recintos de toda la ciudad— a estas zonas, en algunos casos duplicando el número de agentes en el barrio contiguo. «Tomamos las dos terceras partes de nuestra clase de graduación y las unimos con agentes experimentados, enfocándolas a aquellas áreas —dijo Kelly—. Pues bien, lo que ha pasado es que con el tiempo hemos conseguido una reducción promedio de la delincuencia de un 35 por ciento en las zonas de impacto».

Durante años, los expertos han venido manteniendo que la incidencia del crimen violento es *inelástica* en relación con la presencia policial, que la gente comete crímenes graves debido a la pobreza o a psicopatologías o a disfunción cultural, con motivos y ocasiones espontáneos. La presencia de algunos agentes más calle abajo, se pensaba, no supondría gran diferencia. Pero la experiencia del NYPD sugiere lo contrario. Más policía significa que algunos crímenes se evitan, otros se solucionan más fácilmente y otros quedan desplazados —empujados al exterior del vecindario afectado—, lo que al decir de Kelly es una buena cosa, porque interrumpe patrones, prácticas y redes sociales que sirven de base para la infracción de la ley. En otras palabras, la relación entre la ciudad de Nueva York (una categoría) y la criminalidad (un rasgo) es inestable; y esta clase de inestabilidad es otra forma en la que nuestras generalizaciones pueden acabar descarrilando.

¿Por qué, por ejemplo, es una regla básica útil el suponer que los kenianos son buenos corredores de fondo? No es sólo que sea un hecho estadísticamente probado hoy en día. Es también que lleva siendo así durante casi cincuenta años;

y que en Kenia la tradición de la carrera de larga distancia está tan arraigada que tendría que producirse alguna circunstancia catastrófica para desalojarla. En contraste, la generalización de que la ciudad de Nueva York es un lugar de inseguridad ciudadana fue antaño verdadera, pero ahora, evidentemente, ya no lo es. La gente que se mudaba a soleadas comunidades de jubilados como Puerto Sta. Lucía pensando que allí estaba mucho más segura que en Nueva York, de repente se encuentra en la posición de haber hecho una elección incorrecta.

La cuestión de la inestabilidad también es un problema cuando se establecen perfiles sospechosos a la hora de aplicar la ley. En una ocasión David Cole, catedrático de Derecho, recopiló algunos rasgos que los agentes de la DEA han venido usando a lo largo de los años en la fabricación de generalizaciones sobre los sospechosos de contrabando. He aquí una muestra:

> Llega a última hora de la noche; llega a primera hora de la mañana; llega a primera hora la tarde; es de los primeros en bajarse del avión; es de los últimos en bajarse del avión; desembarca entre la mitad del pasaje; compra el billete en el aeropuerto; reserva con escasa antelación; viaja en clase turista; viaja en primera; compra un billete de ida; compra un billete de ida y vuelta; paga su pasaje en efectivo; paga su pasaje con billetes de bajo valor; paga su pasaje con billetes de valor alto; al desembarcar, hace una llamada telefónica local; al desembarcar, hace una llamada telefónica de larga distancia; finge hacer una llamada telefónica; viaja de Nueva York a Los Ángeles; viaja a Houston; no lleva equipaje alguno; lleva equipaje nuevo; lleva un bolso pequeño; lleva un bolso de tamaño mediano; lleva dos bolsas de ropa voluminosas; lleva dos maletas pesadas; lleva cuatro piezas de equipaje; protege demasiado su equipaje; se separa de su equipaje; viaja solo; viaja en compañía; parece demasiado nervioso; parece demasiado tranquilo; establece contacto visual con el agente; evita establecer

contacto visual con el agente; lleva ropa cara y joyas; viste informalmente; va a los servicios después de desembarcar; camina rápidamente por el aeropuerto; camina despacio por el aeropuerto; vaga sin rumbo por el aeropuerto; deja el aeropuerto en taxi; deja el aeropuerto en limusina; deja el aeropuerto en coche privado; deja el aeropuerto en una furgoneta cortesía del hotel.

Algunos de estos motivos para sospechar son claramente absurdos, lo que sugiere que las generalizaciones usadas por los agentes de la DEA a la hora de identificar sospechosos de tráfico de drogas no obedecen a ningún razonamiento en particular. Un modo de encontrarle sentido a la lista es verla como un catálogo de rasgos inestables. Puede que alguna vez los contrabandistas hayan tendido a comprar billetes sólo ida con dinero en efectivo y llevando dos maletas voluminosas. Pero tampoco tienen por qué hacerlo. Pueden perfectamente pasarse a los billetes de ida y vuelta comprados con tarjeta de crédito, llevando un solo bolso de mano, sin por ello perder su capacidad para pasar drogas de contrabando. Aquí también hay una segunda clase de inestabilidad. Tal vez la razón de que algunos de los traficantes dejaran de comprar billetes sólo de ida, o de llevar dos maletas voluminosas, fue que la policía se había aprendido aquellos hábitos, con lo que los contrabandistas hicieron el equivalente a lo que los yihadistas parecían haber hecho en Londres cuando empezaron a usar africanos orientales porque la vigilancia de jóvenes árabes y paquistaníes se había vuelto demasiado intensa. No sirve generalizar sobre una relación entre una categoría y un rasgo cuando dicha relación no es estable... o cuando la propia acción de generalizar surte el efecto de cambiar el principio en que se basaba la generalización.

Antes de que a Kelly lo nombraran comisario de policía de la ciudad de Nueva York, sirvió como jefe de la policía aduanera. Como tal, revisó los criterios que los agentes de los controles fronterizos usan para identificar y buscar a los sospechosos de contrabando. Había una lista de cuarenta y tres rasgos sospechosos. Él la sustituyó por una lista de seis criterios más amplios. ¿Hay algo sospechoso en su aspecto físico? ¿Se muestran nerviosos? ¿Hay información específica que apunte a esa persona? ¿Levantan alguna alarma los perros que olfatean drogas? ¿Hay algo anómalo en su papeleo o en sus explicaciones? ¿Se ha encontrado contrabando que implique a esta persona?

Aquí no se encontrará nada referente a la raza, el sexo o la identidad étnica, nada sobre joyas caras o sobre si se desembarca al principio o al final, andando con brío o vagando sin rumbo. Kelly suprimió todas las generalizaciones inestables, obligando a los aduaneros a hacer generalizaciones sobre cosas que no cambian de un mes o de un día para otro. Algún porcentaje de contrabandistas *siempre* estará nervioso, *siempre* constará su historia mal y *siempre* será detectado por los perros. Por eso este tipo de inferencia es más fiable que las basadas en si los contrabandistas son blancos o negros, si llevan un bolso o dos. Después de las reformas de Kelly, el número de registros realizados por los servicios de aduanas cayó aproximadamente el 75 por ciento, pero el porcentaje de registros que hallaron sustancias ilegales mejoró un 25 por ciento. Los agentes pasaron de adoptar decisiones nefastas respecto a quién podría ser un contrabandista a hacer generalizaciones bastante buenas. «Los hicimos más eficientes y eficaces en su trabajo», confirma Kelly.

5.

La noción de la amenaza que supone un pitbull ¿se basa en una generalización estable o inestable? Los mejores datos que tenemos sobre la peligrosidad de una raza son los referentes a mordeduras mortales, que sirven como indicador útil de los estragos que causan ciertos perros. Entre finales de los setenta y finales de los noventa, más de veinticinco razas se vieron implicadas en ataques fatales en Estados Unidos. A la cabeza estaban los pitbulls, pero la variabilidad de un año a otro es considerable. Por ejemplo, en el bienio 1981-1982 causaron víctimas: cinco pitbulls, tres perros mestizos, dos san bernardos, dos mezclas de pastor alemán, un pastor alemán de raza, un tipo husky, un dóberman, un chow chow, un gran danés, un híbrido de perro lobo, una mezcla de husky y una mezcla de pitbull. Ningún rottweiler. En 1995 y 1996, la lista incluyó a: diez rottweilers, cuatro pitbulls, dos pastores alemanes, dos huskies, dos chow chow, dos híbridos de perro lobo, dos mezclas de pastor alemán, una mezcla de rottweiler, un mestizo, una mezcla de chow chow y un gran danés. Las razas de perros que matan a la gente cambian con el tiempo, porque la popularidad de ciertas razas cambia con el tiempo. Una cosa que no cambia es el número total de gente muerta por perros. Que tengamos más problemas con los pitbulls no necesariamente indica que los pitbulls sean más peligrosos que otros perros. Simplemente podría ser señal de que se han vuelto más numerosos.

«Por lo que yo he visto, todas las razas causan víctimas, hasta los pomerania, prácticamente todas, excepto los sabuesos o el basset —asegura Randall Lockwood, vicepresidente mayor de la ASPCA y uno de los principales expertos del país en mordiscos caninos—. Y siempre hay una o dos muertes atribuibles a malamutes o huskies, pero nunca se oye a la gente pedir que se prohíban estas razas. Cuando empecé a examinar ataques por perros con resultado de muerte, vi que en gran parte implicaban a perros como pastores alemanes y mezclas de pastor alemán y san bernardo, lo que probablemente explica por qué Stephen King eligió un san bernardo, no un pitbull, para escribir *Cujo*. Hace décadas que no veo muertes por ataque de un dóberman, que en los años setenta eran bastante comunes. Si querías un perro malo, te hacías con un dóberman. No creo que viera mi primer caso por pitbull hasta mediados de los años ochenta, y no empecé a ver rottweilers hasta haber examinado unos cien ataques de perro fatales. Ahora son los que predominan. La cuestión es que esto cambia con el tiempo. Refleja la raza que elige la gente que quiere tener un perro agresivo».

No escasean las generalizaciones más estables sobre los perros peligrosos, sin embargo. Un estudio realizado en 1991 en Denver, por ejemplo, cotejó datos de 178 perros que tenían un historial de haber mordido a gente con una muestra arbitraria de 178 perros sin historial de mordiscos. Las razas estaban muy repartidas: pastores alemanes, *akitas* y chow chows estaban entre las más representadas (no había pitbulls, porque Denver los prohibió en 1989). Pero sí destacaban otros factores más estables: los mordedores tenían 6,2 veces más probabilidades de ser machos que hembras y 2,6 más probabilidades de estar sin mutilar que castrados. El estudio de Denver también encontró que los mordedores tenían 2,8 veces más probabilidades de estar encadenados que desencadenados. «Aproximadamente el veinte por ciento de los perros que causaban víctimas estaban encadenados y tenían un largo historial de encadenamiento a largo plazo —dijo Lockwood—. Ahora bien, ¿los encadenan porque son agresivos o son agresivos porque están encadenados? Un poco de cada cosa. Son animales que no han tenido oportunidad de socializar con gente. Ni siquiera necesariamente saben que los niños pequeños son seres humanos. Tienden a verlos como presas».

En muchos casos, los perros agresivos tienen hambre o necesitan asistencia médica. A menudo, los perros presentan un historial de incidentes violentos; y, en la gran mayoría de los casos, las víctimas suelen ser niños (en particular niños pequeños): físicamente más vulnerables y también inconscientes de acciones que pudieran provocar al perro, como ciertas bromas, o molestarle mientras comía. La conexión más fuerte de todas, no obstante, es la que existe entre la agresividad del perro y la que de hecho presentan ciertos dueños. En más de un cuarto de las mordeduras fatales, los dueños de los perros estaban implicados en el negocio de las peleas ilegales. Los perros que muerden a la gente están, en muchos casos, socialmente aislados porque sus dueños están socialmente aislados, y son agresivos porque tienen dueños que quieren un perro agresivo. El pastor alemán callejero que mira al intruso como si fuera a arrancarle la garganta y el pastor alemán que auxilia a un ciego haciéndole de lazarillo pertenecen a la misma raza. Pero no son el mismo tipo de perro, porque tienen dueños con intenciones diferentes.

«El ataque de un perro con resultado de muerte no se limita a que te muerda un perro grande o agresivo —continuó Lockwood—. Por lo general es una tormenta perfecta de malas interacciones humanas-caninas: un perro inadecuado, un entorno inadecuado, una historia inadecuada en manos de la persona equivocada y en una situación ambiental inadecuada. Me he visto envuelto en muchos pleitos que implicaban ataques fatales por parte de un perro. Mi impresión general es que en estos casos las culpas están repartidas. Está el niño de tres años que merodea sin supervisión por el territorio del perro hambriento y maltratado del novio aficionado a las peleas de perros de alguna mujer que no sabe dónde está su hijo. El viejo pastor alemán que duerme feliz cerca del fuego no va y te ataca por las buenas. En general, emite antes todo tipo de señales de advertencia».

6.

Jayden Clairoux fue atacado por Jada, una pitbull terrier, y sus dos cachorros de pitbull y bull mastiff, Agua y Akasha. Pertenecían a un hombre de veintiún años llamado Shridev Café, que trabajaba en la construcción haciendo chapuzas temporales. Cinco semanas antes del ataque contra Clairoux, los tres canes de Café se soltaron y atacaron a un muchacho de dieciséis años y a su hermanastro de cuatro mientras practicaban patinaje sobre hielo. Los muchachos se defendieron con una pala para la nieve, refugiándose en casa de un vecino. Café fue multado y se llevó los perros a casa de su novia de diecisiete años. No era la única vez que se había metido en problemas; unos meses más tarde, fue acusado de violencia doméstica. Tras una reyerta callejera, también tuvo un juicio por agresión grave. «Shridev tiene problemas personales —dice Smith Cheryl, especialista en comportamiento canino que hizo de consultora en el caso—. Seguramente no es una persona muy madura». Agua y Akasha tenían unos siete meses. La orden judicial tras el primer ataque exigía que llevaran bozal cuando estuvieran fuera de casa, incluido el jardín. Pero Café no se lo puso porque, según dijo más tarde, no le llegaba para comprar bozales. Evidentemente, nadie de la ciudad le obligó a obedecer. Algunas veces habló de llevar a sus perros a clases de adiestramiento, pero nunca lo hizo. También salió el tema de la castración —en particular la de Agua, el macho—, pero esta intervención cuesta cien dólares, que a Café claramente le parecieron demasiado dinero; y cuando el Ayuntamiento le confiscó temporalmente sus animales después del primer ataque, tampoco los hizo castrar, porque Ottawa no tiene por política castrar preventivamente a los perros que muerden a la gente.

El día del segundo ataque, según algunos relatos, un visitante acudió a casa de la novia de Café, lo que agitó a los perros. Los sacaron al jardín, donde había nieve amontonada junto a la cerca del patio trasero, facilitando el brinco de los perros por encima de ella. Jayden Clairoux se detuvo y miró fijamente a los perros, diciendo: «Guau-guaus, hola, guau-guaus». Su madre avisó a su padre. El padre llegó corriendo, que es el tipo de cosa que exaspera a un perro agresivo. Los perros saltaron la cerca, Agua se metió la cabeza de Jayden en la boca y empezó a agitarla. Era un caso de manual: perros sin castrar, sin adiestrar, con un historial de agresiones y un dueño irresponsable que de algún modo se sueltan y atacan a un niño pequeño. Los perros ya habían pasado por la burocracia de Ottawa, municipio que podría haber prevenido fácilmente el segundo ataque haciendo la generalización correcta: una generalización basada no en la raza, sino en la conocida y significativa relación entre perros peligrosos y dueños negligentes. Pero habría hecho falta que alguien hiciera el seguimiento de Shridev Café, que comprobara si había puesto bozal a sus perros, que los hiciera castrar después de un primer ataque; y una ley que garantice que aquellos individuos cuyos perros atacan a niños pequeños pierdan su derecho a tener perro. Es decir, habría hecho falta un conjunto de generalizaciones más estricto aplicadas de manera más exigente. Pero es más fácil prohibir una raza.

6 de febrero de 2006

AGRADECIMIENTOS

Cada una de estas historias fue rigurosamente perfeccionada por los departamentos de edición y corrección de la revista *The New Yorker*. Son magos, todos ellos. Gracias.

SOBRE EL AUTOR

Malcolm Gladwell es redactor de plantilla de *The New Yorker* desde 1996, y todos los ensayos recogidos en *Lo que vio el perro* aparecieron primero en las páginas de esa revista. Es autor de tres libros: *La clave del éxito; Inteligencia intuitiva: ¿por qué sabemos la verdad en dos segundos?;* y *Fueras de serie. Por qué unas personas tienen éxito y otras no,* cada uno de los cuales encabezó la lista de *best sellers* del *New York Times.* Antes de formar parte de *The New Yorker,* trabajó como reportero en *The Washington Post,* donde cubrió temas de negocios y ciencia y fue jefe de la oficina de Nueva York. Gladwell nació en Inglaterra, creció en la campiña de Ontario y vive ahora en Nueva York.

Para más información sobre Malcolm Gladwell, visite su página web: www.gladwell.com.

Taurus es un sello editorial del Grupo Santillana

www.taurus.santillana.es/mundo

Argentina
Av. Leandro N. Alem, 720
C 1001 AAP Buenos Aires
Tel. (54 114) 119 50 00
Fax (54 114) 912 74 40

Bolivia
Avda. Arce, 2333
La Paz
Tel. (591 2) 44 11 22
Fax (591 2) 44 22 08

Chile
Dr. Aníbal Ariztía, 1444
Providencia
Santiago de Chile
Tel. (56 2) 384 30 00
Fax (56 2) 384 30 60

Colombia
Calle 80, 10-23
Bogotá
Tel. (57 1) 635 12 00
Fax (57 1) 236 93 82

Costa Rica
La Uruca
Del Edificio de Aviación Civil 200 m al Oeste
San José de Costa Rica
Tel. (506) 22 20 42 42 y 25 20 05 05
Fax (506) 22 20 13 20

Ecuador
Avda. Eloy Alfaro, 33-3470 y Avda. 6 de
Diciembre
Quito
Tel. (593 2) 244 66 56 y 244 21 54
Fax (593 2) 244 87 91

El Salvador
Siemens, 51
Zona Industrial Santa Elena
Antiguo Cuscatlan - La Libertad
Tel. (503) 2 505 89 y 2 289 89 20
Fax (503) 2 278 60 66

España
Torrelaguna, 60
28043 Madrid
Tel. (34 91) 744 90 60
Fax (34 91) 744 92 24

Estados Unidos
2023 N.W. 84th Avenue
Doral, F.L. 33122
Tel. (1 305) 591 95 22 y 591 22 32
Fax (1 305) 591 74 73

Guatemala
7ª Avda. 11-11
Zona 9
Guatemala C.A.
Tel. (502) 24 29 43 00
Fax (502) 24 29 43 43

Honduras
Colonia Tepeyac Contigua a Banco Cuscatlan
Boulevard Juan Pablo, frente al Templo
Adventista 7º Día, Casa 1626
Tegucigalpa
Tel. (504) 239 98 84

México
Avda. Universidad, 767
Colonia del Valle
03100 México D.F.
Tel. (52 5) 554 20 75 30
Fax (52 5) 556 01 10 67

Panamá
Vía Transísmica, Urb. Industrial Orillac,
Calle segunda, local #9
Ciudad de Panamá.
Tel. (507) 261 29 95

Paraguay
Avda. Venezuela, 276,
entre Mariscal López y España
Asunción
Tel./fax (595 21) 213 294 y 214 983

Perú
Avda. Primavera 2160
Surco
Lima 33
Tel. (51 1) 313 4000
Fax (51 1) 313 4001

Puerto Rico
Avda. Roosevelt, 1506
Guaynabo 00968
Puerto Rico
Tel. (1 787) 781 98 00
Fax (1 787) 782 61 49

República Dominicana
Juan Sánchez Ramírez, 9
Gazcue
Santo Domingo R.D.
Tel. (1809) 682 13 82 y 221 08 70
Fax (1809) 689 10 22

Uruguay
Juan Manuel Blanes, 1132
11200 Montevideo
Tel. (598 2) 402 73 42 y 402 72 71
Fax (598 2) 401 51 86

Venezuela
Avda. Rómulo Gallegos
Edificio Zulia, 1º - Sector Monte Cristo
Boleita Norte
Caracas
Tel. (58 212) 235 30 33
Fax (58 212) 239 10 51